中国艺术经济学科建设研究丛书

人文经济学

数字时代的生产、消费与治理

西沐　高峰　著

西南财经大学出版社
Southwestern University of Finance & Economics Press

中国·成都

图书在版编目(CIP)数据

　　人文经济学:数字时代的生产、消费与治理/西沐,
高峰著.--成都:西南财经大学出版社,2025.4.
ISBN 978-7-5504-6667-8

　　Ⅰ.F0

　　中国国家版本馆 CIP 数据核字第 2025R1E088 号

人文经济学:数字时代的生产、消费与治理

RENWEN JINGJIXUE:SHUZI SHIDAI DE SHENGCHAN、XIAOFEI YU ZHILI

西沐　高峰　著

策划编辑:何春梅
责任编辑:李思嘉
责任校对:邓嘉玲
封面设计:星柏传媒
责任印制:朱曼丽

出版发行	西南财经大学出版社(四川省成都市光华村街55号)
网　　址	http://cbs.swufe.edu.cn
电子邮件	bookcj@swufe.edu.cn
邮政编码	610074
电　　话	028-87353785
照　　排	四川胜翔数码印务设计有限公司
印　　刷	四川五洲彩印有限责任公司
成品尺寸	185 mm×260 mm
印　　张	19.875
字　　数	445 千字
版　　次	2025 年 4 月第 1 版
印　　次	2025 年 4 月第 1 次印刷
书　　号	ISBN 978-7-5504-6667-8
定　　价	78.00 元

"中国艺术经济学科建设研究丛书" 编委会

积极拓展新时代艺术经济发展的前沿研究

当下，数字化与新经济相互融合、相互发展，已经成为一个时代的标志。在这个过程中，艺术经济的发展也更加多样态、更具时代性。所以说，艺术经济新形态是新经济发展的重要组成部分，也是文化新经济生发的重要基础与组成部分。新时代艺术经济面临新经济及数字化、国际化发展的大势，处在一个新的经济形态不断生发的时代，这是中国经济转型与高质量发展的重要新动能聚合的时代。艺术经济新形态除了其独具特色的特质之外，其在发展的过程中，也有明显的时代研究重点与突出热点。

新经济是新时代我国经济发展的战略举措与战略亮点。发展新经济是加快中国经济转型升级、跳出"中等收入陷阱"、推动新旧动能转换的重要举措。新经济已逐渐成为我国经济增长的新动能，对经济的拉动作用越来越明显，对经济增长的贡献越来越大。同时，新经济也对传统监管方式、传统产业及其形态带来挑战，传统产业发展的惯性可能成为新经济发展的瓶颈。因此，我们需要从顶层设计、监管者以及传统产业部门、传统产业形态等方面不断进行调整，用新思维、新理念来发展新经济、推进新经济。

数字经济是新经济发展的时代主题。要准确把握数字经济发展的核心问题，就必须将其放在经济形态的变迁中去考察。数字经济作为一个新形态，就决定了要有新的与之相适配的经济形态。我们知道，新的经济形态是建立在不同基础设施之上的。在传统基础设施、互联网基础设施、新基础设施、数字基础设施、数智基础设施之上，生发出传统经济形态、互联网经济形态、平台经济形态、数字经济形态与数智经济形态。数智经济形态是数字经济形态的高级阶段。

中共中央办公厅、国务院办公厅印发的《关于实施中华优秀传统文化传承发展工程的意见》指出："随着我国经济社会深刻变革、对外开放日益扩大、互联网技术和新媒体快速发展，各种思想文化交流交融交锋更加频繁，迫切需要深化对中华优秀传统文化重要性的认识。"① 文化建设已经成为国家层面的重要战略，在文化事业不断发展的同时，文化新经济快速兴起并不断发展。这个时候，文化新经济自然而然地成为新经济发展的重要组成部分与最为活跃、最为鲜活的战略亮点。在文化新经济发展过程中，艺术市场及艺术产业的快速发展，迅速拉动了艺术经济的不断崛起，使之成为文化新经济发展过程中的靓丽风景线。

艺术经济新形态是新时代我国文化新经济发展的必然结果，所以，深化对艺术经济发展的背景、发展的内涵及其表现形式、发展的内在规律及其重大专题的认识，不断把握艺术经济新形态的发展对新时代经济社会发展带来的影响，从战略层面掌控艺术经济发展的新产业、新业态、新模式，进一步助力新时代经济的高质量发展，推动艺术经济新形态在适应新时代新经济、把握新经济、引领新常态等方面都具有非常重大的时代理论与实践意义。

一、新时代艺术经济是一种新的经济形态

当下我们对提到的新经济，其实有三个方面的理解：一是要转变发展方式，改变过度依赖高资源消耗、高污染所带来的外延式的发展方式，走依靠科技进步、集约式的内涵发展之路；二是寻找新的发展领域；三是发现新的资源。关于第一个方面，大家都已经形成共识，无须赘言。而当下，我们更多的是在探讨第二个方面，即我们现在提出的"新经济"，既与信息技术革命有关，又包括在新一轮科技和工业革命取得重大突破的情况下发展起来的新经济形态。21世纪的新经济是以新一轮科技和工业革命为依托，以信息技术和智能制造为代表，以网络经济、生物经济、绿色低碳经济等

① 中共中央办公厅、国务院办公厅印发的《关于实施中华优秀传统文化传承发展工程的意见》[EB/OL].（2022-03-21）[2017-01-25]. www.gov.cn/zhengce/2017-01/25/content_5163472.htm.

为重点，多项新技术、新业态、新产业及其交叉融合产生的新型经济形态。我国目前的新经济本质上是知识经济、数字经济和分享经济，它以新技术为基础，以新主体为支撑，以新产业为引擎，以新业态为亮点，以新模式为重点，以互联网为平台，交互作用，相互影响，共同孕育经济发展新动能，共同推动经济转型升级，共同保持经济持续稳定增长。在经济民主化时代，人的角色从被动的生产者或消费者转向主动的产消者，每个人都自觉地参与到价值共同创造中去，人们对何时、何地、如何生产与消费有了更大自主权，这使人们得以摆脱社会化大生产中机器的束缚，重归最本质的"人人为我，我为人人"的逻辑。至于对新经济理解的第三个方面，却涉及很少，但这是我们认为的新经济最为核心的战略板块。那么，如何理解通过发现新的资源来形成新经济形态呢？

首先，基于新资源的新经济是一种全新的经济形态。之所以这么强调，是因为新资源的特性是与以往我们接触到的传统资源完全不同的，无论是文化资源还是数字资源，它们的重要特质非常不同，如非标性、复用性、价值的发现性、需求的个性、环境的友好性等。新资源的这些特质，决定了基于新资源基础的经济形态的特点，那就是区别于传统经济系统与业态的一种全新的经济形态，它要求以人为中心，资源化及资源的系统化、智能化、平台化、融合化、生态化、经济民主化等①。新的经济形态是基于新需求、新基础设施建构、新生产方式和消费方式的不断生发，而形成的新经济发展状态与趋势。

其次，新经济是新时代中国经济发展的重要战略亮点。新经济包括由于新的资源形态的变化而产生的新的经济领域，以及由于新的资源形态的变化而推动的经济发展方式的变化与转型。在新时代，新的消费环境、新的基础设施、新的资源禀赋、新的生产环境和新的消费需求等，要求我们不断调适与改变发展的方式，不仅仅是生产方式，而且生产的内容、生产的组织、生产的目标等都需要改变。

---

① 西沐. 艺术金融学概论［M］. 北京：中国经济出版社，2019.

最后，在新经济时代，我们要重视文化新经济的发展带动作用。新经济已逐步成为引领和示范国民经济和社会发展的重要力量，文化新经济的发展正在成为新经济发展的示范与带动的重要业态。

二、艺术经济新形态是中国经济转型的重要新动能

随着新时代的发展，国家经济实力在世界范围内变得强大，提高国家文化发展软实力已是国家发展、民族复兴的重要前提。2020年10月，党的十九届五中全会对文化建设做出顶层设计和规划，《中共中央关于制定国民经济和社会发展第十四个五年规划和二〇三五年远景目标的建议》提出，"繁荣发展文化事业和文化产业，提高国家文化软实力""促进满足人民文化需求和增强人民精神力量相统一，推进社会主义文化强国建设"[①]，展现出国家文化事业发展的新格局和新视野。在中国文化事业发展前景不断广阔的时代背景下，开展具有前沿性、学术性、战略性价值高度的艺术经济研究是新时代赋予的使命和发展机遇。

迈入新时代，中国艺术经济不断创新发展，已经形成了艺术商业、艺术市场、艺术产业、艺术金融、艺术科技五大格局，不断推动形成了全新的艺术产业业态，社会影响力越来越大，社会需求越来越多，艺术经济理论与前沿实践需要不断创新探索。然而，目前关于中国特色艺术经济领域的战略研究和理论体系研究方面存在缺失，亟须探索创新出一套既系统深入又科学全面的中国特色艺术经济理论体系，以指导中国艺术市场发展，服务国家文化事业。新时代中国特色艺术经济理论体系创新与实践的进一步深入探索就是在这一背景下推动产生的。

当前，结合世界和中国经济走势，联系国内文化艺术事业的发展现实，中国艺术品市场随着规模的不断扩大、结构及业态的不断发展，其系统要素不断增加，系统效应不断增强，影响其发展的因

---

① 中共中央关于制定国民经济和社会发展第十四个五年规划和二〇三五年远景目标的建议 [EB/OL]. (2022-03-21) [2021-07-20]. http://zhs.mofcom.gov.cn//article/zt_shisiwu/subjectcc/202107/20210703176009.shtml.

素也越来越多、越来越复杂，需要强大的研究交叉协作和精准破题，以深入探索适应新时代中国特色艺术经济理论体系构建与发展的科学路径。这也预示着中国艺术经济的发展进入了新的时期。

第一，艺术经济是文化新经济的重要组成部分，也是最为活跃、最为鲜活的一个创新发展领域。特别是在文化新经济的快速发展过程中，如何基于新的发展平台，发掘与融合本土文化资源，加快新经济战略发展格局的构建，就成为一个重要的战略课题。尤其是基于数字化的新基础设施不断孵化与发展的新业态，使得文化数字资产成为运营发展的核心要素。在面对国内文化消费的巨大市场需求时，立足于国内大循环、畅通国内国际双循环，基于综合服务平台，围绕文化数字资产来建构相应的艺术经济新形态，就是一个重要的战略选择。

第二，我们要重视研究数字产业形态下文化资源融合发展的大背景。新时代文化资源的融合发展，要关注四大关系、五大问题、一个新形态。四大关系即统筹国际、国内市场，形成双循环，建构新的市场竞争形态与发展格局；建构系统资源的新形态，处理好资源融合关系；推动创造性转化、创新性发展，处理好转化与发展的关系；以机制创新带动制度创新、以制度创新促进体制与体系变革，处理好机制与体制的关系。五大问题即全球化视野与本土化利益问题、国际化能力平台搭建问题、国际化产业生态建构问题、新业态融合发展问题、数字化转型问题。一个新形态即在文化资源系统化、数字化条件下，基于新基础设施的数字化场景来建构文化新经济形态①。

第三，艺术经济是新的经济形态。它既是一个新兴的学科群，也是市场要素聚合与产业集群化的基本进程的呈现。它包括围绕艺术商业、艺术市场、艺术产业、艺术金融、艺术科技五大格局形成的新发展领域②。

---

① 西沐. 数字化推动艺术金融创新的转型转向 [J]. 齐鲁艺苑，2022 (2)：110-116.
② 西沐，朱恪孝，祝捷. 新时代中国艺术经济学科的建构与基本理论探究 [J]. 艺术教育，2021 (10)：14-18.

第四，艺术经济有自己的独特发展逻辑与内在规律。艺术经济作为一个独立的新经济形态，其发展的内在逻辑与规律不仅仅表现在学科研究上，也反映在其进化发展上，包括在市场与产业的生发与聚合过程中。

第五，艺术经济有自己的市场主体、结构与体系。作为一种新的经济形态，艺术经济有自己特有的系统体系，它不仅包含系统主体、结构与体系，而且还有其独特的发展与治理机制，这更多地表现在市场与产业不断发展的过程中。

三、新时代艺术经济的研究重点与突出热点

新时代艺术经济的发展是在我国文化产业即将成为国民经济支柱产业的大背景下展开的，是我国文化产业与文化经济发展的重要组成部分。特别是在我国消费结构快速转型及文化艺术消费迅速崛起的重要时期，艺术经济的发展具有极其重要的战略意义与现实意义。艺术经济的发展是我国文化新经济发展过程中的重要事件与节点，是我国文化新经济正式进入学界及业界的关注与研究探索的标志性事件，必将在中国文化新经济发展的历史进程中留下重要的一笔。

研究与发展艺术经济至少应该重视四个层面的发展：一是艺术生态本身的发展变化，它是艺术经济发展创新的源头；二是艺术经济业态结构及其业态创新发展的趋势，这是艺术经济发展的根本与本体；三是艺术经济发展的产业支撑服务体系与基础，特别是文化产业、文化市场、艺术品及其资源的系统化、资产化、金融化、证券化（大众化）发展过程中的支撑服务体系的建设，如确权、鉴定、估值、鉴证备案、集保、物流等业态创新发展的支撑；四是基于法律法规与政策建设的环境优化与培育。为此，我们认为，对艺术经济这个新业态的发展，一是要强调建构，为新业态提供创新发展的更大空间与支撑；二是要培育，新业态的发展，虽然具有很强的活力，但是它还需要一个发掘需求、适应需求、满足需求的过程，在这个过程中需要有支持培育的力量；三是要监管治理，合规合法是艺术经济壮大及持续发展的根本与前提。

在艺术经济快速发展的今天，我们应该重视以下七点。

第一，艺术经济的发展，必须夯实产业基础，特别是文化产业、文化市场、艺术市场与艺术产业的发展。

第二，艺术经济的发展，必须以需求为主线，以消费者为核心。在新的消费理念与环境下，我们要创新发掘消费理念、消费需求及消费服务的平台、方法与手段，推动更好地满足消费需求快速化、个性化发展的基本趋势。

第三，我们要积极关注并促进艺术经济发展过程中的动力机制建设。在宏观层面，我们要关注市场机制与互联网机制的融合，关注国家意志与市场发展趋势的融合。在发展的过程中，我们要特别关注并推进科技与金融对艺术经济发展的重要作用。

第四，我们要积极推动艺术经济的规模及其结构的发展。一个新兴的业态，不仅仅需要有一定产业规模的支撑，同时，也需要有健康的内在结构。就中国艺术经济的发展来说，我们要积极发展艺术商业、艺术市场、艺术产业、艺术金融、艺术科技等业态的创新，不断优化其内在的结构。

第五，艺术经济的发展要积极做好融合发展。一方面，我们要构建艺术经济发展的生态，进一步推进艺术经济由概念、形态、业态向产业生态的方向发展；另一方面，我们要发挥艺术资源的价值优势，积极实施跨界融合发展的战略举措，推动新业态的创新发展与传统业态的升级。

第六，我们要进一步提升与发挥法律法规在发展艺术经济过程中的地位与作用。我们要加快艺术经济相关的立法修法进度，进一步提升法律对业态发展发育的建构能力，进一步提升法律法规对业态发展的服务能力。在发展艺术经济的过程中，风险并不可怕，可怕的是，不能够跟随时代和行业发展的实际需求，更新风险管控的理念与方式方法，不能适时根据行业发展的需求，快速构建与完善相应的法律法规体系。

第七，我们要重视艺术经济发展的理论建设，建构中国艺术经济理论体系，推动艺术经济发展的实践探索与人才培养体系建设。

四、重视新时代艺术经济的前沿实践探索与学科建构

数字化是新经济形态发展的重要形式，这就需要我们重视前沿实践、研究前沿实践与完善前沿实践，并在这个发展过程中，建构理论系统、理论体系。数字化是新经济发展过程中最具活力的战略方向，数字经济也是新经济最为重要的组成部分。我们研究探讨数字艺术经济创新发展新路径，发掘数字艺术经济赋能中华优秀传统文化创造性转化创新性发展新愿景，意义重大。党的二十大报告提出"加快发展数字经济，促进数字经济和实体经济深度融合，打造具有国际竞争力的数字产业集群"的任务。数字化发展已经或正在重塑中国艺术经济发展的过程与格局。对数字艺术经济及其理论的研究与实践探索，是数字背景下艺术经济创新发展的重要路径，也是新时代新经济发展的新动能聚合的重要组成部分，更是中国式现代化建设的重要方面，具有重要的现实意义和长远的历史意义。

数字艺术及数字艺术经济的发展日新月异，数字艺术经济新形态的实践更是层出不穷。毋庸置疑，相关实践探索已经远远地走在了理论研究的前面。但是，已有的实践探索从来没有像今天需要理论及其体系的支撑与指导。所以，我们号召，理论研究工作者要拥抱实践，聚焦数字文化、数字艺术、数字资产、数字艺术资产等关键性的问题进行理论的系统性突破，形成相应理论架构与体系，以便更有效地指导数字艺术经济新形态的实践，使数字艺术经济新形态的生发能够持续、高质量地进行。

在艺术经济的发展与探索过程中，我们之所以特别重视其相应的前沿实践与案例研究，最为关键的就是艺术经济实践的独特趋势和独立性是显而易见的。而这些以独特趋势和独立性为基础的研究，一定会为丰富与开拓艺术经济的理论研究与学科建构贡献更多的丰富性与发展的可能。在进行艺术经济教学研究的过程中，要始终坚持一个基本的信念，那就是如果没有大量的、鲜活的前沿实践与案例来支撑，再完备的理论与体系，在纷杂的现实中，也会黯然失色。对于中国艺术金融发展的大环境而言，前沿实践与案例创

新、培育及研究是有风险的，需要的不仅仅是知识与能力，更需要胆识。

第一，对于艺术经济这一新业态与新学科而言，坚持问题导向，努力推动学科融合发展，可以说是艺术经济理论与实践探索的基本道路。而重视前沿实践及案例研究与发掘正是其基础与根本。前沿实践与案例研究是一个发现、培育、分析、研究与提升的系统过程，是一种再创造，而绝不是一个临摹、记录与再现的过程。所以，重视案例研究是艺术经济研究取得突破的重要路径。从今天艺术经济的实践来看，无论是理论还是实践，都亟须成功的前沿实践与案例的支撑与说明。对艺术经济发展过程中的前沿实践与案例，亟须认真研究、分析与提升，同时还需要努力去发掘与建构，特别是需要针对现实实践与问题去创新与培育。

第二，数字艺术经济的发展有助于从市场层面推动传统文化艺术资源活化，实现中华优秀传统文化艺术资源创造性转化创新性发展，这既是时代要求，也是文化强国建设的战略要求，只有搞好文化艺术产业数字化与数字文化艺术产业，才能在数字化背景下实现更高水平的发展，从而更好地满足人们对文化艺术及其产品多样化、差异化的需要。数字艺术经济要与特色文化艺术资源相结合，实现产业形态上的数实结合，交易与平台服务功能结合，交易标的物与区域优势产业结合，从而实现数字艺术经济产业带动区域优势产业高质量发展，赋能区域振兴，赋能乡村振兴。

第三，数字艺术经济新形态要强调发展的内涵，要把代表优秀的传统文化艺术及其突出现代表达的资源转化成文化艺术的市场形态、产业形态与产品形态，在世界多极化、经济全球化、社会信息化、文化多样化的大势之下，发挥利用商业进行美育的功能，通过文化艺术产品的市场机制来传播文化艺术及其精神，这是新时代大众美育消费均衡化的重要手段。

第四，创新艺术经济发展路径，必须加强同产业的发展对接，在更大范围内联动构建创新链、产业链、供应链、信息链、人才链、服务链，赋能中华优秀传统文化创造性转化创新性发展，赋能实体经济，实现文化艺术产业经济高质量发展。数字艺术经济新形态创新发展是挖掘文化战略资源价值的重要机制与组织形式，数字艺术经济市场化、产业化形态是实现文化艺术资源价值的重要手段。所以，我们研究探讨数字艺术经济新形态平台化的结构、机制、模式，实现交易的可信、高效、便捷化发展，具有非常重要的意义。

第五，数字艺术经济治理数字化是一个战略性课题，其中可信交易不可回避。可信交易不仅是一个技术问题，也不仅是一个交易结构与模式问题，而是涉及数字经济的治理与监管问题。需要建构基于交易结构与交易模式的治理体系与监管模式。在坚持合规经营和履行社会责任的前提下，依托技术体系构建合规管理体系，提高自身风险管控和履约能力，积极承担社会责任，实现共享式发展和可持续性增长。

综上所述，新时代艺术经济的发展是一个新的形态，充满了挑战与机遇。我们面临的问题是，对于这样一个新的学科形态，我们的认知、研究还在起步阶段，对其发展的前沿学科、内在规律还知之不多，亟须系统认知、系统研究、系统实践、系统建构，这也是我们全力推出这套丛书的一个基本出发点。我们坚信，"中国艺术经济学科建设研究丛书"的出版会改变新时代艺术经济的前沿实践与理论建构，从而全面推进新时代艺术经济的全面发展。

"中国艺术经济学科建设研究丛书"主编　西沐

从人文经济到数字人文经济：

一种新经济形态兴起

人文经济的兴起受到其深刻的内在规律与外在因素的影响，全球化碎片化、传统产业转型与数智新形态的快速发展是最重要的外部影响，世界美学的转型，审美文化的兴起，导致精神消费的崛起是其内在驱动力量，经济学向人文经济学的转向可视作新时代经济学发展在寻找终极意义的探索，这是理论前提。这些因素的合力，构成了今天人文经济学理论与实践的快速发展。

一、全球化碎片化时代的到来

随着世界进入新的动荡变革期，尤其是全球价值链面临重构的基本态势，全球化遭遇逆流发展，世界经济合作碎片化深化进行，加剧了人们对经济发展不确定性的认知。在新一轮科技革命和产业变革推动世界经济进一步互联网化、数字化、智能化快速发展的同时，也为全球化发展的动力增加了新质动能。特别是在全球经济不断重视人文价值取向的当下，如何引导全球化发展大势，积极参与到全球治理规则制定过程中，为新一轮经济全球化的发展贡献更多更有创造性的全球公共品，不断推动全球化在新时代有更多新质作为。

人文经济学之所以在今天复杂的全球发展格局中被再次提及与聚焦，表面上看是经济学研究的人文转向，实际上有其深刻的历史文化背景。其中一个不可忽视的趋势就是，随着世界美学的转型，审美文化的不断兴起，伴随互联网新经济的发展，新消费作为一种消费新业态兴起并发展壮大，特别是在数字经济新形态的迭代下，精神消费的不断崛起，正在改变传统消费格局，进而影响宏观经济走向。这种宏大格局转向，是百年世界未有之大变局下的应有之义，为此不得不重新关注与研究人文经济，特别是数字化、数智化新形态下的人文经济学。从宏观层面看，中国面临着巨大的社会与经济转型，这个转型有两层含义：一是生产方式的转型，传统资源消耗型的经济发展难以为继，必须走集约式发展的新质之路；二是数字新资源的创新发展，有着与传统资源完全不同的发展特质，在此基础上的生产、服务、消费与治理的内在发展规律都截然不同。以上转型正身处一个大的时代背景之下，即同步推进的数智化时代。数智化时代正在改变资源生产方式，形成数实融合的时空新形态，包括元宇宙、物联网等新形态的演化扩张尤为突出。这都为新时空架构下以数实融合场景为中心的人文生产、服务、消费提供了全新的意义，也是人文经济学的未来趋势。

二、数字人文经济是人文经济新形态

数字人文经济是中国特色社会主义进入新时代，数字经济与人文经济融合发展的必然结果。为此应深化对人文经济发展的背景、发展的内涵及其表现形式、发展的内在规律及其逻辑架构的认识，不断把握人文经济对新时代经济社会发展的重要影响，从战略层面分析人文经济发展的新产业、新业态、新模式，以及人文资源活化助力文化新质生产力发展的时代路径，把握数字人文新经济引领数字经济与人文经济双向促进所具有的重要理论与实践价值。

新时代的数字人文经济是以新一轮科技和技术革命为依托，以信息技术和智能制造为代表，以互联网经济、生物经济、绿色低碳经济等为重点，新技术、新业态、新产业交叉融合产生的经济新形态，其本质上基于知识经济、数字经济和共享经济，以新技术为基础，以新主体为支撑，以新产业为引擎，以新业态为亮点，以新模式为重点，以互联网为平台，共同孕育经济发展新动能，推动经济转型提质升级。在数字人文经济时代，人的角色从被动的文化消费者转向主动的文化参与者，每个人都自觉地参与到文化价值共创当中，人们对何时、何地、如何生产与消费人文资源有了更大的自主权，从而摆脱社会化规模生产的束缚，重归其最初的"天地之性人为贵。""观乎人文，以化成天下"的中国传统人文思想路径。

人文资源是与传统资源要素完全不同的新形态，无论是人文资源还是数字资源，其重要特质如非标性、复用性、价值的发现性、需求的个性化、环境的友好性等，也决定了基于人文新资源基础上的经济新形态的独特性，其要求以人为本、人文资源化及资源的系统化、智能化、平台化、融合化、生态化，乃至社会经济的民主化等趋势诉求，也使得这一新的经济形态走向基于新需求、新基础设施建构、新生产方式和消费方式，所形成的数字人文新经济发展态势。

三、数字人文经济学是一门前沿科学

经济学因其更接近自然科学，成为唯一被授予诺贝尔奖的社会科学门类，长久以来被誉为"社会科学皇冠上的明珠"。在人类史上曾有过四种主宰人类知识体系的"显学"，即原始巫术、中世纪神学、近代哲学以及现代经济学。其中，只有经济学是一门具备共通性的社会学科。其一方面用"经济的"这一人类在各个领域共通的思维方式思考问题，另一方面本身讨论的就是人在日常生活中所面临的实际问题。"学以致用"因此也成为经济学最显著的特征。

经济学以人为研究对象，自然离不开人文属性。诺贝尔经济学奖得主、新制度经济学创始人罗纳德·科斯（Ronald H. Coase）曾指出当下的经济学科"从人类创造财富的道德科学变为资源配置中的冷酷逻辑，人性的深度和丰富度是最显著的代价。不再是研究人类的学科，已经失去了根基，偏离了经济现状。"美国经济学家达龙·阿西莫格鲁（Daron Acemoglu）从制度和包容性制度角度解释了经济学中的人本价值。认为制度的作用在于约束、规范的人的行为、由人组成的组织小到企业大到国家，通过激励和惩罚的制度设计激发所有生产要素的活力，形成鼓励创新的土壤，这是一国经济可持续增长关键。

发展中国特色社会主义经济的根本目的是"促进人的全面发

展"，人文学科的重要目标是人的"自我价值实现"。当下，经济学应重视人文属性与人文价值的传播。新质生产力如何在"人们更高的生活水平"和"对幸福的追求"中创新发展，资源应该如何配置是典型的经济学权衡取舍问题。而谁来发展新质生产力和怎样发展好新质生产力，都需要从经济学的人文属性中寻找答案。在面临消费环境、新基础设施、新资源禀赋、新生产环境和新消费需求变革的当下，经济学的文化关注点除文化生产方式外，也包括所生产的内容、生产的组织、生产的目标等关键影响因素。数字人文经济学研究对于发展数字经济的带动作用无须赘述，业已成为引领国民经济和社会发展提质增效的重要手段。

本书强调人文经济学是人文资源"活化"的具体实践。在数智化时代，其进程使得人文经济数字化与治理系统现代化具有了新的探索维度。在数字人文经济背景下，文化新消费的数字化（数智化）场景不断建构，助推大众化审美文化进入快速转型期，数字新消费的多样态、多元化与个性化迭代不断深化，也使得数字时代人文经济的创新性研究发展与创造性实践转化不仅是一个社会与产业急需解决的现实问题，也是一个学界与政策关注期待的前沿课题。

本书认为人文经济的数字形态主要包含以下三类：一是数字人文的形态，二是人文经济的数字化形态，三是人文经济治理的数字化形态。其中，以下五个环节至关重要：一是人文资源数字化形态，其中包括数字人文资源和人文资源的数字化；二是生产方式的数字化形态，即随着人文资源的数字化发展，生产机制与方式的数字化转型就在所难免；三是消费方式的数字化形态，消费也越来越数字化，从内容、形式到消费本身；四是服务形态的数字化，数字形态的服务从理念、机制、模式到内容、形式、方法、对象等都发生巨大变化；五是治理方式的数字化，治理不再是管理与监管，更加强调共建、共治与共享，更加强调数据驱动在整个治理过程中的核心地位等。以上五个环节也构成了人文经济数字化的系统化形态，在数字化人文经济进程中，形成一个整体。

基于此，本书的内容共八章。本书的撰写旨在人文经济发轫及发展的历史过程中，揭示学科体系的核心及其建构体系，分析其发展的基石、发展形态、发展动力、发展土壤及治理过程等，从全局角度建构数字化形态下人文经济学发展的基本格局，从而进一步推进人文经济学，特别是数字形态下人文经济学全方位、多元化发展，在壮大与丰富经济发展的同时，进一步推动社会与经济高质量发展，实现人文精神大众化，并利用商业机制、市场机制与市场经济创新进程，实现人文精神的重构与共建，这是人文经济学在新时代的前行使命与应有担当。

本书认为数字人文经济及其学术研究是当下人文经济学在数字时代发展的新形态、新需求。基于此，本书各章节标题的命名也旨在回应这一前沿思考与观点主张。

西沐、高峰

2024 年 12 月 27 日

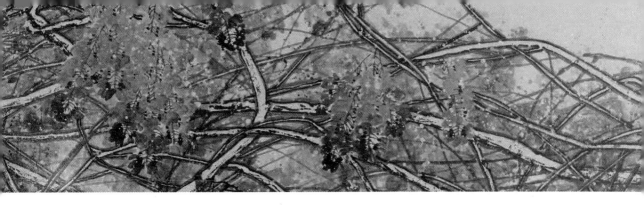

目 录

第一章

数字经济与数字人文经济学

数字人文经济是在数字经济快速发展的过程中产生与发展起来的，数字人文经济学则是在数字人文经济的兴起与壮大的趋势中产生的。所以，要理解数字人文经济则必须认知数字经济发展变革的相关历程。

为了落实数字欧洲战略，2021 年 3 月，欧盟委员会发布了《2030 数字指南针：欧洲数字十年之路》，首次提出了欧盟数字化转型的战略和目标要求。该指南分为数字技能、公共服务数字化、商业数字化转型和安全与可持续的数字基础设施四个部分。这四个部分也成为欧盟制定相关数字监管政策的方向指南。欧盟委员会所主导的数字欧洲战略提出围绕三个核心原则建立统一数据市场，推进欧盟的数字化转型，这三个核心原则分别为技术为人服务、公平竞争的经济以及开放、民主、可持续发展的社会。欧盟数字化转型路径以尊重人及其基本的价值主张为前提，同可持续发展目标协调统一。在该战略下，欧盟计划投资 40 亿~60 亿欧元，建设欧盟共享的数据存储空间、云基础设施和服务。其目标是到 2025 年，65% 的人口掌握基本的数字技能，有超过 1 000 万数据专业人才，数字经济规模增长至 8 290 亿欧元，占欧盟 GDP 的 5.8%。从而凸显欧盟致力于成为数字化转型的全球领导者愿景，其重点支持方向包括三个方面：建立统一的数据市场、支持欧洲绿色新政、成为可信赖人工智能领导者（姜建清、汪泓，2023）。未来数字经济赋能下的人文经济数字化转型已在全球各主要经济体间成为共识。

关于数字经济与数字人文经济学的研究，本章首先从数字经济的分类及其特征入手，探讨其主要作用机制及其内外部挑战。分析数据的要素化战略过程，以及数字资源作为数字经济发展的逻辑起点，其价值发现在数字经济下的核心作用。在此基础上，本章将对数字人文及其研究的缘起，中国的数字人文研究发展进程与实践路径加以阐述。在当代经济学研究的人文转向部分，本章分别从"人"与"文"的方面阐述数字人文经济学对于数字经济与人文经济的融合拓展。在基于元宇宙的数智化转型新形态部分本章将谈及基于元宇宙基座的数字化、数字经济的新范式、新形态，以及数字经济自身发展的新机制等人文数智化发展的底层脉络。最后，本章对数字人文经济学的学理与体系的概括性梳理。

第一节　数字经济发展背景

2023 年 2 月，中共中央、国务院印发《数字中国建设整体布局规划》（以下简称《规划》），提出到 2025 年国内的数字基础设施高效联通，数据资源规模和质量加快提升，数据要素价值有效释放，数字经济发展质量效益大幅增强，政务数字化智能化水平明显提升，数字文化建设跃上新台阶，数字社会精准化、普惠化、便捷化取得显著成效，数字生态文明建设取得积极进展，数字技术创新实现重大突破，

数字安全保障能力全面提升，数字治理体系更加完善，数字领域国际合作打开新局面。相较于 2022 年年初发布的《国务院关于印发"十四五"数字经济发展规划的通知》，《规划》所涉范围远超出经济领域，重点强调推进数字技术与经济、政治、文化、社会、生态文明建设"五位一体"总体布局深度融合。其预期通过数字技术的广泛赋能与功能性溢出效应，整体推进"五位一体"布局下中国式现代化的高质量协同发展。

《国务院关于印发"十四五"数字经济发展规划的通知》指出要全面赋能经济社会发展。一是做强、做优、做大数字经济。培育壮大数字经济核心产业，推动数字技术和实体经济深度融合，支持数字企业发展壮大等。二是发展高效协同的数字政务。加快制度规则创新，强化数字化能力建设，提升数字化服务水平等。三是打造自信繁荣的数字文化。大力发展网络文化，推进文化数字化发展，提升数字文化服务能力等。四是构建普惠便捷的数字社会。促进数字公共服务普惠化，推进数字社会治理精准化，普及数字生活智能化等。五是建设绿色智慧的数字生态文明。推动生态环境智慧治理，加快数字化绿色化协同转型，倡导绿色智慧生活方式等。

在中国信息通信研究院（以下简称"中国信通院"）发布的《中国数字经济发展研究报告（2023 年）》中，将"数字经济"定义为以数字化的知识和信息作为关键生产要素，以数字技术为核心驱动力量，以现代信息网络为重要载体，通过数字技术与实体经济深度融合，不断提高经济社会的数字化、网络化、智能化水平，加速重构经济发展与治理模式的新型经济形态。其具体包括数字产业化、产业数字化、数字化治理、数据价值化四大部分（见图 1-1）。

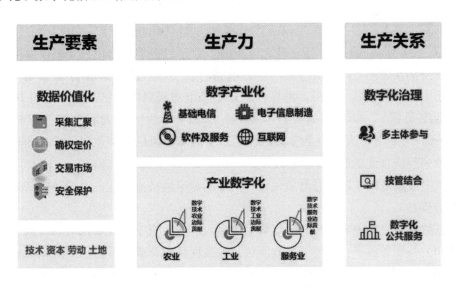

图 1-1 数字经济的"四化框架"
（图片来源：中国信息通信研究院《中国数字经济发展研究报告（2023 年）》）

一 数字经济及其分类特征

数字经济主要包括数字产业化和产业数字化两大部分。其中数字产业化主要为数字经济发展提供技术、产品、服务、基础设施和解决方案，为新兴产业发展提供坚实基础。产业数字化的深入，使得工业互联网、智能制造等新业态、新模式不断涌现。近些年，我国加快培育壮大人工智能、大数据、云计算等新兴产业，增强通信设备、集成电路、电子元器件、关键软件等核心竞争力，培育由企业主导的开源软件生态，促进平台经济、共享经济健康发展。

2023年，我国数字经济核心产业增加值占GDP比重达10%；云计算市场规模达6 165亿元，增长35.5%；数据生产总量达32.85泽字节，增长22.4%。稳健增长的数字经济也为数字贸易改革创新发展奠定坚实基础。以数据为关键要素、数字服务为核心、数字订购与数字交付为主要特征的数字贸易，已成为国际贸易发展的新趋势和经济发展的新增长点。2024年上半年，中国可数字化交付的服务进出口规模达到了1.42万亿元，增长3.7%，创历史新高；跨境电商进出口1.22万亿元，增长10.5%，对贸易高质量发展支撑作用不断增强。

（一）数字经济的本质

随着基础设施的不断完善，信息通信技术（information and communication technologies，ICT）与社会经济各个领域的融合不断加深，已成为推动实体经济结构升级的重要动力。自加拿大新经济学家唐·泰普斯科特（Don Tapscott）提出"数字经济"概念以来，不同的机构和学者纷纷为数字经济贡献了新的概念内涵。MIT媒体实验室创建者尼古拉斯·尼葛洛庞帝（Nicholas Negroponte）认为数字经济是利用比特[①]而非原子的经济，这一概念也表明了数字经济的基本内涵是基于互联网的特种经济活动之一。20世纪90年代后期，美国、日本等国家对数字经济的界定多聚焦于电子商务领域。随后，世界各国开始相继布局数字经济战略。诸如2009年的《数字英国》、2010年的《数字德国》、2014年的《意大利数字战略日程表2014—2020》、2015年的《数字法国计划》等国家层级的数字经济发展规划相继出台，数字经济自此也进入了快速发展期。截至21世纪初，全球已有近30个国家制定了数字经济战略，以信息通信领域为重点的数字经济成为这一时期各国新兴经济战略的核心。

在数字经济的界定方面，欧盟从宽带接入、人力资本、互联网应用、数字技术应用和公共服务数字化程度五个方面对其发展程度和合成指数进行了测算（杨仁发等，2023）。美国经济分析局（Bureau of Economic Analysis，BEA）基于数字经济的定义将数学经济划分为数字基础设施、数字产业化、产业数字化三个维度，并确定了该国数字经济的指标体系（见表1-1）。

---

① 比特英文为Binary digit，中译文由英文缩写BIT音译而来，在计算机专业中指信息量单位。

表 1-1　数字经济测度指标体系

一级指标	二级指标	指标含义
数字经济	数字基础设施	互联网宽带接入用户数/万户
		每百人互联网用户数/万个
		移动电话基站/万个
		每百人移动电话数量/万个
	数字产业化	电信业务总量/亿元
		第三产业增加值/亿元
		信息传输、计算机服务和软件业就业人员/万人
		计算机、通信和其他电子设备制造业上市公司数量/个
		广播、电视、电影和影视录音制作上市公司数量/个
		软件和信息技术服务业上市公司数量/个
	产业数字化	数字基础设施建设状况/词频
		数字化应用/词频
		高新技术上市公司及其下属公司数量/个
		数字普惠金融
		智能化业务上市公司数量/个

数据来源：杨仁发等《数字经济赋能长三角一体化发展研究》，2023 年。

尽管数字经济目前尚无各方公认的明确定义，但通过相关文献梳理，可以看出其是主要以数字技术方式进行生产的一种经济新形态。从技术角度来看，这一概念在信息技术的基础上产生，数字技术是数字经济的生产核心，也贯穿于生产、传播、消费等各个环节，具有较强的外部性特征。此外，生产要素与数字技术的结合使得数字经济区别于传统的社会生产模式，并且呈现出明显的数字化、虚拟化、网络化、分子化等经济特征（裴长洪、倪江飞，2018）。

作为 2016 年 G20 峰会的主席国，中国在主持起草的《二十国集团数字经济发展与合作倡议》中将数字经济定义为"以使用数字化的知识和信息作为关键生产要素、以现代信息网络作为重要载体、以信息通信技术的有效使用作为效率提升和经济结构优化的重要推动力的一系列经济活动"。

（二）数字产业的划分

为实现对数字经济的准确测度，经济合作与发展组织（OECD）建议按核心经济活动将"数字产业"划分为六个不同类别，即数字驱动行业、数字中介平台、电子零售商、其他数字业务行业、依赖中介平台的行业及其他相关行业。有学者（刘权 等，2023）在此基础上结合国内相关产业特征，从产业发展的角度对数字产业化进行了分类（见表 1-2）。

表 1-2　数字产业相关部分分类

相关部分	分类	行业构成	具体组成
数字技术产业	传统信息技术产业	电子信息制造业	通信设备制造业、电子计算机制造业、雷达制造业、广播电视设备制造业、家用视听设备制造业、电子器件制造业、电子元件制造业、电子测量仪器制造业、电子专业设备制造业、电子信息机电制造业、其他电子信息行业
		基础电信业	电信、广播电视及卫星传输服务
		互联网行业	互联网接入和相关服务、互联网信息服务、互联网平台、互联网安全服务、互联网数据服务、其他互联网服务
		软件和信息技术服务业	软件开发、集成电路设计、信息系统集成和物联网技术服务、运行维护服务、信息处理和存储支持服务、信息技术咨询服务、数字内容服务、其他信息技术服务业
	新兴信息技术产业	物联网	—
		工业互联网	—
		大数据	—
		云计算	—
		人工智能	—
		区块链	—
		虚拟现实和增强现实产业	—
数据要素产业	数字资产及相关服务业	数字资产	数据交易、数字孪生、数字内容等
		数字服务	数字权益类资产等

数据来源：刘权等《数字产业化：新基建激发数字经济发展新动能》，2023 年。

（三）数字经济的特征

数字经济的出现标志着一场颠覆性的技术经济范式变革，其不仅改变了实体经济结构，也改变了企业运作机制。实体经济的增长，不仅积累了丰富的信息资源，也推动了新一代数字化基础设施的构建，使得数字经济得以更加有效地推动其发展。这种双向的变革，促使两者之间形成一种持续的、有机的、协调的、可持续的、交融的网络结构，衍生出两种经济系统之间的相互关联、相互促进的长期动态关系（张祥建、刘知恒，2023）。

数字经济主要可以分为两个阶段，其中数字经济"1.0 时代"的增长效能主要基于"连接+能源+材料"的三重维度。以信息与通信技术（ICT）为代表的"1.0 时代"未能带来长期的劳动生产率、利润率和实际工资水平的同步增长，其原因主要在于规模上 ICT 仅仅实现了局部性连接（以局域网为主），因此没有足够大的净创造效应，此外在结构上"1.0 时代"的技术应用主要集中于服务业，劳动生产率的提升效应也主要集中在金融业服务领域，缺乏对工业制造的足够渗透。而在以大数据、云计算和人工智能为代表的数字经济"2.0 时代"，则实现了从流通连接到生产连接的拓展。如果说"1.0 时代"实现了实体经济的信息化，那么数字经济"2.0 时代"则实现了信息的实体化和工业化（杨虎涛，2023）。

此外，当下的数字经济还表现出以下一些特征：

1. 规模经济

在数字经济时代，平台企业通过网络外部性实现规模经济。其外部价值主要取决于网络客户的链接数量。根据梅特卡夫定律（Metcalfe's law），网络的价值以用户数量的平方递增。当用户数量超过某一临界点后，网络价值便会呈现爆发式增长。该定律不仅适用于互联网领域，而且可以推及社会、经济网络领域，通过扩大网络用户规模，提高平均利润进而实现收益最大化。

2. 范围经济

在数字经济下的平台企业，其实现范围经济的条件由产品的相关性转向平台用户数量所形成的规模经济效应。基于海量的用户资源，数字平台除了出售满足大众需求的单一类型的产品和服务，也可以提供一些满足小众需求的个性化产品和服务。通过为买卖双方提供交易平台，数字企业可以形成"长尾理论"[①]。

3. 成本优化

数字经济平台企业利用大数据分析可以迅速将供求双方直接联系在一起，为消费者、线上企业和物流公司建立链接体系，有效解决了交易双方的信息不对称问题，从而大幅降低交易双方在信息搜寻、议价比对、监督制约等方面的成本。数字技术与金融服务的融合也使得金融信息服务发生了变革，创新提供金融信息、数据和信息类衍生产品、交易渠道等。增加了服务过程中的可用资源，增强了资源的可转移性，完成了技术赋能金融的价值共创流程（全球主要金融信息服务商见表 1-3）。

表 1-3　全球主要金融信息服务商

公司名称	国家	服务对象	核心产品及功能
彭博 （Bloomberg）	美国	面向 B 端机构用户：金融机构、投资银行、资产管理公司、交易商、金融分析师、政府机构、法律公司等	Bloomberg 终端：提供金融市场数据、新闻和交易系统
阿尔法 （AlphaSense）	美国	面向 C 端个人投资者用户：中小投资者	AlphaSense：金融搜索引擎，提供金融市场信息
万得 （Wind）	中国	面向 B 端机构用户：证券、基金、保险、银行、投资公司等金融机构，政府组织、企业、媒体	Wind 终端：提供全球金融市场的数据与信息

---

① "长尾理论"指基于产品的存储和流通的渠道足够大，众多小市场汇聚成可产生与主流相匹敌的市场能量。

表1-3(续)

公司名称	国家	服务对象	核心产品及功能
恒生电子	中国	面向B端机构用户：证券、期货、基金、保险、银行、信托、私募等机构	恒生电子交易系统：证券综合金融服务平台
同花顺	中国	面向C端个人投资者用户：中小投资者	i问财：金融领域的语音问答系统，提供智能选股、量化投资、技术分析、快速选股等服务

数据来源：王义中等《数字金融：改变与重构》，2024年。

4. 数据资源

在互联网刚刚兴起的时候，丹·席勒（Dan Schiller）等就提出了"信息资本主义"概念，奈格尔·思瑞夫特（Nigel Thrift）等提出了"认知资本主义"。尼克·斯尔尼塞克（Nick Srnicek）特别强调了数据与信息或知识的区别在于：信息和知识是数字生产的结果，数据则与之相反。此外，除了其所强调的被提取、被精炼的数据，也存在着未被提取和精炼的数据，即剩余数据。剩余数据的存在是理解数字经济的关键，因为剩余数据绝不等于无用数据。数据资源层不仅保障了用户与商家、用户与平台之间的传播与交流，而且使得物质层面上的各种流通（如企业、物流与服务器等非人因素之间的交流）顺畅，后者也使得数据资源成为数字社会的基本保障（蓝江，2022）。

（四）当下数字经济面临的挑战

数字经济以与生俱来的创新性、连接性和共享性等特征，既提升了经济的发展韧性与创新能力，又催生了新业态、培育了新动能，推动了区域之间的协调发展。从理论逻辑角度来看，数字经济推动区域协调发展主要涉及以下三个方面：一是在价值分配环节数字经济可以赋能资源有效配置，二是在价值实现环节可以赋能市场变革，三是在价值创造环节可以赋能区域间分工协作。

目前我国数字经济在数字基础设施建设、数字信息技术发展等方面取得显著成效。在此过程中，数字经济区域协调发展所面临的挑战主要包括：

1. "数字鸿沟"扩大地区差距

数字经济的重构效应赋能数字基础设施均等化与基本公共服务均等化，但是在不同地区的物质资源、技术、信息、人口素质等情况存在差异，在技术和人口层面也存在一定的"数字鸿沟"①，从而会加剧数字经济发展失衡，产生"马太效应"②。要想充分促进数字经济推动各地区协调发展产生"长尾效应"，就必须缩小数字技术的垄断和地区人口素质差异所导致的"数字鸿沟"。2023年12月，国家发展改革委、国家数据局联合印发了《数字经济促进共同富裕实施方案》，提出通过数字化手段促进解

---

① "数字鸿沟"指在全球数字化进程中，在不同国家、地区、行业、企业、社区之间，信息、网络技术的拥有程度、应用程度以及创新能力的差别造成的信息落差及贫富进一步两极分化。

② "马太效应"指一种常见的社会心理现象，即已有优势往往会产生更多的优势。

决发展不平衡不充分问题，不断缩小区域、城乡、群体、基本公共服务等方面差距，推进全体人民共享数字时代发展红利，助力在高质量发展中实现共同富裕。

2. 数字基础设施建设不足

我国新基建存在如通信基础设施供给有待提高、关键核心技术储备不足等问题，导致新基建潜在需求旺盛而有效需求不足。数字基础设施分项指标第一方阵均为东部地区，其数字基础设施比较完备，数字技术应用和创新水平都比较高；西部地区的数字基础设施仍有待完善，数字技术应用和创新水平相对滞后；中部地区的数字基础设施水平略高，数字技术应用和创新水平不断发展。2023年2月，中共中央、国务院印发了《数字中国建设整体布局规划》，明确数字中国建设按照"2522"整体框架进行布局，即夯实数字基础设施和数据资源体系"两大基础"，推进数字技术与经济、政治、文化、社会、生态文明建设"五位一体"深度融合，强化数字技术创新体系和数字安全屏障"两大能力"，优化数字化发展国内国际"两个环境"。

3. 数字原创性研发不力

据工业和信息化部在"2024中国数字经济创新发展大会"上发布的《中国数字经济发展指数报告（2024）》，我国数字产业加快培育发展，中央企业成立数字科技类公司近500家。制造业数字化转型深入推进，工业互联网覆盖49个国民经济大类，5G行业应用已融入76个国民经济大类，"5G+工业互联网"项目数超过1.4万个。由于核心技术与基础研究存在明显短板，我国数字经济仍缺乏与自身经济规模相符的全球技术话语权，很多基础性、关键性软硬件数字技术仍然受制于人。从整体上看，数字经济在关键软硬件技术方面（如工业控制软件、系统软件、集成服务能力、高端芯片、核心元器件、光刻机等）还部分落后于发达经济体。数字经济的基础性研发不足导致我国数字企业在技术、产品与服务的创新等方面过去长期缺乏核心竞争力，过于注重商业模式创新。此外，我国数字信息领域的核心技术受制于人的局面仍未根本改变，基础技术产业体系与高附加值环节"卡脖子"问题凸显。与发达国家相比，我国信息通信产业在创新能力、生产效率、高端供给等方面还存在较大的差距。

4. 政策支持体系仍需完善

我国数字治理体系的制度建设和监管理念仍存在空白和滞后，法律法规仍不完善，政务数据方面的开放度和连接度仍需提高，大量数据只能低效率囤积而无法激发其内生价值。信息泄露、数据滥用、数据"孤岛"等现象，也会阻碍区域间协调发展。数字治理体系制度建设和监管理念不足还会导致数据市场的不公平竞争。数字经济发展初期，政策监管相对宽松，许多数字化企业迅速成长，数字经济到达高速扩张期后，监管治理出现空白与滞后，此时市场上主要是拥有超大量用户规模的数字平台，赢者通吃、市场垄断、无序扩张等问题在数字经济中日益显现，不仅损害消费者权益、扭曲资源配置、降低竞争效率，而且会使垄断者收入过高，加剧社会收入分配不公，进而阻碍区域间协调发展。欠发达区域也存在一定的"数字歧视"现象。因此，数字经济发展的政策支持体系亟须完善，以保障数据要素流动畅通、数据市场公平竞争（斯丽娟，2023）。

5. 地方数字治理方式过于单一

目前我国大多数地区对数字经济的治理方式相对单一，主要遵循政府主导和政策驱动的模式，尽管这一模式可以最大限度发挥政府的积极性，但对于处于高速扩张阶段的数字经济，单一治理结构存在一定的政策空白与滞后时段。同时，一些地方政府权力的过度扩张，也会催生权力滥用、地方保护、打压异己等问题，产生重叠监管与相互推诿并存的情况，其他数字经济参与主体的权利更是难以保障。因此，应寻求数字经济多元共治。数字经济多元共治的实质参与，有助于监督和制约公权力，重塑地方政府的法治方式，其联合行动能力，有助于促进地方法治试验的程序公正，形成共治的法治格局。

6. 高端数字人力资本仍然短缺

2024年9月，51CTO和中国软件行业协会信息主管分会发布的《2024数字人才白皮书》（见图1-2）显示，企业普遍面临数字人才短缺的问题，74%的企业表示存在数字人才缺口，其中44%的企业认为人才"非常紧缺"。数字人才严重不足是我国数据经济进一步发展的一大瓶颈。由于市场劳动分工过细，很多行业找不到既具有互联网与数字思维、同时又具备行业知识的人才。数字人才的供应特别是高端数字人才供应，受到数字人才保有量不足和数字人才培养周期长的制约而严重短缺。在数字人才需求中，数字化专业人才占比达87%，同时，数字化应用人才和数字化管理者也占据一定比例。地域与行业分布上，数字人才主要集中在我国东部沿海省份发达地区的第三产业领域，且正快速向非ICT行业渗透。然而，随着各行业数字化转型的加速，跨领域融合型、数据驱动型、人工智能与机器学习等新型数字人才的需求不断增长，为企业带来了新的挑战。企业在转型与培养过程中，面临人才缺口大、培养难、吸引与留存难、管理难等问题，缺乏数字人才标准和评价体系是主要障碍。此外，不仅生产端的数字素养很重要，需求端的数字素养也同等重要。需求端的数字素养是推动数字技术实现商业化、规模化的重要原动力。但我国还有很大部分消费群体无法掌握或缺乏数字技能，不能享受数字经济带来的生活便利，需求端的"数字文盲"程度可能比供给端更高。

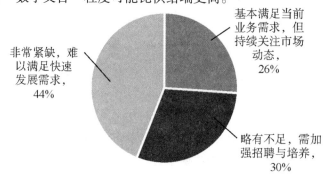

图1-2 企业数字人才需求现状分布

（图片来源：51CTO、中国软件行业协会信息主管分会《2024数字人才白皮书》，2024年）

7. 数字营商环境欠佳

目前我国还未能很好地建立起一套与数字经济相符或相衬的法律制度体系，导致我国数字经济营商环境还有待改善。2020年11月11日第三次修订的《中华人民共和国著作权法》为维护数字经济版权秩序、提升数字版权治理效能、促进数字经济的发展与繁荣提供了重要的法律支撑。但是，从目前我国网络交易类平台和信息内容类平台实际运行情况来看，仍存在许多未能或难以解决的基础性问题。网络购物虚假宣传缺乏相对应的法律法规对其进行界定和规范，给网络消费者造成很大误导，致使其体验感下降，对网络购物建立起的信任造成一定打击。网络平台的数据产权未能得到法律明确，致使平台间数据争议纠纷不断，电商平台应对网络售假行为该不该负责任或负何种责任，至今仍未有清晰边界。大型数字平台垄断容易出现"一家独大""二选一""大数据杀熟"等现象，使得社会各界对平台垄断进行规制的呼声越来越高。

8. 全球数字治理话语权不强

我国虽然是数字经济大国，但在数字经济的规则制定上的国际影响力较弱，其根源在于国内还未形成一套成熟且具有国际水平的数字经济治理规则。由于自身在数字经济治理规则上"步人后尘"，无法形成具有领先性的制度与规则主张。作为数字经济全球化的重要载体，数字贸易日益成为国际规则话语权的重要博弈领域。中国虽然积极在世界贸易组织（WTO）提交了关于数字贸易规则的中国议案，努力推动多边数字贸易规则的协商和讨论，但由于国内数字贸易法律法规制定相对滞后，数字化治理缺乏"一以贯之"的制度性框架，与数字经济发展密切相关的制度建设如数据跨境流动、源代码、个人信息保护、在线消费者保护等均缺乏应有的法律规范，这些与我国数字化开放度不足、相关智库的数字经济研究实力不强、政府数字化治理水平不高等因素有关，我国在将国内标准上升为国际规则方面往往力不从心，在数字贸易领域基本都是被动地适应国际规则。且由于网络安全、意识形态等的不同，我国提出的数字贸易标准与国际存在一定差异，从而我国在数字贸易国际治理中的话语权较弱（朱福林，2022）。

（五）数字经济的主要作用机制

1. 效率变革机制

数字经济的突出特征之一是数据作为新型生产要素的投入。数据要素所具备的高流动性、低边际成本、累积溢出效应等特征，不仅能实现自身要素价值，同时也能与其他要素融合解除传统要素约束、实现资源配置的优化，此外也可以促进组织结构与治理优化，实现全要素生产率的提升，其衍生出的数据应用与服务，相较传统要素几乎不存在排他性，更易通过累积、聚集作用发挥溢出乘数效应，实现边际收益递增。数据要素的渗透性和融合性优势也使得各类要素以数据形式产生、储存、聚合、流动，利用数据服务极大减少信息不充分、不对称等市场失灵现象，降低要素的时空约束以及市场主体信息检索及匹配成本，提升信息匹配质量，增加要素异质性定价可能，使生产点更接近生产可能性曲线。

2. 动力变革机制

数字经济作为全球技术创新、产业变革及现代化经济体系建设的新引擎，主要通过数字产业化和产业数字化实现当下国家经济高质量发展的动力变革。其中，数字产业化以发展 ICT 产业为核心，是带动国民经济重心向技术密集型转移、实现创新驱动产业升级的关键。其突出特征为"云、网、端、平台"[①] 的融合。其中，云计算具有扩展性强、集约高效的优势，其用户规模越大，则单位用户服务成本越低、效率越高；互联网以通用协议将不同网络终端相连接，形成具有极高承载力和无限价值挖掘潜力的庞大网络；物联网在互联网基础上将用户端延伸至物品，促使用户通过终端获取数据资源和信息技术并将其进一步转化为实用价值；平台模式则将碎片化资源加以整合，以降低用户使用成本、提升碎片化数据资源配置效率、促进创新资源协同整合、提升创新效率，从而实现创新驱动发展。而产业数字化则通过对传统产业的数字化改造提升经济产出效率，推动价值链攀升与产业链重塑，降低企业内外部交易成本和边际成本，形成规模经济。同时，平台模式突破价值链上下游企业和企业与用户之间的界限，企业可更精准预测消费者需求并提供定制产品和服务，向"微笑曲线"[②] 下游的营销服务环节延伸获取更多价值增值。此外，数字经济的平台化发展也打破了产业链之间的壁垒，推动产业链形态由"单向单环式"向"网络协同式"转变。平台连接多条产业链并提供信息整合、数据共享、资源调配、物资流转等数据服务，有效推动产业环节再分工与价值再分配，形成协同发展的网络式产业生态群落。

3. 质量变革机制

数字经济能有效降低传统生产生活方式对自然资源的依赖以及对生态环境的污染，提升产品和服务质量水平以满足消费者日渐升级的消费需求，并通过提升城市治理水平改善居民生活质量。在数字产业化方面，ICT 产业以数字化的信息和知识为核心生产要素，具有可复制共享、无限增长和供给的禀赋特征，对自然资源依赖性低，从而为 ICT 产业的可持续发展提供基础。而在产业数字化方面，对资源消耗和环境污染较重的传统制造业而言，数字技术的融合可在各个生产环节提高资源利用效率、精准有效配比投入产出、降低系统运行及维护成本并延长设备的使用寿命，进而避免能源资源消耗、减少污染排放、形成绿色低碳的生产模式，加速制造业的绿色化转型。

同时，数字技术的应用也能使企业加强生产质量监管、提升质量管理水平并降低不良产品率，有效提高产品质量。信息通信技术发展衍生出的商业模式创新为消费者带来质量更高、内容更丰富的消费体验，有利于提升消费者获得服务的满足感。此外，数字经济的发展打破了生产者与消费者边界，企业生产由规模化、标准

---

① "云、网、端、平台"指云计算和大数据技术、互联网和物联网、终端及平台。

② "微笑曲线"指，在附加价值的观念指导下，企业体只有不断往附加价值高的区块移动与定位才能持续发展与永续经营。

化向定制化、个性化、服务化转变，以满足消费者日渐升级的消费需求。其也能有效克服信息不对称等市场失灵现象，使优质产品和服务得以被消费者广泛获取，降低了劣币驱逐良币现象发生的可能性（韩晶 等，2020）。

二 数字经济发展的基础与核心

在数字技术快速融合发展的大背景下，数字经济及其新业态、新形态在全球范围内勃然生发，已经成为世界新经济发展的重要力量与组成部分。数字经济作为推动经济复苏的新动能和新引擎，已成为世界范围内最值得关注的新经济增长极，是当前世界各国重点关注和发展的核心领域，持续受到高度的重视，其竞争也日趋激烈（李三希，2022）。同时也应看到，在数字经济快速发展的同时，人们对于如何认知与理解数字经济发展的特质、基本规律以及其发展内核与基础等，都尚处于一个模糊阶段。因此，研究与建构数字经济的理论核心，深化其理论内核，推动数字经济体系的发展等方面都亟须取得突破，特别是在积极探索的同时，需要始终强调创新与创造，尤其是在当前尚未形成相应的系统理论研究与基础的条件下，更需要对其展开系统的理论建构与实践探索。

（一）数字经济是新经济形态

数字技术革命和生产变革不断推动数字经济新业态、新形态的崛起与发展。数字经济是一个新业态，更是一个新的经济形态。当前数字经济发展已经开始成为新一轮国际竞争的重点战略领域，成为重组全球要素资源、重塑全球经济结构、改变全球竞争格局的核心驱动力。

虽然数字经济是一个新的重要经济形态，我们已不可选择地置身其中，但人们的认知其实还远没有跟上数字经济发展的步伐。具体表现为：在现象层面，已经有人注意到，对这一新经济形态的发展，虽然其要素市场与资本市场的发展比较弱小，但其经济规模却已经拓展得比较广。

与此同时，这些数据是基于不同标准和口径测算的，给国际比较分析增加了难度，也给国内外社会公众了解各国数字经济发展水平带来了困扰。未来还需关注以下三个方面问题：一是需求的巨大拉动力使得数字资源富集领域的业态迅速发展，但未在更大层面上启动业态发展的数据要素市场与数字资本市场。二是数字产业要素市场与数字资本市场由于认知的限制尚不能进行科学有效的顶层设计与一些核心问题的解决。三是数字资产的流转等方面所面临的问题较多，无疑形成了数字经济发展过程中所需面对的主要瓶颈。

数字经济在快速发展过程中的基础是数字（含数据）资源化，其核心是数字化资源的价值发现，它是基于新的资源形态的一种新的发展范式，这是数字经济新形态能够成立的关键。数据要素化是数字经济发展的一种价值认知，发展数字经济，首先要强调的是数据是一种数字资源，这是前提。在数字化与数据化基础上对数据所蕴藏的价值进行充分的挖掘和释放，是数字经济发展的核心，由此来看，衡量一个国家、地区或是组织综合竞争力的关键指标就在于其对数据及其资源所拥有的开发与应用能力，数据价值的发挥需要建立在多元数据的融合碰撞以及数据的共享流转基础上，换言之，唯有让数据及其资源动起来、用起来，继而才能产生、增加并发挥其价值作用，而在数据及其资源全生命周期的每个环节上，恰又与众多相关利益者关联密切，因此充分发挥各环节相关利益者的积极性，提升与保障各环节相关利益者权益，才能更好地实现数据及其资源价值的最大化，形成健康发展的数字经济形态与发展生态（梅宏，2023）。

（二）数据要素化是一个战略概念

当下所谓的数据要素化，实质就是数据生产要素化的简称；数据要素则是数据要素化的结果的简称。在数字经济发展的初期阶段，强调数据要素化一方面是源于理论研究与建构的需要，另一方面在于新经济发展过程中的战略需要，因为其已经成为一个重要的战略概念。之所以强调数据要素化，主要是因为数据在信息化时代已经毋庸置疑地成为一种资源，并且这种资源在信息化时代起到了越来越重要的战略作用。从发展的战略层面来看，数据要素化是没有任何问题的，因为它是信息化时代的产物。同样，在经济学研究的过程中，强调数据要素的重要性，是进一步将数据作为战略资源，在经济增长与发展过程中起到与人力资源、自然资源、资本形成与积累、技术与创新同样重要，甚或是更加重要的作用。因此，本书认为数据要素化在今天既是一个战略概念，也是一个历史发展的概念。对这个概念的认知，一是要与时俱进，二是要将其放在新经济形态进化发展的过程中去认知与研究。

数字经济是信息化深化发展过程中的高级形态。而数据的战略意义是随着信息化而不断得到强化的。但是随着数字经济的发展，一味地强调数据及其重要作用，而不去深化研究与探讨数字资源及其资产，这显然与数字经济的快速发展态势不相适配。因此，数据是信息化大背景下的产物，在数字经济时代，过分强调数据而忽略在数据发展过程中生发的数字资源及其数字资产，显然是一种认知遮蔽与障碍，是试图用老的认知解决出现的新问题与新形态的一个趋势性的惯性，对于这个问题我们必须旗帜鲜明，因为数据只有成为一种数字资源，才能够成为数字经济形态研究与发展的基点。

数据要素化在国际上处于前瞻探索阶段，主要体现在以下两个方面：

一是数据相比传统生产要素具有独特特征，如获得的非竞争性、使用的非排他性（或非独占性）、价值的非耗竭性、源头的非稀缺性等。正是因为上述特性，数据作为生产要素在涉及产权、流通、共享、定价、使用、获益、安全和隐私保护等方面，不仅存在制度障碍，还缺少有效的技术及其体系的支撑。

二是数据要素化是将数据确立为重要生产要素，并通过各类手段让其参与社会生产经营活动的过程，它又可分为递进的三个层次：

首先是资源化，当下数据及其资源作为基础性战略性资源已获得广泛认知，资源化即发掘数据的资源属性，这是数据及其资源价值进一步释放的前提；

其次是资产化，即在法律层面上确立数据的资产属性，这是数据及其资源要素价值得以保障的根本。从已有研究来看，数据及其资源作为资产，必然涉及数据资源的产权问题，而数据及其资源的确权问题目前还是一个没有定论的重要课题。在传统经济发展过程中，资源要素由于经济实体性、产权可分离性和流动独立性等，其确权相对容易，但相应的理论与方法对数据资源要素就难以适用，特别是在参与主体多，数据及其资源权属关系复杂，现有法律体系框架下无法有效解决数据及其资源的确权问题的情况下；

最后是金融化，即实现数据及其资源的金融资产属性，这是数据及其资源要素价值实现并创造新价值的重要战略途径。当前，数据及其资源的流通共享存在很多问题，数据及其资源的定价和收益分配比较混乱，特别是数据平台的虹吸效应、垄断行为带来税收、收益等问题，都对数字经济业态（生态）的形成发展产生难以克服的障碍。数据要素化的实现不能因循既有制度体系，必须进行理论上的创新与实践上的探索。

作为一种新兴生产要素，数据正在深刻改变人们的生产生活方式，影响着社会治理。在数字经济发展的过程中，始终面临一个重大的理论和实践问题，那就是数据及其资源的公开、便捷、共享问题与数据及其资源权益的保护这两者之间在特定的时空中会形成冲突，如何架构新的机制就成为数字经济发展过程中必须要面对与要解决的一个现实问题。2022 年，《中共中央 国务院关于构建数据基础制度更好发挥数据要素作用的意见》（以下简称《意见》）提出了构建基础数据制度的若干工作原则，即坚持公开共享共用，数据共享问题得到关注，强调数据及其资源要素的共享性、普惠性，并进一步释放了数据及其资源的价值红利。

可以说，数据及其资源作为新型生产要素，是数字化、网络化、智能化的基础，已经快速融入了生产、分配、流通、消费以及社会服务管理等各环节之中。上述《意见》从生产要素高度部署数据要素价值释放的重要政策文件已经开始从基础制度的规范方面逐步破解数据要素价值释放等多个层面的难题，特别是在探索建立新的市场竞争机制进一步保障权益、合规使用数据及其资源的产权制度等方面，提出了建立数据及其资源持有权、数据加工使用权、数据产品经营权"三权分置"的数据产权制度框架；从创新发展的角度，探索强化了数据加工使用权，放活数据产品经营权，为实现审慎对待原始数据流转、鼓励数据开发利用、引导数据产品交易、释放数据及其资源要素价值奠定了制度基础。

由此可见，建立数据及其资源"三权分置"运行机制是在数字经济发展大的背景下展开的，数据资源的持有者：一方面可以利用一个主体多种角色的机制把业务范围拓展至数据加工使用和数据产品经营上来；另一方面可以采用多个主体一种角色的机制，催生形成更多数据加工使用者和数据产品经营者的工作局面。可以看到的是，数字经济市场竞争机制的不断创新进一步推动数据产品与服务质量的不断提高是应有之义。

（三）数据要素化是一个过程

数据要素是数据要素化发展的结果。数据要素化是进一步向数字资源、数字资产发展深化的一个过程。这个过程是技术推动与需求拉动的结果，表现为资源的转换与业态变迁的内在逻辑及其过程。其中，资源转化逻辑是：数据-数据资源-数字化-数字资源-数字资产。相对应的业态变迁逻辑则是：信息化-互联网经济-数字技术-数字产业-数字经济（见图1-3）。它们共同推动完成了数据要素化过程。数据已经成为新型的生产要素，其出现就像每一次社会经济形态变革过程中那样，都伴随着新的生产要素的出现，并带动社会生产力的跃升。

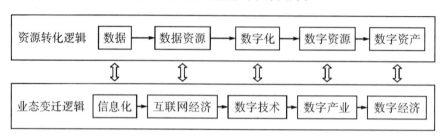

图1-3　数据要素化过程

回顾人类发展的历史就会发现，生产力发展是人类社会发展的决定力量。在农业社会，土地和劳动是基本生产要素；进入工业社会，资本、管理、技术、知识等成为主要生产要素，极大地推动了人类社会发展进步；进入信息社会，数据成为新型生产要素，对生产、流通、分配、消费活动和经济社会发展的机制、社会生活方式、国家治理模式等起到的作用越发重要。党的十九届四中全会审议通过的《中共中央关于坚持和完善中国特色社会主义制度　推进国家治理体系和治理能力现代化若干重大问题的决定》增列了"数据"作为生产要素，反映了随着经济活动数字化转型及其作用加强加快，数据对提高生产效率的作用也明显加强。

在数字经济发展过程中，有一个非常重要的概念易被混淆，即数据要素与数字资源在数字经济发展过程中的定位与作用问题。当下，在研究数字经济发展的时候，往往把数据要素当成数字资源，把要素市场当成数字资源的配置市场，这对数字经济这一新的经济形态的发展是非常有害的。对一个独立的经济形态而言，能够成为独立的经济形态，要面临最为根本的问题不是发展的要素问题，虽然新的发展要素对一个独立的经济形态来说非常重要，但是更为根本的是要有新的具有独立特征的资源。也就是说，数字资源是数字经济新形态发展的基础与根本，而数据要素是非常重要的发展方式或手段。因此，在研究分析数字经济发展时，数据要素与数字资源在数字经济发展过程中是属于不同层次与不同战略作用的问题，不能因为数据要素重要而忽略了数字经济发展的根本基础，即数字资源。换言之，没有以数字资源为基础的数字资产，就不可能有数字经济。

1. 作为数字经济发展方式的数据要素

在数字经济发展过程中，数据并非自然地就成为数据要素，它要通过要素化这一过程才能成为数据要素。数据无疑是数字资源，但数据要素化是一个过程，要实现这个过程，数据还需要进行数字资源化、数字资源系统化，以及数字系统化资源的资产化。由此，数据才能真正实现要素化，成为数据要素。

2. 作为数字经济发展基础的数字资源

从世界经济发展的历史来看，每一次新经济形态的兴起，无不是源于新经济资源的发现。数字资源作为一种全新的资源形态，是在人类进入信息化社会发展的过程中，不断从数据及其要素化的过程中推进的。数字资源有其独特的特质，因此在其基础上不断壮大发展的数字经济就形成了一种全新的经济形态。

3. 数字经济围绕数字资源这一基础展开

数字资源是数字经济发展的基础。基于此才有数字资源的系统化，系统化数字资源的资产化，以及数字经济不同业态的丰富，也才能使数据要素化这一战略目标真正落地与实现。

（四）数字资源是数字经济发展的逻辑始点

从"数据"资源到"数字"资源，仅一字之差，却有着非常大的区别，这也是为什么反复强调数据、数据资源与数字资源特质不同。这种差异不仅仅体现在技术层面，更多的是业态以及经济形态重大变化所导致的结果。在这一过程中，一些专家已经看到了数字经济发展的战略本质，他们强调要重视数据的公开性、流动性和可获取性，而唯一有效的途径就是公开、便捷与共享。

数据的流通方式包括开放、共享、交换、交易等，以货币为对价的数据交易是其中一种特殊的流通方式，交易也不应成为数据流通与利用的主要方式，而更多地应以开放、共享的生态为实现路径（孙冰，2023）。在数字经济发展中，数据首先是共享的，共享的基础是开放、共建、共治。在此基础上才能形成具备资产与场景属性的数据资源化、资源系统化、系统资源资产化，才能实现公平交易。

数字经济发展有其自身的内在规律与发展逻辑，只有站在新经济发展的高度，认真研究与认知这种规律与逻辑，才能更好地把握数字经济发展趋势。具体来看，数字经济发展的内在规律与发展逻辑主要体现在以下方面：

1. 数字资源有基本特质

数字资源的基本特质主要包括：第一，物理性。数字资源的表征是物理的，甚至其指向对应也是物理的。第二，形式的标准化与价值的非标性。其是指对数字资源的形式计量可以做到标准化，但其相对应的价值计量是非标性的。第三，权属性带来的稀缺性。数字资源在理论上是海量的，但在权属维度上是稀缺的，实现资产化首先应确定其权属。第四，复用性。数字资源可以被共享、拷贝，不像物理资产那样越用越少，而是越开发越多、越使用价值越大。第五，价值的发现性。数字资源的价值不靠测量而靠发现，是在数字的资产层面以及与之对应的物理层面发现的。第六，依附性与指向性。数字资源依附于数字技术系统、物理形态或事物发展的规律，其指向性主要指资产的现实意义和价值。第七，成本的递减性。数字资源的成本是递减的，这与物理资产的特性相反。第八，价值的系统性。数字资源化强调资源的系统化，寻求价值最大化必须强调价值的系统性（西沐，2021）。

2. 数字资源有基本形态

数字资源的基本特质决定了基本形态。其基本形态主要包括：第一，数字性资源形态，如创作、载体与呈现均为数字化的艺术品的资源转化，就是数字资源形态。第二，内容性资源形态，包含物理形态的内容数字化或数字化内容的资产化，是将内容表现资源化后，所形成的内容数字化资源形态。第三，复合性资源形态，表现为数字资源与实物资源对应的映射关系，购买或拥有数字资源即意味着拥有实物资源的所有权。第四，数据性资源形态，即数据资源的再资源化，是数据资源及其价值延伸的重要体现，如反映市场发展内在规律的各种价格指数、行情指数、景气指数等，其价值可以产品化、资源化，是一种新的数字资源形态。

3. 通过平台转化为数字资产

数字综合服务平台不只是功能性平台，而是以数字化为基础，基于新基础设施的平台。基于平台的服务功能，数字资源的确权与估值定价可以实现，从而完成数字资产的转化。在数字化基础上，平台的形态已发生巨大变化，即由基于一般传统交易的平台形态转为基于数字化的综合平台形态（西沐，2020）。其建构的基本框架是通过平台核心价值层，即"七公（共）"[①] 原则下的生态性；通过增信融合证券、银行、信托、保险、基金等金融业态；通过服务聚合艺术金融支撑体系[②]；通过大数据与服务提供市场指数、价格、动态及征信等信息服务；通过信用管理功能提供征信管理、风险、价值、知识教育等信用服务；通过新技术融合支撑业态创新；通过资源整合实现社会、机构与个人的资源融合；通过信息共享降低交易成本、提升交易效率、减少交易风险、提升征信效能；通过提升交易信息的透明度，完善平台的交易鉴证、信用管理、登记功能等。

在"互联网+金融"融合发展趋势下，除基本功能与数据服务外，数字综合服务平台更强调综合服务，即功能的综合化、复杂化、专业化，并在新技术融合的支撑下增加征信功能，形成以征信为基础、以信用管理为中心的运营体系（见图1-4）。最重要的是基于数字化场景，以客户为中心、以信用管理为核心的数字化资产交易标的，包括数字性资产、内容性资产、复合性资产、数据性资产等。在数字化新基础设施和数字化场景的应用过程中，这些数字化资产主要表现为非标性资产，由于其认可度高，只要在合法、合规的平台上按照规范操作，就可以实现交易安全快捷、交易成本低、参与者广泛等目标。

随着基于区块链的加密货币技术及其应用，数字资产及其管理的系统结构和系统体系越发复杂并逐渐完善。基于数字综合服务平台的技术和机制也在不断建构，数字资产及其管理服务的投资者拥有更低门槛和更安全、高效、便捷的选择。

---

① "七公（共）"指公开、公正、公平、共治、共建、共享、共信。
② 艺术金融支撑体系包括数据、征信、确权、鉴定、评估、集保、物流等。

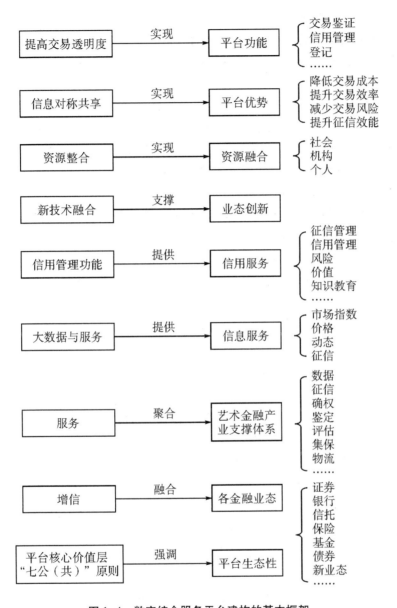

图 1-4　数字综合服务平台建构的基本框架

4. 助推数字产业（业态）创新

数字资源的资产化是数据要素化至关重要的一个环节。资产化是市场化与产业化的基础。数字资源的资产化推动了数字产业（业态）的创新，其主要表现在：第一，数字资产是数字产业（业态）生发的基础与前提，不可能存在没有数字资产的数字产业；第二，数字产业（业态）创新需要资本市场与要素市场。

此外，数字产业（业态）的建构需要有自己的基础与主要特征。从目前来看，这个基础就是数字产业综合服务平台。对数字经济新形态来说，平台的建构是现阶段解决各种问题与发展瓶颈的基础。同时，数字产业综合服务平台+生态也是数字产业（业态）的主要特征。

（五）数字资源的价值发现是数字经济发展的核心

数字资源的不断生成与形态的相对独立，其实是一个过程，这个过程与数据要素化相统一。数据作为信息化社会发展的一个必然产物，其形式和承载作用明显，有自己的技术范式、技术规程与传递的技术范式。即它是标准化的一个载体和过程。数字资源本身是一种内容资源，所传递的不仅是标准，更为重要的是其载体之上的内容。而这种内容就是数据资源的核心，它与数据最大的区别就是非标准化，这也决定了其认知即数字资源的价值发现。

1. 数字资源价值构成的多维度

数字资源的价值主要是在数字载体、内容系统与场景三者的关系之上建构的。数字资源的价值一般被分为六个部分：一是物理载体价值；二是内容承载价值；三是"载体+内容"的文化价值；四是"载体+内容"的历史价值；五是"载体+内容"的传播价值；六是"载体+内容"的场景价值（见图1-5）。

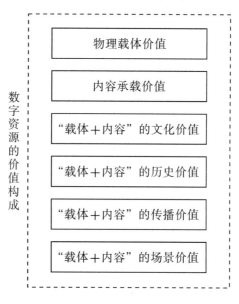

图1-5 数字资源的价值构成

2. 数字资源价值发现的多样态

数字资源价值发现一般分为三个进程（见图1-6）：一是数字资源的价值本体发现，即对资源价值本体进行研究，发现价值的增值和衍生；二是通过价值管理实现数字资源的价值增加，如数字资源的价值挖掘、价值整合、价值系统化等价值管理过程来实现价值管理；三是基于数字场景的数字资源的价值发现，数字场景建构的多样态、多元化、个性化，决定了数字资源价值发现过程的多样态、多元化、个性化。

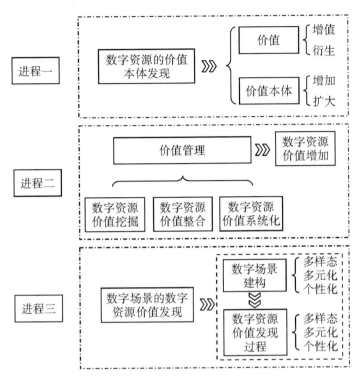

图 1-6　数字资源价值发现的三个进程

数字资源价值发现既是数字经济发展的起点，又是数字经济发展的落脚点。数字资源价值发现既是数字经济发展的逻辑动力，也是数字经济新形态进化的现实动力与支撑力量。

（六）新需求与新基建推动数字经济重塑形态

数字经济新形态的形成是基于新需求与新基础设施建设的结果，没有新需求的拉动，没有数字新基础设施的建构，就不可能有数字经济新形态的生发。而这一基本的底层动力就源于新科技融合（见图 1-7）。

图 1-7　新经济发展的动力逻辑链条

1. 新科技推动新基建

新经济的发展有一个被反复证明的基本逻辑，即新基础设施的建构决定并推动新业态的发展。新科技融合在数字经济发展中主要表现为数字科技，特别是算力技术的提升对于数字化基础设施建构的推动，进而推动数字经济快速发展与不断迭代。

2. 新需求催生新服务

在研究和分析新需求时要注意两个层面的问题：一是需求本身有自身进化的轨迹。随着新消费的快速迭代，便捷化、碎片化和个性化的发展趋势对消费环境提出了更高要求。二是科技与数字经济的融合发展下的新需求越来越科技化、智能化。需要发展与新需求相适配的基于数字场景化建构的新服务。

3. 新服务需要新手段

在数字经济不断深化的进程中，面向数字化场景的新服务的出现也催生和带动了相适配的新手段（工具）。例如基于区块链技术的 NFT[①] 经济，元宇宙[②]经济和 ChatGPT[③] 的应用，以及相对应的一些深度体验与客户精准需求管理等方面的定制工具与模型算法等。

4. 新手段生成新业态

数字经济发展过程中的新需求带来新服务，新服务催生新手段，而新手段的不断优化又生成了新的业态融合。如基于区块链的 NFT 及其进一步融合创新形成的数字化藏品[④]类数字资产的线上、线下交易和流转，基于数字化场景而建构的元宇宙产业链所进行的深度融合体验和客户精准管理等需求服务。

5. 新业态构筑新生态

新业态的发展基于数字化综合服务平台展开，而"平台+生态"的发展模式是新业态不断聚集的主要特征。生态的形成是一个不断完善、创新、融合的过程。只有"平台+生态"机制得到建构，数字产业的业态才能不断丰富融合，从而在综合服务平台的周边不断地聚集优势资源，形成新的数字生态。

6. 新生态形成经济新形态

基于新业态的集成建构新生态，在新生态的基础上形成经济发展新形态，是数字经济发展的一条内在主线（见图 1-8）。这条主线有三个关键点，即综合服务平台、新业态的聚集，以及新生态的建构。这是数字经济新形态发展的一个基本内在逻辑。研究数字经济新形态一定要关注综合性服务平台这个基础，关注新兴业态集成这个前提，关注基于平台展开的生态建构这一发展关键。

---

① NFT（non-fungible token），指非同质化通证，实质是区块链网络里具有唯一性特点的可信数字权益凭证，是一种可在区块链上记录和处理多维、复杂属性的数据对象。

② 元宇宙（metaverse）也被称为后设宇宙、形上宇宙、元界、超感空间、虚空间。

③ ChatGPT 是 OpenAI 研发的一款人工智能交流程序，于 2022 年 11 月 30 日正式上线。

④ 数字化藏品指使用区块链技术，对应特定的作品、艺术品生成的唯一数字凭证，在保护其数字版权的基础上，实现真实可信的数字化发行、购买、收藏和使用。

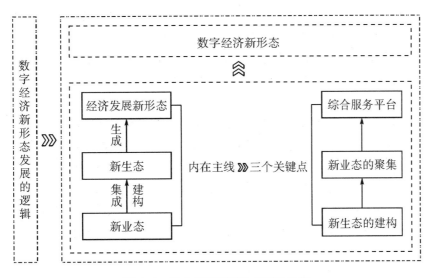

图 1-8　数字经济新形态发展的逻辑

新基础设施的建构促使数字经济业态重塑。传统数字经济、基于互联网基础设施的数字经济、基于数字基础设施的数字经济成为不同业态进化的过程,其基本逻辑是基于基础设施的变迁,价值发现的形式及能力发生重大变化。同时,数字资源与数字资产的形态发生重要变化,也使得数字经济的业态不断重塑。在这一过程中,应看到信息化、数字化、数智化三者的递进互补关系,因为数字化阶段有信息化的应用,数智化则是基于信息化和数字化的更高阶应用,其能实现规模化与个性化服务的对接。这一阶段的特点是数据共享与数据 AI 应用。由 ChatGPT 引爆的新一轮人工智能在模型、数据、算力等多模态背景下,将走向强人工智能,数字经济的发展也将由数字化转向数智化。

（七）数字化场景成为数字经济实践载体

传统经济学关注选择行为的效率问题,更多将理性人选择稀缺资源的行为作为研究对象,分析资源配置的效率与资源利用的效率。而数字经济的研究对象是基于数字资源特质及其价值发现的需求对选择行为的影响。根据价值发现的特殊性,还要对相应的数字化场景与体验环境的在地、在线、在场、在境等加以分析。

1. 为什么需要数字化场景

数字场景的建构是数字资产的生产、交易及其管理不断发展而产生的手段、工具及业态基础,也是数字资产多样态、个性化需求与精准化服务有效对接,数字经济有效运行的先决条件。在数字化大背景下,新的基础设施提供了完善的条件与手段,使数字化场景的建构成为可能,这是数字经济产生、发展并成为重要战略取向的业态基础,也是研究分析数字经济形态及其产业的根本前提。

2. 什么是数字化场景

数字化场景是各类主体围绕一项或多项特定需要,运用数字技术推动服务要素整合、业务系统集成、运营模式创新,提供实时、定向、互动、闭环数字化应用体验的重要载体；其主要特点是高度数字化、智能化、信息化、网络化；数字化场景作为数字化转型的终端应用、成果输出和价值实现的重要场所，从短期视角看，能拉动数字化投资、扩大数字化服务与消费；从长期视角看，能驱动数字化创新，以及基于数字场景进行价值发现与管理，服务新消费需求。

3. 如何建构数字化场景

数字化场景的建构有两种基本形态：一是线下场景到互联网场景再到数字化场景，强调在地、在线、在场；二是基于元宇宙的数字化场景的建构，强调在境。从"场景"到"场境"，即从场景化的"在场"到虚实结合的"在境"，又即基于元宇宙虚实融合交互平台之上的数智化载体将成为数字经济的新形态。从"场景"到"场境"的两种不同形态变化，反映了数字经济从数字化到数智化基础设施的进化。数字化场景的建构，需要基于数字基础设施，以沉浸式体验为目标的"三层四极"时空状态①。

4. 数字化场景的建构应关注哪些问题

数字化转型的重点是不断建构与丰富数字化场景。数字化场景作为连接数字化技术与需求的重要消费体验，拓宽了数字资产在生产、生活中的互动路径。认知与把握数字化场景建构的内涵，解决数字化场景建构的痛点，深化数字技术应用，带动数字经济发展具有重要意义。

综上，数字化场景的建构过程中需要关注与解决以下问题：第一，数字资产是数字化场景运营服务的对象，需要建构与数字资产、物理形态资产与融合体验场景相适配的数字场景；第二，围绕以客户为中心，以信用管理为核心，推动建构数字沉浸体验场景与数字公信力赋能场景；第三，推动投顾能力场景化、数字化。在建构公信力数字场景化、深度体验数字场景化的基础上，要更加注重用户场景的参与和体验，以用户为中心的 VR、AR、MR② 等终端技术的应用和普及，可以更加精准地满足综合服务平台资讯、咨询、交易等多元需求。

（八）数字产业新业态催生数字经济新形态

党的十九届五中全会提出要"推进数字产业化和产业数字化，推动数字经济和实体经济深度融合，打造具有国际竞争力的数字产业集群"，基于此，有必要对我国发展数字经济的前期基础性成果展开分析，客观认识数字经济未来发展的独特优势，不断增强我国数字经济的竞争力（李三希，2023）。而从数字经济向数智经济的转型发展，其实质是支撑经济形态的基础设施发生了更迭，表现在由新基础设施向数字基础设施的转变，即以互联网为中心的通用技术、方法、支撑与服务体系，转向在数字化新基础设施基础上建构的以人工智能为工具、区块链技术为基础、算力为基座、元宇宙为中心的数字化支撑服务体系。

---

① "三层"是指数字化应用的内容层、管理层、工具层。"四极"是指数字化公信力、深度体验、以客户为中心、以信用管理为核心。

② VR（virtual reality）为虚拟现实技术。AR（augmented reality）为增强现实技术。MR（mixed reality）为混合现实技术。

1. 数字产业新业态

一般来讲，数字产业新业态包括以下四个大类：一是数字产业新业态；二是产业数字化新业态；三是数实融合新业态；四是数字产业治理新业态。基于数字新基础设施基础之上，在数字化综合服务平台上整合这四大业态形成的新经济体系即数字经济新形态。

2. 数字经济的基本特征

基于数字资源的特质，数字经济有独特的内在规律与基本特征，主要表现为：第一，数据要素化，即数据成为一种关键生产要素，以及推动经济可持续发展的根本保障；第二，基础设施数字化，即互联网、云计算、云储存、物联网等信息技术所实现的基础设施的数字化转型；第三，便捷性，即信息突破时空约束，实现采集、处理和应用传输的即时性；第四，融合性，即数字信息技术在各大产业的高渗透性融合趋势；第五，供求一体化，即供给侧和需求侧的融合可能；第六，边际效益递增，即数字经济边际成本递减与累积增值；第七，环境友好，即避免对物理资源的过度消耗，实现社会经济的可持续发展；第八，低成本性，即降低交易成本，提高运营效率；第九，用户中心化，即价值随用户的增加而呈指数式增长；第十，智能化，即通过"人工智能+算法"驱动，实现数据、模型、算力提升下的跨界智能服务。

3. 数字经济的发展态势

基于数字资源特质的数字经济发展的基本态势主要呈现为以下七个方面：第一，数字经济新形态的理论建构与实践探索不断深化；第二，数字经济新形态无论是规模、业态还是发展进程都在不断加速；第三，数字基础设施的迭代不断加快并取得跨越式发展；第四，基于数字基础设施与数字场景建构上的体验消费新业态加快形成；第五，数字资源资产化进程推进加快；第六，数字经济新形态发展过程中的数字化治理取得一定成效；第七，数字经济新业态不断进化，数智化不断拓展时空概念，衍生或延伸生活方式，重塑数字文化走向。

（九）数字经济是实现中国式现代化的重要平台与手段

1. 实现中国式现代化需要平台与手段

中国式现代化是物质文明和精神文明相协调的现代化（习近平，2022）。中共中央办公厅、国务院办公厅于2022年5月发布的《关于推进实施国家文化数字化战略的意见》指出："推动文化机构将文化资源数据采集、加工、挖掘与数据服务纳入经常性工作，将凝结文化工作者智慧和知识的关联数据转化为可溯源、可量化、可交易的资产。"基于此，中国式数字基础设施的建设需要打造领先全球的网络基础设施与算力底座，共同繁荣兼容开放的基础软件生态，以开放的行业数字化平台促进融合创新，释放高质量发展动力。其具体表现为：第一，理论与实践引导平台与手段；第二，价值发现平台与手段；第三，传播机制平台与手段；第四，场景化体验消费平台与手段；第五，技术融合平台与手段。

2. 数字经济发展可以提供平台与手段

发展数字经济能为实现中国式现代化提供平台与手段，其主要源于：

（1）数字产业发展的战略引领能力

在数字经济新形态发展的过程中，数字产业的发展有四个基本的战略取向：一是与内容融合；二是与金融融合；三是与消费融合，其中与文化、旅游融合是重点；四是与场景融合。在传统文化活化过程中，与内容融合是基础，沉浸式体验是关键，而其手段则是基于文化科技的交互式体验与传播。

（2）数字产业发展的价值发现能力

文化的价值发现能力是核心，而体验与传播能力则是基础。以前太过于强调与重视文化本身的研究，而忽视了研究的目的与初心，以及如何有效地实现这一目的。传统文化的现代化表达需要寓教于乐。可以用科技交互体验完成文化立场的培育及价值观的传递。

（3）数字产业发展的传播能力

提升传播能力是数字产业发展中的重要战略取向。讲好中国故事，让优秀传统文化走出去更是如此。以短视频为例，将敦煌艺术、元宇宙等历史与科技元素融合的数字虚拟人"天妤"，展示传统田园生活、获得众多海外粉丝的博主，海外传播量达到 2 亿人次的榫卯结构玩具短视频等，在文化出海、传播中华文化、增强文化软实力以及国家竞争力等方面都发挥了重要作用（周建新，2023）。

（4）数字产业发展的体验消费能力

在数字经济时代，数字场景建构已成为文化场景式沉浸消费体验的一种工具与方法。无论IP①的场景化，还是体验场景的虚拟化，都是"文化+旅游"发展的一个重要战略方向。

（5）数字产业发展的技术融合能力

数字产业发展过程中的技术融合能力，是数字经济新形态发展动力中的主要推动力，是形态进化与基础设施迭代的重要力量。

3. 数字经济助力中国式现代化形成中国方案

数字经济发展速度之快、范围辐射之广、程度影响之深前所未有，正在成为重组全球要素资源、重塑全球经济结构、改变全球竞争格局的关键力量（习近平，2021）。面对世界百年未有之大变局，数字经济新形态的发展使人们认识到合作共赢、和衷共济才是人类文明的最终出路。在不断推进国际合作，发挥社会主义制度优势及超大规模市场优势的基础上，数字经济的发展也将为全球数字文明贡献中国力量。

把握数字经济新形态的历史演进与发展趋势，未来还需要关注以下六个方向：一是要引领全球数字经济发展。数字全球化是支撑全球化前进的重要力量，数字技术也从多方面推进我国国际化发展；二是要推动全球数字经济发展的技术融合；三

---

① IP（intellectual property）即知识产权。

是要激发全球数字经济发展的新场景；四是要提升全球数字治理的水平与能力。数字化转型带来了新的经济现象、新的社会形态和新的治理模式，数字经济新形态作为重组全球要素资源、重塑全球经济结构、改变全球竞争格局的重要力量，正在进一步发展推动建立公平、透明、开放和包容的新型世界经济秩序，共同化解数字经济发展中可能面临的制度、规则、安全等多重风险；五是要推进人的全面发展；六是要推进全球数字文明建设。

第二节　人文经济学概述

一　人文经济的兴起

　　西方中世纪时期，"人文学（humanities）"一词将关于人的学问从神学中分离出来，包括文学、艺术、哲学等成为中世纪人文学科的主体。今天的人文学研究已涵盖更为宽泛的领域，一切区别于硬科学（hard science）的研究都可归属这一范畴（马丁、雅各布斯，2007）。诺贝尔经济学奖得主弗里德里希·哈耶克（Friedrich Hayek）曾提出社会经济发展的自发秩序理论。该理论在对亚当·斯密（Adam Smith）市场秩序理论的具体阐释之上，更强调"人不仅是一种追求目的的动物，而且在很大程度上也是一种遵循规则的动物"。从互联网到人工智能（artificial intelligence，AI），数字科技的不断发展也伴随着从单一的物质经济走向基于人类多元需求导向下的数字（数智）经济时代，以及基于技术演变特征，正在拓展形成的数字人文经济。

　　所谓人文经济既包含抽象的宏观经济秩序与人文生态系统，也涵盖各类微观行动者的观念创新，以及由此带来的产业及其产品层面的革新发展。今天的人文经济不再局限于对既往历史文化的归纳，而是着眼于发现社会经济演化背后的"人本"逻辑规律。在其研究与实践的当代路径下，新质生产力也将助推经济学研究回到"行动人"这一逻辑起点，皆源于经济与社会发展的出发点和落脚点都是满足人类不断增长的更高层次、更广范围的物质与精神需求。

　　中国改革开放所取得的一系列成就，背后最基本的经验就是对人民群众主观能动性的尊重（段进军，2024）。当下我国社会经济发展中出现的新环境、新情况、新问题，唯有通过市场体制机制的全面改革释放主体活力。而新的市场治理体系的建构与重构，叠加历史周期演变所形成的文化生态环境变迁，对于未来人文经济学科的新质发展，也具有重要的基础引领意义。

（一）经济学发展史与人文经济学

　　1776 年亚当·斯密《国富论》的发表，标志着古典自由主义经济学的诞生，同时也使得经济学作为一门独立的学科正式确立。作为经济学的主要创立者，斯密以经济增长为主题，运用历史与逻辑方法，阐述经济自由主义主张，形成了现代经济学的重要核心论点。卡尔·马克思（Karl Marx）在《剩余价值学说史》中评价其为："第一次对政治经济学的基本问题做出了系统的研究，创立了一个完整的理论体系。"此后的 19 世纪 70 年代，西方经济学出现了所谓的"边际革命"，即边际效用价值理论与边际分析法的广泛运用，为数学在经济学中的广泛应用开启了一扇大门，也推动现代经济学定量分析方法的普及。20 世纪 30 年代的大萧条，也促使约翰·凯恩斯（John Keynes）以现实问题为导向的宏观经济学研究范式成为关注焦点，该理论通过分析宏观经济统计变量（如国内生产总值、通货膨胀率、失业率、利率等）之间的数量关系，寻求失业、有效需求不足等现实经济问题的解决方法。凯恩斯因此被称为"宏观经济学之父"，"凯恩斯主义"主张国家采用扩张性的经济政策，通过增加需求促进经济增长。其 1936 年出版的《就业、利息和货币通论》标志计量经济学的诞生。20 世纪五六十年代，新古典综合理论将微观经济学与宏观经济学有机融合，通过"理性经济人（economic man）"这一基本假设与数学推导，建立了体系化的现代经济学理论。21 世纪以来，随着计算机技术的不断升级，以及大量经济统计数据的分析与应用，经济学研究逐步转变为以计量经济学和实验经济学为主导的实证分析，通过观测现实与实验数据推断经济变量之间的逻辑关系，验证经济理论的真实与否，实现了现代经济学的范式革命，即"实证革命"（洪永淼、汪寿阳，2024）。

在经济学上百年的发展进程中，关于"人文"因素对于经济影响的研究，起步也很早。亚当·斯密在《道德情操论》中就主张追求优化行为时还需关注道德情操。此后的边际革命也通过边际效用，即心理偏好对需求的影响研究将心理因素带入传统经济学分析框架。凯恩斯经济学的"边际消费理论"与"流动性陷阱"，理性预期学派的"卢卡斯批判"等，都标志着"人"作为当代经济学研究的关注重点已成为现代经济学研究不可或缺的方向之一。

（二）从西方经济学到人文经济学

从西方文艺复兴开始，对于人的认知就既包括理性人，也涵盖感性人。由于人的感性相对更加"难以捉摸"，启蒙主义后期的学者普遍将感性部分从人类研究中加以"剥离"，使学术研究中的"人"变为独具理性特征的"片面人"。而脱胎于西方人文哲科思想框架的近现代经济学为了优化研究，也仅从"理性人"这一假设进行。例如，亚当·斯密的古典经济学理论就以逻辑的抽象演绎取代了历史的归纳分析。大卫·李嘉图（David Ricardo）则进一步将逻辑演绎法当作西方经济学的不二法则，从而删除了资本主义生产关系内在联系下"文化人"这一本质属性，也让逻辑抽象与社会现实被动分离，使得数学成为后边际主义经济学模型构建下，西方新古典主义经济学研究所广泛采用的实证工具。

西方新古典主义经济学刻意忽略了"文化人"基于自我构建所形成的主观能动系统（厄泽利，2024）。经过一系列方向确立，西方现代经济学逐渐步入科学主义路径，从理性人角度出发，采用数学实证逻辑方法，摒弃社会自然发展所形成的多元价值规范，使经济学转变为单纯研究各类社会资源要素如何配置的无机"经济学"。到了实证主义时代，经济学则通过转变逻辑研究方法，从"人"到"物"，将经济学的人文属性彻底切除。"五四"新文化运动后从西方留学归国的经济学者，将当时备受推崇的新古典主义经济学引入中文语境，从而使中国的现代经济学研究始终沿着西方"新古典经济学"的路径前行。

及至新中国成立后的数十年间，国内市场经济学依然延续此前抽象逻辑与纯粹数学验算的研究方式，忽视经济思想理论中人文特别是中华人文资源的取向，对各类错综复杂的经济现象仅做静态的观察分析，其所得出的理论只反映社会经济的某一横断面，割断了历史与文化的连续性。同时为了学术"建模"需要，国内的经济学研究也倾向于将大量真实数据简化，甚至是将中国特殊的经济模式剔除，其结果必然导致一系列难以自证的结论出现。中国的经济学也脱离了"人文"，从"人的经济学"转变为"物的经济学"（高德步，2012）。

（三）人文经济与文化经济

与中国艺术相关的哲学、文学与伦理学内容，大多同现代西方艺术处于极端（差异性）的地位（傅雷，2019）。关于人文经济的概念和范围辨析，目前国内外学术界还没有统一界定，与之相近的概念则是"文化经济"。时任浙江省委书记的习近平在《之江新语》中的《文化是灵魂》中曾深刻阐释了这一概念内涵，明确了"文化"与"经济"之间的关系，即文化是由经济决定的，经济力量为文化力量发挥效能提供了物质平台；与此同时，经济也离不开文化的广泛支撑，文化赋予经济发展以深厚的人文价值。由此不难看出，文化经济最重要的内核是"人"（高维明，2021）。

今天的人文经济学已成为西方学界广泛关注的研究领域，有自己的学术协会，即"国际文化经济学协会"①。与此同时，在世界各知名学府的经济学系的教学与研究中，人文经济学还是一个相对边缘化的关注范畴。其涵盖的微观与宏观经济学话题主要但不限于：福利经济学和公共财政、对文化产品和服务的需求、文化产品和服务的生产成本和供应、表演艺术经济学、文化遗产经济学、创意产业经济学、版权、艺术家劳动力市场、城市和区域发展中的艺术和文化等（比利 等，2023）。

"人文经济"包含"人文"与"经济"两个关键词，其中"经济"在概念内涵与理论体系上相对清晰，因此人文经济的关键在于如何认知和界定"人文"及其内涵。与西方文艺复兴时期所确立的以个人自由及其自我价值的实现等为基本内涵的西方人文精神不同，在中国的历史文化语境中，人文价值的表述从其初始就是"美善融合"的所在，并以"尽善尽美"为理想境界。如果说，"善"的基本功能在于"人与其他动物的根本区别"，在于使人不同于自然状态下他者的"文明生活方式"，那么"美"的核心内涵则在于将物质上的"自然人"与精神上的"自由人"

---

① 国际文化经济学协会（Association for Cultural Economics International，ACEI），是一个由学者、从业者、行业专家和政策制定者组成的协会，旨在对艺术和文化活动的经济学问题开展学术研究。

相区别，其创新要义是实现人的全面发展。

中国的人文经济研究在当下更多体现为一种建设性观点，其既优化了中国传统文化中"重精神、轻物质"的理念，也是以提高社会文明程度与提升人民精神质量为重要标识，以文化生产力的解放和经济价值的全面升级为发展要义，区别于资本主义物质与精神生产不协调矛盾现状，实现物质语言精神文明协调发展的中国式现代化文化载体（王晓静 等，2023）。

本书所研究的"人文经济"相比"文化经济"概念，更强调"人"在经济活动中的价值，更关注"以人为本"理念，将其作为推进物质与精神文明相协调，新时代文化与经济发展道路，以及人与自然和谐共生，以中国式现代化全面推进强国建设、民族复兴伟业的文化与经济必由之路的"路标"。

（四）经济学研究的人文转向

传统中国社会呈现为一种所谓"差序格局"的网络范式①，即使在今天仍对中国的人际关系产生深远影响（蔡晓陈，2022）。中国社会所具有的强调统一、和谐的"天下大同"思维方式，其根本内涵在于强调事物广泛存在的矛盾统一性中，对立性与差异性是包含在统一性之中的次要表征（彭吉象，2007）。与之相似，诺贝尔经济学奖委员会对阿马蒂亚·森（Amartya Sen）的评价也强调其"在重大经济问题的讨论中，再度注入了伦理层面的思考"，即"力图恢复经济学诞生之初所包含的人文传统，而这种传统却被正统经济理论所遗忘"。

中国经济飞速发展的同时，社会贫富差距也在增大，从而加剧了经济运行的潜在风险，长期以来对于效率优先的市场经济学的过度推崇，虽然为中国的改革开放做出重大历史贡献，但导致的社会矛盾正是偶发性群体热点事件频现的根源所在。当下中国所遵循的新发展观既强调人类社会发展存在共同规律，同时也承认不同民族、不同地区的发展模式存在差异，主张普遍真理与具体实际的结合，在学术建构上更多采用逻辑与历史相一致的方法。而西方经济学经过百余年延宕，其最需要的人文传统却始终未在研究中得到应有的体现。

自20世纪80年代以来，中国在世界上的重新崛起被归因于改革开放和市场经济激发了社会经济的活力。传统儒家文化强调勤劳和恭俭，个人的社会价值由其上述品质的评价所决定。亚洲很多国家也都遵循中国先秦儒家文化创始人孔子的主张，在采取市场经济并开放国际贸易后，展现出令人鼓舞的经济增长势头（格兰琴，2022）。中国文化中与市场经济相一致的部分主要体现在以世俗化为核心的经世致用与义利相兼文化传统，以及在社会治理方面重视理性与情感并重的包容传统。这三大部分与中华传统文化中长期占据主导地位的儒家文化之间皆有着不可分割的内在联系（陆铭 等，2023）。

当下社会的主要矛盾，在中国特色社会主义进入新质发展阶段后，已经逐渐转

---

① 差序格局指人际交往以个体为中心，血缘、亲缘、地缘等关系像水波纹一样推及开，形成一圈圈亲密程度由近及远的关系网络。

变为人民日益增长的美好生活需要和不平衡不充分的发展之间的矛盾。因此，只有解决好社会发展的不平衡、不充分问题，才能更好地实现社会各阶层在政治、社会、经济、文化与生态等方面日益增长的综合需求（方凤玲，2021）。在构建"五位一体"新发展格局的系统工程中，需要破解五大发展系统的关系问题。一方面，需要探索包含文化在内的特定领域发展的新思路。另一方面，需要着力破解政治文明、社会发展、经济发展、文化发展与生态文明五大发展新格局的协同推进难题（李海舰 等，2023）。

市场经济体系下文化成为一种影响经济发展效益的重要资本，即文化资本。所谓"经济文化化"，是运用优秀文化和创意元素为经济社会发展创造附加价值，同时也为经济高质量发展提供文化高附加值和内涵创新路径。"经济文化化"首先体现在文化商品作为文化经济的重要载体，其文化的创新比重不断增强。其次体现为消费者作为经济活动的消费主体，其消费行为转向文化消费。同时，"文化经济化"使文化不再只作为一种渗透要素附属于经济，而是以文化资源为要素，以文化创意为内核，以科技赋能为手段，对文化及其产业自身进行新质升级，从而使文化及其产品（或服务）成为一种新的商品。"文化经济化"现象背后，其深层发展动因首先在于文化经济化的发展是人类需求层次的自然转向，其次是文化、教育、科技水平的提升，最后是经济与社会发展方式的转变，上述因素也使得文化的经济化进程加速，成为必然选择（齐慧姝，2024）。

人类的经济发展以社会发展为目的，社会发展又以人的发展为归宿，而人的发展其根本则是以精神文化的创新为内核。作为人文与经济双向互动的社会学科，人文经济学将人本主义贯穿其发展全过程，体现在政治、文化、经济、社会和生态文明五个层面的协同创新，充分彰显了人文与经济相互赋能、耦合协调，促进人类全面自由发展的人本意蕴。

文化与经济协同发展是中国式现代化建设的重要命题。从宏观层面看，中华文明稳定有序、包容壮大的进程与中国传统经济发展具有总体上的正相关性，中华优秀传统文化是国家发展的根本，也是中国式现代化发展的价值内核及经济高质量发展的内生动能。从中观层面看，"文化经济化"和"经济文化化"是基本趋势，文化产业具有突出的经济效益和文化效益，是推进文化与科技融合创新并带动经济高质量发展的支柱产业。从微观层面看，中华优秀传统文化对古代商业行为与现代企业文化治理的影响意义深远（魏鹏举、钟艺聪，2024）。

综上所述，人文是一种新质资源，人文资源如何更有效率地配置是人文经济学的研究重点。人们通过不同经济形态与产业业态，实现人文资源的价值发现，完成人文资源的价值管理，不断促进人文精神的大众化，达成人文共识。无论全球化、多极化如何演进，都离不开不同文明及其价值观的沟通与合作。在数字经济迅猛发展的当下，随着数字化场景的建构，大众审美文化也进入快速转型期，多样态、多元化与个性化文化新消费不断深化，文化消费在规模化发展的同时，精神消费不断崛起，也推动数字人文经济变革的大幕缓缓拉起。

二 人文经济学研究的视野

人文经济学不断进化与发展是一个系统过程，今天已进入一个多元化、多样态的系统状态。在这个系统状态中，有人文经济学自身的系统要素、构成、结构、功能、行为与趋势，以及系统发展的热点等。

（一）基本概念

人文经济学的概念通常包含以下三类：

第一，是一门研究人类文化、社会、道德、价值观、行为和经济体系之间相互关系的学科。其强调经济现象的本质和人类行为的复杂性，并试图解释经济现象如何在不同文化、社会和历史进程中演变。其关注目标是提供一种理解经济现象的新方法，从而为解决各种经济问题提供全新视角与创新思路。

第二，是研究人文资源资产化创新路径的一门学科。其主要关注人文资源的系统化、资产化、金融化及其相应的支撑服务体系的构建与管理。因此，其也是解决人文资源市场化配置的一门学科。

第三，是研究人文资源化、人文资源资产化、经济化，人文生态及其治理的一门新兴学科。其强调人文资源的经济学属性，以人文资源化为纽带，以人文资源资产化为核心，以人文治理为基础，以人文生态建构为目标架构，以实现人文精神共建为终极目标。这一视角强调建构相应的理论研究体系以便具体分析当下现实问题，试图在市场经济与人文价值之间寻找并建立一种平衡。

（二）发展内涵

人文经济的本质是"人文经济化"与"经济人文化"的双向贯通、融合发展状态。其对于经济和人文环境具有高度自觉的选择性，强调两者相互交融才能促进社会经济的高质量发展；反之，两者一强一弱或互相排斥都不利于经济社会的转型与创新。人文经济学对于融合机制具有高度依赖性和敏感性，融合机制强则人文经济强，融合机制弱则人文经济弱（任平 等，2023）。人文经济的研究则旨在探讨人文与经济之间的互动关系。其强调人文在经济发展中提供价值导向和精神动力，又为经济发展提供生产资源与资产。

其发展内涵主要包括以下六个方面：

第一，发展人本立场。文化是民族生存与发展的重要力量，是人类精神生活的核心。人文经济学关注人的精神文化需求，强调经济发展应以社会发展为目的，社会发展以人的发展为归宿。第二，人文赋能发展以不竭动力。人文为产品和服务注入更多新质力量，同时也可以推动中华优秀传统文化的创造性转化与创新性发展。人文经济学强调人文在激活发展动能、提升发展品质、促进经济结构优化升级中的作用。第三，提供丰富的人文资源与资产。第四，转变生产方式。第五，坚守高质量发展的人文底色。新时代新发展理念注重社会环境影响与经济高效增长之间的平衡关系，强调经济发展的人民性与文化性，满足人民对美好生活的向往。第六，以高质量人文供给增强人们的人文获得感、幸福感。人文经济以满足人民精神文化需求、保障人民文化权益为己任。通过繁荣文艺创作、深化文化体制改革、提升公共文化服务水平等措施，增强人们的文化获得感、幸福感。

（三）关联外延

人文经济学主要关注人文资源同其他产业、业态的内外部关联性特征。其外延范围主要包含以下七点：第一，人文与经济。人文经济学研究不同文化背景下的经济发展模式，探讨人文对经济增长、投资、消费等方面的影响。第二，人文与制度。人文经济学研究不同文化背景下的制度安排，如政治、法律、教育制度等，以及这些制度对经济发展的客观综合影响。第三，人文与消费。人文经济学关注人文对消费行为的影响，如人文价值观、消费习惯、生活方式等，以及人文消费在经济发展中的作用。第四，人文与产业。人文经济学探讨人文对产业创新、技术进步的影响，以及如何通过产业创新推动产业转型升级。第五，人文与科技。人文经济学研究数字化（数智化）经济背景下人文资源的生成、传播与消费和重塑。第六，人文与金融。人文经济学关注人文对金融的影响，如文化产业发展对金融的需求、金融支持文化企业的政策等方面影响。第七，人文与全球化。人文经济学研究文化差异对国际贸易的影响，如文化产品和服务在国际贸易中的地位、文化差异对国际市场营销中的影响、文明互鉴与文化交流等。

（四）研究特征

人文经济学作为一门新兴交叉学科，其研究特征主要体现为：第一，经济性。人文经济学基于数字经济新形态发展的背景、内涵、规律及表现形式等认识。第二，人文性。人文经济学关注人类文化、社会、道德、价值观、行为等与经济体系之间的相互关系。第三，独特性。人文经济学以人为中心，关注人文的资源化、人文资源的系统化、平台化、智能化、融合化、生态化、经济民主化等前沿议题。第四，批判性。人文经济学强调对经济现象进行批判性思考，并试图揭示经济现象背后的权力关系、意识形态和治理结构。第五，复杂性。人文经济学认识到经济现象的复杂性和多样性，并试图从多维度理解与解释当下的经济现象。第六，跨学科性。人文经济学涉及多个学科领域，如经济学、艺术学、政治学、社会学、心理学、人类学等。第七，现实性。人文经济学的研究思路可以直接应用于各种社会与经济问题的分析。

（五）研究功能

人文经济学将经济学置于主观主义和规范主义学派经济学（梁碧波 等，2008）的研究视角之下，其作为揭示人文经济的本质内涵、历史成因、基本特征、主要功能和发展规律的自主知识体系，主张在经济发展的研究中彰显"以人为本"的人文价值引领，通过传统文化与现代文化相结合、经济文化化与文化经济化双向促进，以及人文治理等措施推动经济新质发展。

第一，在人文经济的发展规模拓展中，增强以人为本的支撑性，使"人文经济化"与"经济人文化"双向促进，实现价值引领性，明确经济价值的创造"为了谁、依靠谁、最终由谁分享"。第二，人文经济的业态研究增强了对人文多样性的发展可能与格局。第三，人文经济在强化人文精神的内生动力的同时，增强了对人文精神与经济提质增效的平衡力量。第四，人文经济以人文资源化、系统化、资产化路径，推进其双向渗透、融合转化不断推进。第五，人文经济治理功能的优化有助于提升经济治理效能。第六，人文经济的发展有利于社会聚合，完善人文生态。第七，人文经济有助于打破利益局限，促进经济要素在跨阶层、跨部门、跨行业的落地生根，推动就业与创业机会平等与权益保障。

（六）现存问题

作为一门尚处于发展与研究初级阶段的新兴学科，人文经济学因学科背景与产业特征，也存在一些问题：第一，学科主线不清晰。人文经济学是以人文资源化、系统化、资产化为主线，以人文治理为基础，以人文生态建构为核心的一门学科主线的认知还没有建立。第二，学科定位不明确。人文经济学在学科定位上存在一定的模糊性，其研究对象、范围和边界尚未得到清晰界定，导致其在学科体系建设中受到阻碍。第三，研究方法不统一。人文经济学的研究方法尚未形成统一标准，不同学者采用的研究方法和研究范式存在较大差异，影响了人文经济学研究的规范性和科学性。第四，理论体系不完善。人文经济学的研究内容和研究领域尚未形成完整的理论体系，其理论概念、框架体系和研究方法仍处于探索中。第五，跨学科研究难度大。相关成果难以获得认可与达成共识。第六，人才培养不足。特别是适配知识结构与职能结构的复合型人才缺乏等。

（七）研究趋势

基于人文经济学自身的学科特征与存在问题，未来相关研究的关注点应聚焦于以下八个方面：第一，以人文资源化、系统化、资产化为纽带，以人文治理为基础，以人文生态建构为关键的研究路径或将成为普遍共识。第二，跨学科整合研究方兴未艾，相关研究领域在新时代发展阶段不断扩展，已经逐渐涵盖了经济学、政治学、社会学、历史学等多学科领域。有助于更好地理解经济现象的复杂性和多样性。第三，实证研究与理论研究相结合，人文经济学的研究方法逐渐从理论转向实证，研究结果更加具有针对性和说服力。同时实证研究也越来越注重对理论框架的探讨和验证。第四，更加强调文化多样性及其作用。在全球化背景下，人文经济学越来越强调文化多样性的作用，并试图探讨不同文化背景下经济现象的异同及其作用。第五，数字技术的介入。第六，数字化转型与数字经济。第七，人文治理与人文生态建构。第八，公平与社会正义。

（八）前沿问题

人文经济学当下的研究视角与关注热点众多，其亟待解决的主要理论与实践问题包括：第一，人文资源的"活化"路径。第二，人文资源化、系统化、资产化路径。第三，人文治理与人文生态建构理论。第四，人文与经济融合问题研究。人文经济学需要研究人文如何与经济发展深度融合，包括人文资源如何转化为经济资源、人文如何引领和支撑经济发展、人文如何促进产业结构升级等方面。第五，国际文明竞争问题。人文经济学需要关注人文经济在国际竞争中的地位，包括如何提高人文经济的创新能力、如何增强人文经济的国际竞争力、如何推动人文经济"走出去"等方面。第六，经济社会发展的公平效率问题。人文经济学需要关注人文经济发展对经济社会发展的公平效率问题，包括如何保障大众文化权益、如何促进人文资源公平分配、如何实现人文经济与社会发展的协调等方面。第七，新质生产力创新问题。人文经济学需要关注人文经济发展对经济社会发展的创新引领作用，包括如何推动人文经济的创新体系建设、如何激发人文创新活力、如何实现人文创新与经济社会新质发展的协调等方面。

由于人文资源多为非标属性，其价值构成的多元性也决定了其价值发现与价值管理需要通过创造性转化与创新性发展得以实现，这是人文经济学这一新兴学科必须面对的一个难题，也是相关研究的关注焦点。基于此，本书研究得出人文资源的三大特征：一是精神指向性，即创造价值取向，再通过消费过程传播这种价值取向；二是物质性，即人文资源通过资产化成为业态的要素；三是价值构成的特殊性、价值发现的独特性与价值管理的系统性。上述三种特征是不可分割的，特别是精神指向性与物质性恰似硬币的两面，互为补充。

人文经济即围绕人文资源的价值发现与价值管理这一主线，将人文资源化、系统化，再将系统化的人文资源资产化，再通过商业化、市场化、产业化，走向大众化。在人文经济的建构过程中，需要关注人文经济的治理，这也是本书的研究要点之一。人文资源价值可以为数字经济新形态赋能，利用经济学规律推动人文立场取向与中国式现代化协同发力，实现人文资源的创造性转化。

综上所述，人文经济学的研究旨在强调人文经济学研究的主旨是发现、提升与管理人文资源的能力与效率，基于此共建人文精神；研究的主线是人文资源化—系统化—资产形态化—产业形态化—经济形态化—大众化。其中，科技、金融与消费是产业形态化发展的根本动力。本书的研究主要基于人文经济学研究的六个维度：人文立场、人文数字化形态、人文资源的价值发现与管理、人文经济与新形态、人文经济生态、人文经济治理。强调经济活动中的人文立场，即始终贯彻"以人为本"思想，在内容生产中挖掘与传播人文理念，文化消费中培育与建构人文价值，人文治理中培植人文生态等。

三 数字化形态开辟人文经济学新篇章

数字化不仅是一种技术手段，其兴起也代表着一种新经济形态的崛起，在数智化发展趋势中，人文经济学也要转向全新形态。

（一）人文资源化、系统化与数字化

从改革开放后我国现代产业形态的文化市场步入正轨，中国的文化产业开始呈现出市场化、产业化、特色化、生态化与数态化的递进发展路径。在几十年的发展历程中，以实现人文（文化）资源的价值发现为根本宗旨，资源化、系统化、资产

化、金融化、证券化、大众化也已成为数字化时代人文经济学研究的逻辑主线，同时也推动以人文资源为根基的文化产业，与金融、科技、消费、教育等领域实施多元融合发展战略。实现人文资源共生与国家战略举措、市场经济机制、互联网创新模式相融合，满足多样化、多层次、多目标、个性化的人文经济需求目标，完成文化产业数字化转型的基本路径。在完成数字化转型的过程中，也需要特别注重基于综合服务平台的数字人文资源资产化的形成与发展、文化+数字场景建构、数字化人文经济及其产业治理等方面存在的问题。

数字化是信息化发展的结果，其促进了主体的开放性、连通性与参与性，实现了数据的要素化，推动了以数字资产为核心的数字经济的发展逻辑与体系架构，特别是通过技术手段的改变，更新了原有经济运行逻辑，形成了数字经济新形态。以数字化为底层逻辑的数字基础设施，构建了底层技术系统，克服了传统意义上的数据分析、集存、利用、场景等问题，使数据要素在生产各环节的利用更高效全面，实现数字化逻辑的全方位应用和社会数字化转型的大众化。数字产业是数字人文经济发展的先导力量，以信息通信产业为主要内容，数字化的稳步发展集中表现为数字经济范式的创新体系变革。而人文资源化、系统化与数字化也是数字人文经济的主引擎，主要表现为数字技术体系对生产制度结构的影响，即对传统人文产业组织、生产与交易的变革作用。

文化产业与数字化融合最基本的特征是创新，这一过程中也伴随着业态发展的快速迭代，原有业态边界的消失趋势主要体现为产业融合、科技融合与跨界融合。人文资源具有易关联性的天然优势，在文化产业与数字化融合发展的探索过程中，文化与科技融合，特别是利用大数据、人工智能、区块链[①]等新应用技术进行资源、市场、产业的数字化（数智化）转型是发展的战略走势。当文化产业与数字化融合进入新的发展阶段，人文资源可以利用数字技术同传统产业、新兴产业业态及自身新形态生发进行融合。数字经济下的消费者对于个性化、多样化、多层次的文化消费需求，也为基于数字化场景建构基础上的全新文化消费场景的出现，以及人文资源数字化融合体验提供发展契机。

（二）人文经济的数字化（数智化）

在新经济发展的逻辑关系中，人文经济是中国经济转型发展的新质动能，特别是人文经济所依托的文化创意产业正沿着概念态、形态、业态、生态、数态迭代发展的态势转向已经清晰显现。数字化（数智化）也成为人文资源化、系统化、智能化发展的两个不同生成路径。而这个不同进程的重要分水岭，是数字化基础设施迭代并走向数智化发展的结果。人文经济的数智化本质就是通过"数字化+智能化"来实现人文资源的数智化，其主要包含以下七个方面：

---

① 区块链（blockchain）指一种块链式存储、不可篡改、安全可信的去中心化分布式账本。

1. 数智技术

在数智化时代，数智技术具有如下显著特征：一是高簇群性，即以人工智能、区块链、大数据、云计算、5G、量子技术、互联网、物联网、智联网、数联网、具身智能[1]、元宇宙等为代表的数智技术往往是以群的形式突破，各技术间相互关联、相互促进，形成一个生态系统。二是高融合性，即数智技术不断聚合、整合，产生"你中有我，我中有你"的融合技术态，形成新的技术合力。三是高迭代性，即在"摩尔定律"[2]作用下数智技术迭代周期短、速度快、成本低。四是高应用性，即数智技术在经济社会等领域使用、复用、共用、通用，其应用范围越广，规模经济、范围经济越强。五是高系统性，即数智技术的通用性和无界性促使其连接一切，实现企业、产业、乡村、社区、城市以及全球协同网络的建立。六是高价值性，即数智技术消弭时间差、空间差、信息差、资源差，极大地打破时间约束、空间约束、信息约束、资源约束，降低沟通成本，导致信息传递的边际成本递减甚至趋零。七是高增长性，即数智技术的高簇群性、高融合性、高迭代性、高应用性、高系统性、高价值性使其发挥叠加效应、乘数效应、指数效应、倍增效应，实现经济加速度甚至超速度增长。可见，从工业技术范式转向数智技术范式是生产力的一次"聚变"，也是新质生产力的要素形态。

2. 数据要素

在工业时代早期，劳动、土地、资本是关键生产要素，呈外延式粗放增长；此时，科技创新属于外生变量，生产力呈线性增长。在工业时代后期，知识、技术、管理成为继劳动、土地、资本之后新的关键生产要素，生产力由创新驱动，呈内涵式精细增长；此时，科技创新成为内生变量，生产力呈非线性增长。而在数智化时代，数据成为关键生产要素，生产力由数据驱动，呈协同式乘数增长。历次技术革命均会衍生出多个符合大规模可得和价格低廉性特征的关键要素。在数智时代，数据呈爆发式的指数型增长及数据的非物质化和可复制性，使其边际成本趋零。因此，数据符合大规模可得和价格低廉等特征，成为关键生产要素。与劳动、土地、资本等硬要素相比，数据要素具有一般软要素的特征：其一是非竞争性和非排他性，其在同一时间内可被多个主体反复使用，并且使用后价值具有非消耗性；其二是边际成本递减和边际收益递增，随着数据的无限使用，越用越多，且越用越值钱。与技术、知识、管理等软要素比较，数据要素具有区别于一般软要素的特征，即非物质化和非实物态，数据成为虚拟要素，具有泛在性、永久在线性、规模性、极低廉性、高增值性；非有限性和非稀缺性，突出表现为无限复用、无限组合、无限迭代、无限供给。数据要素区别于其他生产要素的特征，有利于打破传统要素有限性、稀缺性和边际成本递增约束。数据要素既可独立作为生产要素产生价值创造

---

[1] 具身智能指一种人工智能系统或机器通过感知和交互与环境进行实时互动的能力。

[2] "摩尔定律"原指当价格不变时，集成电路上可容纳的晶体管数目，约18个月便会增加一倍，性能翻一倍，同时价格下降一半。后被延伸至其他信息科技领域。

效应，又可赋能、融合其他生产要素，产生价值倍增效应，还可替代其他生产要素产生价格归零效应，发挥数据的"乘法效应"及对资源的"除法效应"，实现资源和产品的数字化、智能化、物联化；促进经济绿色低碳变革。由此，从工业时代到数智化时代，生产要素由低位要素过渡到高位要素，数据成为关键生产要素和战略资源，推动新质生产力跃迁。

3. 数智劳动

工业劳动以自然人劳动为主、机器劳动为辅，而数智劳动以机器劳动为主、自然人劳动为辅，实现"机器换人"。根据数智化程度差异，"机器换人"包括：一是智能机器人对人的体能替代。智能机器对简单性、重复性、程序化、规则化的体力劳动的替代，可以实现全时生产、全球生产，打破自然人身体和心理的极限，极致延伸劳动时长和劳动强度、提高生产效率、降低劳动成本，实现人体能的无限复制、供给、倍增，充分释放"机器红利"。二是人形机器人对人的技能替代。人形机器人的高自由度、高灵活性、高智能性使其能够模仿人的形态、功能和行为，以数据循环反馈驱动数据飞轮效应，提高思维能力、学习能力和环境交互能力，生成最优生产决策，通过双臂协调控制和手指控制，完成更复杂的操作，成为提供问题解决方案的技能体。如人形机器人可在医疗领域替代专业护工对患者陪伴和照顾，实现对人技能的替代。三是数字虚拟人对人的智能替代。随着人工智能从弱人工智能到强人工智能、超人工智能的转变，数智劳动也从智能机器人、人形机器人向数字虚拟人跨越，以"数字主播""数字讲解员""数字客服""数字工匠"为代表的数字虚拟人纷纷涌现，实现对人的"数字孪生"，是人的分身、化身、替身，集人的体能、技能、智能于一体，实现对人的综合、全面的替代。例如，"数字工匠"将知识密集型劳动者的丰富经验等隐性知识不断通过机器学习和深度学习显性化、普及化，当学习效应形成规模后，在算力和数据的加持下，产生"智能奇点"，增强智能涌现能力，实现"触类旁通"。劳动者从"自然人"到"智能机器人""人形机器人""数字虚拟人"的跨越，使企业的"自然人"员工转为"数字人"员工，促进传统生产力向新质生产力跨越。

4. 数智空间

在工业时代，生产活动以实体空间为主、数字空间为辅；在数智时代，实体空间与数字智能空间叠加，甚至实体空间与数字空间转换，生产活动以数字空间为主、实体空间为辅。一方面，数字空间优化实体空间。数字空间在孪生技术的加持下，进行物联感知、时空计算、逼真渲染、仿真推演，描述、诊断、预测、决策实体空间，实现数字空间对实体空间的反馈、拓展、承接、复制、优化、超越，生成"实体空间—数字空间—实体空间"的闭环交互优化系统，促进企业研发、制造、营销管理等环节平移至数字空间，实现研发、制造、营销、管理的数字化转型。另一方面，数字空间替代实体空间。在工业时代，企业生产经营活动基于实体空间，并且土地的有限性和不可转移性带来的供给刚性深度束缚经济发展。而在数智时代，企业生产经营活动基于土地和网络分布在实体空间和数字空间，并逐步向数字空间转移，实现"网络换地"，形成"实体+数字"车间或工厂的组合，即数字孪生的空间应用。区别于实体空间的有限性和不可转移性，数智空间的无限性和可转移性吸引无限主体进入、聚集在数字空间，成为生产、交换、消费的新场域，通过低入驻成本、低坑位成本、低征询成本、低生产成本、低交易成本，获取红利。数智空间对实体空间的替代，可缓解经济发展对实体空间需求和土地供给刚性、土地资源紧缺间的矛盾。特别是近几年不断兴起的新形态空间，其市场、消费与运营无不体现着"在场"到"在境"融合与转化。而定义新形态空间就是利用场景化、交互式、数字化等技术手段，提升 IP 的空间化生产及表现能力与水平，以及沉浸体验效应的空间形态。

5. 数智管理

在数智时代，数智管理（含数据管理）也将带来内部管理成本和外部交易成本趋零。内部管理成本趋零包括：一是决策成本趋零。在"数据+算力+算法"的加持下，企业利用内部生成的免费数据，遵循"数据、信息、知识、智慧"的逻辑演进路径，充分挖掘和分析数据，进而释放数据价值，在生成的众多智能解决方案中选取最优决策，推动企业决策从"经验决策"和"定性决策"向"数据决策"和"循数决策"转变，从"数据上云"向"数尽其用"转变，增强了企业决策的即时性、智能性、精准性、科学性，有效降低决策成本。二是服务成本趋零。在数智技术加持下，企业研发、制造、营销、营运环节打通，数据连通、数据跨界、业务协同，"一网归结、多元化解"，让数据多跑路、员工少跑腿，推动企业内部"融合办、一键办、即时办、跨部办、极简办、一网办"，从"多次跑、多地跑""一次跑、一地跑"到"零次跑、零地跑"，从"见面审批"到"秒报秒批、秒批秒得"，这极大地打通企业部门间、上下级间壁垒，提高企业内部办事和服务效率，降低包括时间成本和交通成本在内的管理成本。三是监管成本趋零。企业数据流通生成集设备画像、员工画像于一体的"数字痕迹"和"数据网络"，对机器设备、员工行为进行持续判断、监管和定义，形成"机在转、人在干、数在算"的监管体系和监管网络，可极大降低企业内部人工的监管成本。

外部交易成本趋零包括：①搜索成本趋零。数智技术的高连接性促使企业与外部供应商和用户之间建立紧密的联系，尤其是企业可以根据用户画像持续定义追踪用户需求偏好，实现"人找数据"向"数据找人"转变，并据此向用户持续"推荐"产品，实现精准营销。企业利用数智技术连接用户、定义用户、满足用户，减少信息不对称，降低企业对潜在用户的搜索成本。②沟通成本趋零。数智技术打破时间差、空间差、信息差、资源差，使企业与用户之间随时沟通、随地沟通，并且使签订契约中产品质量、产品功能、产品价格、产品款式等关键要素信息更加透明，有效降低企业与用户间的沟通成本。三是监督成本趋零。数智技术尤其是区块链技术能动态跟踪交易对象和合同标的履行，极大降低风险成本和执行成本，增强监管的完整性、可溯性及可信性。

6. 算力、算法

算力（computility）又名计算力。随着数智技术的发展，计算多为数字化、智能化，形成了数智计算，其具有如下特征：一是计算体量大。在数智时代，数据的爆炸式增长要求算力对海量结构化数据、半结构化数据、非结构化数据进行实时大规模存储、清理、分析，通过暴力计算充分挖掘海量数据的经济价值和社会价值。二是计算范围广。数智技术在提高生产企业研发、制造、营销、营运环节效率的同时，优化迭代的算力也推广和渗透到金融、医疗、教育等不同行业和不同场景，实现泛在计算和多场景的协同计算，发挥算力的技术底座和动力引擎作用。三是算力绿色化。如发挥海洋优势，实现"数据下海"，建立海底数据中心，对数据舱产生的热量进行自然冷却，实现高算力、低能耗、高安全，为"东数西算"工程提供"陆数海算"的新补充，实现绿色计算和生态计算。

算法（algorithm）为数据分析和数据挖掘提供技术核心和技术支撑，尤其是算法大模型的应用具有跃迁意义。第一，算法应用创造新型就业岗位，提高工作效率。算法的应用在短期内可能对特定领域的劳动力产生替代效应，但长期内会催生新业态和新产品，并由此衍生出算法设计师等大批新型就业岗位；在算法应用中更注重人力资本价值和创新能力，促进人的思维意识、创新意识与机器的大规模计算、分析形成互补，以"生物智能+机器智能"实现"人机协同"。第二，算法应用赋能千行百业，提高生产效率。在数字基础设施和通用大模型的基础上，根据各行各业发展的痛点、堵点和数据特征，设计专业化、定制化、柔性化行业模型，促进模型与金融、教育、农业、制造等深度融合，发挥数据分析和数据决策作用，实现模型设计与业务场景高度匹配，通过"预训练大模型+下游业务微调"生成业务场景智能解决方案，加快新质生产力的形成。第三，算法推荐改善生活服务水平，提高交易效率。根据算法画像，为用户打上个性化标签，实现用户"所想即所得"，节约搜索成本，提高交易效率。例如算法推荐通过即时的位置锁定和智能筛选，实现用户与商家的精准连接和智能交互。

7. 数智平台

在工业化时代，跨时空的市场资源配置带来的高昂交易成本使公司成为生产要素的组织方式；而在数智化时代，数智技术的快速发展带来"零时间、零距离、零成本、无边界"，使数字平台成为生产要素的组织方式，生产要素的组织方式发生根本性改变。一是多元主体。数字平台的去中心化意味着其不仅包括用户、供应商，还包括分销商、互补方等利益相关主体，各主体基于各自分工各司其职，实现自我完善、自我提升、自我驱动、自我管理，其不断连接、融入、聚合到价值网络中，形成"小实体大虚拟、小脑袋大身体、小核心大外围、小规模大网络"特征的平台组织。二是平台协作。数字平台通过聚合多元主体替代过去纵向一体化的分工，选择科学的开放边界、开放程度和合作模式，开放资源池，摆脱自身资源有限性约束，不断吸收、整合外部资源，各部分即时链接，通过大规模跨界协作吸收异质性、互补性资源，并对生产要素进行创新性配置，产生新产品、新功能、新服务，实现迭代式创新。三是即时互动。根据用户需求深度分析，充分发挥数字平台多元主体集聚、平台协作能力，形成即需即供、用完即散组织，快速响应用户需求，增强企业动态能力，进而获得持续竞争优势。

第三节　数字人文及其研究

一　数字人文及其研究缘起

数字人文（digital humanities）在西方研究语境中被称为人文计算（humanities computing），主要指针对计算与人文学科间领域进行学习、研究、发明以及创新的一门交叉学科。随着互联网与计算机技术在人类生活中的拓展应用，信息传播也从传统的平面媒体向网络新媒体平台迁移。在这一变革过程中，数字人文学科领域的许多学者都致力于将技术融入学术研究之中，如文本分析、GIS[①]、互动游戏和多媒体等在文史哲等社会学科的广泛应用。

1988年，西方学术期刊《计算机与人文学》发表了《研究实践目录》，以明细表、调查、参考书目和报告的形式呈现了当时数字人文领域内的大部分研究、研究者和研究中心。1990年后，随着个人电脑和因特网的发展，人文计算快速传播开来，继而产生了一种标准化实践的新需求，以及由此而来的对于普及性协议的发展，后者以标准通用标记语言（SGML）[②] 和文本编码倡议（TEI）[③] 为代表。个人电脑将信息技术推到了日常生活的最前沿，最终预示了"信息时代"的来临和今日被称为"天生数字化"的年轻一代学者的出现（戴安德 等，2016）。1996年，牛津大学的数字人文项目"数字人文超文本历史"将数字人文的发展史分为开拓期（20世纪60年代）、独立期（20世纪70年代）和联合期（20世纪80年代）三个时期。2007年，西方学者沿用这一阶段性分类，并在20世纪90年代之后新增一个时期，且为四个时期找到新的关键词：1940—1969年为早期、1970—1979年为巩固期、1980—1989年为新发展期、1990年以后为互联网时期（高瑾，2017）。

数世纪以来，西方人文研究都按照经典性对作品进行筛选，一个重要的原因在于作品太多，研究者毕其一生尚不可穷尽。从数字工具的开发到针对文本、图像和艺术品的档案数据库建设再到原生数字材料的研究，数字人文已成为一种专注于知识创造、知识整序与知识关联的研究领域或学科。因此，文学批评家弗朗克·莫莱

---

① GIS（geographic information system）为地理信息系统。
② SGML 英文全称为 standard generalized markup language。
③ TEI 英文全称为 text encoding initiative。

蒂（Franco Moretti）在 2000 年提出，借助计算机技术对大规模文本集合进行采样、统计、图绘、分类并概述总体特征，再进行评论式的解读。莫莱蒂为此提出与"细读（close reading）"相对的概念"远读（distant reading）"作为其名称。

综上所述，数字人文的范围跨越了学科边界，也跨越理论与实践、技术实施与学术反思之间的传统屏障。作为一种学术研究新方式，数字人文涉及协作、跨学科和计算参与的研究教学，其为人文学科带来了数字工具和方法，也使印刷文字不再是知识生产和分配的主要媒介。

二 中国的"数字人文"研究

（一）国内数字人文发展历程

王晓光在"2009 年中国高校哲学社会科学发展论坛"上发表了论文《"数字人文"的产生、发展与前沿》。使"数字人文"这一概念在中国学术研究领域开始受到一定的关注。同年，台湾大学举办了第一届"数位典藏和数位人文"会议，探讨了数位（数字）人文与数位典藏问题。此后，以"数字人文"为主题的论文开始在国内各类学术期刊上大量出现。

数字人文可以为人文研究提供索引工具，进而提供基于数据研究或数据驱动型研究的资源、平台、工具、方法等设施。最早以数字方式处理中文文本的是计算语言学。在 20 世纪下半期中国便开展了相关的研究。1991 年，国家语言文字工作委员会启动了国家语料库，推动包括语法、句法、语义和语用在内的现代汉语语法的研究。另一个常被认为是"数字人文"研究的领域是地理信息系统与历史地理信息系统。诸如复旦大学与哈佛大学合作的"禹贡"等。这些项目试图以地理框架来落实历史文本信息，从而以新的时空观来审视中国历史与文化。此外，还有一些高校的研究型学术数据库，提供全文数据库和基本的搜索功能，以便学者能开展相关的研究。如北京大学中文系开发的全唐（宋）诗分析系统、香港中文大学建立的《中国近现代思想史研究专业数据库（1830—1930 年）》等的出现体现了学者在研究中的需求，也隐含着对当时已有的数据库的一种补充性批判（陈静，2018）。

（二）新文科视角下的数字人文学

新文科是基于现有传统文科的基础进行学科中各专业课程重组，形成文理交叉，即把现代信息技术融入哲学、文学、语言等诸如此类的课程中，提供综合性的跨学科学习，达到知识扩展和创新思维的培养。这一概念在 2018 年首次被提出，2019 年教育部和中央政法委、科技部、工业和信息化部等部门联合启动"六卓越一拔尖"计划 2.0，全面推进新文科建设，2020 年教育部新文科建设工作组主办的新文科建设工作会议发布《新文科建设宣言》，对新文科建设作出了全面部署。

从新文科建设的视角来看，数字人文学无疑是最具有新文科特征的一门学科，这不仅在于两者共同面向的跨学科交叉与融合问题，也在于数字人文学通过计算方法的引入所促成的研究内容变革，是人文科学研究的新范式与新趋势。在数字人文环境下，多种形式的文科类成果展现丰富了学术研究，这在一定程度上也呼应了立足交叉学科推进新文科评价的要求。数字人文学之于传统人文的"新"与新文科的"新"是同向同行的，都具有创新指向，而数字人文学和新文科的相互作用将带来人文社会学科的创新浪潮。

从共性上来说，数字人文学与新文科关注的都是超越传统具体人文学科之上的跨文科共性问题，都需要以学科内容建设和课程体系建设为基础，理论与方法并重，融合与交叉兼顾，相互借力而又各有侧重。如果说数字人文是技术与人文研究发展的自然结果，那么新文科就是当下中国社会人文科学面对新时代发展任务积极、自觉和主动的选择与应对。从成果来看，数字人文研究与实践最能体现新文科建设成效，因此数字人文可以称之为新文科建设的重要内容，抑或是重要抓手，在一定程度上甚至可以引领新文科建设（王丽华、刘炜，2021）。

第四节　数字人文经济学

数字经济所具有的"高渗透性"使其可以利用数字技术改变传统生产、管理、流通方式，实现产业与数字技术的融合，推动产业结构升级。数字技术与文化产业在内的第三产业的深度融合，不仅提高了行业生产效率，也使得分工更加合理，内容更加丰富，服务更加智能。数字经济的产业化、融合化趋势也打破了传统产业间的清晰边界，推动文化朝"数字化"方向迈进（赵佳丽，2022）。

一　当代经济学研究的人文转向

劳动、资本和生产技术是影响经济增长的三大主要因素。其中，劳动是经济增长不可或缺的要素投入，资本是经济增长至关重要的实现路径，生产技术是加速经济增长的动力源泉。AI具有智能渗透效应、边界延展效应、知识创造效应和自我深化效应，作用于劳动、资本和生产技术三大要素，形成人工智能影响当代经济增长的劳动渠道、资本渠道和生产率渠道（黄志，2023）。

（一）"人"的方面

中国的人文传统可以概括为"天人合一，以人为本"，以及"人文化成，文以载道"。就经济学的人文转向而言，前者体现了经济学的本体方面，后者体现了文化与经济的关系。"以人为本"中的"人"是本体意义上人文之"人"，强调人的本质、人与物或人与自然的关系，以及人与人的关系。经济学的人文转向，首先要解决的是人在社会经济中的位置。马克思指出："人是全部人类活动和全部人类关系的本质、基础"，"创造这一切、拥有这一切并为这一切而斗争的，不是'历史'，而正是人，现实的、活生生的人"。因此"出发点是从事实际活动的人"。要实现当代经济学的人文转向，就必须重建经济学的人性假设，将经济学建立在"现实的"人性基础上。经济学既要研究人的理性，也要研究人的感性意识和感性需要，即人的意识形态和社会的文化需要。

当代经济学在"以人为本"的基础上，研究人与物、自然以及人自身的关系。社会发展是"以人为本"还是"以物为本"，既是经济发展中一个令人困惑的问题，也是经济学无法回避的问题。西方经济学将经济学的任务定位为研究"稀缺资源的配置"，并以"最大化"为目标。在这种理论的指引下，人们单纯追求物质的极大丰富和经济效率的提高，致使人"丧己于物，失性于俗"，成为《庄子·外篇·缮性》中的"倒置之民"。而在这一发展过程中，一方面，环境污染，生态破坏，人与自然的矛盾大大加剧了；另一方面，人的幸福感并没有得到同步提高，人自身的发展以及精神方面的需求被忽视，逐渐"空心化"。

当代经济学的人文转向，首要任务就是在"人本主义"基础上，重建以人为本的价值传统，确立以民为本的政策方向。实现当代经济学的人文转向，还应在遵循中国传统"天人合一"理念下，尊重历史自然，"究天人之际，通古今之变"，建立以人为本，天人合一，环境友好和生态文明为基本理念的经济学。

（二）"文"的方面

"人文化成，文以载道"，所谓人文之"文"，就是民族历史和民族文化。文化是历史形成的，不同民族由于有不同的历史，因而有不同的文化传统；不同文化传统的民族具有不同的价值观与利益诉求。对此，人文经济学的研究应采取历史方法和叙事逻辑。人的存在，既包括人的自然存在，也包括社会存在，既包括现实存在，也包括历史存在。因此，在"以人为本"的价值体系中，除体现人与自然、人与社会的两维关系外，还有人与历史的第三维关系。在一定的历史条件下，人们按照物质生产建立相应的社会关系，接着又按照自己的社会关系创造了相应的原理、观念和范畴。这些原理、观念和范畴不是永恒的，而是历史的、暂时的产物。这是经济学历史方法的哲学基础。人与历史的关系，本质上就是人的生命延续和人在历史过程中的位置。"生生之谓易"，"易"就是历史，就是一个民族在生命延续的同时，自强不息，革故鼎新。

中国特色的当代经济学应反映中国文化的多元价值传统。中国传统文化讲"和而不同"。要实现"和"就必须以"不同"为前提，即《国语·郑语》中的"和实生物，同则不继"。中国文化传统承认价值的多元性，即不同价值之间的"不可通约性"，承认不同人群所具有的不同的价值观。价值的多元性使人各得其所，各得其乐，合而不争。近代以来，在西方利己理性和市场竞争体制下，社会价值日益单一化，物质利益成为人们追求的根本目标，在一定历史条件下甚至成了唯一目标。这种社会价值的单一化，反之进一步加剧了社会竞争。历史经验证明，当人经历发展之后，价值观会发生转变，从追求物质生活中的"效率"逐渐转变为追求精神世界的丰富。国内经济学的人文转向，是要尊重人的这种多元价值转向，使人们各自追求自己的目标，推动社会的和谐发展。

当代经济体系下人的需求发生了重大变化，仅靠大众化的物质需求已经难以拉动消费，就必须回归"精神经济"，即物质作为一种载体，精神则是其内容。人文经济发展是否成功，不是由政府说了算，而是由消费者说了算，因此要尊重"消费者主权"的逻辑。当物质需求转型为一种精神需求，"物质经济"就必然转型为"精神经济"。技术与人文的融合如果不能实现产业化和产品化，不能满足消费者的物质和精神需求，不能满足人们对美好生活的向往，这种技术的发展就失去了其意义和价值，人文经济也将成为一句空话。

二 基于元宇宙的数智化是数字人文经济新形态

当下数字经济的扩张可以概括为数字化、数智化两大基本进程。其中，数智化是数字经济发展的新形态。其发展虽然尚处在展开期，但已表现出新的范式、形态与机制。在文化艺术领域，由于文化资源的特质，文化数字化的发展已推动数字人文经济的快速崛起。基于数字经济发展进程的态势，数智化已成为数字人文经济发展新形态，研究探讨这种新经济发展的内在规律与最新的发展趋势，既是现实发展的需要，更是时代进步所必需的战略课题。

（一）数字人文经济发展的基本进程

数字人文经济的发展有不同的发展进程，这种不同进程反映在三种不同的形态与一个底层逻辑（见图1-9）。第一种经济形态：互联网经济-数字经济-数智经济；第二种要素形态：数据-数据要素化-数字资产；第三种技术形态：互联网-区块链-元宇宙。一个底层逻辑即信息化-数字化-数智化。

经济形态	互联网经济-数字经济-数智经济
要素形态	数据-数据要素化-数字资产
技术形态	互联网-区块链-元宇宙
底层逻辑	信息化-数字化-数智化

图1-9　数字经济发展进程的三种形态和一个底层逻辑

（图片来源：本书作者绘制）

1. 经济形态：互联网经济-数字经济-数智经济

（1）互联网经济形态

互联网经济大致从1998年开始，经历了起步阶段（1998—2000年）、动荡阶段（2001—2008年）、移动化与多元化阶段（2009—2012年）以及繁荣发展阶段（2013年至今）四个阶段。随着互联网的普及和相关技术的成熟，其与经济各领域融合的广度和深度不断拓展。互联网经济所产生的交易额已占到经济整体的四分之一。其中数据的传输与分享是重要部分，二进制使信息成为更易传播的数字代码，加速了互联网时代的信息爆炸，这一时期的底层逻辑就是信息化，以及基于信息化之上的各类互联网服务。

在互联网经济形态中，大众对于信息数据的版权意识不强，数据作为要素，其市场化、商业化没有被有效开发，没有形成独立的价值形态，虽然后续的移动终端化在一定程度上弥补了这一点，但也出现了数据"信息壁垒"现象。一方面在于互联网的底层逻辑即信息化，未能考虑伦理道德和实际操作之间的延展空间，仅将数据作为信息使用，忽视了其商业市场价值；另一方面是由于互联网经济的发展阶段和盈利模式，早期互联网注重"连接"性，信息服务成了门户网站的（如雅昌、嘉德在线）等的阵地。移动互联网的发展则催生了新的平台机制，"三网融合"被提出并重点推进，行业范围不断扩大，"互联网+"写入政府战略规划，分享经济被列入政府工作报告。

互联网经济快速发展的背后是技术的不断迭代，技术已逐渐从连接性转变为服务性，原有电子商务、即时通信、搜索引擎等传统互联网经济的盈利已逐渐饱和，促使新的业务产生，引发了新一轮的数字技术革命。

（2）数字经济形态

数据要素是数据要素化发展的结果，其核心是数据的数字资源化、资源系统化、系统资源资产化、金融化、证券化（大众化）过程。党的二十大报告强调加快发展数字经济，促进数字经济和实体经济深度融合，打造具有国际竞争力的数字产业集群。数字经济时代的数据作为新兴生产要素加入数字艺术生产，数据要素的产业化、商业化和市场化成为常态。

数据要素化的支撑技术是以节点化、去中心化为主要特点的区块链技术，底层逻辑是数字化。就我国的数字经济发展现状而言，应用端的软件发展势头较好，但基础端的硬件发展相对较弱，一些上游核心技术仍掌握在发达国家手中，多数国内平台都是基于现有软件创新商业模式。在人文资源的应用方面尤为明显，基于区块链技术的人文资源共享平台的搭建，国宝"二创"的数字藏品开发，数实结合的版权登记转让等，文化数字化的快速发展促使数字人文经济成为数字经济大众化最为显性的一个分支。数字人文经济利用区块链技术可以将艺术品数据要素化，形成新的商业、社会与市场价值，越来越多的中华优秀传统文化产品也通过各种形式被大众所了解和熟悉。这也是数字人文的一个重要目标，即将人文资源移向传播节点，利用数字化底层逻辑颠覆传统文化行业的边界规则。

（3）数智经济形态

数字经济的未来发展形态是将数据资源转化为数字资产，在以元宇宙为底座技术的数智经济新形态的创新中不断深化。其中最重要的便是数智化，即数据的智能化。传统的认知路径是由数据形成信息，转变为知识，最终成为思想。而数智化信息链路是层层叠进的，是在信息数据爆炸中找到有用的关键信息并实现高效精准的应用，实现数据信息的"智能"化，并针对不同的应用场景和创新需求服务。应用场景的创新需求包括以元宇宙为基座的新型技术组合，围绕 AI、VR、物联网、大数据、云计算、数字孪生等建构全新的数智化"场境"。

2. 要素形态：数据—数据要素化—数字资产

（1）数据形态

传统的互联网经济形态下，数据作为网络连接的重要元素存在于各环节之中，提升了传统实体行业的生产效率，极大程度促进了近年来中国经济的腾飞，也创造了新的经济发展模式和运行结构。数据作为互联网传播的载体，对于传统的科层制组织结构进行了变革，使信息传输环境从原有的金字塔形转化为了扁平化，公民诉求和表达更加自由平等，对于意识形态的社会整合、政策规范的修订等产生极大影响。在这一阶段，数据仅作为网络传输所需要的中介和载体而存在，其本身的商业价值并没有被高度重视。

（2）数据要素化形态

数据要素化的实质是数据生产要素化。数据已作为重要的生产要素和战略资源，被政府和企业高度重视。党的十九届四中全会通过的《中共中央关于坚持和完善中国特色社会主义制度推进国家治理体系和治理能力现代化若干重大问题的决定》提出"健全劳动、资本、土地、知识、技术、管理、数据等生产要素由市场评价贡献、按贡献决定报酬的机制"。从农业经济到工业经济再到数字经济，随着人工智能、区块链、大数据、物联网等新兴技术的应用领域拓展，技术作为底层支撑而生成的新业态越发普遍，数据作为数字经济的基础已经与实体经济深度融合。数据要素作为数字人文经济重要的生产力，具有虚拟替代性、多元共享性、跨界融合性和智能即时性等特征。数据要素本身的重要性也被越来越多的人文领域所重视。特别是基于基础性区块链技术形态之上的数字人文经济新形态，数据要素化已成为其发展过程中最为重要的内在规定性驱动力量。

（3）数字资产形态

从数据到数据要素化再到数字资产的发展历程，最重要的一点是数据被等价于传统的可交换资产。如果说数据要素化是市场赋予其承载资产的能力，数字资产则是其成为市场流通的内容资产本身。2022 年 12 月，《中共中央 国务院关于构建数据基础制度更好发挥数据要素作用的意见》特别提出要建立合规的数据产权制度、数据要素流通和交易制度、数据要素分配制度以及治理制度。数字资产作为重要的生产要素，在产业融合、市场运行等多方面，形成新的逻辑系统即数智化底层逻辑，以及市场与产业行为模式。

在应用场景方面，数字资产在以元宇宙技术集成的技术形态中，利用新技术手段优化资产各环节，通过对有效信息的采集分析，将数字资产的智能化、个性化、多样化等优势更好地运用在生产、运营等各方面，形成应用"场境"。

数字资产包括数字性、内容性、复合型、数据性等不同形态，区别于传统的要素形态，有赖于价值发现的价值形成机制。对于新消费市场而言，具有更优化的解决方案和产品形态。对于大众而言具有更开放、智能、便捷的应用场景，因此，数字资产也是经济新形态更迭至关重要的中间环节，数据从生产要素转变为数字资产，这一要素形态的变化可以直接从供给端改变当前经济形态的运维模式，形成以科技融合为基础的精准定制服务，并以数字产品制造业、数字产品服务业、数字技术应用业、数字要素驱动业为核心产业的应用"场境"。

3. 技术形态：互联网技术-区块链技术-元宇宙技术

（1）互联网技术形态

其具有两个重要特征，首先是生产内容的信息化，从传统的农业经济到工业经济再到互联网经济。随着技术的发展，出现了以网络为核心的产业化布局以及相关发展，最终形成了互联网产业生态圈。互联网技术提升了传统行业的生产水平和效率，形成了以信息化为底层逻辑的新型现代化数据生产形式与数字化生活方式。技术的社会形态与经济形态密切关联，技术及其推动的基础设施的重构是新经济形成的决定性因素，这是由于生产力的变化带动了生产方式的变革，社会关系也因此改变，进而加速现代化进程。互联网技术改革了生产方式，对于社会形态具有反作用，不论是资本主义还是社会主义，都必须加入以互联网技术为代表的技术革命，依靠已有技术及其基础设施的不断升级，在现有的架构中进一步提高效率和提升用户体验，产生新的行业和新的社会架构，从而出现新的经济形态和社会形态，实现人的自由全面发展。

（2）区块链技术形态

现代社会中消费者的需求越发趋向于个性化、多样态，这也意味着生产端的品种不断增加，单品需求缩减，对于供给端的差异化需求相应提升，即生产的精准定制化与个性化趋势不断强化。以区块链技术为主，去中心化为特点的新技术可以更好地适应行业复杂的实时变化，提升劳动生产效率，促进个体的主动创造能力的释放。对于政府主管而言，可以更好地提升工作效率，实行网格化、区块化管理，实现各部门资源的共享和信息的多向化传递。传统的互联网形态中，最为人诟病的一点就是自上而下的信息传达、传递和反馈、汇总机制不足，数据的收集、保存、整合尚未得到重视，缺少点与点之间的有效沟通和信息共享。区块链改变了原有的中心化网络形态，将信息储存在节点上，大幅减少信息壁垒所造成的数据传达不及时、调取不到位等情况，每个参与主体都是一个节点、一个中心，有效地促进了个人、组织等环节的多向沟通反馈，更为便捷地传输、共享数据要素，孵化形成元宇宙平台。而以区块链技术为支撑的数字资产铸造机制等数字经济系统的运行也能有效减少现有经济发展过程中的重大问题隐患。区块链技术形态从底层技术角度改变了人们的思维定势，在技术融合不断加快的趋势支撑下，数字人文经济形态进化发展的可能性不断加大，发展速度不断加快。

（3）元宇宙技术形态

元宇宙技术及其形态的发展有两个重要的价值导向：一是元宇宙为如何理解和把握未来数字文明时代的整体样貌提供了景观式结构方式。过去我们对数字文明的认知往往是一些碎片式的概念，随着数字人文经济的发展，元宇宙从整体上规划了未来数字人文经济的景观实现路径，使人们能比较完整、系统地把握与认知数字经济与数字文明。二是元宇宙指明了数字经济与数字文明发展的时代功能和价值形成逻辑。在工业文明时代，裂变过程是可以想象的快速发展的模式，随着数字经济与数字文明的发展，数字化场景与数智化场境的迭代，其内在逻辑已经对社会发展形态与价值建构带来了巨大的冲击。三是元宇宙开启了数字人文经济发展的新形态，即数智人文经济。元宇宙的实质是现实世界与虚拟世界的融合，它有多种呈现形态，衍生或延伸了数字化生活方式。因此，基于元宇宙的技术形态和数智化的底层逻辑使数字人文的运行系统具有自我学习、自我完善的能力，可以将数字资产作为生产力，利用虚实融合技术深入挖掘数据资源价值，推进数智人文经济形态的不断完善。

4. 底层逻辑：信息化-数字化-数智化

（1）信息化

随着互联网技术与通信技术的不断融合，终端技术的快速迭代，社会关系的网格化、个人生活的个性化都高度依赖着信息化的底层逻辑以及基于此的互联网技术形态，以互联网为技术、信息化为中心成为经济形态转变的重要基础。信息化打破了原有以实体经济为主的生产方式，技术革命为生产力的高速发展积累了坚实的底层基石，从意识形态方面让大众对于信息化逻辑有了正向认知。其中一些互联网技术与通信技术、信息处理技术等融合的科技成果，不仅提高了工作效率，而且不断推动经济增长方式由粗放型的大规模生产模式转向互联网精细型发展模式，逐渐认识数字基础设施建设对于经济的推动作用。

（2）数字化

数字化是信息化发展的结果。随着数字化新技术进入到大众视野，数字化的底层逻辑也在无形间改变了社会形态、意识形态和经济形态。微观而言，人们的工作流程、实践和思考模式发生根本性的改变。宏观来看，社会治理、体系建构、经济运行的要素运转、深层机制也发生了巨大变革。数字化促进了主体的开放性、连通性与参与性，实现了数据的要素化，推动了以数字资产为核心的数字经济的发展逻辑架构与体系，最重要的是通过技术手段的改变，更新了原来的固有逻辑，形成了新的数字经济形态，即以数字化为底层逻辑形成的数字基础设施。克服了传统意义上数据分析、集存、利用、场景等问题，实现数字化逻辑的全方位应用和社会数字化转型。根据马克思的劳动生产力理论，科学技术的进步推动生产力的发展，生产力通过生产关系作用于社会，引发消费、生产的变化。技术背后的底层逻辑会从机制层面进行驱动，生发出不同的数字化形态，产生了与之适配的更加多元化的经济与社会生活方式，数字化就是在这样的环境下进入到人文经济与大众文化消费视野与生活当中。

（3）数智化

数字化与数智化是一种共生、共存与不断进化迭代的关系，它们共同组成了数字人文经济新形态不同阶段的业态形式。其中，数智化的底层逻辑是在场景中借助数字孪生投射现实与虚拟世界两个"场境"。数智化已被一些地方政府规划到未来发展之中，如上海市发布的《上海市打造文旅元宇宙新赛道行动方案（2023—2025年）》（以下简称《方案》），就基于"元宇宙"虚实映射、虚实交互、虚实融合的演进规律，规划重点加强前沿技术突破、前瞻领域布局，同时依托"元宇宙"群智赋能、跨界融合的基本特征，发挥其叠加、放大效应。

（二）数字人文经济：从数字化到数智化

从数字化到数智化，是基础设施更迭的结果。数智化发展的本质是通过数字化来实现智能化的过程。

1. 从"区块链+NFT"到"元宇宙+AIGC①"

数字化进程的核心是区块链，而数智化进程的核心是元宇宙。元宇宙的技术支撑，是一种融合式的技术集成。是由算力为核心支撑极致体验，由数据生产支撑的大数据体系，由数据获取技术支撑的物联网，由数据传输技术支持的 5G 移动网，由模型与算法支撑的人工智能，以及由信用传递的区块链等技术的融合而形成的技术集成能力。上述《方案》提到，元宇宙的未来要突破关键前沿技术，聚焦空间计算、全息光场、五感提升、脑机接口等方向，突破人机交互瓶颈。加强算法创新与应用，加快对抗生成网络、超大规模预训练模型等技术在图形引擎、动态建模、数字孪生等领域的融合应用。

AIGC 是在人工智能算法帮助下创建的内容。当前 AIGC 的代表性应用便是美国 OpenAI 公司基于 Transformer 架构开发的自然语言处理模型 ChatGPT，以及中国幻方量化对冲基金公司基于同样架构所开发的深度求索（DeepSeek）处理模型。它是生成式预训练聊天机器人，上线后便展示了人工智能技术的颠覆性力量。ChatGPT 能够通过学习和理解人类的语言来进行对话，根据聊天的上下文与用户进行互动、为用户提供类似人类的对话体验，用户可以提出问题、与它进行讨论并获得需要的答复。其功能包括语言翻译、内容创建、客户服务等，还能在用户指令下完成邮件撰写、文案策划、多语种翻译、创建和修改代码等任务。AIGC 的基本原理，是人类通过训练，让机器理解人类给予的任务（指令），然后完成任务（给出答案）。其通常涉及数据收集，数据预处理，模型训练，内容生成，以及评估和细化等步骤。从人机交互角度看，ChatGPT 体现的是一种基于语言的自然交互方式，可以与元宇宙、数字人结合。以其为代表的大模型及其后续更新技术会逐步充当各种机器、设备、机器人的"大脑"，人机之间的交互会更加以场景中的人为中心，而不是以机器为中心。

2. 从"场景"到"场境"

数字场景从"在场"到"在境"，本质上是基于元宇宙的数智化数字人文经济新形态。场景化强调的是在地、在线、在场，而场境强调的是在场域（元宇宙）中的在境。从在境体验来拉美，传统的场景化解决的是体验的感官性探索，而在场境

---

① AIGC（artificial intelligence generated content）为人工智能生成内容。

化过程中，主要解决的是相近结构系统间，建立在沉浸式元宇宙场域中的沟通、体验与互动。

从数字场景的"在场"到"在境"，虽然是数字化发展的不同阶段，但不存在排斥替代的问题，从长期来看，它们的存在是一种共生状态，都是作为数字化转型的终端应用、成果输出和价值实现，短期能拉动数字化投资、扩大数字化服务消费，长期能驱动数字化创新、服务普惠和价值增长。把握数字化场境与场景的不同内涵，对于认知与优化数字化基础设施建设痛点，加深数字技术在各领域应用，开启以末端用户的微观应用带动数字技术的宏观发展规模，以应用范式、商业模式反哺技术创新具有重要现实借鉴意义。

3. 从"资产虚拟"到"形态虚拟"

在数字化场境的迭代转化中，最突出的表现是数字资产形态的变化。在数字化场景阶段，资产数字化为虚拟资产，交易的标的物是虚拟化的数字资产；而在数字化场境阶段，资产已由数字化转变为数字场境化，成为数字场境的一个组成部分。不仅是数字资产本身成为虚拟资产，其交易过程、系统环境都是数字场境化形态。从资产的虚拟到形态的虚拟，即从单纯的经济形态的虚拟化逐渐演变为表达、构成与实践方式的虚拟化。

4. 从"以人为中心"到"以数字人为中心"

随着智能交互、情感计算、知识交互等数字技术逐渐成熟，数字人已成为数字化应用新风口。它是多种前沿科技的集大成者，在应用方面具有能感知、能互动等优势。未来，虚拟数字人技术将结合实际应用场景形成行业应用解决新方案，赋能影视、传媒、游戏、文旅等产业化场景，根据定制化需求为用户提供精准定制化服务。

（三）数智化：基于元宇宙基座的数字化

元宇宙的实质是真实世界与虚拟世界的融合，它有多种呈现形态。基于元宇宙的数智化是数字经济发展的新形态。

1. 系统分析

由图 1-10 左侧可以看出，元宇宙的生态包括现实世界、创新的虚拟世界、模拟现实的虚拟世界和虚实结合的超越世界，这四个部分的融合地带就是元宇宙。这是基于元宇宙虚实相生、虚实结合的生态而形成的。在图 1-10 右侧，虚拟世界被分成模拟现实的虚拟世界和创新的虚拟世界，以及与现实世界交错的虚拟与现实融合世界，这一生态整体组成了元宇宙系统。四个部分的交错和融合方式背后是数智化过程中元宇宙系统的发展和变化趋势。

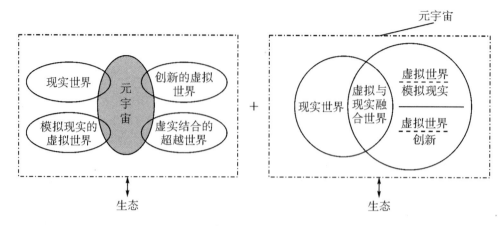

图 1-10　数智化过程中元宇宙系统

元宇宙基于新兴技术，具有多样化的表现形态，并基于用户的不同要求和使用方式进行灵活变化，这也凸显了其未来发展的多种可能性。可以确定的是，随着 Web 3.0[①]、人工智能等新技术的成熟，生产方式的颠覆将会波及各行各业，现有的数字化生产工具会被更为智能的数智化服务所迭代。而越来越多智能化的应用进入到人们日常生活中，无形中拓宽了生活的宽度和广度，削弱时间和空间对于大众的限制，进而满足人们对于美好生活的多样需求。

2. 系统结构

数字经济向数智经济的转型，实质是支撑经济形态的基础设施发生了更迭。表现在由新基础设施向数字基础设施转变，即以互联网为中心形成的通用技术、方法、支撑与服务体系，转向在新基础设施基础上，建构的以区块链技术为基础、以算力为基座，以元宇宙为中心的数字化支撑服务体系（见图 1-11）。

在元宇宙系统中，最为底层的是数字基础设施，这就好比建造大楼时的地基，如果没有自己的数字化基础设施，仅仅是一些应用端、上游的变化，底层的逻辑还是照搬西方发达国家，那么不论应用端如何发展，被"卡脖子"是迟早的事。基于数字基础设施的建设，形成底层技术系统，并在此基础上逐渐完善成为共用技术系统。也意味着可以形成自己的应用标准和规则。根据技术系统的建构，衍生出以智能技术为基础的智能工具，并逐渐形成可以在多个不同应用领域通用的工具系统。相较于目前的互联网工具有着更广泛的适用范围。在工具系统之上，则是面对于不同工作任务的应用系统与技术，其开发的目的是提高工作效率、降低成本。同时，应用技术系统包含硬件和软件，以便于适应多种不同的任务和工作流程。只有从底层的数字基础设施到最终的应用系统与技术都趋于完备，应用场景才会为用户提供真实世界与虚拟世界相融合的场景体验。也只有元宇宙系统结构的不断生发与完

---

① Web 3.0 被用来描述互联网潜在的下一阶段，一个运行在"区块链"技术之上的"去中心化"的互联网。

善，才能满足社会多样化的需求，从技术层面到体验层面完成统一，延伸用户的生活方式，重塑社会时空观念。

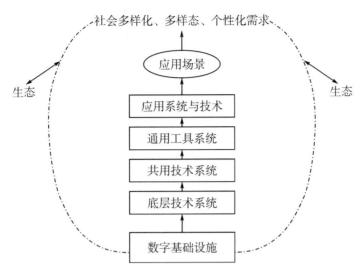

图 1-11　数智化过程中元宇宙系统结构

（四）数智化：数字人文经济新范式、新形态

元宇宙的技术支撑是一种融合式的技术集成。数字经济发展的前提是数据的便捷化共享，无论是数字化还是数智化，首先都是为了推进数据的公开便捷化共享这一主体性过程。

1. 数据核心化：算力的基座化

数字经济发展的最终目的是发现价值并进行有效率的价值管理。数据核心化强调的是将行业的重要数据进行整合，以便于更好地管理和利用数据，这也是数智化过程中出现的重要节点，即数据管理更受重视，数据逐渐作为资产而存在。而算力基座化是指将计算能力集成到一个统一的基础设施中，以便更高效地进行计算和数据分析。算力作为核心承担了大部分的技术应用运转，在数字基础设施中所占的比重非常大，且对于上层技术和工具系统都有重要意义。扩充数据核心化可以通过增加数据存储容量、采用更先进的数据管理技术和工具等方式实现。扩充算力基座化可以通过增加服务器数量、引入更高效的计算系统和算法等方式来提高市场的数据处理能力和效率。

2. 智能工具化：基础设施智能化与应用常态化

智能技术的发展已逐步进入智能工具化阶段。智能基础设施的出现，智能应用的常态化，也为智能技术的创新打下了坚实的基础。智能工具化是指智能技术开始向广泛的工具转化，人们可以通过简单的操作来使用和掌握智能工具，无须深入了解复杂的技术原理。这一趋势的出现，使得智能技术的使用门槛大大降低，也意味着数智化过程逐渐深入到寻常百姓生活之中。而在智能的基础设施化和应用的常态化方面，工具系统的智能化意味着智能技术的应用已成为一种常态。智能基础设施和应用系统从底层逻辑上提高了城市的智能化水平，同时也带来了更多的商业机会和创新空间。这也是智能技术发展的必然趋势。

3. 场境中心化：场境成为应用的中心要素

从单纯的应用场景到场境，其本质是应用环境的改变。其更为强调互动、理解、共鸣，目前的移动端应用开发还局限在功能性深入开发，而在数字人文经济下，应用开发更加注重用户的体验需求，强调场境因素。

场境中心化强调的是一种基于多样化、个性化用户需求和场境体验因素的应用设计思路，它能更好地满足用户的实际需求，提高用户的使用体验。未来的应用程序开发也会在元宇宙的发展环境下更加关注用户的场境需求，运用数智技术提供更加个性化、智能化的服务。元宇宙是对数字文明时代的总体描述，是对数字文明结构方式的阐释和呈现。数字文明时代的到来需要大量的工具、手段、技术，需要对未来的社会场景、社会要素重新加以整合。实际上，它是一个"羽化成蝶"的范式化变革过程。特别是随着 AIGC 的兴起，以 ChatGPT 为代表的人工智能的深度发展，恰恰是元宇宙发展中最重要的一种技术，这是改变社会现实，重构社会结构、功能、价值的一个过程。从某种角度来说，我们正处于两大文明的交界时期。过去经历了所谓的原始文明、农耕文明、工业文明，如今正在面对的是一个全新的数字文明时代。以中国企业华为为例，其以"4 极"① 为目标，打造企业数字化基础设施，实现数字化转型的"4 化"②。

（五）数智化：数字人文经济发展新机制

进入数字人文经济时代，最重要的关键词是：内容、技术、体验、治理及融合发展，是围绕数据资源化及数字资产发展的基础上，推进数字产业化、产业数字化与数字化治理的进程。在这个过程中，需要特别关注五个大赛道：数字基础设施核心基础技术、产业与数字化技术的深度融合、围绕数字化新应用与新模式的产业拓展、数字网络安全与数字治理技术及产业。

元宇宙是虚拟世界和真实世界的融合，其呈现形态表现在：一是元宇宙的发展推动了基于元宇宙技术基座的数智化经济新形态的发展，使得数字人文经济进入了新的发展阶段。二是从媒体技术的发展趋势来看虚实融合、时空拓展最早是通过照片、视频记录事件，即实现了情景再现。随着科技融合的发展，超高清的发展以及 VR（AR、MR）的发展，沉浸式体验成为可能。三是虚拟社交、数字工厂等虚实融合、时空拓展是未来媒体发展的大趋势，在元宇宙常态化共享的虚拟空间中，打造了一个具有超强沉浸感的社交平台，人们可以拥有虚拟身份进行娱乐、工作、生活与创造。四是元宇宙产业发展迅速。

2022 年 10 月工业和信息化部、教育部、文化和旅游部等五部委联合发布的《虚拟现实与行业应用融合发展行动计划（2022—2026 年）》，规划到 2026 年，我

---

① "4 极"指极简的架构、极高的质量、极低的成本、极优的体验。

② "4 化"指作业数字化、数字平台化、平台智能化、智能实战化。

国虚拟现实产业总体规模（含相关硬件、软件、应用等）超过 3 500 亿元，虚拟现实终端销量超过 2 500 万台。五是基于元宇宙的数智化生态。特别是支撑基于元宇宙的数智化通用标准正处于发展初期，制定通用的标准体系和操作规范是建立开放互联、兼容并举的多元复合宇宙生态的基础。六是适应元宇宙基座的数智化经济新形态的治理模式。需要进一步探索决定行业走向的共性关键技术，打造基于元宇宙的数智化系统与体系机制，其基本路径如下：

1. 系统机制

前文已阐述过数字基础设施的重要性，而数字基础设施建设的背后是数字化和数字经济发展与普及，数字化作为当今互联网下信息传播转换的重要模型，承载了日常大量的生活应用的正常运转。数字化的本质在于信息技术不断发展下驱动线上业务的转型升级，也就是数字基础设施的建设与完善，这一现象不但优化了各行各业商业运营和管理的现有模式，同时终端的不断升级使得消费者的需求更为精确、便捷且成本较低地成为供给端的选项，基于此改善用户体验并形成新的业务、商业模式逐渐成为未来发展的共识。

数字基础设施的建构与完善使得数字场景和应用越来越丰富。元宇宙底座形成了市场科技融合的局面，而科技融合驱动了数字建构，促进了数字货币、互联网金融等新型数字化应用的大面积推广，为整个生态带来了更多的发展方向，从而出现越来越多样化的落地产品和业务，以满足新消费新需求。

在数智技术和经济形态中，资本市场不仅是追随科技潮流的冒险者，也是技术发展背后的支持者和推动者，更是数智化经济新形态发展的建构者。随着数字化时代越来越多的高科技产业出现，这些产业仅靠自身很难变现，需要依靠大量的投资维持技术创新，同时资本市场再将科技的商业价值变现。例如，ChatGPT 的背后就是微软的巨额投资和支持，才使得 ChatGPT 3.5 版本至 4.0 版本的快速迭代发展成为可能。资本市场是非常敏锐的，因此资本与科技的联合将会更好地调整行业发展策略，更好地适应不断发展的新需求和新消费热点。这一完整的数智化系统机制生态就是数智系统本身内在的驱动的结果。

此外，数智化系统生态不是一成不变的，其内核是在不断进化和升级的。元宇宙科技融合作为数智系统的基座，也是数智系统生态生发的核心，不断创新与发现适配的新技术，从而完善数字建构能力与水平是关键。而资本作为建构者，当有新的技术风口出现时，会加速推动数智系统及其生态的进化发展，并不断满足大众消费新需求。数字基础设施、资本市场与数字科技融合生态在数智系统的驱动下呈现螺旋式的上升路径，最终实现数字人文经济的可持续发展。

2. 动力机制

数智化进程最重要的是从元宇宙基础设施化到数智化应用场境这一部分。从数字化到数字基础设施的完善，是整个动力机制中最为基础的部分，没有这一步的转化，元宇宙的基座很难形成，也不会有元宇宙基础设施化。而场境所代表的就是元宇宙场域中的在境，从数字化到数智化的底层逻辑改变离不开基础设施不断升级的推动。而在数智化应用场境之下，以动力机制为中心，共享机制为外轴，延伸出科技、资本、竞争、治理、极致体验、消费需求和社会需求七个方面。从这七个角度可以覆盖到各行各业的未来数智化发展，这也是整个动力机制的一大构成，即从多个层面来共同推动数智化进程（图1-12）。

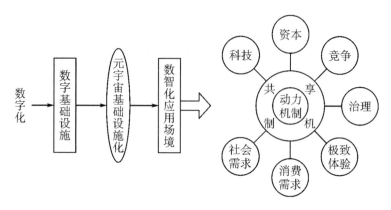

图1-12　数字人文经济数智化进程动力机制

从图1-12可见，数据共享机制的重要性。在国家数字经济战略体系中，数据的公开、获取的便捷、应用的共享是基础，产业体系是核心，数字技术融合的体系进步是根本，数字治理是保障。无论是数字化还是数智化，实施主体和主要力量都是市场，最终目的还是提高市场主体（企业）和相关产业的竞争力。

（六）数字人文新经济成为数智化发展前沿

数字人文经济是数字经济的重要组成部分，其发展的高级形态即数字人文经济数智化。早在"十二五"期间，科技部就发布了《国家文化科技创新工程纲要》，强调科技创新对文化发展的重要引擎作用。十年间，数据已成为当今社会最宝贵的资源形式之一。然而，仅有大量的数据本身还不足以创造出真正的价值，更要有内容的支撑。而人文资源的数字化作为数字内容的创造者，充当着价值发现和价值转化的重要线索。在发现价值方面，数字人文经济在数字经济中承担着试验、"尝试"与示范的重要责任。最具体的表现在以下六个方面：

1. 趋势最前沿

数字人文经济是数智化发展的前沿阵地。首先，人文数字化在当前已经有了许多成功的应用，以区块链技术链接传统文化与现代创作，发展出各式各样的数字艺术藏品，让年轻人逐渐重新关注中华文化的艺术瑰宝。而生成式AI等为AIGC注入新动能，使人们从关注技术本身的发展前进到技术对于社会及人文伦理的影响，这一进步已经变革了大众内容生产与交互的形式。可以说，目前数智化发展最为前沿、最具现象级案例的实践大多出现在了人文领域。

数字人文经济的发展经历了Web 1.0、Web 2.0，正在探索Web 3.0时代的实践。Web 3.0是底层网络架构下的全新网络世界，将是极富想象力、创造力及新网络形态的新世界。以用户为主导开发协作、隐私保护、用户共建及共享的新型数字经济系统。基于"虚拟世界"和"现实世界"的深度融合，新一代互联网集虚拟现实设备、系统平台、内容分发等于一体的产品及服务提供商，在虚拟现实 3D 沉浸式的直播、医疗、体育、教育、文旅等行业，不断创新探索，一些实用性的系统解决方案及各行业的具体应用持续落地，特别是已有虚拟现实全景视频和虚拟现实社交等在 C 端①开展应用。

数字人文经济的生产运营也在不断创新，如 DAO②是以互联网基础协议、区块链技术、人工智能、大数据、物联网等为底层技术支撑，以 Token 激励和协同治理为治理手段，拥有明确的共同目标，具备高度信任和高度共识、开放平等、去中心化、公开透明、自动化特征的一种全新的组织形式，是数字协作的最佳实践和 Web 3.0 最基本的组织形式。DAO 更像一个成员自发组建的、公开透明的社区，社区参与者拥有共同的目标，每位成员均有权参与组织的任何决策，成员共同决定组织的发展方向，社区贡献者可以获得对等的激励。

2. 参与最多元

数字人文经济的数智化发展，使得生产与消费在一体化发展的同时，使低门槛、大众化成为基础与现实。目前的数字藏品价格优势明显，得到了许多年轻人的喜爱，人文内容被作为数据分析的中心。同时，越来越多的用户通过用户生成内容（UGC）模式开始自己创作内容，成为内容产出者，平台利用大数据推送给有相同兴趣的用户，使平台具有了社交属性，这也让用户与平台的联系越发紧密。

3. 机制最多样

机制最多样是源于数字人文资源形态的多样性与应用场景的丰富性。在数智化进程的系统机制和动力机制的论述中，分别谈到了以元宇宙为底座的数智系统生态、动力机制为中心共享机制为外核的七种动力形式。根据目前的构想和实践中可以发现，数字人文几乎在两个大机制中都有所体现。不论是资本市场的青睐，还是社会和消费需求，都能在当今数字人文产品中窥见一二。这也意味着文化价值在数字经济环境下的价值发现和价值挖掘更为全面，人文内容本身在数智化进程中不再仅仅是数据或者是数据资源，而更多的是成为数字资产。只有通过多样态、多元化的机制挖掘和发现，才能不断地确认和提升其价值。同样，在市场中不断得到价值发现与提升，又会进一步激发新机制的建构与已有机制的完善，不仅聚合了数字人文的内在势能，也能不断提升其外延竞争力。

4. 业态最丰富

基于数字基础设施建构的数字人文应用场景的丰富性，决定了数字人文经济丰富的业态。特别是基于元宇宙技术为底座的数智化场境的不断建构与出新，大大拓展了数字人文经济业态发展的空间。仅在 2022 年，数字人文经济就出现了虚实共生、视听多维、商业创新、跨界应用四个方面业态的创新，其中就包括有十种应用

① C 端（consumer），互联网术语，指消费者、个人用户端。

② DAO（decentralized autonomous organization）为去中心化自治组织。

趋势，包含数字孪生演艺、虚拟制作节目、数字人社会服务、社交推介、视频广告智能生成、游戏引擎助力实体和实时高速音频传输等。在数字人文经济数智化发展趋势下，数智化的数字人文应用不但在提高创作生产、体验智能真实到生产端有着丰富的业态，从文化到消费、数字到实体的价值桥梁搭建也逐渐拓展、扩充与完善。

5. 生态最鲜活

鲜活生态的建构是数字人文经济数智化发展的沃土与前提，数字人文经济数智化的发展特别突出了建构数智化发展的生态取向。基于元宇宙技术为底座的数智化场境的建构，使得文化艺术与科技融合的探索已经成为文化产业转型升级的重要引擎和试验场。具体可以表现在文化各个领域都或多或少地与数字前沿科技交叉创新，各个环节都将体验感提升、效果的追求可以说是无以复加，且在多个方向中都实现了桥梁的搭建，支撑文化领域数字化的高速发展。在行业应用中，艺术品及其服务的数字化已成为博物馆、美术馆一项重要工作，特别是将藏品进行高精度的扫描形成数字图像，甚至可以分析出绘画材料、纸张、钤印、笔法等多种信息，形成时代以及画家等数据库，以此辨别真伪。而 3D 数字建模更是做到了完全还原文化遗产，助力传统文化以新的数字化形式"留存"。在市场层面，数字人文的发展使得公众的参与变得更加便捷，这也推动了数字版权意识的不断增强。正是基于大众的深度广泛的参与及观念意识的不断转变，数字人文经济下的科技文化融合发展才成为一个亮点，数字人文经济数智化的系统生态建构才会更加前沿与鲜活。

6. 治理最系统

数字人文经济的数智化发展使治理的问题更加清晰，治理的过程更加精准，治理的手段更加落实，治理的效果更加容易评估，也更容易形成治理的系统体系。治理是一种制度与文化，监管是一种体制与体系。"治理"一直是一个非常古老且富有传统智慧的概念，并且在当代获得不断延伸与发展，日益迈向了系统化、规范化、体系化阶段，形成了较为丰富的理论与体系。然而，尽管治理理论与体系建构已经发展了相当长的时间，但是面向市场和行业的治理研究，尤其是面向数字人文经济等新兴行业的治理研究与关注可谓严重不足或者是缺失。数字人文经济的数智化治理主要依赖于以下五个方面的发展：一是理念出新，二是制度创新，三是体系完善，四是方法与手段进步，五是环境的优化。其中，实现数据互联互通共享，构建以数据为核心的治理体系，通过大数据、人工智能等技术手段的综合应用，是实现对数字人文经济的数智化问题与风险精准"画像"，确保市场治理"诊断早、预警准、措施灵"的重要基础。数字人文经济的数智新形态作为重组全球数据要素资源、重塑全球经济结构、改变全球竞争格局的重要力量，正在进一步发展推动建立公平、透明、开放和包容的新型世界经济秩序，共同化解数字人文经济发展过程中可能面临的制度、规则、安全等多重风险，是新的社会形态和新的治理模式，对其进一步创新探索，不仅是中国式现代化发展的需要，也是贡献数字人文经济数智化治理"中国方案"的重要机遇与路径。

三 数字人文经济学研究的基本框架

数字人文经济学是人文经济学的一个新的形态，它是在数字经济背景下进行的一种全新的系统研究。所以，我们要探讨分析数字人文经济学的有关框架与体系就必须从人文经济学的学理入手，这样相关的研究才能够溯及源头，抓住根本，扩充前沿，形成相对独立的、系统的知识体系。

（一）研究的逻辑始点

任何一门学科的建立都有其独特的研究逻辑，而研究逻辑的重要的组成部分之一，就是首先要确定逻辑的始点。只有确定了逻辑的始点，这门学科研究才有可能从这里开始，不断地展开，形成自己的知识体系。本书的逻辑始点即从人文的资源化，到人文资源的系统化。

（二）研究的目的

首先是提升发现与管理人文资源的能力与效率。然后是利用市场机制与经济手段实现共建人文精神。

（三）研究的主线

第一，人文资源化-系统化-资产形态化-产业形态化-经济形态化-大众化。第二，人文资源-系统化人文资源-系统化人文资源价值发现-系统化人文资源价值管理。第三，人文的数字化形态-人文经济的数字化形态-人文经济治理的数字化形态。

（四）研究的维度

1. 人文立场

2. 人文数字化形态

3. 人文资源价值发现与管理

4. 人文经济与新形态

5. 人文经济生态

6. 人文经济治理

（五）研究的学理基础

1. 人文资源的特殊性

第一，精神指向性，即创造价值取向，再通过消费过程传播这种价值取向。第二，物质性，即人文资源通过资产化成为业态的要素。第三，非标准化。第四，价值构成的特殊性、价值发现的独特性与价值管理系统性。第五，认知复杂，界定边界难，交付难，产出的状况繁杂。第六，存在状态复杂，溯源难。

2. 学科的独特性

其一，为什么建立人文经济学。特殊的资源决定了人文经济学的特殊性，即它属于特殊的经济学研究。其二，资源的特殊性决定了与其适配的服务支撑保障体系链条比较长，有自己的特别要求。其三，资源的特殊性决定了运营管理有自己的特殊的内在规律。其四，资源的特殊性决定了治理体系有自己特殊的要求与方法。

（六）学科体系

1. 资源化研究

（1）人文现象梳理

（2）人文资源化

（3）人文资源系统化

2. 人文资源数字化研究

3. 系统化人文资源资产化研究

（1）系统化资源确权

（2）系统化资源鉴定

（3）系统性资源估值定价

4. 数字人文经济化研究

5. 数字人文产业研究

6. 数字人文治理研究

（七）人文精神的建构

1. 人文精神系统

2. 人文精神体系

3. 人文精神建构

人文经济学是一个发展中的系统与体系，不是一个静态的逻辑概念，伴随着人文经济的实践过程，学科逻辑的不断完善而不断变化，进一步完善。在数字化形态下，这个过程会更加活跃，数字人文经济学的发展会更加鲜活。

第二章
数字人文经济基石：
人文资源及其『活化』

人文资源是人文经济学研究的逻辑始点，人文资源的"活化"则是人文经济发展的一个必然结果。我们讲传统文化是一个民族独特的战略资源，但要"活化"这种战略资源，需要创造性转化、创新性发展的深化。

新经济之所谓新，在于其提升了社会生产力，或是由于其重塑了商业机制、改变了生产关系。凯文·凯利（Kevin Kelly）在著作《新经济 新规则》一书中预测了新经济中的新商业规则，提出了拥抱集群、优先发展网络、坚持免费等新的发展规则（吴小亮 等，2022）。当文化艺术和技术联盟的时代确实到来，世界正趋向与数字文明的无情竞争，这种趋势必然会影响到艺术领域（王利敏、吴学夫，2006）。美国艺术批评家克莱门特·格林伯格（Clement Greenberg）形容技术创新的最初效果通常令人不安，在政治上、社会上和文化上都带有一定的破坏性。原有的文化形态变得无关紧要，有时也会出现一种总体上的崩溃，直到更加恰当的新形态诞生（格林伯格，2022）。

我国数字文化产业发展明显快于整体文化产业，数字内容已成为文化产业的主体部分。2017年文化部发布的《关于推动数字文化产业创新发展的指导意见》首次提出了"数字文化产业"概念，强调数字文化产业主要是文化产业的数字化问题，旨在改造提升传统文化产业，培育新兴文化产业。

数字人文经济作为数字技术广泛应用的产物，已成为推动经济增长和文化创新的重要载体。数字文化（数字人文）产业以文化创意内容为核心，依托数字技术进行创作、生产、传播和服务，呈现技术更迭快、生产数字化、传播网络化、消费个性化等特点，是培育新供给、促进新消费的重要力量。而数字人文经济是在数字文化产业发展基础之上的理念创新，其既是数字经济的有机组成部分，也是人文经济的重要构成部分，其核心特征是人文资源的要素化生产、创意符号的工业化转化以及沉浸式消费体验（叶紫青、张颖熙，2024）。

本章首先介绍人文资源"活化"的系统构建与逻辑路径，然后对数字人文经济赋能实体经济的主要路径进行概述，具体包括"创新驱动：从规模效应到范围效应""双向互动：从标准服务到定制服务""要素融合：从点轴效应到业态聚合"。最后本章分别从人文资源"活化"的方法、人文资源"活化"与高质量发展、人文资源"活化"的系统过程、以及人文资源"活化"的建构力量方面，阐述数字经济下人文资源"活化"。

第一节 人文资源"活化"的系统构建与逻辑路径

人文资源化与系统化是人文资源"活化"的基础，不对人文现象进行资源化、系统化，人文就无法进入经济学研究与经济学运营层面，当然就无法实现人文资源

的系统化，以及在此基础之上的"活化"。

一 人文资源的系统化与"活化"

2022 年，习近平总书记在山西晋中考察时指出：历史文化遗产承载着中华民族的基因和血脉，不仅属于我们这一代人，也属于子孙万代"。传统历史文化资源具有不可复制、不可再生的属性，在做好保护工作的基础上，应探索如何活化利用的有效方法，使其更好地活在当下、服务当代。事实证明，没有不好用的资源，只有打不开的思路。"旧瓶装新酒"，是一种理念，也是一种方法论。盘活文化资源，需要有对点位的关注，更要有串珠成链、连线成片的全局视野。满足多元消费需求，把区域文化、旅游、商业等资源当作一个整体来看待，通过协调整合、贯通联动，实现资源优势互补，打造集吃、住、行、游、购、娱于一体的高品质生活空间，如此各美其美、美美与共，就能更好地释放人文资源价值，提升区域竞争力（金之平，2024）。

在大数据时代，大量文本数据和机器学习算法的出现，使得文本只能定性分析的状况得以改变，比较精确的定量实证分析被引入，传统经济学也可从原来主要研究经济问题本身，拓展为研究经济因素与政治、法律、社会、历史、文化、伦理、生态等因素之间的相互联系与影响，从而推进人文经济学和其他领域之间的跨学科研究。这种融合的研究范式意义重大。经济是人类社会的一个组成部分，同时经济和其他人文社会因素密切相关、相互影响。跨领域、跨学科的人文经济学的定量实证研究范式，将有助于我们更深刻、更系统地理解马克思关于经济基础和上层建筑之间、社会存在与社会意识之间，以及人类社会与生态环境之间的辩证关系，从而找出解决人类面临重大问题的系统性办法。

数据资源的出现使经济学在一个更大的分析框架中运用定量的实证方法研究经济与心理情感、政治法律、历史文化、生态环境等因素之间的相互关系，特别是推断其因果关系。例如，我们可使用大数据特别是文本数据构建各种心理变量，如投资者情感指数、消费者幸福感指数、经济政策不确定性指数、经济政策变化指数、社会舆情指数等。这些心理变量可以定量研究社会群体的心理情感等因素与经济之间的相互关系。这种新的人文经济学定量实证的研究范式，能够将经济学研究置于一个更广泛的社会经济分析框架中。有了大数据特别是文本数据之后，我们可以用文本回归等计量经济学方法，进行定量实证分析。行为经济学和实验经济学研究微观主体心理对经济行为和经济决策的影响，如神经经济学运用神经科学技术来研究与经济决策相关的神经机制，综合了经济学、心理学、脑科学以及神经生物学等诸多学科方法来研究经济决策行为等。

数字人文经济的重要表现形式，即数据化的数字人文资产是现代经济领域中重要的资产形态之一，其主要指在网络空间中由个人、企业、国家拥有或控制的，以数字形式存在的、预期能带来经济利益的资源。其主要包括数字货币、数据类资产和数字权益类资产等。传统数字资产的产业链一般可以被分为上游、中游、下游和第三方服务商四个部分。其中，上游包括数字货币、数据作品、数字身份、数字证券、数字存证等数字资产的发行端。中游是数字资产的存储与分发，包括存储服务提供商和数字内容分发。下游则是数字资产流通端，包括支付服务提供商和软硬件终端提供商。第三方服务商是为数字资产提供版权登记、版权保护、电子认证及传输服务等服务的相关机构（刘权 等，2023）。

二 人文资源"活化"的战略意义

人文资源"活化"关乎中国式现代化全面推进中华民族伟大复兴大局，是基于构建"人类命运共同体"，形成全球治理难题"中国方案"的重要组成部分。其现实意义主要包括：

（一）人文资源"活化"是文化发展壮大与民族复兴的根本

人文（人类文化）是国家与民族在长期历史演进中所创造的物质文明、精神文明以及制度文明的总合，体现着人民的智慧，彰显着生命的力量，文化的发展壮大与中华民族伟大复兴不仅需要对文化进行保护与传承，更需要对其资源展开进一步的挖掘整理与系统化，并在此基础上实现人文资源的价值发现，使之成为宝贵的战略资源与中华民族伟大复兴的战略财富。在这一过程中，人文资源"活化"是实现文化发展壮大与民族复兴的根本。人文资源"活化"既是对传统人文资源在重新审视与发掘整理基础上的激活与创新，也有助于国家文化自觉与文化自信的提升，民族凝聚力与认同感的增强，民族文化多元发展的推动，更是民族复兴的根本动力。

（二）人文资源"活化"是释放全民族文化创造力的沃土

创造力是国家与民族发展的重要驱动力，是新时代背景下新经济发展的必然要求。在民族文化创造力的激活过程中，人文资源是核心。我国的人文资源，尤其是传统人文资源不仅存量丰沛且有着文化、历史、经济、审美等多重价值属性，具有存在形态多样化、存在类型多元性等突出的资源特点，对其"活化"能为民族创造力的激发与培育提供丰富的创作素材与灵感，推动具有民族特色与创新精神的文化产品与服务的创新涌现，为文化及其产业发展汲取不竭动力。

（三）人文资源"活化"是文化创造与规模发展的物质基础

文化创造与规模发展并非源自凭空想象，也不能依靠理论论证或市场与产业的设计实现，必须要有现实的物质基础作为支撑，人文资源不仅是民族的精神财富，更是民族赖以发展的物质财富，尤其是在新经济发展过程中，人文经济已经成为新经济的战略亮点，成为我国经济社会转型发展的新动能，对其资源"活化"是将人文资源转化为文化生产要素的关键所在，是文化及其产业规模发展的必然要求。其突出表现是通过人文资源"活化"，人文资源要素将进入社会化大生产的产业化环节，促进文化供给侧能力提升，激发新的文化消费需求，形成新的文化发展业态与生态。人文资源的要素化也能推动人文资源资产化、资本化、产权化，并使其进一步与市场深度结合，最终充分利用文化资本市场获得金融化，大众化发展，突破文化创造与规模的现有边界，获得更大的发展空间。

（四）人文资源"活化"是文化立场建构与文化传播的基础

文化在塑造社会认知与价值观念方面具有重要的价值意义。人文资源"活化"不仅符合新时代中国特色社会主义发展在价值观培育、文化立场建构与文化传播中的新要求，更是这一发展的重要基础。人文资源"活化"为社会价值观的培育提供了丰富的文化滋养和积极的价值导向。通过"活化"，人们能够更加深刻地领会国家与民族的优秀传统文化精神，从而培育健康积极的社会道德观念与行为规范。同时，在社会公共领域，人文资源"活化"能够塑造特定的文化形象，引领价值取向，帮助人们树立并形成具有独特文化特色与立场的文化认同，为社会治理和文化建设提供理论支撑与精神动力。此外，人文资源"活化"也是文化传播的重要手段。通过"活化"可以打造富有创意且符合文化新消费需求的产品与服务，形成文化消费新形态，进一步推动文化传播的力度。

（五）人文资源"活化"是中国式现代化深化发展的前提

党的二十大明确提出了以中国式现代化全面推进中华民族伟大复兴的号召，而在中国式现代化发展进程中，文化发展是其重要的路径之一，这就要求大力发展文化事业与文化产业，推动公共文化服务，并在此基础上发展新的业态，增强文化创新能力，提升文化传播能力，讲好中国故事，让文化在交流互鉴过程中，真正实现走出去。而人文资源"活化"是这一进程推进的基本前提。首先，人文资源"活化"为中国式现代化提供了丰富的文化底蕴和精神支撑。通过挖掘和传承中华优秀传统文化，将其沿着"文化资源化-资源系统化-系统资源资产化-资产金融化-证券化（大众化）"这条主线不断推进，能够满足人民日益增长的精神文化需求，增强国家和民族的文化自信心，提升国家文化软实力与中华文化影响力。其次，人文资源"活化"是中国式现代化建设的重要保障。在现代化进程中，充分发挥人文资源的"活化"潜力，能够促进经济、政治、社会和生态等各维度的协调发展，实现现代化进程全面、均衡、可持续的发展。人文资源"活化"也是中国式现代化的重要特征之一。中国式现代化强调中华传统文化的传承和创新，注重民族精神和文化认同的培育，这与西方现代化模式有所不同，彰显了中国特色发展之路的创新之处。

（六）人文资源"活化"推动新型文明崛起

在新时代，中国在世界舞台上扮演着重要角色，并持续为全人类解决问题提供中国智慧、中国力量与中国方案。阐释中国式现代化的人类文明意义，为推动不同文明交流互鉴、探索人类现代化道路提供了中国智慧和中国方案。这一观念形成的理论基础是以马克思主义文明理论为理论源泉，以中华文化中的文明观为文化滋养，吸收借鉴中国共产党推进文明发展实践的经验。这意味着，在新型文明崛起的过程中，人文资源的"活化"具有重要的战略意义，是推动新型文明崛起，贡献中国智慧、中国力量与中国方案的基石。其核心表现在通过人文资源的"活化"，悠久的中华文明传统得以创新性传承与创造性转化，同时也为新型文明崛起提供了丰富的物质和精神养分。与此同时，人文资源"活化"也将推动人类命运共同体的建构，弘扬人类共同的价值观，促进不同文明间的对话交流，这为构建开放、包容、合作、共赢的新型国际关系以及全球治理体系贡献属于中国的智慧、力量与方案。

在文化金融创新推进人文资源"活化"的进程中，首先应在掌握其系统底层逻辑的基础上进行适应性分析。其关键在于：

第一，文化金融在人文资源"活化"，特别是优秀传统人文资源"活化"方面的重要作用，主要是因为人文资源的"活化"已经成为一项基本国策，成为民族复兴非常重要的战略选择。

第二，人文资源的"活化"，其核心就是价值发现，而要实现这种被发现的价值，依靠的是高效的价值管理，金融恰恰是提供这种高效价值管理最有力的工具。两者的目标同向，发展协同。

第三，认知和实践文化金融对人文资源"活化"进程的推动，应站在历史与逻辑相统一的原则下，而不应被进程中的偶然现象遮蔽了文化与经济发展的基本逻辑。因此，本书的研究就是希望能够有力地揭示文化金融与人文资源"活化"的底层系统逻辑。

第四，"活化"是一个系统，文化的创新是一个复杂的社会过程。人文资源及其"活化"也是一个社会系统工程，它不仅有自己的内在结构，更有自己的机制和体系，其形成需要依靠文化金融更好地整合人文资源的"活化"机制体系，从而使"活化"成为一个具有机制保障与体系支撑的发展过程。

第五，文化金融在人文资源"活化"过程中的建构是具体的，而不是抽象的。其具体表现在这种建构力量具体机制性，有相应的动力结构和完善的体系支撑，而这又是一个迫切需要去研究的重要课题。数字化为文化金融的机制建构，以及人文资源的"活化"打开了一个更大空间，也需要基于数字基础设施，建构和探讨文化金融在人文资源"活化"中的新机制、新路径与新体系。

第二节　数字人文经济如何赋能实体经济

数字人文经济所产生的人文数据资源，通过数据加工、数据清洗、数据脱敏、数据建模、数据挖掘、感知设施与应用场景的深度融合，改变了数字文化产品的商业模式，丰富了数字文化产品的供应目录，完善了数字文化产品的交易体系，更新了数字文化产品的技术标准输出与服务。

一 创新驱动：从规模效应到范围效应

传统经济模式中，企业通过扩大生产规模提升经济效益，这种规模化生产借助"规模效应"引导顾客消费，即由供给引导消费，生产影响市场，消费者的消费行为是被动的，也是大众化、集中化的。伴随大众消费理念、消费模式、消费习惯等的变化，消费者更加关注服务而非注重质量，更加注重精神文化与审美需求而非实用需求的满足，更加关注个性化消费而非大众化消费，需求引导供给、顾客影响产业成为其特征。相比文化产业的其他领域，数字人文经济更加强调个性化的产品和精细化的服务，主张规模效应到范围效应的转向，在满足当下消费者的需求过程中具有显著优势。

一方面，文化创意源于符号创作者的阐释，文化产品源于文化企业的生产，不同时期，符号创作者可以依据当时的技术和理念对同一文化事项进行内容创作，文化企业则生产出符合时代需求的文化产品，符号创作者与文化企业并非必定是从属关系，但必然会紧密联系，范围经济将符号创作者摆在更加重要的位置，符号创作者的创作空间更大，创作动力更足，创作收益更高。另一方面，文化是人们在长期的生产、生活中创造出来的，民众是文化的拥有者，可以根据自己的想法和意见对文化产品进行个性化定制，并赋予其独特的文化内涵，助推万众创新的数字人文经济发展模式。此外，体验性消费、创意化消费、内涵化消费要求符号创作者更加关注 IP 矩阵，文化企业更加注重长尾效应和蜂巢效应①，政府引导产业链发展的同时更加强调产业链各节点的立体化、下沉式发展。

二 双向互动：从标准服务到定制服务

数字技术越发展，细分领域便越繁杂，数字技术的实际应用，集成方面的需求便越高。数字人文产品的制造与生产，都具有一套完备的标准技术。传统文化产品遵循"厂商、代理商、零售店、消费者"的市场逻辑，有较为完善的技术标准。数字人文经济则主张培育标准服务和定制服务相融合的现代服务产业新业态，探索数字人文产品内容的差异化生产，旨在使用优化算法、确立精准市场定位的方式，借助生物技术、全息技术强化用户黏性和沉浸式体验效果，打造人文内容和品牌效应相融合的传播链，这种供给差异化产品的定制服务不仅需要吸收已有的技术标准，而且需要开创新的技术标准。

数字人文经济以传统文化产业为基础，充分利用数字技术对传统文化产品进行创新。可以说，数字人文产品是文化产品与数字技术碰撞与融合的新型产物。数字人文产品以标准技术输出为指引，转向标准技术输出个性服务，满足消费者不同的

---

① 蜂巢效应指特定产业中众多具有分工合作关系、规模类似的企业基于战略目标一致性和利益趋同性而构成的联盟、合作组织等行为主体。

需求。因此，数字人文产品也呈现注重个性化、多样化、体验化的特征。数字人文产品与文化产品的实质区别在于消费终端的不同服务模式，文化产品的消费终端是集中化的供给，而数字人文产品的消费终端是个性化的服务。同时，数字人文产品在遵循"厂商、代理商、零售店、消费者"的基础上，延伸至现代网络销售模式，即"网络运营商、厂商、网络平台服务商、网络消费者"的循环系统。网络运营商成为厂商、消费者之间沟通的桥梁，厂商通过向网络平台服务商提供文化产品，消费者通过向网络平台服务商购买文化产品及相应服务提出需求，网络平台服务商向厂商转达消费者需求，厂商依据消费者需求进行个性化定制产品的生产，实现了标准技术输出指导标准技术输出个性服务，标准技术输出个性服务指导标准技术输出的双向驱动模式。

数字人文经济与实体经济的融合，也促使社会消费从物理空间延伸至数字空间，相较于物理空间的有限性，数字空间潜力更加巨大。源于数字人文产品高度模块化、双向互动性、显著时效性的产品特征，非排他性、消费偏好、高附加值的经济特征，产品虚拟性、规模无限性的市场特征，数字人文经济成为国家文化产业竞争力和综合实力的重要底蕴，也成为文化产业高质量发展的新动能。一方面，万物互联、资源共享的信息时代加快和丰富了人们获得资源的时间与途径，加之高度的想象自由，消费者可展开无限的遐想定制专属自己的数字人文产品；另一方面，数字空间不受物理距离的影响，数字文化消费产品的流通不再受交通、时间等因素的影响而带给部分消费者不快的体验，尤其是移动新媒体时代，人们的网络消费习惯已经形成，跨越时空的文化消费已成为常态。

三 要素融合：从点轴效应到业态聚合

数字人文经济不仅关注人文资源禀赋，更强调数字技术与符号创意作为产业链的核心要素，即关注复合式创新实现底层技术的融合，从而实现技术应用的扩散，推动创新技术集成，比如数据加工、数据清洗、数据脱敏、数据建模、数据挖掘、数据多场景应用等。数字人文经济与实体经济的融合突破了市场边界的虚化，打破了传统文化产业的区域分布，不仅能够依托资源禀赋及时调整适合的发展策略，也能够拥有足够的战略空间试点试错。同时，生产要素融合产生的集聚效应，也将推动传统文化产业由点轴效应转向新兴业态的聚合。

移动信息等现代技术的发展与应用，一批集约化的新型现代文化产业形态被催生出来。数字人文经济以人文资源为核心，衍生出创意设计、传媒、动漫、影视、电商、网络游戏等多业态产业聚合。在市场竞争中，数据只有流动起来，才能够服务地方经济社会发展；数字人文经济供给的符号创意产品也只有消费者愿意消费，产品才能顺利流通，产业才能顺利发展。目前，由政府主导、社区参与的非物质文化遗产保护传承体系逐渐形成，但这些数据很多并未开放，也并未流动起来，没有完全发挥服务地方经济社会发展的作用，假使这些数据经过整合、共享、置换进入市场，就可以为数字人文产品 IP 化矩阵的打造提供极为厚实的基础（刘洋，肖远平，2021）。

第三节　数字经济下的人文资源"活化"

　　人文资源与文化金融的融合是人文资源"活化"的关键，也是一个复杂的系统过程。在过去，金融更多地被视为一种简单的金融工具，仅用于资产管理和交易。然而，随着对文化金融以及文化资源"活化"的深入研究，可以发现金融实际上是对现有资源重新整合之后实现价值和利润的等效流通，它不仅是一种交易方式，更是人们在不确定环境中进行资源跨期的最优配置决策的行为。

　　中国文化金融的发展已经步入了创新发展的平台期，艺术金融产业的规模没有获得大的提升，业态的创新生发虽然呈现出丰富多样化的发展态势，却没有形成很好的头部企业与龙头型企业，也鲜有代表性与示范性强的成功案例出现。在这一状况下，整个中国文化金融及其产业的创新发展可以说尚处于一个萌芽状态（西沐，2022）。然而，面对这样的发展阶段与背景，越来越多的人已经意识到人文资源"活化"与金融的创新发展并不是对立的。虽然在历史的发展阶段中曾出现过一些金融与文化、金融与艺术融合不成功的案例，但这并不能掩盖文化金融本应具有的价值，不能掩盖其应该闪烁的、作为经济方法与手段的先进性。这正是研究数字人文经济与人文资源"活化"的逻辑初衷。

一　人文资源"活化"的方法

　　当前，国家已经将传统人文资源的"活化"作为一项非常重要的发展战略，而在推进这一战略的过程中，仍存在的一些问题需要进一步得到解决，其中的关键就是在推动人文资源"活化"过程中，需要确定以什么样的认知基础与发展路径展开"活化"，需要厘清这些"活化"的路径又应以什么样的手段、方法来加以执行。事实上，这些问题始终未能在理论与实践层面得到系统回答。因此，在探讨人文资源"活化"之前，需要先明确资源"活化"的具体路径与战略举措，强调要将金融创新发展作为人文资源"活化"机制建构的核心力量，以此来为人文资源"活化"的理论路径分析奠定基础。

　　通过前面章节论述所得出的基础论点，本书强调人文资源"活化"与文化金融创新之间的关系，明确了"活化"最重要的目的、手段与方法，突出了传统文化现代表达的重要意义，以及文化金融在其中所起到的举足轻重作用。同时本书也发现在数字经济背景下的人文资源"活化"问题，涉及人文资源的资产化、金融化，而这是一个新生事物，其发展必然面临着诸多困难与问题。因此，人文资源的"活化"需要进一步分析其风险与管控，进而促使文化金融创新与人文资源"活化"成为一个协同的力量，共同推进中国式现代化和中华民族伟大复兴这一光荣使命探讨数字人文经济中人文资源"活化"的模式手段，实际上就是在研究现代经济条件下人文资源"活化"应该如何进行这一问题。

（一）人文及人文系统

《辞海》中将人文定义为"人类社会的各种文化现象"，人文是人类文化中的先进部分和核心部分，即先进的价值观及其规范。人文研究是一个大的社会系统性研究，因而必须将人文置于社会、经济、政治等大的背景下展开。对于人文资源"活化"问题的探讨，有必要先厘清什么是人文（人文和文化的差异所在），什么是人文系统，以及什么是人文的系统结构。在人文哲学研究中，人文被分为物质文化、制度文化以及精神文化，三者既相对独立，又相互依存、相互制约，共同构成了一个有机联系的整体结构，形成了一个与自然相区别的人文世界，一个意义与价值的世界（许苏民，1990）。在对人文系统结构进行提炼的基础上，本书研究绘制了人文系统结构（见图2-1），该结构主要包括三个维度：精神特质、物质保证、规范制约。

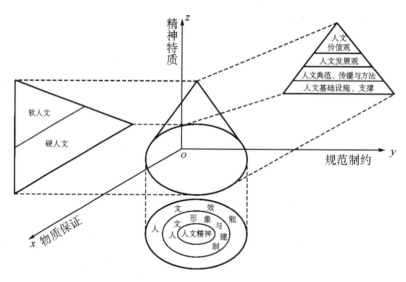

图2-1 人文系统结构

根据以上三个不同的维度，"人文"在人文系统结构中又可以进一步呈现为三个大的系统形态：一是在精神特质维与规范制约维中，人文的维度状态更多地表现为人文价值观-人文发展观-人文典范、传播与方法-人文基础设施、支撑；二是在物质保证维与规范制约维中，人文的维度状态由内而外主要表现为人文精神-人文形象与文化建制-人文效能；三是在物质保证维与精神特质维中，人文的维度状态主要表现为软人文-硬人文。因此，要理解"人文"这一概念，就需要从以上三个维度层面进行分析。

（二）人文发展的四大方面

对于人文发展的认知经历了漫长的过程。在这一过程中逐步认识到人文大发展的根本在于人文建设，而其主要包括人文精神、人文事业、人文产业与人文治理四个大的方面：

1. 人文精神

人文精神是一种普遍的人类自我关怀，表现为对人的尊严、价值、命运的维护、追求和关切，对人类遗留下来的各种精神文化现象的高度珍视，对一种全面发展的理想人格的肯定和塑造。人文精神不仅是精神文明的主要内容，而且影响到物质文明建设。它是构成一个民族、一个地区文化个性的核心内容；是衡量一个民族、一个地区的文明程度的重要尺度。一个国家的国民人文修养的水准，在很大程度上取决于国民教育中人文教育的地位和水平（陈旭光，2001）。

2. 人文事业

人文事业是社会公共事业的有机组成部分，是社会主义发展的本质要求（胡筝，2010）。人文事业发展的关键是公共人文服务与教育体系的发展，核心是要解决人文及其资源的共享问题。

3. 人文产业

人文产业是与人文事业相对应的概念，其发展不仅是国家人文建设的重要组成部分，也是人文创新发展的重要形态，且越来越成为人文创新发展的强大基础性支撑。在我国的人文发展战略中，一开始主要提出了文化与金融融合，文化与科技融合，后来又加入了文化与消费融合，特别是文化与旅游的融合。党的二十大报告提出要坚持以文塑旅、以旅彰文，推进文化和旅游深度融合发展。文化和旅游部在2023年2月印发的《关于推动非物质文化遗产与旅游深度融合发展的通知》中就进一步强调了非物质文化遗产与旅游深度融合的问题，这些都是在人文产业发展维度的不断延伸。

4. 人文治理

人文具有社会治理的功能与特征，其特征在于通过主动寻求创造性人文增生的范式实现人文的包容性发展，国家人文治理是发展人文产业的新维度（胡惠林，2012）。人文治理是全新的治理范式，既是国家治理的重要组成部分，也是推进国家治理体系及其治理能力现代化的重要手段（张森、顾海娥，2024）。其关键理念是"共建、共治、共享"，核心是建立多元主体参与的治理平台。

我国的人文发展战略伴随着文化大发展认知的逐渐深化而演变，即一开始是在党和国家的主导下开展的人文事业建设；后来我们认识到人文发展不仅需要人文事业，还需要人文产业；而如今，除了人文事业与人文产业，我们更加重视人文治理。可以说，这一发展战略的形成是一个逐渐深化的认知过程。

（三）人文资源"活化"的基本阶段

人文资源"活化"是新时代文化发展的重要战略之一，主要经历了重视展示教育阶段、传播学习阶段、在地集成体验阶段、在场线上线下体验阶段以及在境沉浸式场景体验阶段等重要阶段。

1. 展示教育阶段

该阶段即通过学校教育以及博物馆、美术馆等人文空间展览，节庆活动展演等形式将文化信息呈现给公众的阶段。

2. 传播学习阶段

该阶段即通过书籍、电视、电影、互联网、社交媒体以及口头传承等形式将文化信息传递给公众的阶段。

3. "在地"阶段

该阶段即线下的场景化教育阶段，主要是以地方博物馆、文化中心、旅游景区等空间将文化及其背后丰富的信息通过讲解、展示、教育与体验等方式传达给公众。

4. "在场"阶段

该阶段即线上线下结合形成的场景化"活化"阶段，这一阶段人文不再局限于传统线下空间，而是通过线上线下的融合，以多样化的场景体验提升大众参与度，并影响其行为与价值观。

5. "在境"阶段

该阶段即利用数字化技术、虚拟现实技术、人工智能技术等发展的虚拟的"活化"场景，沉浸式地在人文资源"活化"场景中进行体验的阶段，也是线上线下融合、数字化与实体融合背景下为人文提供的更为丰富生动的"活化"方式。

（四）人文资源"活化"的方法选择

经历了人文资源"活化"发展的基本阶段，人文资源"活化"的手段选择也应从围绕物品或现象进行展示、宣传、教育，转型至围绕沉浸式场景及消费的市场和产业中。其具体的形式有：

1. 资源数字化

资源数字化指将人文资源的创作、传播与教育等着力推向数字化时代，这是人文资源转化为数字人文资产，并得以持续开发的重要基础与条件。传统人文资源大多是以物质形态存在，或以物质形态为基础而呈现，要想将其进一步"活化"就需要对其资源展开资源的数字化，也即要将人文资源转变为能够以数据形态进行呈现与保存的数字资源状态，唯有如此，人文资源才能更具可复制性、可计算性与可通约性，而在这一过程中，人文资源数字化的实现需要借助人文资源数字化技术的应用，例如对传统艺术品进行图片、视频与编码等形式的展现，在艺术家创作中运用编码技术等。

2. 科技融合化

科技融合化指以科技与人文的融合突破人文资源的时空限制，创造出丰富新颖的人文体验方式，借由虚拟现实、增强现实、人工智能等先进技术，以更具趣味性和参与性的方式与内容深度互动体验，身临其境地了解人文内涵，感受人文魅力。

3. 体验消费化

体验消费化指面向个性化、多样态、多层次的新消费时代发展，面对最具活力也最为鲜活的消费业态崛起，体验经济，尤其是沉浸式消费体验的发展已不容忽视，人文消费迫切需要海量服务与优质内容作为支撑，需要消费场景的不断打造与升级优化，需要新的人文产品与服务的创造挖掘，以此契合新消费时代需求。然而，以往传统文化产业发展背景下所形成的文化产品与服务显然已经无法实现这一要求，甚至在供需层面呈现出了严重的扭曲状态，因此，强调人文资源"活化"，就是强调要推动体验的消费化，重点在于推动基于跨界融合的，面向市场与产业的人文体验消费化转型发展。

4. 场景化、沉浸化

人文资源"活化"的场景化即将人文资源置于特定场景中，通过丰富的人文场景建构为人们提供沉浸式的场景化体验。过去的文化主要是通过展示、教育、宣传等灌输式的方式向人们呈现并传播的，而在当前新科技的迭代与推动下，人文资源"活化"要求基于新基础设施与新业态发展机遇，打造符合新消费需求的场景化体验空间，以深度的场景化体验进一步激活人文资源。

人文资源"活化"的沉浸化，实际上就是指数字场景的深度体验，是将数字化技术与人文资源"活化"相融合，建构具有丰富内涵以及沉浸感的全新数字化体验场景。当前的文化消费形态已经发生改变，数字场景深度体验是在当前文化消费形态转变背景下应运而生的全新消费方式，由于场景化最大的特点就在于要按照某一任务或取向，围绕沉浸式体验为核心将不同消费需求融合起来，强调服务的互动性、便捷性、及时性、安全可靠性等，从而满足消费者个性化、快速化、碎片化、即时化需求。这种场景的建构需要基于数字化基础设施进一步解决以下两大问题：一是在建构数字化场景过程中解决产品服务的数字场景化与沉浸式交互体验的数字场景化；二是在数字化场景建构中实现以客户为中心、以信用管理为核心这两个基本点。在人文资源"活化"手段选择的转型趋势下，文化已经不再是静态展示物或是某种现象，而必将会被赋予更为丰富的生命力与体验感。

（二）人文资源"活化"与高质量发展

探讨人文资源"活化"与高质量发展，实际上就是在探讨人文资源"活化"在融入国家发展大的战略之中的重要价值，其不仅强调人文资源"活化"在推动国家经济发展中具有重要作用，更要关注人文资源"活化"对于社会、经济、文化等诸多维度发展所呈现出的全面提升的战略意义。人文资源"活化"是高质量发展的应有之义，具体的体现就在于资源化及其最大化过程是高质量发展之本；高质量发展的核心要义就是人文资源成为发展要素；高质量发展的战略就是"平台+生态"的场景化；高质量发展的最终目标就是价值发现；而人文资源的"活化"也是中华民族最为丰厚的财富之源。

（一）人文资源化及其最大化过程是高质量发展基础

第一，人文资源"活化"的第一步是人文"资源"化。"活化"是文化现象或文化存在转化为人文资源的基础与开始。也就是说，文化转变为人文资源是"活化"的始点，也是"活化"进一步深化的基础。

第二，人文资源"活化"是人文资源的系统化。人文资源的系统化是"活化"过程中价值发现与价值管理的必然结果。其不是一个被动的呈现与翻译过程，而是一个主动地发现与管理的创造过程。

第三，"活化"的三个进程。首先是自由便捷共享，即人文事业发展的基本要求；其次是要素化，成为高质量发展的要素，即人文产业发展的基本要求；最后是保持基本的形态，即安全、公平、高效，这是人文治理的基本要求。

（二）高质量发展的核心就是人文资源成为发展要素

1. 人文资源发展要素化是一个过程

这主要指将人文资源在数字经济发展中通过人文资源数据的形态转化为关键性的生产要素，使其成为促进经济发展重要保障的具体过程，也是一个战略性规划。人文资源要素化是其进一步向着数字资源、数字资产发展深化的一个过程，是技术推动与需求拉动共同作用的结果，主要表现为人文资源的转换与业态变迁的内在逻辑及其过程。需要注意的是，人文资源在实际的现实发展过程中是不可能自然要素化的，因此必须通过一定的方式与路径去推动其要素化。

2. 人文资源发展要素化需要前提条件

这一前提条件是基于综合服务平台的人文资源确权、定价，并在此基础上实现人文资源的资产化。当前，数据要素化可谓国际性难题，尚处于探索阶段，而人文资源发展要素化又是大势所趋，其实现需要依托综合服务平台支撑，这种平台并非原来的功能性平台，而是基于数字化的综合服务平台形态，其建构的基本框架是依托"七公（共）"原则核心价值实现平台生态性，依托平台增信机制实现金融新业态的融合，依托平台服务优化金融支撑功能，依托大数据及其服务提供平台信息服务，依托信用管理提供征信、教育等相关服务，依托人工智能新技术创新支撑业态，依托资源整合完善社会资源融合，依托信息共享实现平台运营与管理的提质增效等。

（三）高质量发展战略即"平台+生态"场景化

"平台+生态"场景化具体有以下四个过程（西沐、朱博文，2023）：

1. "平台+交易"

这一阶段主要是指平台化交易，包括线下平台与线上平台的交易，其形成主要建立在互联网交易与文化产业的发展基础之上。"平台+交易"最大的价值就在于依托"三公"原则而形成的平台公信力，这为人文资源在平台化机制作用下的资源"活化"，其资源价值的挖掘提供了有力的帮助，进而使其得以更好地完成价值的发现、提升与开发，并推动其市场和产业与其他市场资源相融合，尤其是进一步与金融资本相融合。需要强调的是，平台的发展具有过程性，其历程主要包括一般性人文（文化艺术）产品交易平台、艺术品综合服务平台、互联网文化金融平台等重要阶段。

2. "平台+业态"

这一阶段主要指一种能力与体系，其基本功能是整合、支撑与服务。就人文资源"活化"来看，即实现资源"活化"的一个综合服务平台。而"业态"指的是基于新科技融合与文化金融创新一体化发展背景下不断涌现出的人文+金融产业新业态。具体来看，"平台"的建构主要包含以下条件与基础：一是基于"三公"（公开、公正、公平）原则的公信力；二是围绕人文资源"活化"形成有效的市场及其产业体系支撑；三是必须将这一平台化机制与金融体系顺利对接，尤其是要与（证券、银行、信托、保险）四大金融体系对接；四是要具备专业化的文化金融管理运营机制。"业态"的发展与创新主要强调注重对人文资源价值发现能力的提升，尤其是要关注金融与科技创新融合发展为人文资源价值发现所提供的巨大平台，以及在价值发现方法与工具层面产生的重要推动作用。例如基于大数据的综合服务平台技术、智能投顾、科技鉴定、鉴证备案技术与体系等的快速发展，新的业态迅速被催生出来，而这些新业态又会进一步推动跨界融合与业务的创新，推进文化金融的深化发展。

3. "平台+业态+生态"

这一阶段对人文建设提出了新的治理要求，在"平台+业态"的基础上关注"生态"。除了有平台化机制的建构，文化金融新业态的生发，还需要有一定的生态作为保障，而这里的"生态"主要指基于数字人文资产而形成的文化金融生态，这种"生态"是有别于传统文化金融产业形式与形态的一种全新的生态，不仅是通过建构新的产业形态而不断催生与建构出的新生态，而且是推动数字文化金融新发展的重要基础。对于"生态"产生的背景需要加以认知，即在数字文化金融发展中，伴随市场参与主体增长带来的竞争加剧以及金融业态的迅速丰富，金融科技成为发展的战略制高点，然而与此相应的是传统监管手段难以适配数字文化金融快速发展的现实，因而对于数字文化金融发展的治理就需要立足管理部门与业态发展参与者，更多地强调建构基于数字文化金融生态的，更为主动与互动的，共建共治共享公信的共同治理、共同发展、共同分享的新管理机制。

4. "平台+生态+场景化"

这一阶段，在"平台+生态"基础上又进一步强调要"场景化"，这里的"场景化"指伴随数字技术的发展，基于新基础设施建设的数字化场景建构。在数字技术与数字经济的发展深化过程中，新基础设施的升级迭代推动了文化金融业态的转型、解构与重塑，随之而来的是数字文化金融的创新发展以及数字化场景建构的可能。这种数字化场景是各类主体围绕一项或多项特定需要，运用数字技术推动服务要素整合、业务系统集成、运营模式创新，提供实时、形象、互动、闭环数字化应用体验的重要载体。关于数字化场景的建构，主要围绕以下三个方向展开：一是在新基础设施完善背景下建设服务于数字艺术产业发展的综合性服务平台；二是在建构数字化场景过程中解决公信力数字化以及沉浸式交互体验这两个关键性问题；三是在数字化场景建构过程中实现以客户为中心、以信用管理为核心。

（四）高质量发展的最终目标是人文资源的价值发现

人文资源"活化"离不开对人文资源的价值发现，而人文资源的价值并非一成不变，而是一种动态变化的状态，因而不同历史时期与发展阶段下的人文资源在价值发现的方式、方法以及相关的影响因素与机制方面都不尽相同，这就要在动态发展的过程中不断揭示其价值，要求在精神消费的不断成长中实现这一发现。换言之，过程性、阶段性、多样化以及复杂性是人文资源价值发现与形成的重要特征。基于对这一特征的认知，本书提出基于"平台+生态"的场景化来实现人文资源价值发现，以及基于"平台+生态"的场景化对人文资源价值实施有效管理的战略路径主张。

首先，基于"平台+生态"的场景化，实现人文资源价值发现。基于"平台+生态"的场景化是由数字化筑造的以数字资产为核心的可沉浸体验、可消费、可流转、可系统服务的场景，它是数字化消费、数字化市场、数字化网链、数字平台、数字治理等一系列过程的产物，是系统生态的产物，与新消费需求相适应，是新的消费形态。依托"平台+生态"的场景化有助于满足多样态、个性化的市场需求，从而推动文化及其资源价值发现能力的实现。

其次，基于"平台+生态"的场景化，对人文资源价值发现实施有效管理。有效的价值管理是实现并提升人文资源价值发现能力的重要保障，这主要体现于以下两大方面：一是人文资源的价值发现本身需要系统且严格的价值管理；二是实施价值管理本就是发现与挖掘人文资源的重要方式，有助于消除价值发现与实现过程中的"盲点"。而在价值管理过程中最重要的动因就是要以金融创新推动资源资产化，开展以人文资源资产为中心的资本运作（西沐，2017）。

主要步骤包括：第一，建立资源向资本、资本向产业流动的有效机制与环境；第二，通过管理手段发掘人文资源价值；第三，实现价值整合；第四，提升价值；第五，通过发挥杠杆撬动作用、聚合带动作用、内生促进作用与风险保障作用来实现其价值；第六，通过推进"资源资产化"，发挥市场主体作用，建立多层次要素市场与资本市场体系，发挥资本的建构能力，不断放大其价值。综上，基于"平台+生态"的场景化是人文资源在价值发现基础上进一步实现有效价值管理的重要保障。

（五）人文资源"活化"是中华民族丰厚的财富之源

第一，人文资源，特别是传统人文资源，是建设中华民族精神家园不竭的财富源泉，是文化自觉、文化自信的源流与基础。我国人文资源异常丰厚，其中承载着民族的历史、传统以及价值观等重要元素，蕴藏着丰富的智慧与精神内涵，是民族精神的重要载体与精神命脉，对人文资源，特别是传统文化的保护传承以及对其资源的"活化"，能够加深国家与民族的认同感，推动民族精神的传承和弘扬，对建构中华民族的精神家园、增强文化自觉和自信至关重要。

第二，人文资源，特别是传统人文资源，是中华民族伟大复兴及走向未来的巨大物质财富。资源具有很强的财富特性，人文资源，特别是传统人文资源是中华民族的宝贵精神财富，其不仅是历史发展的见证，更是中华民族伟大复兴及走向未来的巨大物质财富，对于传统人文资源，既要薪火相传、代代守护，也应与时俱进、推陈出新，要将其作为战略资源而不断"活化"发展，使其成为中华民族伟大复兴的不竭动力与坚实基础。

第三，人文资源，特别是传统人文资源，是文化治理现代化，实现中国式现代化的智慧源泉。传统人文资源具有深厚的历史底蕴和独特的价值观念。作为文化治理现代化的智慧源泉，其内涵和精髓蕴含了丰富的文化智慧和社会治理经验，在实现中国式现代化的过程中提供了宝贵的参考和指导。传统人文价值观念和治理模式与中国的发展需求相契合，能够为当代社会提供稳定、可持续的发展路径。深入挖掘和充分利用传统人文资源，不仅有助于弘扬中华优秀传统文化，更能够为中国特色现代化建设提供经验智慧，为推动国家治理体系和治理能力现代化以及实现中华民族伟大复兴贡献"中国方案"。

三 人文资源"活化"的系统过程

强调人文资源"活化"是一个系统过程，是因为人文体系是一个复杂的社会系统形态，是人类认知世界的一个重要的方式维度。在认知领域，科学与人文是一枚硬币的两个方面。人们认知世界至少有两种基本方式：一种是科学，另一种是人文；科学认知强调更多的是观察与逻辑；而人文认知更多的是强调体验与感悟；对人文的认知与理解，更多强调体验是让人文"活"起来的命门。

（一）人文资源"活化"进程

第一，要围绕体验这个核心进行价值发现与价值管理。人文资源"活化"的关键在于沉浸式交互体验，人文资源价值发现与价值管理要在基于"平台+生态"的场景化中围绕体验，尤其是深度沉浸式融合体验这个核心实现，强调的是将数字化虚拟场景与沉浸式体验进一步协调，并以此打破传统意义上的数字化孤岛式场景，使其与深度体验、融合式消费环境展开融合，建立以新的产品与服务为主体的数字化场景。这一数字化场景建构就是通过沉浸式体验实现数字资产的产生、发展与管理，与当前多样态、个性化的消费需求精准对接。其发展的基本形态主要包括两种：一是线下场景、互联网场景、数字化场景，强调的是在地、在线、在场；二是在境（西沐、雷茜，2023）。

第二，要形成"人文（现象或遗存）资源化-资源系统化-系统资源资产化-产业形态化-经济形态化-大众化"的发展主线。首先，人文（现象或遗存）是人文资源"活化"的基础，也是其发展的起点；其次，文化金融在传统人文资源"活化"中的作用已日益凸显，而其发展历程鲜明地呈现着这样一条主线，即"资源化-资源系统化-系统资源资产化-资产金融化-证券化（大众化）"，由此，确立了人文资源"活化"将沿着"人文（现象或遗存）-资源化-资源系统化-系统资源资产化-资产金融化-证券化（大众化）"的轨迹不断推进。

（二）人文资源"活化"的系统与结构

1. 人文资源"活化"的系统

系统是由相互关联的组件或是部分所构建形成的一个整体，这些组件与部分共同作用以实现特定的目标或是功能，系统可以是物理的、机械的，也可以是社会的、生物的等，其间的各个组件与部分通常存在相互影响与作用的关系，且共同催生形成了一定的系统行为，并与其系统所在环境产生互动影响，不断磨合适应。

在人文资源"活化"系统中，文化、资本、科技、市场这四大要素是共同构成人文资源"活化"这一共同体系统的重要部分，而这一共同体系统又势必与其所处环境相互依存、相互影响并相互适应，组成了人文资源"活化"的整体系统，其形成目的就是实现人文资源"活化"这一特定目标（见图2-2）。

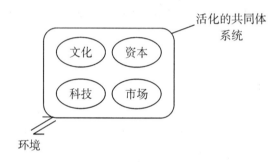

图2-2　人文资源"活化"的系统

2. 人文资源"活化"的系统结构

习近平总书记强调，传统文化是独特的战略资源。我们不能仅仅让历史文化成为遗存、现象与记忆，而要将其视为中华民族最为核心、最为独特、最为丰厚的，赖以生存发展的战略资源，而要实现这种转变，核心是要让人文"活化"，而人文资源"活化"的最大效能就是使人文资源成为中华民族屹立世界的，最为宝贵、最为强大的精神财富与物质财富。因此，"活化"是避免历史文化教条化、空洞化、概念化、抽象化、离散化的重要手段，也是弘扬历史文化的核心手段与措施，人文资源"活化"是一个为文化寻找灵魂的过程（西沐，2019）。

人文资源"活化"的系统结构主要包括基础、核心与实现三大部分（见图2-3），而赋予了创意的"活化"环节是将基础部分与核心部分相对接，并最终获得实现的关键所在，它是整个人文资源"活化"系统得以贯通的重要一环。对三大部分进一步分析可知：首先，在系统结构的基础部分，主要包括人文（现象或遗存），人文的资源化，以及资源的系统化三个重要方面，其中人文既是整个系统结构的起点，也是发展的底层支撑；其次，在系统结构的核心部分，主要指的是体验，这种体验进而又可分为体验的状态（学习理解状态、自然融合状态、科技特定情景状态以及差异文化交流状态）与体验的方式方法（学习领悟，科技，消费以及传播数字化与互联网）这两个大的方面；最后，在系统结构的实现部分，主要指的是路径，即需要重点关注以下五个路径，一是学习领悟，二是体验的内容数字化、传播物联网，三是体验科技化，四是体验消费化（市场、产业），五是体验交流的国际化等。

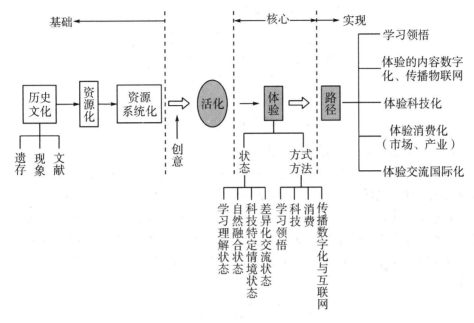

图 2-3　人文资源"活化"的系统结构

（三）人文资源"活化"的机制与系统

1. 人文资源"活化"的机制

机制主要是指系统内在的、运作的基本原理与规则的集合，它是描述系统中各组成部分相互作用、反馈与调节的方式，是对系统运行方式方法与行为特征的揭示，对其研究有助于理解系统内部的复杂性，并更好地实现基于系统良性运作的创新发展。人文资源"活化"的系统机制主要是由文化、市场、资本与技术四个系统要素共同作用形成的，其所确立的是一种相互依存、相互支撑的系统运作系统。具体的机制作用表现为（见图 2-4），一方面，技术对于人文资本的发展具有有力的推动作用；另一方面，市场对于人文资本的发展具有重要的拉动作用；与此同时，人文资本的融合又进一步驱动了"活化"系统的运转，这种推动融合共同成为实现人文资源"活化"的动力之源。

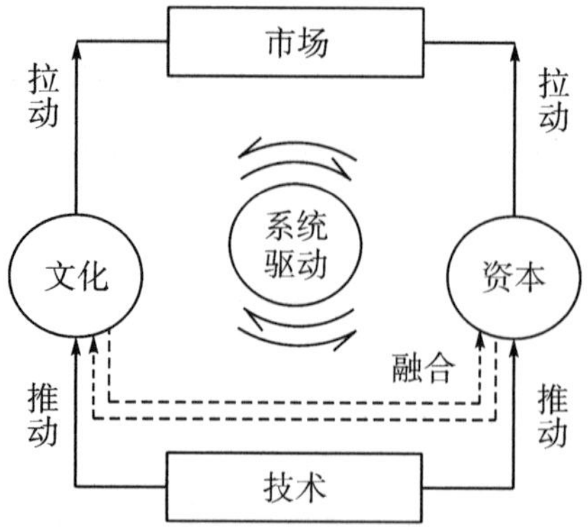

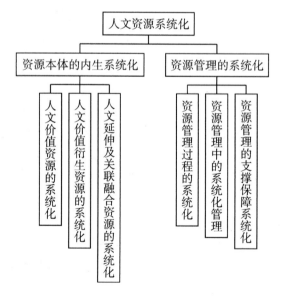

图 2-4　人文资源"活化"的机制

2. 人文资源"活化"的系统管理

人文资源系统化主要是指对人文资源"活化"的系统管理（见图 2-5）。人文资源系统化主要包括对人文资源本体的内生系统化和资源管理的系统化两部分。其中，资源本体的内生系统化又分为人文价值资源的系统化、人文价值衍生资源的系统化、人文延伸及关联融合资源的系统化三个部分；资源管理的系统化则包括资源管理过程的系统化、资源管理中的系统化管理、资源管理的支撑保障系统化三个部分。

```
                    人文资源系统化
          ┌──────────────┴──────────────┐
   资源本体的内生系统化              资源管理的系统化
   ┌──────┼──────┐            ┌──────┼──────┐
 人文   人文   人文          资源   资源   资源
 价值   价值   延伸          管理   管理   管理
 资源   衍生   及关          过程   中的   的支
 的系   资源   联融          的系   系统   撑保
 统化   的系   合资          统化   化管   障系
         统化   源的                理     统化
               系统化
```

图 2-5　人文资源"活化"的系统管理

人文资源"活化"的系统路径（见图 2-6）沿着特色人文资源化-人文资源系统化-融合体验-"活化"这一主线发展。其中特色人文资源化是整个系统路径的起点，对其进行资源系统化，再通过多样化状态、多元化方法的融合体验，借助学习体悟，体验的内容数字化、传播物联网，体验科技化，体验消费化（市场、产业），体验交流国际化等具体路径实践实现人文资源"活化"。

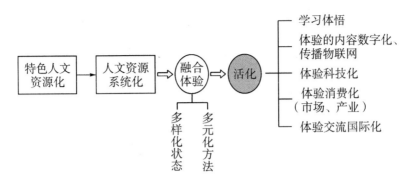

图 2-6　人文资源"活化"的系统路径

（四）人文资源"活化"的认知

中国传统文化是一种深厚的建构性资源，应当在自身现代化转型中对全球发展走向起到积极的引领作用。而人文资源的"活化"就是其中的一种建构力量。人文资源"活化"体现在：人文资源要通过市场机制、产业链机制、互联网机制，变"送出去"为沿着产业链整合"卖出去"，其认知包括以下六个层面：

1. 价值上的多元共存

人文资源"活化"需要关注价值观念、功能、利益等维度的多样化，是不同价值类型共存于同一人文资源之中，共同构成丰富多样且相互影响的人文价值体系。价值的多元共存状态反映了人文资源的复杂性、丰富性以及多样性特点，同时也是对人的文化需求与认知多元化的具体反映。理解并促进这种价值多元共存现象能够实现人文资源"活化"目标。

2. 情感上的和谐融汇

在人文资源"活化"过程中的人文认同与情感认同，人文体验与情感体验，人文交流与人文互动的融汇。这是一种深层的文化认同与情感交汇，是文化多样性的重要体现，也是人文资源"活化"的重要基础。

3. 资源上的融合发现

人文资源"活化"过程中，对于不同类型的人文资源内涵及其价值发现的认知等方面的持续提升，这是一个不断探索与发现的过程，也推动着人文资源"活化"创新。

4. 产业上的协同发展

人文资源"活化"需要不同产业间的跨界、协同、促进与创新，需要在产业链条的整合、延伸以及互动中迸发活力，在文化产业相关政策与环境的优化提升中获得更为广阔的发展空间。这是实现人文产业链各环节相互依存与贯通的有力支撑，也是人文产业治理能力提升的重要机制。

5. 利益上的共生共享

在人文资源"活化"过程中，实际上存在着政府、企业、相关机构、资本方以及从业者等多方利益相关者，因而对其"活化"需要关注各方利益的共生，人文资源价值的共享，人文生态系统的共建乃至中华民族伟大复兴的共同推动等重要问题，唯有如此才能在多方共赢中实现人文资源的"活化"，而这也是在文化治理新阶段提出要形成"共建、共治、共享"理念，建立多元化主体参与的治理平台的初衷。

6. 安全上的共同命运

人文安全是国家安全的重要组成部分，不仅包括文物的保护与安全，还涉及人文多样性、人文认同、人文权益保障，文化遗产与传统文化传承保护等重要问题，因而在人文资源"活化"中，相关方应对人文安全问题给予高度重视，要避免人文在发展形态上出现被贬损、异化或灭失的情况，在传承过程中出现被散失或是变异的风险，强调要在共同促进人文资源"活化"的同时，共同关注人文资源的保护与传承，共同维护人文资源的多样性与纯正性，共同承担人文资源安全的使命与责任。

在人文资源"活化"的战略格局中，资本推动人文资源及其产业的发展过分地重视资本市场作用这一主线，而忽视了不同人文资源资产化、金融化这一发展主线与核心的作用。强势的资本力量与手段容易给双边或多边合作机制的国家与地区造成文化受到侵害的印象，担心人文资源安全与文化利益问题，破坏或阻碍业已形成的共识，出现合作中的反复。因此，只有树立人文资源是各民族、各地区与国家的战略性资源与独特财富，推动资源的资产化、财富化，在利益整合过程中，建构利益共同体，才能真正实现战略利益的最大化。

四 人文资源"活化"的建构力量

与科技、消费等力量相比，金融是价值发现与价值管理的重要方法与手段，人文资源"活化"与金融创新发展并不对立，对这一问题的认知，本书强调必须坚持马克思哲学方法论的原则，即历史与逻辑的统一。要认识到，人文资源"活化"与文化金融创新的协同发展推进了文化的不断创新生发与快速发展，文化金融作为一种基于艺术资源特质的金融服务，在社会发展过程中是一种重要的建构力量。文化金融是文化，特别是传统人文资源价值发现水平与能力建设的重要方法与手段。围绕人文资源价值发现这一核心，运用价值管理的基本手段，建构人文资源"活化"的相应机制，是当代人文资源"活化"的根本。同时，人文资源"活化"，特别是传统人文资源的"活化"，也是马克思主义中国化、时代化的具体文化体现，是文化自觉、自信的重要基础，更是讲好中国故事、实现"走出去"的关键所在，关乎中国式现代化全面推进中华民族伟大复兴的大局。

（一）文化金融是人文资源"活化"的内在动力

文化金融并非简单意义上的"文化+金融"，也不能将其理解为文化产业与金融业的融合，它是一个新的业态，从专业角度来看是指在文化艺术品及其资源系统化、资产化、产业化过程中的理论创新架构体系、金融化过程与运作体系，以艺术价值链构建为核心的产业形态体系及服务与支撑体系等形成的系统活动过程的总和（薛小玉，2021）。

文化金融在推动人文资源"活化"进程的深化发展中所具有的内在动力作用主要表现在：一方面，文化金融是文化市场发展重要的动力机制。中国文化市场几十年来的发展经历已经表明，仅仅依靠其市场自身系统力量无法解决长期以来存在的诚信机制缺失、定价机制扭曲、退出机制不健全等痼疾，而必须借助新的发展动力的注入，依靠资本的介入建构诚信机制、确立定价机制、拓展退出机制，这些都有赖于文化金融的发展创新。另一方面，文化金融是推进人文资源"活化"的重要方法。在人文资源"活化"进程中，最为重要的就是人文资源的价值发现与管理，而以文化金融主导的市场转型新动力正是实现人文资源价值发现与管理的重要方法与手段。

（二）文化金融是人文资源"活化"的现代经济手段

文化具有艺术与经济的双重形态特征，文化金融作为一种金融服务，是实现人文资源"活化"的现代经济手段与先进工具。一方面，文化金融所实现的人文资源"活化"，不是对传统人文资源的变现，而是对文化价值的重新认知与赋能，是使人文资源在现代社会中焕发光彩的重要手段。另一方面，在数字经济持续深化发展进程中，文化金融为人文资源"活化"提供了基于数字基础设施建构，与新需求、新服务相适配的新手段、工具与方法，如基于区块链的 NFT，基于元宇宙的 ChatGPT 等，同时在综合服务平台强大的功能作用下，运用新的工具、模型与算法等，能够展开面向客户的精准管理与面向需求的精准制定，并由此进一步生发出丰富多样的文化发展新业态形式，最终实现人文经济发展沿着文化新需求、文化新服务、文化新手段、文化新业态这样一条动力逻辑链条的不断推进。

（三）文化金融为人文资源"活化"提供巨大发展空间

文化金融能够为人文资源"活化"提供巨大的发展空间，这实际上是由其发展的现实状况与所处阶段决定的。具体来看，一方面，在中国有一个众所周知且非常值得关注的现象，那就是中国金融体系中的金融资产体量已经达到了 300 多万亿元，而中国的文化艺术领域也拥有着非常庞大的人文资源，其资产规模同样达到了数百万亿元，然而这两个规模庞大的资产却在现代经济发展过程中很少有交集，这一情况着实令人费解。也正因如此，如何促使这两大资产规模发生"化学反应"也成为文化金融研究的重要理论前提，两者之间存在的巨大规模差距也为人文资源"活化"提供了广阔的空间。另一方面，在整个中国文化金融的发展过程中，我们还发现中国的艺术品市场的总规模不到 4 000 亿元，这与中国金融体系上百万亿的规模相比几乎可以忽略不计。在这种背景下，如何让文化金融在艺术市场发展的过程中将艺术品及其资源转变为艺术金融资产，并使其不再停留在不到 4 000 亿元的体量内流转，能够在 300 多万亿元的总资产池子里流转，这也成为研究探讨文化金融发展的重要时代课题，显现出了文化金融为人文资源"活化"所带来的巨大空间。

（四）文化金融使人文资源"活化"成为大众参与路径

文化金融发展的内在主线决定了其能够推动人文资源"活化"成为大众广泛参与的基本路径。首先，文化金融的发展主要经历了单纯意义上的艺术品形态、艺术商品形态、艺术品资产化形态、艺术品金融化形态、艺术品证券化形态（大众化形态）等几个基本形态。其中的证券化形态正是实现艺术品大众化的重要过程。这是因为证券化有助于降低艺术品市场的参与门槛，使更多缺乏专业知识的投资人能够通过金融产品（及其服务），借助平台机制找到更为安全、低成本且便捷化的文化投资路径。换言之，文化金融的发展本身就是以实现人文资源大众化为目的的，而这也恰恰是本书强调要建构综合服务平台的根本原因，即通过综合服务平台的建构实现人文资源的整合以及与资本市场的有效对接，推动人文资源资产化、金融化发展的进程。随着数字经济时代的深化发展以及数字人文金融的不断创新，特别是围绕数字化场景建构这一中心而不断兴起与新消费需求相适配，多样态、多元化的数字人文金融应用体系的建构将会让文化金融汲取更多的资源"活化"势能，从而更加深刻地实现人文资源的大众化。

（五）文化金融使人文资源"活化"走向经济新形态

新经济发展的重要战略亮点就在于转变生产方式、发现新资源以及寻找新发展领域这三个重要维度。文化金融推动人文资源"活化"的进程迈入了人文经济形态，实际上指的就是文化金融作为一种创新发展的重要手段，推动人文资源"活化"的进程，使其融入人文经济形态之中，主要表现在人文资源"活化"在生产方式层面已发生新的变化，其作为新的战略资源正在被广泛认知，文化及其产业发展领域日益成为新经济发展的重要增长极。在数字人文经济发展中，需要明确发展的基础、阶段与主线，即数字化基础设施建设是基础；人文数字化与人文数智化是发展的两个主要阶段；以人文数据资源为载体，人文内容为中心，人文价值为关键，人文资源的价值发现为核心是其发展的主线。

（六）文化金融重塑人文资源"活化"新建制

数字经济时代形成了新的基础设施，新基础设施又催生了数字化的综合服务平台建构与功能服务的持续丰富，以此为基础的数字化场景建设也必将会对数字人文金融服务的结构与体系展开重塑。数字化正在建构文化金融的新形态，而这一新形态不仅涉及人文资源"活化"进程中诸多表层业态的发展，更涉及人文资源"活化"的根本，即对人文资源"活化"从内到外、从上到下所展开的全方位、根本性重塑，更是对整个人文社科建设从机制到体系展开的全新重构。

第三章

数字人文经济学发轫：

精神消费兴起

精神消费是相对于物质消费而言的一种消费行为。相比较传统的物质消费方式，精神消费追求无形的人类劳动成果，更加关注审美文化基础上的各类艺术消费体验。宗白华认为，今日之美学是研究"美"的学问，艺术则主要是创造"美"的技能。生活是一种积极的创造行为。要使生活经验丰富，就需要一方面增加我们对外经验的能力，一方面扩充我们内在经验的质量。宗白华（2008）认为艺术的人生观就是从艺术的观察上推察生活是什么，就是积极地把我们人生的生活当作一件高尚优美的艺术品创造，使他理想化、美化。丰子恺（2002）则将艺术分为"为艺术的艺术"与"为人生的艺术"。在其随笔集中，他认为凡及格的艺术，都是为人生的。且在这世间，能欣赏纯粹美的艺术的人少，能欣赏含有实用分子的艺术的人多。我们不欢迎"为艺术的艺术"，也不欢迎"为人生的艺术"。我们要求"艺术的人生"与"人生的艺术"。

所谓美感的来源有二：自然与艺术。艺术的美被认为从自然的美中衍化出来。自然的存在在先，艺术的发生在后；因此艺术美是自然美的反映，艺术是自然的再现（傅雷，2019）。美学的变迁不仅是因为人们对美的认识的变化，还在于由这种认识的变化带来的关注点转移。当代生活美学的提出是中国现代美学自身演化的必然结果，也是中国传统美学介入和影响的必然结果。因而，无法孤立地审视中国21世纪生活美学，而是要在区分中看到中国现代美学各历史阶段的连续性，将生活美学放在历史、当下和未来的构架中来把握，这样才能在人文精神建构的大背景下理解今日精神消费的兴起及其意义。

国家统计局对全国7.7万家规模以上文化及相关产业企业的调查显示，2024年上半年，文化企业实现营业收入64 961亿元，按可比口径计算，同比增长7.5%。其中，文化新业态特征较为明显的16个行业小类实现营业收入27 024亿元，同比增长11.2%，快于全部规模以上文化企业3.7%。国内民众的文化消费趋势正从传统商品类消费为主转向重体验与重服务的精神类消费。

本章开篇是从当代美学转型与生活美学新范式的出现，到中国美学的现代转型进程背后美学转型与美育理论重建，以及新时代中国特色艺术经济学科架构的多重思考。此后，是对审美文化崛起背景下，从"日常生活审美化"到"日常生活美学"的转向分析及其再思考，本章还将基于发展与审美文化特质相适配的人文消费生态这一人文经济学研究视角，探讨新时代审美文化发展的战略取向，如何构建新型审美文化，构建审美文化的价值取向，以及审美文化体系及其生态培育等相关内容。最后，关于人文精神消费兴起背后所映射的数字新消费趋势的研究，将从产业升级与消费升级趋势下数字文化消费发展不充分的原因，分析提升人文感召力重构艺术市场发展格局的具体措施，进而探讨如何提升人文资源号召力的战略视角，重构人文经济发展格局等议题。

第一节　当代美学转型

19 世纪下半叶，起源于英国的工艺美术运动（The Arts & Crafts Movement），成为艺术领域对工业化反思的一种直接表现，并为之后的设计运动奠定了基础。这场运动的理论指导是约翰·拉斯金（John Ruskin），运动主要实践人物是艺术家、诗人威廉·莫里斯（William Morris）。在美国，"工艺美术运动"对芝加哥建筑学派（Chicago School of Architecture）产生较大影响，特别是其代表人物路易斯·沙利文（Louis Sullivan）受到运动影响很大。"工艺美术"运动的根源是当时艺术家们无法解决工业化带来的问题，企图逃避现实，隐退到中世纪哥特时期。运动否定了大工业化与机械生产，导致它没有可能成为领导潮流的主要风格。从意识形态来看，它是消极的但是它却给后来设计家提供了参考，对"新艺术运动"有着深远的影响（王受之，2002）。

以工艺设计为主并关系到建筑、绘画等门类的新艺术运动始于 19 世纪末，涉及欧洲大陆、英美及其有关属地以及部分东亚和中亚地区。在不同的国家和地区有着不同的名称。例如在德国和奥地利称为"分离派"，在德国称为"青年风格"，在意大利称为"自由风格"等，艺术运动起始的时间、地点、代表人物以及基本艺术主张并无明确和统一的说法，一般来说，可以将其归纳为"对 19 世纪取得革命性突破的科学技术成就的反思""对欧洲浪漫风格艺术传统的有意识回归"，表现为"对现代性的诉求"（夏征农、陈至立，2019）。

20 世纪中叶以来，出现了许多艺术与生活、艺术家与大众、美学家与普通人等的界限被模糊的社会现象，如"现成品"艺术与生活用品、架上绘画与行为艺术、经典音乐与偶然音乐都在逐渐消除生活与艺术的界限。

20 世纪 90 年代，西方社会学家迈克·费瑟斯通（Mike Featherstone）在社会学的视野下描述了出现在西方发达国家"日常生活审美呈现"的三种表现：消解艺术与日常生活的界限的亚文化，将生活转化为艺术作品的谋划，以及充斥于当代社会的符号与影像之流。仅就这些方面而言，它只是日常生活的审美呈现，而不是其本身。生活美学是日常生活审美呈现的言说样式，这种言说并非由生活本身来实施，而是借助于原有美学的知识和观念加以衍化。费瑟斯通就上述属于当代生活美学的新问题进行了讨论，分析了具有当下针对性的"即时审美"概念，以及与此相关的"距离保持"与"距离消解"，"情感卷入"与"情感撤出"等审美活动。可以说，生活美学的崛起虽意味着与传统美学告别，但无法与传统美学彻底划清界限。传统美学向生活美学的回归不会以独立的现代知识体系在场，而是以背景知识和理论资源的身份在场，同时意味着新的美学范式是经过美学的还乡实现的传统美学与生活美学的共存与合成。

一 美学转型与生活美学新范式

生活美学不是要颠覆传统美学的所有成果，而是要使美学回归到原有的广阔视野；讨论生活美学不是要把被现代文化史命名为"文化艺术"的那些东西清除出美学的地盘，而是要打破精英文化与经典艺术对美学的独自占有和一统天下，将艺术与生活的情感经验同时纳入美学的视界；确认生活美学不是为了建构某种美学的理论，而是在亲近和尊重生活，承认生活原有的审美品质。原则上是要解构宏大叙事，不追求系统知识体系的一种美学范式。在这种美学范式中，原有经典美学或是成为某种阐释者的知识背景，或是成为讨论生活感性的美学原理，抑或是成为言说生活美学的某种立场和观念。

就某种意义而言，生活美学正是基于生活的不尽如人意才试图走近生活，以审美的方式来改善生活。生活美学是确认生活和美的合法性的一种美学原则，是对生活和美学的解放的美学原则。针对生活的不尽如人意采取批判和否定的行动来改进，或许是一种拯救，但这种方式也可能是颠覆性的；针对生活的不尽如人意采取审美的方式至少也是一种救赎，而这种救赎却往往是建设性的。生活美学是美学现实主义，它将一往无前地支持大众在无条件走进美术馆的时候，也可以获得视觉的审美享受；不去音乐厅时，也能欣赏音乐的盛宴；不必特意去郊游同样可以领略自然之美。把生活美学说成是对异化生活的缺陷甚至罪恶的装点或粉饰，显然是欲加之罪（王确，2013）。

二 中国美学的现代转型

中国现代美学出现了三次重要的转型：一是发生在20世纪初的转型，即由传统美学向现代美学的转型；二是发生在20世纪40年代末期，中国现代美学开始转向以"唯物论-实践论"为根本逻辑的马克思主义美学；三是发生在21世纪初，即中国现代美学的生活论转向。在这三个转型的关键区分下，构成了中国现代美学的三个学术分期：一是西方美学的引进、消化和建构期，在这一阶段里形成了中国现代美学的基本知识体系和观念建构，并赋予中国现代美学科学性思维的内在背景；二是马克思主义美学中国化的形成和确认期，是从马克思主义唯物论美学到实践论美学的演变期；三是生活美学的发生和展开期，这是一次由观念史关切向物质史关切的转型，是由主体对对象的鉴赏关系向加入和经历生活之流的审美范式的转变。

纵观近现代以来的美学学科发展史，美学方法的变革直接引进、带动了美学学科自身的发展路径。宏观来讲，中国现代美学建立之初就经历了三次方法论的浪潮，也使得美学及其研究呈现出不同的面貌。首先，在20世纪前期，王国维、蔡元培、朱光潜和宗白华等美学理论家更多采用"引用诠释法"，借鉴西方康德以来的现代美学资源，融合中国古典审美经验，进而塑造带有现代色彩的美学学科。如朱光潜吸收贝奈戴托·克罗齐（Benedetto Croce）、弗里德里希·尼采（Friedrich

Nietzsche）等人思想撰写的《文艺心理学》《悲剧心理学》等著作，正是吸取了西方美学学科体系的架构，在保留中国古典审美经验的同时以西方的逻辑框架实现学科性的归属；而国内学者王国维、蔡元培和宗白华则更多的是以自身丰富的国学积累对西方资源进行再度的阐释与生发，从而把美学视为"启蒙"语境中以审美的态度完成人生的超越然而，引用诠释法是一个时代的启蒙需求，当中国的现代性充分发展并趋完备的学科体制，就需要建构自身的美学体系和方法论。当前文艺美学等学科已经成为成熟的体系和现代性的模式，也已跳出引用和诠释的视域，因此美学方法论原则必须有机融合自身美学资源和现代学科体系、审美经验的具体性与理论体系抽象性的双重统一。

第二次方法论浪潮是哲学唯物主义方法论和自然科学方法论，造成了方法论的两个弊端与悖论。经由 20 世纪初期美学理论的引进与综合，在新中国成立以后形成了独立的美学学科，并出现了美学大讨论和美学热浪潮。因为古典资源和现代资源的交融、美学独立的诉求和意识形态化的张力也使得方法论产生矛盾，造成了美学被边缘化，最大的弊端在于忽视了美学与哲学的区别，片面地使用哲学思维和话语资源来构建美学体系。产生了两个明显的矛盾：第一，哲学美学方法论给美学先验地预设了主客观等本体论假设，然后以存在、恒定、不变、逻辑、历史的推演完成对美学本体的追问，将对美学的研究演化为哲学认识论的一个子课题，使美学成为"有学无美"的学科；第二，哲学的理性逻辑思维模式与灵动的艺术审美经验大相径庭。中国的文艺美学话语中"道法自然""神思顿悟"等思维方式天然地具备诗性特质，如同"淡妆浓抹总相宜"的色彩氤氲在文学、自然与生命的深处。而现代美学过度张扬了形而上的哲学追问与带有工具论色彩的意识形态论争，这与美学建立的本意相去甚远（裴萱，2014）。

第三次方法论浪潮是北京大学哲学教授叶朗在《审美文化的当代课题》中首次将审美文化研究提升到美学理论研究层面，提出了通俗艺术与严肃艺术的不同功能，批判了西方先锋派艺术的反传统、反艺术、反文学倾向，总结得出了"审美文化的两极运动律"，并对现代科技与审美文化的关系作出了理论说明。1999 年出版的《现代美学体系》则进一步将审美文化的概念引向美学高度，构筑了包含审美形态学、审美艺术学、审美心理学、审美社会学、审美教育学、审美设计学、审美发生学、审美哲学 8 个理论分支的现代美学理论框架，认为审美文化是审美社会学的核心范畴，指"人类审美活动的物化产品、观念体系和行为方式的总和"。

当代中国美学的理论研究主要围绕转型期美学理论的建构展开。其中涉及的重要议题有：美学研究理论范式转换、实践美学论争、后主体性美学、主体间性美学、身体美学、审美现代性、艺术终结与生活美学等相关问题。对中国现代美学发展历程的回顾，有助于从整体上把握和理解当代美学的转型变革。中国美学的当代转向，在日益多样化的格局中必然生成出新的美学样式。在思想范式转型的整体背景中，探寻建构新的美学范式的可能性（宋伟、张晓飞，2010）。基于此，再谈及审美文化研究不可避免地要涉及消费文化与商业文化，这是审美文化发展既定的社会语境，也是它的研究主旨。中国当代审美文化研究批判消费文化和商品文化并非单纯地反对消费文化，而是提出了一种新的理论阐释向度，即对新的美学语境中的消费审美文化现象的整体分析与解读（段吉方，2016）。

现代社会形态下的商品生产绝大部分是一种技术实践活动。技术美学在审美经验中的主体间性是通过人而发生作用的，并依据对象的不同，主体间性在三种不同层次的主体间发挥作用：一是以具体技术物品为对象的、个人的主体，以及其审美经验。在这个层次上的审美主体面对的是个别具体的技术物品，存在着个体的人与个体的物之间的关系。二是以商品为对象的、集体的主体，以及其审美经验。围绕着商品的生产、交换、分配和消费，出现不同的产品生产集团以及在劳动过程中产生的不同的阶层，这些复数形式的个体构成特殊的集体审美主体。在特定的社会范围内不断地塑造和被塑造着关于技术物品的审美经验。三是一般的、共同的主体和人类共同的技术审美经验。在这里，审美对象作为人类生存环境总体或整体而存在。这种经验较前一阶段来说，由于其具有的最高意义的整体的审美经验，因而超越于个体性、特殊性的审美经验，通过对局部性知识和价值的批判上升到对人类目的——自由的实现（葛勇义，2018）。

三　美学转型与美育理论重建

当代美学因转型而引发的审美价值弱化、审美理想建构与美育目标的错位，以及美学在体系多元化、理论美学与应用美学的并存式发展，也为当代美育理论的重建铺设了以下可能路径（席格，2011）：

第一，美学理论形态的多元化，将审美主体性研究推向深入，为美育理论的重建提供了理论基础。后实践美学对实践美学的批判，使个体生命受到充分的美学关怀，"主体间性"受到理论关注，审美主体性理论得到深化。而审美主体性对美育的本质论、功能论等美育基本命题的研究都具有重要的理论价值。

第二，美学疆域的扩大有利于美育的多元化发展。随着现代、后现代艺术的发展和"艺术终结"论的提出，美学逐步打破了艺术的局限，尤其是随着艺术与生活界限的模糊，艺术向文化、向生活的敞开，美学关注的对象更是扩展到了审美文化、城市景观、身体、影像等。以这些新拓展对象为核心所建构的美学体系，促使美学在多元发展的同时，也为美育获得多元化发展提供了可能。

第三，应用美学的发展为美育理论重建提供了新维度。随着功利性与美学关联度的不断强化，应用美学逐渐兴起并走向泛化。其虽无法直接创造经济价值，但却可以让人们切实体验到抽象的美学理论对于现实社会生活领域的影响。尤其是随着设计美学、环境美学等的发展，应用美学借助特定的与现实生活相关联的中介，对现实生活所产生的影响愈加强烈。应用美学的发展，所引发的一些美学基本范畴、原则的再思考，也为重构美育理论提供了新维度。

四 新时代中国特色人文经济学科架构思考

人文经济学门类的独立是社会发展的需要。学科独立后，人文经济学科建设的任务任重而道远。其中，人文经济学的出现是经济学发展的内在要求，更是现实社会发展的需要。一方面，近几年不断兴起与发展的文化艺术管理学科，无法涵盖人文经济的发展；另一方面，人文经济学科有自己独立的研究对象与内在的发展规律，应该有自己的学科体系与结构。尤其是中国人文经济学应该针对自己的问题，寻找具有独特特色的、有自己立场的解决方案。

（一）人文经济学的发展面临五大挑战

1. 中国美学转型的时代背景

中国美学转型有深刻的时代背景与内在规律。

首先，全球范围内多极化与全球化不再是纯粹的科技、经济或政治的一种整合，并且其目标也不断聚合在文化价值纷扰方面；世界思想文化多元化、多样化错综复杂的发展新态势，各种思想文化、意识形态纷纷登场，形形色色的社会思潮、精神力量相互交织与激荡，这既有利于各民族思想文化的相互学习、交流和借鉴，也有利于先进的思想文化在比较和吸收各种优秀思想文化成果的基础上完善自身。在"破"与"立"之际，市场经济浪潮的冲击使市场机制的作用渗入社会生活的每一个角落，新的社会文化的勃然生长与传统社会文化的旧规则被边缘化同时进行着，艺术与社会、美学与生活的关系、艺术与传媒等都发生了巨大变化。受市场经济的影响，艺术的审美性、高雅性似乎被动摇，而炒作性、商业性、功利性的取向明显。不断兴起的新的艺术媒介正渐渐侵蚀着传统艺术，令传统文化艺术的价值观念面临挑战，艺术生态出现严重失衡。这些都反映出中国美学转型面对复杂的世界经济与政治、文化、社会及生态的大背景。

其次，随着美学转型背景的成熟，中国美学的动力机制正在形成。生态概念及其思潮的蕴含作用，为中国艺术当代性的探索提供了新的视角、新的分析框架与方法；超越美学的拉动作用，特别是超越美学追求彰显生存本应有的价值与意义，继而在生存感受、生存体验、生存领悟的素质基础上，使当代审美不断走上了通往领悟审美本质的正途大道；美学中国化进程，有利于建构世界美学一体化中国美学的体系，即在"道、气、风、神"等范畴中得到奠基，在风骨、形神、韵味、比兴等范畴中得到发展，在意境、境界等范畴中得以彰显，从而使中国美学与时俱进，焕发出一种独具魅力的风神与面貌；科技进步的催生作用，可能比任何一种艺术系统本身的要素所起的作用更为巨大、更为直接、更为具体，深刻地改变着世界艺术的认知方式、创作方式、传播方式及其市场消费方式；审美文化兴起的推动作用，使艺术能够贴近现实生活中的文化现实，将关注焦点置于当代文化生存境遇和当代人的生存状态的交互域中，从而使艺术对文化发展的脉搏及态势有灵敏又深刻的体验。

审美当代性的指引，成为当代中国美学转型的一股重要的力量，特别是一件艺术品其审美价值的高低、境界的高低、艺术品价值的高低取决于言说的信息量、营造空间及其在交互环境中的精神消费效应的大小，超越有限信息量、空间与环境，给人更多的信息传递、整合空间与环境，对艺术表现来说才是最为根本的理念，为中国美学转型及中国审美当代性研究及中国艺术创作提供了一个极为重要的启示；艺术品市场发展中"全球化"与"本土化"的博弈作用，正在深刻地影响着艺术进化的发展取向，表现在无论是"全球化"还是"本土化"，无不是关于审美取向与价值评判标准话语权的一种竞争，也更是分配全球艺术品资源格局权力的一种分配与重组，东西方艺术发展及其审美取向上的差异，一定会反映在市场过程之中，而市场力量的推动，是实现这一差异走向融合的一个重要基础，也是形成的审美共识。可以说，正是这种不断形成与整合的力量，推动着中国艺术当代性探索在认知自我、认知世界中达到一个新的高度。

最后，中国美学的当代性转型探索的这种趋势是具体的、内涵是丰富的。具体来讲，体现在以下六个方面：一是在文化大背景下当代文化精神向度上的一种取向性的探索；二是审美的言说空间从有限向无限努力的企图；三是在审美经验的整合中，对信息量的追求与体验成为一种新的取向；四是在多样性与都市时代化的环境中，中国艺术生态化的生存与发展已成为一种重要的发展取向；五是对本源及本我的生存及其体验，已深刻地影响中国艺术的发展与创作，向本源、本我的回溯已成为中国艺术发展的一个方向；六是环境要素已经深入地参与到审美过程之中，环境的交互性效应已经成为审美过程中重要的组成部分。中国美学的当代性探索正沿着这些不同路径，或整合、或分化，或整体性、或单向度，不断展开、不断深入。

2. 美学转型及审美文化的崛起

审美文化的不断兴起，使人们越来越关注审美文化价值，但这并不排斥人们对审美本质及其内核的探求。甚至可以说，审美内核是中国美学转型最为人所关注的问题，及由此而引发的批评是中国美学转型过程中的重要成果。

首先，审视审美内核要放在中国美学转型的大背景中进行。中国美学转型中的审美内核的认知，要回归到活生生的真实的生存世界中，要在寻找到通往这个世界的一条生存性感受、生存性体验和生存性领悟的认知之道路过程中才能不断达成。在不同的文化大背景下所产生的文化精神指引下，生发而成的不同的审美观与艺术观，创造出不同的艺术表现方法、产生不同的艺术效果，这是中国艺术发生发展的一条生命线，也是中国艺术具有其独特魅力的价值所在，即在中国文化的背景下，中国美学特有的、符合民族审美经验的美。

其次，审美文化的兴起已成为文化批评的新视角与新视野。这更多的是基于艺术赖以生存的文化背景的变化，尤其是审美文化对文化的生存性及其异化表现出了敏锐的感受力，尤其是对现实文化所出现的生存异化，生存的技术化、工具化倾向，以及由此而导致的物质化与结构化具有深刻的认识。越来越多的人认识到，文化的鲜活性生存极其重要，文化一旦丧失生存的鲜活性，就会丧失创造性，变得保守、僵化、工具化与老化；而要改变这种状况，就要不断建构有活力的审美文化生态。新的审美文化正在全面、系统地形成。

最后，审美文化除了对艺术消费的发展具有重要的影响力，对艺术审美、艺术创作也具有影响力。在经济与科技进步的推动下，中国经济社会文化在快速发展与转型，新的审美文化不断形成。在审美主义与消费主义及都市化潮流的融合中，当代中国美学在发展过程中使得审美文化的走向世俗化、工具化、碎片化、时尚化、新奇化、娱乐化、快餐化，并且几乎成为一种不可阻挡的潮流。如何沿着中国文化精神的向度，重新审视与体味中国雄浑的文化品格，正大光明的中国文化体格。在立足悠久的历史资源、丰富的民族文化形态中，逐步实现当代中国审美文化的重构，是一个重要而又现实的课题。审美文化生态这种视角，深刻地影响并改变着中国艺术的发展，为中国艺术批评的转型增加了更多理性看点及注解，从而深刻地推动着当代中国艺术审美及中国艺术市场的转型。

3. 新消费时代到来

新消费的兴起、消费结构转型与消费环境的快速变化使得消费需求、消费特质及需求结构正在快速变革。伴随着文化消费的崛起，新消费日益呈现出个性化、多元化的突出特征。信息社会的发展使得消费者的需求被发现，并通过电商等各种渠道精准投放，从而改变了需求结构。特别是以艺术产业数字化深化发展为抓手，以积极发展数字艺术资产为突破点，围绕以客户为中心，以信用管理为核心，推动基于新基础设施数字化，建构数字沉浸体验场景与数字公信力赋能场景，推动中国文化消费及其业态创新发展新格局的形成。

4. 艺术市场与艺术产业的快速发展

近几年以来，随着消费结构的快速转型与新消费场景的不断建构，在新的科技融合的推动下，人们惊奇地发现，艺术品市场及产业的发展在快速地变化，甚至有点让人眼花缭乱。其中，基于数字化的新业态发展已经成为这一变化发展的基调。在此基础上，数字化场景的建构及基于数字化的新基础设施的建设，成为观察与认知文化产业数字化发展的两个最为重要的研究与实践的维度。中国艺术品市场及产业已经成为一个重要的产业新业态，是中国文化产业发展的重要组成部分，是中国艺术品市场发展到一定阶段的必然结果，更是中国艺术品市场转型及上台阶、扩规模的前提与重要动力。

中国艺术品市场及产业的发展，相关的前沿理论与实践前沿为理论与实践提供了支撑与引导。中国文化产业的发展，其战略重点有：一是充分发挥互联网机制及其平台架构的作用。在深刻认识与把握艺术品及其产业价值链发展的内在规律的同时，沿着艺术品发展的价值建构、价值发现、价值管理、价值实现、价值转移这一价值链条，建构传播交流机制，为艺术品消费大众化的进程打开窗口，也为艺术普及与社会美育开拓一条重要路径；二是推进以资源的整合、挖掘与价值发现、价值实现为主线的文化资源的资产化、产权化、金融化及证券化（大众化、互联网化）的进程；三是推动产业融合创新、新业态发展。产业链的完善与全球化整合，就是依托产业链的重塑，在全球化的平台上配置与整合资源；四是突出"市场+互联网"融合机制，基于新的科技融合而形成的新的体验、产品与工艺，新的交易形式，新的产业路径及新的产业形态，艺术品及其产业可以说是未来最为广泛、最为活跃的新科技融合发展的领域。

5. 艺术科技融合发展

新时代科技融合发展的迭代加快，除了需求的快速变化，面对的最大问题就是技术融合发展的迭代加快。互联网技术、通信技术及信息处理与管理等技术融合发展，大数据、云服务及终端进步等技术融合发展，大数据、人工智能等技术融合发展，第三方支付、数字资产及区块链等技术融合发展及人工智能、VR（AR、MR）、终端呈现和用户参与场景化技术发展等基本阶段。随着艺术产业数字化进程的深化，艺术数字资产及数字金融的探索正在展开。

文化产业的数字化其实质是完成产业的业态转型，其支撑有两个：一是数字化场景建构的进程；二是基于数字化的新基础设施的发展。核心因素是：如何在数字化平台下建构公信力及如何在数字化场景构建中落实深度综合体验。因此，关注新业态的发展主要从以下五个维度展开：平台形态的转型；数字化场景的建构，特别是数字化消费场景的建构；新基础设施；新业态的生发；数字化生态的发育。评价其发展效果的标准就是：能否及时响应消费形态的快速变化；是否最大限度地挖掘与释放了艺术产业发展过程中的巨大的潜在需求。

（二）人文经济学发展滞后明显

随着社会经济文化的不断发展，人文经济学的生发与进化也在不断进行，但在发展的过程中，人们越来越多地发现，人文经济学创新发展的堵点、阻点非常多，这不仅仅表现在其发展过程中尚有很多空白区，更为严重的是，其发展进步已严重滞后于人文经济实践与社会需求。最突出地表现在以下四个方面：

第一，人文经济理论的研究过分关注不同人文门类的理论研究与创作研究，但对人文经济发展的服务、管理、科技、市场及产业关注不够，很多领域目前还是空白。第二，人文教育及其布局过多地关注人文门类及人文史论的教学与人才培养，忽视社会发展的实际需求，使得人文教育与社会实践出现脱节，最突出的表现就是培养的一部分人文人才无法就业，而社会急需的人才又没有地方培养。第三，人文经济学相关人才的知识结构需要优化与提升，研究生态需要进一步净化。特别是学术共同体的建立并不是学术圈子化，或者是院校化，更不是抱团取暖，而是推动更加开放、更加公开、更加动态的学术研究与评价平台，从而推动研究力量的创新能力始终处于一个高的水平与状态。第四，人文经济学理论研究重点与发展的态势，与社会的人文经济实践及需求脱节严重。面对快速发展的新时代，人文经济学亟须要重构。

（三）人文经济是一个重要的新兴学科群

人文经济不仅是一个概念，也不是一本专著的研究范畴，更非一门课程的内容，甚至不局限于一个专业领域，而是一个重要的学科群体与学科体系。我们可以从以下逻辑的展开中进一步认知这一判断。

第一，目前从艺术史论研究中蜕变而出的文化艺术管理专业是艺术学研究的一次重要拓展，意义非常重大。

第二，近几年不断兴起的文化艺术管理学及其学科建设，可以看作对艺术创作的延伸服务与管理的活动进行系统管理的一门学问。但它并不是一个"筐"，其发展对艺术商业、科技、市场及产业的勃然发展的态势，并不能有效解释与涵盖。这是本书为何要提出人文经济学这样一个学科门类的一个现实基础。

第三，人文经济与艺术管理是不同的两个学科群，艺术管理主要是对不涉及市场与商业化艺术活动的基本层面进行管理，如艺术生产、展览展示（包括博物馆、美术馆等）、收藏保管（包括博物馆、美术馆等）、艺术教育、艺术政策、法规、艺术管理技术等；而人文经济是对基于文化商业、文化市场化基础上的人文活动运营层面所进行的系统运营与管理，主要包括人文商业、人文市场、文化人文产业、人文金融、人文科技及人文经济的政策法规与监管等。这两个不同的学科群，是围绕不同的学科发展进程及其内在规律展开的。

（四）人文经济学科的基本地位与架构

1. 人文经济是经济学门类体系的重要组成部分

艺术学门类体系的拓展，至少与艺术管理、艺术科技与艺术大众化及艺术消费相关联，包括以下五个重要的学科群：艺术理论研究、艺术本体创作门类（也可称之为主要艺术生产门类）、艺术管理、艺术经济（人文经济）、艺术科技。当前艺术学学科发展呈现出快速增长的态势，然而相较于主流学科领域，其发展规模和影响力仍显不足，处于相对边缘的地位。从学科发展的内在规律来看，艺术学正经历着学科张力与社会需求的双重驱动：一方面，学科内部的理论建构与方法论创新不断深化；另一方面，社会文化发展对艺术学科提出了新的实践需求。这种双向互动正在推动艺术学学科格局发生深刻变革。因此，我们必须以动态、发展的视角，准确把握艺术学学科演进的历史方位和未来趋势。其未来方向主要包括：

第一，人文经济学理论研究。其主要关注人文经济学发展规律与价值发现规律的研究、探索。第二，人文经济学门类研究。其主要关注各门类艺术的价值创造与完成过程的研究、探索。第三，人文经济学管理。其主要关注艺术服务与活动等的管理，主要是围绕价值管理进行的研究、探索。第四，人文经济体系。其主要关注围绕价值消费与实现所进行的研究、探索。第五，人文科技。其主要关注艺术发展的支撑，围绕艺术审美、艺术价值的支撑、延伸与创造进行研究、探索。第六，人文经济法律等。

2. 人文经济的发展有其特殊的研究对象与内在规律

人文经济有自己特有的学科组成。这个学科体系主要包括以下方面的学科群与学科体系建设：人文经济基本理论；人文商业；人文市场；人文产业；人文金融；人文科技（包括人文技术经济）；人文经济法律。

3. 人文经济学科的基本地位与架构

艺术学学科门类的独立是一个渐进过程。其原来是文学学科门类下的一个一级学科，直到 2011 年才独立成为新的第 13 个学科门类，主要标志就是国务院学位委员会、教育部颁布了《学位授予和人才培养学科目录（2011 年）》。近年来，全国高校学科专业面临重大调整，新的学科专业不断涌现，有些学科专业则逐步退出招生目录。2022 年 9 月，国务院学位委员会、教育部颁布了修订后的《研究生教育学科专业目录（2022 年）》，其中"艺术学门类"明确设置了艺术学一级学科和音乐、舞蹈、戏剧与影视、戏曲与曲艺、美术与书法六个专业学位类别。在一级学科艺术学里将艺术管理列为 13 大学科范围（类似于二级学科）之一，且六大专业类别均涵盖"管理"专业领域。由此可以看出，文化艺术管理及其教育已然成为中国式现代化进程中文化艺术高质量发展的重要推动力量，也成为积极应对"新文科""新目录"带给新时代文化艺术管理高等教育的机会与挑战。

随着社会发展与现实需求的发展过程中，特别是在艺术市场、艺术产业与新科技融合的快速发展，艺术学理论很难涵盖迅速发展的现实发展态势。也可以考虑把人文经济学这门学科当作人文学科与经济学科的交叉学科来对待，只是我们研究的视角与惯性，这里将其纳入艺术学的学科架构下。

事实上，今天确实需要从战略的角度来建构，根据现实的需求与学科发展的一些实践，进行新的规划与探索。从发展战略的视角来看，本书认为人文经济作为一个学科，发展会经历三个重要的发展阶段：

首先，在发展的初级阶段，可以暂时在艺术学理论这个一级学科之下的艺术管理学科之内进行生发。

其次，随着人文经济理论与实践的不断拓展，在艺术学理论学科体系下形成与艺术管理、艺术经济、人文经济学科相并列的专业方向（见图 3-1）。

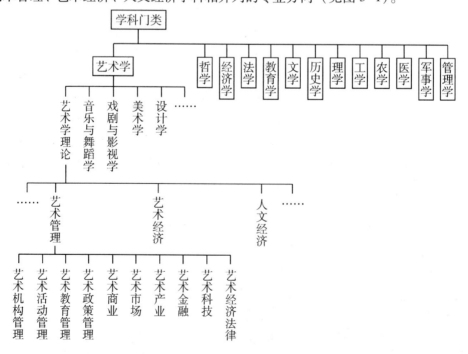

图 3-1　现阶段人文经济学可能的定位

再次，随着理论与实践体系的不断完善，艺术管理学、艺术经济学、人文经济学、人文科技学等，成为艺术学学科门类下的二级学科，与艺术学理论、音乐与舞蹈学、戏剧与影视学、美术学和设计学相并列（见图3-2）。

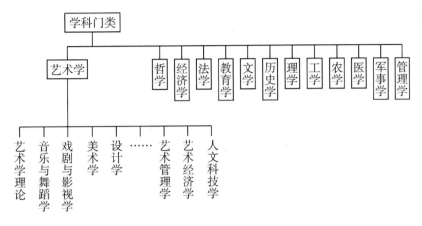

图3-2　未来人文经济学可能的定位

最后，随着艺术学相关理论与实践的体系逐渐完善，艺术管理学、艺术经济学、人文经济学、人文科技学与艺术学理论、音乐与舞蹈学、戏剧与影视学、美术学和设计学等的跨界融合越来越普遍、越来越深入，并成为一种创新发展的趋势，人文经济学门类的发展呈现出新的格局（见图3-3）。

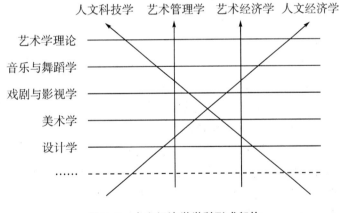

图3-3　人文经济学学科形成架构

从图3-1至图3-3可以看出，以往在艺术学门类学科体系的建设过程中，过分地关注了横向层面学科建设的发展，而对纵向学科及其体系的发展关注重视不够。随着社会、经济与文化的不断发展，种种缺陷越来越明显，已成为人文经济学门类发展的一个瓶颈。当然，人文经济学学科发展过程中新的规划与探索也需要策略，这个策略就是先设立专业或方向，再不断发展扩容，形成学科群，后进一步列入人文经济学门类学科体系中。这个学科方向发展的策略，有两个基本的认知基础：一是学科体系是发展的，不是一成不变的。可以说变化是永恒的、持续的，不变是暂时的。艺术学的独立发展就是最为生动的明证。二是任何一门新兴学科的建立，都需要经历孵化期，需要一个发展变化的过程。

（五）推进人文经济理论与实践的前沿探索

第一，在理论上，要进一步跟上时代发展的步伐，用发展的视角，探索建立人文经济学的新兴学科群。人文经济的快速发展是一个不争的事实，其新的业态、新的需求层出不穷，当然，其问题不仅多，而且多样，这些问题都是一些系统性问题，涉及文化、艺术、经济、政治、社会及国际竞争等方方面面，更涉及自然科学、社会科学和人文学科等众多学科的融合问题，需要在艺术学与经济学、人类学、管理学等学科交叉融合的基础上，协同攻关来解决问题，进而探索建构人文经济新的学科群体系。需要着眼长远，战略地看问题，努力摒弃一些固化的条条框框，来认识人文经济学是一门新兴的学科群，并进一步认知其未来十分广阔的发展前景。

第二，要努力把握好人文经济学的学科定位，重点研究人文经济发展的内在一般规律和中国人文经济发展过程中的一些特殊规律，不断构建既开放包容又具有中国特色的人文经济学科体系。不能仅靠翻译国外著作的方式去简单地拿过来，而是要不断寻找系统性解决中国人文经济发展过程中的相关问题。

第三，要充分整合人文经济的研究力量，整合人文经济各个学科领域的专业人才开展协同攻关。搭建人文经济研究与实践平台，努力改变人文经济学研究还处于自发、离散又各自为政的状态，通过教材研究、学术会议、实践案例建设、人才培训等方式，进一步推动人文经济学研究成果的产出与共享。

第四，对人文经济学科发展进行战略研究与规划。要以新理念创新学科研究方法，关键是要坚持新发展理念，站在新的发展阶段的条件下去思考人文经济的发展问题，系统梳理现有的一些关于人文经济的理论研究，不断创新研究方法，特别要防止仅仅埋头于研究一些具体现象与具体的问题，而忽视重点研究一些带有长期性、普遍性的重大的人文经济问题的倾向。

第五，要进一步转变观念，明确建立围绕人文经济学科的新兴学科群落，对于应对新时代中国经济发展转型的重大意义，从人文经济等的具体现象的研究中走出来，不断提升理论层次与实践重点，结合中国现阶段社会、经济、文化等领域发展的具体国情，在探讨人文经济学等理论问题的同时，要从人文资源及其产业化发展的基本规律上，探索人文经济现象背后的发展逻辑，提出系统性、战略性的制度安排和政策建议，为新时代创造人民群众的美好生活服务，为中国文化自信建构与走出去服务，为中华民族伟大复兴服务。

第二节　审美文化崛起

回望中国当代艺术的发展进程，现代艺术是重新构筑新的语言范式的分析时代，其不是纯精神的，而是开放的、多层次的、大众化的。在中国，无论是缺乏人文主义的封建传统，还是新中国成立后极"左"思潮的干扰现状，中国艺术的复苏都是在一个从哲学到经济低层次的拨乱反正的政治气氛中开始的。"85美术新潮"出现了从精神意识到绘画语言惊人的相似，当时的年轻艺术家想表现的不再是个人的情绪，而是整个一代人的思考（栗宪庭，2000）。进入新时代以来，逐渐跳出当代艺术的政治文化时代之争，回归艺术审美本源的中国当代文化及其艺术创作的大众化路径也与日常生活密不可分。

一　"日常生活审美化"再思考

作为抽象的存在，审美具有霸权属性，渗透入日常生活的方方面面。审美霸权不仅作为抽象而存在，其现实形态主要体现在：感性霸权、意识形态霸权与工具理性霸权。在内容层次上审美霸权表现为感性霸权；在价值内涵上审美霸权表现为意识形态霸权；在本质属性上审美霸权体现为工具理性霸权（马草，2016）；"日常生活"是理解"审美化"的首要因素。人的需求又是理解日常生活的关键。"日常生活审美化"中的"日常生活"是人的日常生活，"审美化"中的"化"也是人的作用过程。或者说，人是解决"日常生活审美化"的关键。关于人的问题，马克思曾在《1844年经济学哲学手稿》中，谈到人的本质时认为"人类的特性恰恰是自由的自觉的活动"。在《关于费尔巴哈的提纲》中马克思又指出"人的本质并不是单个人所固有的抽象物。在其现实性上，它是一切社会关系的总和"（韩德信、王晓华，2020）。

长期以来，在关于人的问题上，学界多从社会关系角度理解。即便从物种关系方面论及人的问题，也多从人与动物的区别角度，强调人的活动是"自由自觉的活动"，动物的活动则是出于其生存本能。生物学意义上的人完全被社会学意义的人所掩盖。对于人的本质，单就物种关系而言，人与动物除区别之外，还有内在联系。这个联系的基础就是生存需求。人与动物所进行的活动，其目的都是为了解决生存问题。再者，物种关系与社会关系之间也是存在其内在联系的。从人自身而论，人为了生存必须结成社会，并进行实践活动；或通过实践活动进而结成一定的社会组织。这是为了更好地生存，克服人自身力量等的劣势。因此，就人的物质属性而言，生存是联系物种关系与社会关系的纽带；以人的精神属性而论，从物质需求走向精神需求，是人不同于动物的本质所在。

二 从"日常生活审美化"到"日常生活美学"

"日常生活审美化"最初由费瑟斯通提出。而中国学者对其理解和讨论大多源于费氏的著作《消费文化与后现代主义》。作为与消费文化密切相关的后现代社会重要文化表征，"日常生活审美化"并非当代社会特有的文化景观，而是与后现代性体验类似，是一个不断累积强化的历史进程。"日常生活审美化"有两大显著特征：一是产品审美的符号价值超过使用价值成为消费的主导价值；二是人们通过图像化、视频化、虚拟化对现实世界进行美化，或者重新建构美的世界。

作为一种新的话语形态，"日常生活美学"表现出与经典美学话语不同的理论面孔（王德胜、李雷，2012）。第一，不同于以往美学对艺术的注重仅止于超越性精神话语的建构和崇高的人生终极价值追求，"日常生活美学"在坚持传统审美对象与美学理想的同时，追随当下日常生活之现实"地气"，在日常生活的意义阐释中努力实现美学问题由抽象领域向具体领域的转移，因其对象即日常生活感性话语的生动鲜活性和丰富复杂性，而使美学话语始终处于对外在现实开放的姿态，并由此具备了与时俱进的理论可能。其特有的现实介入性，也使其先天地带有对现实文化的批评与改造的功能。

第二，较之传统的理性一元论美学，"日常生活美学"在试图把被理性压制的人的感性提升到价值本体地位的同时，彻底放弃了非此即彼的二元对立立场，更加强调感性与理性之间关系的二元融合。因此，在"日常生活美学"的阐释指向上，身体得以实现前所未有的自由度与重要性，人的感性体验与人的身体感觉直接对应，生活经验依赖于身体本身的所欲、所为和所受。身体的愉悦感觉不仅在很大程度上构成了生活值得一过的要素，而且能够进一步促使生活在审美上变得更加丰富和有益。在消费主义文化盛行的当下，人对身体的审美消费达到无以复加的地步，"日常生活美学"势将培养身体的愉悦和规范作为自身题中之义，并最终指向身心的和谐与美化。

第三，"日常生活美学"是为了创造一种与当下日常生活相关的美学话语。换言之，它是一种面对当下、指向未来的美学形态，凡与消费文化无关的皆不在其视域之内，因而这一话语体系并不具有普适性，其有效性只是建立在"日常生活审美化"现实之上，这既是其"新"之所在，也是其局限所在。

三 发展与审美文化特质相适配的人文消费生态

（一）新时代审美文化发展的战略取向

新时代的中国审美文化正在全面、系统的形成。审美文化不仅对文化消费的发展具有重要的影响力，而且对艺术审美、艺术创作，特别是文化批评的影响也不容忽视。

在新时代经济与科技进步的推动下，中国经济社会文化快速转型，新的审美文化不断生发。特别是在审美主义、消费主义及都市化潮流的融合中，审美文化的走向沿着世俗化、工具化、碎片化等潮流不断前行，使得中国传统文化的精神向度逐渐迷失，中国当代文化的品格情怀日趋淡化。中国审美文化的重构也成为一个现实亟需解决的课题。

新时代中国人文经济的转型，事实上已经对中国审美文化的发展产生了深刻影响。其具体表现在以下七大冲击、九大态势基础之上：

1. 审美文化的发展面临七大冲击

（1）美学转型对新时代审美文化的转型与建构带来冲击

在当代社会生活视阈下的美学观念和研究已经发生了重大的转变，以及由此带来的对于新时代审美文化的转型与建构的冲击挑战。从中国当代美学的转型背景分析，世界政治多极化和经济全球化带来的社会价值和文化认同的矛盾与整合，并由此产生的多元文化价值观念，促使中国美学转型以应对自身文化认同所面临的困境；资本和市场机制的作用不断渗入，物质力量对于原有精神空间的挤占，在与外来文化价值观念的交流与博弈中，传统的文化格局也在发生着颠覆性的变化。

中国美学转型的前提是文化艺术多元化格局的形成，这也是人文经济生态赖以发育的一个基础。中国美学的转型，从根本上深刻地影响着中国审美文化的发展。其主要表现在当代文化精神向度取向的建构，审美言说空间的变迁，审美经验的整合，文化生态化的生存与发展，青年个体对本我的追寻，环境的交互性全面参与审美过程等（西沐，2017）。

（2）市场参与价值建构并深刻改变审美文化取向的冲击

自 20 世纪 90 年代市场经济浪潮以来，伴随经济全球化脚步的推进，物质财富力量已经渗透到社会生活的各个角落，极速扩张并挤压原本属于人精神生活的空间，颠覆了传统观念中的认知与行为，新生的文化力量与旧有秩序的打破同步进行，高速高效巨量的信息传播，市场机制主导下的功利性取向，大众文化兴起，文化的扁平化、碎片化、娱乐化、符号化等问题都在显示着市场力量对于审美文化的影响与重塑。人文价值的建构需要经过市场判断重估的过程，而必须正视的是在人文价值建构的过程中市场力量已占据主导地位。大众对人文价值的判定和审美的需求越来越受到经济价值、消费价值等市场因素影响，其消费习惯和审美需求也在不断融合。比较常见的现象有：因盲目追求消费价格而表现出扭曲文化价值，因缺有效市场运作和消费引导而制约文化价值实现等。

市场经济作用下的消费行为已不再是单纯的工具性，而是符号性的活动，消费本身呈现出审美化取向。因此，了解消费文化的实质内容，也就明白了审美文化在市场语境下的问题所在。一方面，要看到并正视市场作为主要力量介入到人文价值建构过程中的事实。另一方面，市场需求真切反映着大众审美的精神需求和消费需求，特别是要关注到大众多层次、多样态的文艺与精神需求。事实上市场力量的参与人文价值的建构和审美文化的发展并非对立的矛盾关系，问题在于是否真正认识市场，理清其发展的逻辑规律。只有真正把握市场力量介入人文价值建构的态势、互动机制、发展路径，才能看清审美文化在市场机制、消费时代下的发展走向。

（3）数字化新消费形成的消费新业态带来的冲击

近年来，在新一轮科技革命和产业变革的推动下新型消费快速形成，展示出基于数字化（数智化）的新业态、新模式等发展特征。这也造就了数字人文经济的发展背景。具体表现在：消费结构的快速转型，催生出人文经济消费形态的多样性生态；数字化新基建和基于数字化设施产生的数字化服务场景越来越受到关注；基于数字化与新基础设施的新的业态正在形成；大数据、人工智能、区块链技术与智能终端的快速迭代等科技融合的创新发展有效推动了人文经济数字化的发展进程。

2020年9月，国务院办公厅发布的《关于以新业态新模式引领新型消费加快发展的意见》从四个方面提出15项具体举措，为进一步培育壮大各类消费新业态新模式、促进线上线下消费深度融合提供政策指引。消费新业态的不断生发必然造成大众消费和审美需求的转变，产生出新的审美形态，从而影响新的审美文化系统的建构和生态完整。

（4）新科技融合的快速发展带来的冲击

随着新科技与文化的日益融合，文艺创作的边界和空间在不断延伸。科技发展带来的传播媒介的革新，也使得当前的文艺创作和审美发展愈发个性化、多元化。通过视觉信息等技术的不断创新和应用，可以看到艺术的呈现方式发生了巨大转变，从二维到三维再到多维，从实体展示到虚拟现实的不断更新，在各类高新技术手段的加持下，文化的传播力、创造力、融合力得到空前的提升，新的文化生产方式以及与之对应的审美方式不断生发，形成了人文经济新业态的不断转型升级，并由此催生新的审美文化不断转变。

（5）人文资源的特质为业态价值判断带来的冲击

事实上，人文资源同常规的物理资源有很大区别，人文资源的复杂特性也为艺术价值的生成和判断带来很大的挑战。人文资源的特性突出表现在它的非标性，很难以常规的、标准化的方式进行计量测算。而且多元文化价值观视野下，每一种人文资源的认知、评估、定价都有很大区别，甚至每个个体对于人文资源的认知和价值判断也会出现很大的分歧。人文资源价值本身的价值构成体系也决定了无法用传统的资源认知判定方式和手段来界定它。从人文资源的价值构成来看，其具体可分为物理价值、艺术价值、文化价值、历史价值和市场价值几个层面，是一个多元复合的价值体系，我国的人文资源价值体系尚在建构完善中，价值评判标准仍待明确，各类人文资源的开发及服务支撑体系建设相对薄弱。以人文资源为基础展开的各类艺术业态创新实践的价值判断也具备相当难度，不能把它放在某一个价值维度中去评判，但需要注意的是在各类文化业态的创新实践中，应明确其核心需要围绕和回到人文资源的价值发现上来。

（6）数字化新形态的快速发展带来的冲击

当下，国内人文经济发展过程中非常重要的一个大背景就是数字化，它已经开启了文化经济数字化未来发展的大幕。表现在：一是消费结构在快速转型，人文经济消费形态的丰富多样性生态正在形成过程中，基于数字化的消费场景在快速建构。二是基于数字化的新基础设施的建构已成为关注焦点。基于新的基础设施产生了新的数字化服务场景，反映出人文经济发展的深刻变化。三是基于数字化与新基础设施的新业态正在形成。四是科技融合的发展进步推动了人文经济数字化发展的进程。特别是大数据、人工智能、区块链等技术与智能终端的快速迭代，使得数字化趋势成为可能。五是数字化场景的建构是一个过程，特别是数字化场景关键要素的缺失造成场景碎片化、离散化，成为人文经济数字化发展中的一些障碍。与传统审美相比，基于数字化新技术应用的审美新形态在文化的生产、传播、感受等方面呈现出全新的特征。新的审美形态与商业消费、数字技术、时尚娱乐、个性猎奇等因素交织融合，审美形态边界随着技术的创新不断突破扩展，数字技术的介入为审美受众提供了更为广泛的参与可能，在审美过程中获得更为积极多样的互动性、参与性。近年来，文化与科技加速融合，数字产业化和产业数字化成为我国经济发展中的热点与焦点，数字人文经济的规模、范围显著扩大、效益显著增长，新产品、新业态、新模式不断涌现，数字化已成为当前社会文化生活最为普遍的行为方式和最为显著的发展特征。

（7）多样态文化新消费对审美文化生态造成的巨大冲击

从当前来看，中国审美文化对于文化的生存性及其异化表现出了敏锐的感受能力，尤其是对于现实文化中所出现的生存异化，生存的技术化、工具化，以及由此而导致的概念化、僵化现象，都已经有了深切的体验。因此，审美文化研究所面临的当代现实是：非审美文化日益流行、日益普及的时代，技术的强势介入，导致生存本源的迷失，文化生存环境恶化，使文化价值与精神出现了游离，快餐化文化代用品大行其道。多元人文价值观下，各类文化的碰撞、交流、融合加剧，大众参与文化体系建构的行为日趋广泛深入，文化消费需求日益复杂多样。文化认知、审美经验、审美形态、体验方式等层面经历不断的异变与重构，催生出多样化、多样态、多元化的文化新消费，造成了当代审美文化发展与系统完整性的文化生态构成日渐疏离。

2. 新时代审美文化发展显现九大态势

（1）都市化态势

审美发展的都市化是以都市化成为当代主要的生存模式为前提呈现出的发展特征，都市也折射出了当代人的生存与发展的真实图景。在当代社会文化的发展中，都市化的影响力已经超越了一般的文化领域和经济社会范畴，由此大众的审美经验、审美意识、审美对象、审美场景、审美活动及体验方式都发生了深刻的改变。不同于传统审美，在审美的都市化发展过程中，人们以都市生活图景作为主要审美对象，日常生活审美化，艺术固有的定义和创作形式的边界被不断打破，出现了跨学科、跨媒介的创作作品。都市化审美的发展同时伴随着个体生存价值的自我认同，在都市生活中人们一方面享受着物化的社会生活，即社会秩序和生存方式，另一方面又对自身的物化持警惕性态度，即保持自我独特性和实现个人价值的社会认同。因此都市化审美总是呈现出求新求变和个性化的发展特征，个体通过对于信息的不断吸收整合，渴望以审美行为建构出独特的个人标签，同时获得人文精神层面与物质消费层面的认同与满足感。

（2）时尚化态势

都市化不等同于时尚化。时尚作为当下社会文化生活中一种显著的形态特征，深刻地改变着人们的日常生活习惯、审美标准、价值观念，在深层次上影响和塑造着当代人的生存样态。时尚审美往往伴随流行文化，体现着大众文化的内在活力。时尚的内容边界拓展表现在以下三个层次：装饰类时尚，如一般生活中的各类物质媒介；休闲类时尚，人们的休闲娱乐行为；艺术类时尚，人们广泛参与的各类艺术及审美活动（刘清平，2008）。追求时尚成为当代人极具标志性的生存方式。时尚的不断扩展离不开日常生活中各类物质媒介的流行与使用，依赖于日常生活物品和生活行为的审美化转变。审美时尚的流行既是深刻的人文价值观念的表达，也是一种片面化、短暂性的潮流现象。其在很大程度上取决于大众的人文价值取向和审美选择。

（3）"快餐化"态势

当代社会商业化、信息化的急速发展，造就了审美文化发展的快餐化态势。文化与审美的"快餐化"日益加剧与当代生活追求的高效率、快节奏特性紧密相关。审美文化快餐化实际上是在消费主义的环境下对于文化的一种平面化解构，这种热衷于表层的解构极易造成审美的浅薄化。

多数情况下"快餐化"的文化及其产品是一种孤立的存在状态，其割裂了文化的连续性，抛弃了过往文化中的历史、经典和传统因素，历史和经典中的永恒价值被消解在当代实用性的审美过程中，那些曾经震撼心灵的力量和精神内涵转而变成了瞬间即逝的图像、文字或以其他方式表达出的信息片段，被佩戴上符合市场的消费符号、标志，然后成为"用后即扔"的一次性消费品。实用主义成为当代审美文化的哲学基础之一，其消费性、娱乐性、市场导向无不显示着实用精神，人文价值内涵被掩盖，与当下消费和娱乐产生的快感满足相比，那抽象的终极价值显得过于遥远，远在纷繁的物质世界之外。

现代科技的飞速进步并全面渗入文化领域造成了审美文化的平面化、浅薄化倾向。人的生活方式被不断重塑，价值被不断重估，生活节奏愈发加速，生活视野随着知识信息的灌注被无限扩展。当代人的生活也在不断外化，关注周遭的一切流变，无止境地猎奇和寻找新的刺激，但简单的碎片知识累积和不间断的信息流量根本无法使人获得稳定的文化根基，反而会造成主观意识思维习惯的偏激和狭隘，以及在快速变化的环境中产生的焦虑感。"快餐文化"的二次解构代替了人们对于知识信息本质的艰苦求索，"愈来愈不容易区别出真正的事物与传闻的事物，最后大多数人都忘记这种区分的存在。工业技术的成功，为这个时期造成了一套纯靠外物的生活方式。至于这些现象背后的东西，即独特而整体的人类自身，则衰退成一个影子或幽魂"（巴雷特，2007）。而这种停留在表层的审美在很大程度上消解了审美文化中的真、善、美等终极价值。

（4）碎片化态势

碎片化是信息时代的一个必然趋势，人们习惯于技术革新带来的快捷、高效、简易的信息接收方式，通过每时每刻不间断的信息推送和阅览，将知识和信息的表层化现象理解认同为知识信息的内涵与真理，思维上逐渐产生对于快速碎片化信息的依赖性而逐渐弱化独立思辨的意识能力。碎片化的视觉信息传播突出表现在图像的滥用，大众所建构起的真实图景是由无数碎片化、符号化的图像拼贴而成，伴随这些视觉碎片，审美也发生了畸变。缺乏传统审美中的静思、凝视与想象力，割裂了"美与人文"的关联。传统的沉思性审美观消失，取而代之的是感受性的审美猎奇，以及由此获得的短暂即时的快感满足，一切还原成为感觉碎片，精神性中心的虚无以及对这种虚无的当代认同加剧了审美文化的非精神化。碎片化不仅代表着一种流行的传播方式，更是当下互联网尤其是移动互联的一种显著特质，从微博、微信等社交软件到自媒体等，大量的信息被拆解、简化，导致人们在接收信息的时候往往看到的是不全面、不完整，甚至逻辑混乱的内容，繁杂海量的信息流会掩盖掉原本内容的真实内涵和文化深度。

（5）便捷化态势

信息时代背景下的数字化基础设施、智能移动终端的广泛应用为当代大众生活带来便捷的同时，也极大地影响着审美文化的演变。各类新科技应用和数字技术深度介入到审美文化发展与建构过程中的方方面面。文化内容创作的便捷化，文化传播过程的便捷化，信息接收行为习惯的便捷化和文化消费需求的便捷化、多样化。移动互联网的快速发展，使得人们在日常生活中高度依赖互联网的信息生产能力，信息传播效率的飞速变化催生出巨量的内容生产和高涨的消费需求，不仅是文化内涵，日常生活的具体内容也被大量简化解构为具有消费功能价值的信息产品。信息的生产与传播表现出极大的便捷化和自由性，信息接收和选择愈发碎片化、浅薄化，生存体验和文化反思能力被移动网络信息生产和消费逐渐弱化。面对审美文化的便捷化发展，需要我们关注到当前信息的生产与传播能力的现实表现以及文化消费时代的生活实践对于人的生存意义、价值感受的影响。

（6）智能化态势

信息技术特别是人工智能技术全面介入到人们的日常生活之中。信息科学与人工智能技术的不断成熟正在促使虚拟现实技术的广泛应用，这种超现实的虚拟技术在视觉传播和审美体验方面展示出巨大的影响力，虚拟现实和自然现实的边界日益模糊。在智能化时代同时也是虚拟时代中，传统的审美观照、过程、经验发生了迁移，由 VR 技术所营造的审美空间在很大程度上改变了传统美学观念中人与现实世界的审美关系，并建构出新的虚拟文化和相应的审美范式。从新时代的文化产业发展来看，审美文化的传统模式正逐渐向智能化的创新模式转变。在人工智能技术应用拓展的影响下，人们面临社会关系的重置，以及生存经验的颠覆式革新，在交流方式、信息的接受与传播、文化的创新与体验等方面必然发生重大改变。相较于传统人文精神下的大众审美，智能化的虚拟世界代替了现实物质世界，审美活动更为关注身体感官的愉悦和身临其境的参与体验。

（7）个性化态势

个性化是当前审美文化发展的一个显著特征。与消费社会相伴，信息技术和新型传媒体系不断催生出个性化的消费需求，并促使文化生产日益多元化、个性化。新时代文化的生产与创新不同于传统组织化的生产模式，个性化特征主要表现在文化主体、文化生产和文化结构等方面的改变。首先，文化主体逐渐多元化，主体的层次结构和范围呈现出广泛多样化特征，各类个体和群体组织得以成为文化生产的创作者和组织者，这也就导致了文化创造形式样貌的多样化。其次，文化生产逐渐去中心化，在新的技术背景和传播语境下文化生产和消费的交互性增强，大众既是文化的消费者也是文化的生产者，新的消费需求不断引导出新的文化生产和产业的业态创新。最后，文化结构日趋扁平化，扁平化的结构转变为文化生产的个性化提供了发展机遇，同时个性化的持续增强也加剧了文化结构的扁平化。当前大众对于美好生活的追求不同于一般的物质文化需求，其更多指向个人价值的实现、身份认同和更高层次的精神需求，具体表现为对于生活品质的高要求，生活美学的崇尚，符号性的消费活动，小众化、个性化的审美需要等。大众文化消费圈层化、对象化特质会成为数字审美文化价值判断的重要标志之一。

（8）数字化态势

新时代审美文化的发展与当代政治、经济、文化和科技的发展进步紧密相关，我们正身处数字信息时代，数字化是当前社会发展最为显著的特征和基础条件。数字化新技术应用广泛渗透到大众日常生活，不仅改变了生活方式，也重塑了文化的认知经验，审美的能力建构、感知和体验方式。因此，在新时代的社会生活中，大众对于审美文化与科技的需求持续加强，与传统审美相比，基于数字技术的审美新形态在文化生产创造、传播扩展、信息接收等层面展现出极具特点的创新表达；如审美视觉表现的数字化增强，创作过程的数字技术介入与广泛应用，虚拟技术的沉浸式体验，移动智能终端、应用的普及，数据开发、人工智能的深度融合等都在极大程度上拓展审美文化的发展。数字化时代背景下的技术与审美的融合创新，将催生出更多的人文经济新业态和文化消费新模式。

（9）场景化态势

新技术的发展应用深刻地改变了艺术作品的观看方式，由传统的非介入式审美转变为介入式审美。"数字时代的沉浸式艺术及其被体验都是人类生活习性和审美需求所导致的必然结果。"（江凌，2019）今天所提到的场景不单指传统意义上的物理场景，更表现在由新技术媒介创设出的数字化信息场景。声像一体、视听结合的信息传递效果形成的震撼力远远超越传统的信息媒介，相比于文字的静态化展示和传播形式，VR（AR、MR）等数字新技术手段具备更为直观有效的感官体验。随着当代信息传播交流的高速率和广泛需求，图像视频语言逐渐替代文字成为社会交往中的主要语言形式，视觉化已经渗入当代文化的各个层面，场景更复杂化、立体化、多元化的视觉语言表达形式。由场景化带来的沉浸式体验和多维度感受在很大程度上弥补了以往传统文化发展与时代融创中的不足，突破了审美知识经验、地域空间环境等传统观念中制约审美的限制因素，为大众提供了更为丰富、多元的审美体验方式，以及身临其境、情景交融的审美感受。在信息时代下场景化不仅是一个重要的发展趋势，更是未来竞争的核心要素。

（二）为什么要建构新型审美文化

为什么要建构审美文化体系及生态？这是中国文化产业特有的发展地位、发展机遇及发展的战略目标与任务决定的。其具体表现在以下五个方面：

1. 发展的需要

发展从其本质取向上讲，其终极含义是实现人的全面解放与全面发展，是一个真善美的统一过程，这也是发展的一个重要战略指向，更是发展的初心。在这个过程中，如果没有一个健康向上又充满发展活力的审美文化来支撑保障，就难以有效保证这一战略指向的准确性与持续性。对这个问题，越是快速发展，越是发展的格局复杂化，就越要强调这个问题的重要性。

2. 战略的需要

如何在经济多元化、科技化、文化化等新的消费形态发展中，更加重视把握软实力建设的特点和规律，加快转换新资源、新经济、新赛道，充分发挥数字经济，特别是数字人文经济的加速效用，全面提升新经济的战略地位与新动能的发挥，保持正确的经济发展方向与强化发展战略定力，离不开审美文化的支撑。

3. 精神培育的需要

历史一再证明，一个没有地域性人文精神特征的区域，即使其经济与科技再发展，也是缺失灵魂与发展方向，难以持续走远。建构新型审美文化，就是更好地培育与建构精神及其文化精神。

4. 产业发展的需要

文化与新科技融合与跨界发展，已经成为产业经济发展的战略趋势。特别是对于人文经济这一新业态的发展，可以说是得天独厚。人文经济是一种有灵魂有立场的经济形态，其发展离不开健康向上又充满活力的审美文化的沃土。

5. 生态发育的需要

如何进行整体系统化的发展进程。在这个整合的过程中，首先就是需要建构不同层次、不同类型的生态系统与体系，比如说经济生态、科技生态、教育生态、文化生态等。其中，最为重要或者最为基础的就是要建构健康、充满活力又积极向上的文化生态。而在文化生态的建构过程中，审美文化的建构发展至关重要，可以说是在众多生态建构过程中具有重要的基础性引领作用。

（三）构建审美文化的价值取向

建构与培育新时代的审美文化，价值取向的认知与把握是关键，是审美文化建构的核心与导向。

1. 传承优秀文化与塑造人文精神的价值取向

优秀的传统文化是一个国家、一个民族最为重要的精神财富，中华民族伟大复兴需要以中华文化发展繁荣为条件。"传统文化是一个民族独特的战略资源。"强调传统文化是一种战略资源。这意味着，文化资源不仅仅是一种精神财富，更是一种物质财富，是一个民族立足于世界竞争过程中非常重要的发展资源，因此这种资源非常具有战略性。应继续以中国文化传统为重点，以文化根脉为基础，发挥好人文资源在交流发展中的纽带作用，扩大和推动优秀传统文化在地域范围内，特别是现代都市生活中和青年群体间的影响力、表现力，塑造出新时代独具中国气韵和特色的人文精神风貌。

2. 推动传统文化现代化表达的战略性价值取向

深入发掘优秀传统文化的当代性价值，持续激发传统文化的生命力，特别是要努力使优秀传统文化通过现代性的转化与创新适应满足当下城市精神文化生活及消费和构建生态文明体系的需求。坚持守正创新，就是要充分挖掘优秀传统文化的核心精神，把握住时代脉搏和发展潮流；坚守中华文化立场，根植于时代生活，以高度的文化自觉和自信，实现传统文化的创新性、时代性表达。

3. 建构适宜新业态快速生发的价值取向

面对新时代的发展表现，亟须通过建构起新的发展理念，扩展新的发展视野，提供新的发展方式，来应对现实中存在的挑战与机遇，重视发挥文化的先导和引领作用。加强人文资源优势，将多样丰富的人文资源转化为具有创新性的现实生产力。推动人文资源与科技、制造、商业、旅游等产业的融合，持续促进新兴业态生发。

4. 建构平台化交流机制并推进形成文化共识价值取向

通过搭建平台建立常态化的对话交流机制，及时分享发展新诉求、新问题和新举措，促进政府、业界、智库的常态化、全方位合作交流。通过深化交流对话与合作机制，探索形成文化共识，建立区域间共同参与、共同建设、共享利益、共识推动的文化融合发展平台，不仅可以整合丰富的人文资源，形成文化传承与保护发展的长效机制与产业优势，还能够增加综合发展的向心力、凝聚力，促进城市间的价值认同，真正做到优势资源互补下的产业协作与社会融合。

5. 繁荣文化事业和文化产业的价值取向

文化自信能够为一个地区、一个国家和民族带来更深刻、更持久的前进力量。中华民族数千年绵延传承的历史文化是当代中国发展繁荣文化事业和文化产业，坚定民族文化自信的坚实保障。习近平总书记指出："历史和现实都证明，中华民族有强大的文化创造力。每到重大历史关头，文化都能感国运之变化、立时代之潮头，发时代之先声，为亿万人民、为伟大祖国鼓与呼。"文化自信的基础在于传统文化的继承与创新，通过传统人文资源的活化使其焕发时代光彩。这就需要国家从教育及政策层面进行支持引导，形成良好的政策条件和积极的社会氛围；同时鼓励文化创新，尤其是文化产业发展思维和文化传播形态结构的创新。文化自信不是一句空话口号，它需要强大的现实来支撑，文化产业是国民经济发展中具有先导性、战略性的朝阳产业，文化产业的繁荣是实现和增强文化自信的重要现实保障。新时代文化事业和产业的发展要尊重社会发展的历史规律和市场发展的经济规律，从根本上满足大众的精神文化需求和美好生活的向往。

6. 拓展走出去的全球化视野与价值取向

建立适应新时代国际竞争的新型文化传播体系，特别是通过对于新型传播媒介融合发展的创新实践，形成资源集约、结构合理、差异发展、协同高效的全媒体传播体系。消费与文化"走出去"的关系问题非常重要。在文化发展的过程中，不仅仅是依靠大众教育的传递、灌输和传播，而是要更加注重与经济融合发展中的消费、市场、产业链等因素，增强优秀文化的传播与表现力。日益复杂的国际竞争背景下，无论是全球化还是本土化问题，实际上归根到底还是一个利益问题。在面向全球化的文化交流、融合过程中，要积极吸收其他先进文化体的创新和传播经验，同时也必须要注意本土化的利益分配问题。因为文化与经济融合不仅仅是经济形态的问题，还是一个文化立场的问题。全球化更多的是强调视野问题，而本土化则更多的是强调国际化与本土化之间利益的平衡和利益分配的着力点问题。人文经济的融合发展，需要具备全球化的视野和竞争意识，城市群不仅是我国新时代经济发展的"增长极"，而且是人文经济发展的最为活跃的领域，更是构建新时代文化生态系统的"桥头堡"。

（四）审美文化体系及其生态培育

中国式现代化的发展，离不开中国式现代化文化创新与发展。可以说，没有与中国式现代化发展相适应的时代文化，就不可能出现中国式现代化持续发展的新格局。而与新时代中国式现代化发展相适应的时代文化建设，审美文化体系及其生态培育是重要的保证。

第一，中国式现代化审美文化体系及其生态培育要有明晰的指导思想、路径与抓手，即是要搞好战略研究与顶层设计。特别是人文经济文化内涵、文化目标定位、文化精神、文化形象等的研究等。今天，世俗化与都市化已成为一种难以阻挡的潮流。但有一点是肯定的，世俗化并不是庸俗化，都市化也不能等同于时尚化，更不是那些几乎是陷入玩闹泥潭的"出新"。当然，审美文化所传承的文化精神不是一成不变的说教，在不同的时代大背景中，文化精神闪烁着不同的时代光彩。

第二，要建构人文经济的审美文化生态，并不是说审美文化的发展是自发的，可以野蛮生长，这是对生态的一个错误的理解。我们所说的生态，它有最基本的两个特征，一是系统性，即完整性，任何生态，它都是系统和完整的；二是生态需要多样性来支撑其生命力和发展。因此，系统性与多样性是生态发展的根基。生态一旦建构完成，就会具有层次性与主导性，主要体现在生态化发展的机制和生态链的不同层次。我们在建构人文经济审美文化生态的时候，要积极、努力地运用生态链中处于主导层次即主导性生态链的作用来推进。通过人文经济生态化机制培育主导性生态链的方式来引导与建构人文经济审美文化生态，而不是直接运用行政手段，或者简单粗暴的学习教育等灌输性手段来实施。

第三，围绕文化资源创造、活化、融合与转化，探寻人文经济审美文化建设的方案。文化是一个地区、一座城市的灵魂，是社会经济综合发展的重要软实力象征。人文经济已逐渐成为全球最具经济活力和文化创造力的中心聚集地，历史文化资源丰厚，文化创新环境优越。要把握住这一优势，充分建构起人文经济先进独特的文化生态体系，关键就在于围绕文化资源做好创造、活化、融合与转化。人文资源的融合发展，一般包括三个方面：一是文化资源的创造与创造性发展；二是资源挖掘推动资源系统化；三是资源活化推进资源融合。而文化资源的融合发展，最终会推进建构形成系统化资源的新形态。人文经济的审美文化建设需要建立在对于历史文化资源的系统化认识与发掘的基础之上，通过对于传统文化资源的现代性解构与创新，实现创造性转化与发展。

第四，围绕提升文化软实力需要强化全球资源配置能力，承载新时代赋予人文经济的新使命这个中心，进一步做大、做强人文经济审美文化生态及其体系建设的"平台"效应。重视拓展全球化视野和竞争意识，强化全球资源配置能力是提升文化软实力的重要条件。同时，以区域文化的特点和资源优势为基础，推动中华文明与世界范围内的先进文化传承创新、交流碰撞、融合互鉴，搭建充分承担吸引人类多元文化、先进文化交融汇聚，共享繁荣的新平台。中华文明自古以来就具有自强不息的创新精神和开放包容的共享意识，拥有与其他先进文化交流互鉴的自信。人文经济的国际交流与人文资源的价值提升应伴随全球资源配置能力和影响力的增强。

第五，进一步培育并建构基于先进文化、新科技融合发展与高素质人才聚集等形成的与先进生产力状态相适配的新时代审美文化生态与体系。这是人文经济不断创新发展、守正创新和引领示范时代发展的重要基础和战略性举措。将人文经济建设成为经济发展、科技创新、文化引领的示范性区域，培育适应新时代发展的文化生态与体系建设，立足于文化产业的创新升级，为人文与经济融合发展提供良好的经济动力和人文环境。人文经济的建设有赖于持续不断的人才引进与交流机制建设，应基于协同发展理念，创新人才治理的体制机制，促进人才聚集，发挥好平台优势，提升优势互补效用，推动中国式现代化的人才高地建设。文化生态的建设就是要建立起一种基于发展共识、价值共识的多元文化交流融合机制，只有这样才能充分开发利用人文经济的文化资源优势，科技和产业创新优势，在开放交流的机遇与环境中塑造文化共识与文化自信，使中国式现代化在创新包容的生态环境和人文环境中实现全面协调高效的发展。

第三节　新消费时代到来

随着社会生产能力的提升，生产与消费的相对经济地位发生变化，经济发展重心经历了从生产向消费的转移。从历史维度看，社会生产力的发展使经济供给约束

得到缓解，经济发展制约逐渐从供给转向需求，经济发展重心从生产转向消费。从现实维度看，经过改革开放以来 40 多年的发展，中国的生产与消费已发生重大变化，形成强大国内市场是对生产与消费变化的战略选择。其中，社会再生产总过程的核心环节从生产转向消费。经济发展的主导动力从生产转向消费，城市的主要功能也由此转向（孙豪 等，2023）。

文化消费的概念属于"文化（人文）"和"经济"两个不同领域的交叉。中外学界与业界经过多年的理论探索与实践积累，逐渐对其内涵进行了归纳。认为文化消费主要指人们为了满足一定精神需求，采用各种方式消费文化产品与文化服务的行为。从广义上看，文化消费一方面指个人消费，认为人们生产物质资料只是为了满足自身对于文化精神方面的追求，另一方面则指个人消费和生产消费，在进行社会生产的同时又对其进行消耗，二者同时进行相互促进；从狭义上讲，文化消费只包括个人消费。根据消费的性质，文化消费可以分为教育、文化娱乐产品消费与文化服务三个方面。根据消费的方式，文化消费可以分为免费和付费两种形式。免费的文化消费通常具有公共物品的非竞争性和非排他性特征。根据消费的层次，文化消费可以分为大众文化消费与高端文化消费。文化消费属于精神层面得到满足的消费不同于物质基础上的消费，具有习惯性、差异性、持久性、滞后性、层次性、民族性、数字性等主要特征（郝东明，2023）。

一 产业升级与消费升级

消费升级过程中存在着消费率偏低、服务型消费供给不足、居民负债率上升过快等问题，为此可以从特征、度量、问题和发展等方面加以分析（黄隽、李冀恺，2018）。根据"雁行模式"[①] 和主导产业替代理论，产业升级是产业结构升级、主导产业转换的过程。消费升级包含三个方面的含义：一是消费总量扩张，二是消费结构升级，三是消费意愿的提升。消费总量扩张，消费的总规模不断扩大，在国民经济中的比重不断提高，国民经济发展由传统的投资驱动型主导转向需求拉动型主导；消费结构升级，遵循"马斯洛需求"演化路径，不断从生存性消费支出向发展与享受型消费的演化，居民对消费品需求不断从满足基本的生存需求向发展、享受和自我实现等个性化、多样化的需求转变，同时更加关注消费品质，注重产品的安全性、环保型和智能化等多种特点；消费意愿改变，经济高增长不一定带来高消费意愿，消费意愿的改变需要消费者依据信息适应性做出消费决策调整，对消费项目有更多的接受意愿和支付意愿，对新品牌、新产品、新服务有更多的新增消费等，以习惯形成、黏性信息、耐久效应为代表。

影响消费升级的因素主要分为内生因素和外生因素（陈洁，2020）。内生因素包括收入、财富状况和消费心理预期等因素，外生因素包括技术进步和创新、储蓄

---

① "雁行模式"指一种关于产业结构在国际尤其是在西太平洋地区国家间传递的学说。

利率、国家政策等。近年来我国消费规模快速扩张，消费升级步伐加快，消费层次、消费品质、消费形态、消费方式和消费行为等方面均呈现出明显的趋势性变化，新消费方兴未艾。以往研究较多关注了消费升级对产业升级的整体引领作用，而关于产业升级对消费升级影响的研究、产业升级和消费升级的互动机制研究较少。

二 数字文化消费发展不充分的原因

（一）文化事业与文化产业脱节

文化事业和文化产业是社会主义文化繁荣发展的一体两翼，文化事业支撑文化产业，文化产业反哺文化事业。产业与事业的联系在于，今天的文化产品有可能成为明天的文化资源。同时，过去的文化资源可以变成今天文化产品的素材。在文化生产过程中，对于文化资源的需求可以说是"嗷嗷待哺"，但由于文化资源没有被转化为文化数据，不能成为文化生产的要素，产业和事业之间仍然缺少能够连接彼此的桥梁。

（二）新兴体系和传统体系脱钩

以互联网企业为代表的新兴体系处于上升态势，但以传统文化机构为代表的传统体系在数字时代呈现出消沉态势。实际上，新兴体系和传统体系之间能够形成优势互补。具体而言，新兴体系的优势是互动和关联，而缺口是内容公信度不高。新兴体系的优势恰恰是传统体系的缺口，传统体系的缺口则是新兴体系的优势，但互联网时代仍然存在很多脱钩现象。

（三）科技与文化脱轨

近年来，文化新业态、文化新体验、产业新门类的快速发展体现了文化和科技融合程度的提高。科技能够从硬件（文化装备）和软件（支撑技术）两方面助力文化数字化进程，而这方面还有很大的发展空间。面向文化的科技依然存在着信息不对称的问题，"两张皮"现象仍然比较严重，供给不足与消费过度并存。当前存在"粮草未备，兵马已动"的现象，以可穿戴智能文化设备和虚拟现实设备为代表的装备发展较快，但数据跟不上，即不缺场景缺内容。

（四）产业与文化脱离

文化产业的根本是文化，当前仍存在产业开发表层化、市场营销概念化的问题。中国拥有丰厚的文化资源积淀，如民族民间文艺发展中心用30年时间收集整理了中华民族民间文艺资源，但目前仅出版了文艺集成志书，转化利用研究成果仍显不足。而要实现文化和旅游的融合，也必须重视地域文化的数字化工程，让富集的地域人文资源真正融入旅游体验全过程（高书生，2022）。

新时代新征程中，在全球化与双循环战略议题中，面对庞大的需求与创新能力的释放，特别是新科技融合发展与新消费业态生发，要形成与其战略发展目标及定位相适应，围绕新基础设施与数字场景建构，建立与培育相适配的审美文化及其发展生态，这是人文经济进一步发展的基础。一方面，文化建设及文化精神培育的基础；另一方面，重构产业及市场发展的格局，尤其是文化产业与市场的发展，更是在新时代经济政治社会发展的重要战略选择，这将成为人文经济发展的重要举措，更是为中国式现代化探索中国方案的应有之义。如何完善自身的战略定位，进一步拓展发展的视野，在重构中化解文化艺术发展过程中的瓶颈，重塑发展的战略态势，形成高质量发展的格局，使其不仅是高产出国内生产总值的地方，更是中国式现代化文化建设探索的先行之地、先进之地，是贡献文化艺术发展战略、寻求文化强国、探索新征程中国方案的一个重要的高地。

（一）人文是经济发展的重要组成部分

概括地讲，人文经济及其产业的发展包括艺术生产、艺术事业、文化产业与艺术生态及其治理等几个方面，它是事业与产业融合发展的一个过程。除了专业的艺术门类，也要重视市场与产业及其生态的发展，因为这是人文经济大众化的基础，更是满足大众不断增长的文化艺术需求的重要路径。

第一，人文经济的发展是在新时代新征程中国式现代化发展的需要。不仅仅是全球化深化发展的一个结果，更是中国式现代化发展的一个重要的平台。在这个百年未有之大变局的重要历史时期，不仅要展示中国在高科技和消费领域新业态的创新发展勃然的能力，更重要的是还要展示中国作为现代化发展的过程中，在文化艺术，特别是在文化产业发展过程中，能够引领时代与全球发展的这一非常重要的能力，这是时代赋予我们的责任，也是国家文化发展的要求。人文经济的发展是建构这种能力的基础与重要手段。

第二，文化建设是建设与发展的底色与灵魂，而人文经济的发展则是重要的抓手。文化建设过程中，文化与经济的融合是一个重要战略取向。在这个过程中，文化是灵魂，经济是载体，人文资源的融合是抓手。把建设成为经济发展、科技创新、文化引领的示范性区域，需要把握住湾区的特色优势，培育适应新时代发展的文化生态与体系建设，立足于文化产业的创新升级，为区域内的融合发展提供良好的文化创新动力和人文环境，其中，人文经济的发展是重要抓手。

第三，人文经济不仅涉及发展的品位问题，更重要的也是文化市场与产业发展的重要组成部分。一个经济社会高速发展的先进区域，如果一味地追求经济发展的速度，追求国内生产总值的增量，而忽视文化与艺术的功能，忽视社会教化与美育的发展，那么整个区域的发展就会失去方向，区域的发展也会进入急功近利的浮躁文化的氛围中，使区域发展的品位受到极大的伤害。因此，人文经济作为支撑和推动经济社会发展品位孕育，寻找发展的方向的重要的推动力，仅仅是因为艺术的审美功能是远远不够的，社会的教育美育的基础一定是人文经济及其产业这一经济基础。目前，虽然人文经济的发展还是一个比较小众的市场与产业，但市场前景与产业规模是十分可观的，其潜在需求更是巨大，完全可以使其成为发展的支柱型产业。正是因为在发展人文经济及其产业的过程中，有足够大的市场与产业的规模，因此就有了非常坚实的经济的基础，这是人文经济推动社会经济发展不断走向时尚化、品位化和内涵式发展的一个重要的条件，这也是人文经济发展的一个非常重要的历史命题与使命担当。

第四，人文经济是新经济的重要组成部分，也是新经济发展过程中的最活跃、最富创造力的领域。人文经济是一个全新的经济形态。在新经济发展的逻辑关系中，它是新经济发展的重要组成部分，是中国经济转型发展的新动能。特别是文化产业沿着概念态-形态-业态-生态-数态发展的态势已经显现。

事实上，新时代人文经济及其产业的发展进入了快车道，其发展显现出六大的趋势：产业规模发展迅速；产业规模在整个文化产业发展的过程中，占有举足轻重的地位；产业发展的联动作用，表现在规模结构上有了核心层、外围层与辐射层的分布，三头并进，跨界融合，带动文化产业规模的快速扩大；在产业规模结构中，产品制造业是主导，艺术服务产业、以版权为中心的艺术衍生品产业，成长迅速；文化产业的支撑体系业态等规模也在迅速扩大，成为中国文化产业发展过程中不可忽视的发展板块；产业链生态正在完善形成；基于新基础设施的数字化场景的建构，使得产业数字化发展成为重要的战略趋势。强调在人文经济大格局中聚焦人文经济及其产业的发展，就是因为适配人文经济的制度与秩序尚未建构的状况下，人文经济及其产业的发展需要在创新中调适与适配，建构自身的产业机制与发育完善产业生态。

第五，人文资源号召力是新时代高质量发展的重要抓手。提升人文资源号召力是新时代新经济发展的战略需要。人文经济是一种新的经济形态，是新时代新经济发展的重要组成部分与重要的战略发展亮点，因此，要把其作为区域经济社会发展转型发展的重要路径与高质量发展的重要抓手，而要进一步落实这一点，就非常有必要抓紧抓好提升人文资源号召力这一基础工作。在今天为什么在这么高的层面上关注与研究人文资源的重要性，最为关键的原因就是人文资源是一种新的资源，它有自己独特的特质（如非标性、价值建构的多元性、价值构成的发现性、复用性、环境友好性等），这在我国经济转变发展方式、寻找新的动能方面具有非常重要的意义。特别是在新时代、新经济的快速发展进化的过程中，人文资源丰富又积淀深厚的区域。中国已经到了一个新的战略选择窗口期，要由以往的换跑道向换资源转变，从而实现具有差异化的高质量发展的格局。即从依托传统资源依靠高消耗、高污染来实现高速发展不断向转变发展方式、依靠科技进步提升发展效率，进一步走向依托新的人文资源及其数字化，发展新的经济形态，深化经济发展转型，从而实现经济的高质量发展。而要实现这一发展战略的跃迁，最根本的就是要提升区域的号召力，尤其是人文资源的号召力。

第六，基于文化能力建设的新型传播媒介与体系，建构走出去全球化方案的价值取向。文化建设要显示出对于人文、生态、历史等各方面的深度关联，要有构建文化共识的使命意识。文化与经济的融合发展，需要具备全球化的视野和竞争意识，人文经济的发展会成为实现优秀传统文化的现代化创新与中华文化对外传播与交流融合的前沿与突破口。

（二）提升人文资源号召力的战略视角

一个产业或市场发展的基础是资源，新的业态更是以新的资源为基础。对一个区域来说，资源一般包括三个方面：第一内生资源，第二整合资源，第三外来资源的聚合。这三种资源通过区域的集成、集合而形成一个系统化的整体力量，这样的整体性的系统化的资源，才能够真正成为区域新的业态与创新发展的一个基础，这个过程也被称为资源系统化过程。而这个系统资源的特质，就决定了新业态发展的内在规律及现实的特性。而要提升人文资源的号召力，首先就是要把文化艺术现象、名人、名品、文献、遗存、活动、传统等资源化、系统化，并在此基础上，进一步活化资源、系统化资源。这也是进一步落实具体行动：一是传统文化资源是民族的独特战略性资源；二是传统文化要创造性转化，创新性发展。可以说，如何提升人文资源的号召力，就是在资源系统化基础上，进一步落实这两个基本论断。具体在决策层面还要做好以下四个方面工作：

第一，把人文资源的保护及开发要纳入区域国民经济与社会发展规划中，把系统化资源的价值发现及其能力与水平的提升作为一项重要工作不要将其作为社会经济发展工作的一个点缀。

第二，要从战略高度认知、认识提升人文资源号召力的重要性，下大力气研究与挖掘人文资源，做好战略研究。尤其是不要把人文价值取向及精神特质、文化艺术事业、文化产业与文化艺术生态的建构割裂开来，只有融合共生才能推动文化艺术的大发展大繁荣，才能最终建构共生而有活力的发展生态。

第三，围绕人文资源的特质与内在规律，做好顶层设计，下力气研究编制相应的发展规划，调动各方面力量，落实人文经济的发展节点及路线图。

第四，要认真解决好围绕人文资源综合性服务平台的建设，积极推进在做好保护传承的基础上，深化人文资源系统化、资产化、金融化、证券化（大众化）进程，建构现代市场体系与治理体系。

（三）人文经济发展过程中的困境

如何发展文化艺术及其市场与产业，客观上还有很多问题与瓶颈存在。其实，说到底还是一个认知的问题。其关键就是在发展文化事业、文化产业的过程中，此前对这个业态的内在的发展规律认识不充分、不清晰，导致发展的规划、发展的战略、发展的目标、发展的路径的选择等方面出现一些差异，甚至一些混乱，可以说这是人文经济与文化产业发展中重要的一个方面。因此，在研究探讨文化艺术发展的困境的时候，更多的是从认知层面去分析。而一旦解决了认知的问题，人文经济发展的战略与实操方面，才有了基础，才有了方向，才可能形成共识，体现推进实施的力度。

第一，在发展人文经济的过程中，尽快走出不清楚战略目标与优势的战略无为状态，在发展过程中找到自信。发展人文经济最主要有三个方面：一是它并非区域发展的概念，它不仅是中国的，也是世界的，因此国际化视野、国际化平台、国际化市场与资源，它是全球人文经济发展的高地，是重要的一极；二是它是在构建以国内大循环为主体、国内国际双循环相互促进的新发展格局过程中不断发展壮大，人文经济的发展需要关注国内国际两种资源、两种力量的融合；三是立足于优势资源，建构基于国内需求服务国际需要的国际性综合服务平台，创新发展多样态、多元化的新业态，培育适配的生态。

第二，在发展人文经济过程中，尽快摆脱没有战略规划与设计的项目思维。当下虽然是一个经济社会比较发达的一个经济性为主的区域，在发展的过程中，文化艺术的作用大多体现在为大众、为区域提供文化艺术服务的层面上，很多的时候，可以说文化艺术事实上是一种点缀。因此，项目思维还是有相当的市场，以至于一谈到文化艺术的发展，大多有一种不自觉的项目逻辑。比如说今年建设了几个项目、开了多少场演唱会、做了多少场展览（博览会）等，那么明年我们就要在这个基础上多一些项目，多一些展览，多一些演唱会等，这样就认为文化艺术得到了重视，得到了发展。其实，在人文经济及其产业发展的过程中，这种思维是非常有害的。这种思维没有把文化艺术看作现代市场、是现代产业，是经济社会发展的重要的组成部分。人文经济及其产业，不仅有自己发展的基础和资源，而且其资源有自己独特的特性，这种资源不仅是市场中的财富，而且是产业的基础，更重要的是它可以推动艺术经济的发展会不断成为重要的支柱产业。应强调按市场的机制、产业发展的内在规律、内在要求去发展人文经济及其产业。这就需要对人文经济及其产业进行认真的系统研究，认真地规划，并在研究规划的基础上制定顶层设计，配置相应的政策与资源。这样的人文经济及其产业才能够得到长足的发展。

第三，在发展人文经济的过程中，尽快走出"形态即业态"的思维。整合需求资源，聚合消费能力，围绕交易与财富管理模式创新，建构人文经济综合服务平台与生态，发展人文经济及其产业业态。首先，要克服认为文化商业形态就是人文经济本身、是其全部的认知；其次，人文经济的发展需要建构的是交易制度与体系，需要不断创新定价制度与体系，需要建构投融资管理制度与体系；最后，人文经济还需要运营，需要丰富的软硬形态产品，需要从市场、流通、消费到服务的运营，需要支撑服务体系。

第四，在发展人文经济过程中，尽快走出"交易即市场"的思维模式。以产业发展的理念，发展新型创新业态，建构现代人文经济市场体系与治理体系。在人文经济发展的过程中，发展创新交易形态，培育交易形态的各种主体非常重要，离开了"综合服务平台+生态"这个基础，完善不了支撑服务体系，人文资源就难以有效运营，人文经济的持续、健康、快速发展就无法落实。

第五，在发展人文经济过程中，进一步明晰建构综合服务平台并以此推动市场创新发展的两大战略方向，建构发展的核心竞争能力，形成高质量发展的规模经济形态。也就是说，围绕建构人文资源综合服务平台创新发展交易模式的创新集群与文化资产管理模式的创新集群，这是人文经济发展的核心竞争力。没有这些核心竞争力，再多的市场与产业要素聚合，也难以产生集约效应。

第六，在发展人文经济过程中，尽快走出"数字化创新即互联网服务"的误区，尽快建构以数据为中心的数字化市场与产业形态。重点是基于数字基础设施建设，建构数字化人文经济场景，实现以数据为核心的模式创新，而不仅仅是发展与拓展外延式的、同质化越来越严重的互联网服务。

（四）重塑人文经济发展的突破口

对一个新业态发展来说，困难与机遇几乎是同时存在，相对于来讲，可以说机遇远远大于所面临的问题与困境。关键是要认清新业态发展具有的优势是什么。因为只有依据已有的优势，或者能够形成优势的潜力所在，才能够真正地建构起发展的新优势。发展人文经济，虽然有自己的短板或者是发展的瓶颈，但是它的优势是国际化的视野，国际化的平台整合需求。可以说一开始就有国际化的基因。并且，有非常强大的消费能力和产业经济的基础，有非常强的改革创新的文化基因，这些都将为文化人文经济的发展提供源源不断的动力。

第一，建立人文经济发展智库，进一步明确的战略优势，深刻认知人文经济发展的战略地位，明晰其发展的战略目标与战略地位，并为人文经济的发展提供智力支撑。

第二，要在系统研究的基础上进行全面规划，形成顶层设计，进一步突破项目思维的定势，站在发展的战略高度，利用系统思维，依据市场机制及产业发展的内在规律来规划市场发展的战略目标、战略路径及其发展生态。特别是文化内涵、文化目标定位、文化精神、文化形象等的研究。研究人文经济发展面临越来越纷繁复杂的环境，越来越多元化的审美文化，以及越来越扁平化的组织体制及快捷的传播途径，一方面要基于人文精神，发展审美文化的生命力与创造力，这是人文经济发展的沃土与基础；另一方面要积极培育并形成人文经济新业态创新发展的动力与能力。

第三，要用人文经济的理念来发展艺术品市场，避免低层次同质化竞争的市场格局，发展并重构现代市场体系与治理体系，做大、做强现代形态的文化产品与服务市场及其治理体系。重点是基于综合服务平台，围绕交易这个核心问题培育发展业态主体、体系及运营系统，不断完善发展支撑服务体系。

第四，着眼于高质量发展的战略格局，发展立足国际化的文化产品与服务综合服务平台+生态建设，并在此基础上进行交易模式创新及人文资产管理模式创新，并围绕这两个创新方向发展市场聚合与产业集聚，不断扩大其规模。

第五，充分发挥人文资源与科技融合、与金融融合、与消费融合发展的战略，积极创新发展新的市场与产业形态，大力发展多元化的交易创新形态，大力建构行业自律职能与体系，大力发展支撑服务体系的同时，寻求发展先机。

第六，抓住数字经济发展的战略时机，大力建构与培育以数据为中心模式的数字人文经济模式，进一步创新发展的生态与产业市场形态，占领技术、生态与场景建构的先机。

第七，立足中国、面向世界，培育和发展文化市场，率先建立面向国际的、综合性服务平台，建设全球艺术财富管理中心。

第四章
数字人文经济学兴起：
文化消费规模化

文化产业提供精神产品、创造精神财富，拉动经济、促进就业、创造物质财富，是既"富口袋"又"富脑袋"的产业，在中国式现代化进程中发挥特殊作用。文化产业成为经济增长新引擎，为经济持续回升向好注入新动能。人文经济是以文化元素核心为内在驱动，以拉动文化消费为主要手段，以产业转型升级为最终目的的国家级经济发展战略。

文化消费规模化既是数字人文经济变革的深化，也是人文经济学研究的初衷。本章首先从当下全球价值链数字化转型，分析从"创意者经济"到"认同者经济"这一发展趋势下，认同者经济的"认同逻辑"即创造性赋权下数字文化消费的个体认同，以及平台化型构下"特质簇"的社群认同。同时，基于技术加持、效率提升与文化产业化进程，论述文化内生增长理论及其形成的主要逻辑，即文化产业成为商品价值构成，"文本"内容成为资本，"注意力"成为稀缺品，生产者成为创意者和传播者，数字技术成为新增长引擎等。从我国文化产业发展的基本框架出发，系统阐述当下文化产业发展的四大战略取向、基本共识性框架及经验教训，以及我国文化产业发展的前沿热点。在关于数字文化产业部分，将以数据挖掘为资本的文化产业数字化，探讨产业生态系统视角下的文化产业数字化等议题。关于数字经济变革中文化产业发展存在的问题，将从供给、消费、监管三个层面，给出相应的建议对策。此外，本章还将对数字人文经济赋能文化产业的机理、动因与实践逻辑加以论述。最后将从数字文化产业创新性发展的战略取向角度，对以人文资源挖掘为基础的文化产业数字化，数字人文经济变革中文化产业现存问题，数字文化产业发展的战略取向研究等加以阐释。

第一节　数字文化及消费

数字文化指以计算机、互联网以及数字化视频信息采集、处理、存储和传输技术的文化的数字化共享。数字文化是数字中国建设"五位一体"[①] 的关键一角，是文化和旅游业"中国模式"高质量发展的重要支撑。其依托各公共、组织与个体文化资源，利用数字技术以及互联网、大数据等平台实现文化传播的时空普及与内容升级，具备创新性、体验性、互动性的文化服务与共享模式。

2023 年 2 月，中共中央、国务院印发《数字中国建设整体布局规划》（以下简称《规划》），明确了一系列新的目标任务和战略部署，为加快提升数字中国建设的整体性、系统性、协同性规划了战略路径，必将推动数字化发展迈向更高质量、

---

① 数字中国建设"五位一体"指推进数字技术与经济建设、政治建设、文化建设、社会建设、生态文明建设"五位一体"深度融合。

更高水平。《规划》指出，要大力发展网络文化，加强优质网络文化产品供给，引导各类平台和广大网民创作生产积极健康、向上向善的网络文化产品。推进文化数字化发展，深入实施国家文化数字化战略，建设国家文化大数据体系，形成中华文化数据库。提升数字文化服务能力，打造若干综合性数字文化展示平台，加快发展新型文化企业、文化业态、文化消费模式。

一 当下全球价值链数字化转型

科技革命在给人类社会带来广泛福祉的同时，也给全球与国家治理带来新问题。全球价值链的变化，在产业的战略方向和产业链的底层触发了全球价值链的变化，也推动世界政治经济理念和经济安全观的改变是现实和长远的。全球价值链的数字化转型使得全球价值链本身的效率、弹性与延伸性得到了极大的扩展，同时扩大的电子支付与电子商务也有利于更多文化企业快速地融入全球价值链，并带来更多的社会就业。

然而理论上的可能并不等同于产业生态实践。文化企业通过数字经济融入全球价值链已经出现的显性问题是，企业在整体数字技术使用和能力建设方面明显落后于大公司，不得不面对数字经济平台天然具有的聚集和流量集中规模优势，进而导致平台数字化公司产生"技术型、市场型"垄断问题，而这对于全球价值链的多元化和扩张的影响显然是负面的。对此，虽然世界各国已经开始重视"新型垄断"问题，并以国内司法力量进行干预，但不仅欧洲和美国跨大西洋间的博弈未有明确结果，还由于全球数字经济治理制度框架和共识的缺乏，全球数字经济价值链在割裂、无监管的模式下进行自我塑造。"数字经济垄断"和"不对称发展"问题对未来全球经济治理带来的隐忧，以及"数字鸿沟"向"数据鸿沟"进一步扩大导致的风险正在显现（余南平，2021）。

二 从"创意者经济"到"认同者经济"

以创意为核心的数字文化轨迹，已成为数字人文经济实现技术创新与产业变革的重要路径。"深度数字化"的媒介技术环境带来愈加复杂且模糊的供给与需求转变，需要深刻体察并发掘需求侧的认识与利用。"深度数字化"的数字变革现已在社会的各个领域与各个行业得到广泛应用，在实践意义上对人们的日常生活产生了重大影响，也使我们进入了一个"高阶属性"的社会发展阶段，所有社会生活中的物质元素都与新兴数字化技术及其勾连的基础设施密切相关。借助人工智能、大数据、云计算、虚拟现实、增强现实、5G、区块链等数字技术的驱动力，文化产业数字化战略的路径和目标更为清晰、明确。在宏观层面，文化产业数字化战略的实施，不断催生基于数字产品、绿色产品的新消费模式，推动以定制化、体验为导向的新业态蓬勃发展。从供给侧到需求侧的转向中，"深度数字化"已成为当下国内国外"双循环"大战略框架下的核心。

文化产业链上的各类内容创作，为文化消费群体带来了意义创造与身份生产的可能性。亨利·詹金斯（Henry Jenkins）将这一由消费群体"自上而下式"参与到新内容创作与传播的文化形式视为"参与式文化"。在"深度数字化"的背景下，数字文化产业的经济形态已经由"创意者经济"转向"认同者经济"。不同于业界关注的"创意者经济"概念，"认同者经济"源于社会学、心理学、经济学等领域的"认同"或"身份认同"。乔治·阿克洛夫（George A. Akerlof）与瑞秋·克兰顿（Rachel Kranton）首次提出了身份认同（identity）的经济学概念。身份认同指个体消费行为能够反映个人身份认同，个人通过商场、商店消费获得身份认同的满足感，便能创造出个人经济上的贡献。根植于消费社会的"认同"，其生产与消费的内核，既是经济行为，也是文化行为。前者推动产业的形成，后者诱发文化意义，产生个人与社群的身份流动。

认同者经济与创意者经济在逻辑、实质、核心与目标四个层面具有显著的差异。具体而言，第一，在运行逻辑上，创意者经济强调的是一种生产者逻辑，强调内容创造与生产主体在文化产业中发挥的关键作用；而认同者经济在此基础上强调需求侧逻辑，聚焦于消费者的耦合效应，将产消者在消费实践上的认同视为一种身份再确证的行为。第二，两个概念的实质体现在不同的方面，创意者经济凭借内容生产者为主体，强调创作者的创意生产赋能文化经济，这里的内容生产者包括名人身份的影响者与作为微名人的创作者，前者是在社交平台上拥有较多关注的明星、学者等名人群体，后者指的是从普通用户群中脱颖而出、拥有一定粉丝数量和影响力的部分用户，是在线表达与分享的内容创作者，代表着数字文化产业中创意者主体的扩大和创意者非专业化的转换。认同者经济囊括的主体范围较广，它以泛化的产消者为主体，强调身份认同搭建数字文化产业的链条。第三，强调两种经济的核心差异，创意者经济侧重内容创作者的生产者身份、生产行为，注重生产带来的经济结果；认同者经济则关注消费主体的再生产、再创造来源以及如何建构与确认认同。第四，为两种经济形态的目标，显而易见，创意者经济为有创造力的人提供获得经济回报的机会，认同者经济的最终目的是通过搭建身份认同机制，形成消费-再生产的可持续性发展链路。

"创意者经济"聚焦于产业供给侧的视角解读文化产业实践者作为"创意"驱动力不断推动文化经济发展，强调在互联网时代下，"创意者"通过网络空间集聚、产业协作和劳动分工，形成创意者网络和创意阶层，并构建出推动社会创新的创意生态，从而实现创意者经济。从生产要素来看，"创意者"立足于创意劳动的生产者，而忽略了数字文化产业升级的新动向，即文化消费所产生的用户下沉市场及其所赋予的消费主体力量。而"认同者经济"形态则进一步强调"不被认同的创意"在数字文化平台上是没有价值的。

三　认同者经济的"认同逻辑"

在"认同"的连接机制下，网络中的多元化能动者主体性得到识别与认可。"认同"是贯穿文化创意产业全产业链的关键，其不仅激发了内容创作者的创作源泉，搭建起多元化的文化传播平台，还呈现出独特而多样的内容，为文化经济与社会的发展创造价值。借助于数据与流量，"深度数字化"的网络引发了大量信息传播、内容创作与文化消费行为，可以说数字技术驱动下的"认同"已然成为数字人文经济中不可分离的要素。全方位、深度化的文化与科技融合形式，也推动着生产和消费逻辑的新变革。定制化、个性化的文化生产服务与消费行为，本质上都是维系在认同的运营中。网络社会中的用户从媒介消费者转化为数字时代下的"认同者"，以其呈现出的强大创造力，发展成以"态度"为核心的"特质簇"社群，并衍生出数字人文经济新的经济与文化内涵。

（一）创造性赋权：数字文化消费的个体认同

在深度化的数字媒介阈限下，作为主体性呈现与承载社会变迁的传播机构，媒介技术不仅成为人们获取信息的渠道，进而成为确定我们在何处、我们是谁（身份）的地图。以"互联网+"创造的认同连接性最终实现了人、企业、产业、产品相互交织的文化产业新生态。"数字化生存"的图谱逐步演变为以数据桥接的"深度数据化"生存形态和体验，而在单位数据与生活文本之间，"认同感知"则是人们具体实践的介质与方法，也在推动着数字人文经济的不断深化。因此，审视数字发展中的文化产业，不仅应关注科技所带来的生产、生活的方方面面变化，更应关注于独立个体身上所发生的"型构化"塑形，这种变化，正是持有"认同"纽带的"特质"个体对社会做出的主动、积极的反应。

通过技术实现的"数字附加"功能，为内容创作与创意生产打开了新的表达窗口。伴随 ChatGPT、DeepSeek 等具有跨模态通用人工智能潜力的新兴技术在传播领域应用的深入，短视频、网络直播等视觉文本正成为信息网络社会中最具代表性的内容创作形态，而其背后展现的数字化颠覆力与创意经济影响力成为未来发展的关键。数字"新主体"将身份实践与日常媒介生活结合得更为紧密，更展现出媒介使用的个体化特性，在以个人选择、创造等个体化行为成为普遍经验的互联网中，数字主体的个体化达到了极致，体现在人们对时空限制的摆脱以及自由选择网络身份、网络符号来表达感受与认同，实现社会参与程度的最大化。

如今，人的全面社会化生存与连接愈加依赖深度数字时空与数据化的逻辑，自我感知与自我意识也在很大程度上受到数字环境的影响。正如彭兰（2022）提出，数据在建构一种深受"深度数字化"环境中的认知参照体系所影响的"数字自我"，深度数字化生存的人类被赋予了高度的自主权，媒介化的社会空间中被各具特点、各行其是的独立个体所充满。数字"新主体"的身份表征不仅在用户所生产的"内容"中凸显，更在用户的媒介参与行为中显现。用户不只在自媒体、博主等具有影响力的内容生产者所产生的文本中获得身份认同，更在参与和影响内容生产过程的点赞、评论、转发等行为中实现身份构建。数智化时代的行动主体成功嫁接到数字创造与生产的每个环节，从消费者与生产者的共同创造，再到完全成为生产环节的主导者。

互联网的"去中心化"使得人人皆为内容创作者，互联网平台成为人们可以自主选择、可以控制的与日常"接入"的新形式。与此同时，通过"短平快"地筛选内容、滑动界面，并可自由地选择注意力停留的时间长短，甚至可以选择是否参与到内容的推广层面，在某种程度上弥补了现代人被高速工作节奏和生存压力打乱的生活步调。多任务同步进行引发的注意力分散恰是数字时代的新文化体验之一，曾经"一维"的时间断面被个体自主分割为"多维"，共时性、共在性的传播与互动模式正是对数字主体自我选择的再确认。

在人文经济的需求侧转向中，"共同进化"的产业生态逻辑在以个体为单位生成的流量"元数据"中得到体现。特别是"网生代"用户对数字内容进行干预，出现了诸如"二次创作"等新型数字网络文化形态，使符号元素脱离原有的语境进而生成新的意义，"二创"混剪行为在粉丝群体中广泛流传，并且积极分享到视频播放平台上。这正是马诺维奇所提出的"混剪文化"。这也是当前数字文化平台展现认同非常重要的方式之一。在这种基于现有内容重新混合而成的、对旧文本进行重新鉴赏的美学形式中，数字个体独特的文本操纵能力不断地展现出一种原创性。数字化背景下，强渗透的数字技术手段使个人创造的"数据"流动效果增强，直至无处不在、无时不在的"气态化"，使随时随地创作及生产成为可能。以"二创"为例，视频再创作与再生产繁荣了数字内容创作行业，同时延伸到更广泛的社会群体，扩大了解读语义的"翻译者"、文化意涵的"赋予者"，集中体现了一种基于开放、平等、共享、参与式的"互联网文化精神"，也为创新提供了更多素材与现实基础。

（二）平台化型构："特质簇"的社群认同

在人文经济深度"数字化"的进程中，人类的社会关系也在数字化生存中被重塑。当下，粉丝"刷礼物"是网络直播中虚拟社会关系的延展，同样，作为一种互动性回馈行为，直播中粉丝基于对主播的信任与认同进行"打赏"。在新技术平台下创造了"互动性文本"和虚拟连接纽带，在一定程度上重塑了现代网络社会中的陌生人关系。而这种异质性的连接也是建构在以"认同"为基础的机制上。"直播带货"与其说是为信任和情怀买单，不如说是为一份"身份认同"下单。数字"新主体"在消费的情境下，将自己的身份潜移默化地带入，并外现在"数据"之中，"我购即我在"。

在数字人文经济下，以认同为基础搭建的网络社群，某种程度上反映了现实生活中文化主体的精神需求，并在需求侧转向中彰显出融合力与渗透力，以大众力量集结的社群网络，促进新型数字文化消费的全面升级。在社会媒介化的趋势之下，原本界限分明的社交边界被数字空间所消解，以"认同"为纽带的态度社交关系显现出强大力量，网络环境所衍生的线上虚拟社群和线下实体群体构筑出了新的关系结构，以自身兴趣、偏好和价值取向交换信息、传播内容和创造连接的交往形式成为独特个体间抵达共识的通道。

其结果不仅丰富了互联网时代多元化、个性化身份作为个人选择的回报，并实现了以"需求"为线索的社交目的。依托现代互联网与移动通信技术，以大数据挖掘、精准画像、精准服务为手段的"算法逻辑"，有效提升了数字用户在信息传递中的个性化与定制化效果，因"算法"聚拢的用户之间享有共同属性，成为"共识化"的"特质簇"群体，而这类网络群体因具有了共享文化的特征，组建成了广泛参与并独具特色的共同存在。正如当下内容创作中某一热点的流行和走红，实则反映出网络群体对文化的认同倾向与选择评判。

在数字人文经济环境中，个体身份的确证需要既与他人融合，又与他人分离。在"特质簇"的身份建构中，为抵达身份的确证，"认同的个体"以对自身的超越和放弃而融入社群，实现了个体性与公共性的平衡。不仅能通过认同对"同一性"的社群产生归属感，同时又不丧失"差异性"的个体自主作用。通过文字、图像、视频以及表情包等符号化内容形成话语力量，网络"特质个体"为社会共识的凝聚提供了新话题。网络个体与内容展开互动行为，积极投入观点与意见，推动内容链条发展，融入社会互动场域中（张铮、许馨月，2023）。

第二节 文化产业化

英国学者特里·伊格顿（Terry Eagleton）在《马克思主义与文学批评》中指出："文学可以是一件人工制品，一种社会意识的产品，一种世界幻想，但同时也是种工业。"文化艺术正如恩格斯所说，是与经济基础关系最为间接的社会生产，但是从另一个意义上也是经济基础的一部分，是一种经济实践，一类商品的生产（张来民，2002）。

国家统计局对文化及其产业的界定为：文化及相关产业是指为社会公众提供文化产品和文化相关产品的生产活动的集合。修订后的《文化及相关产业分类（2018）》继续使用这个定义。根据这一定义，文化产业生产活动范围包括两部分：第一，以文化为核心内容，为直接满足人们的精神需要而进行的创作、制造、传播、展示等文化产品（包括货物和服务）的生产活动，具体包括新闻信息服务、内容创作生产、创意设计服务、文化传播渠道、文化投资运营和文化娱乐休闲服务等活动。第二，为实现文化产品生产活动所需的文化辅助生产和中介服务、文化装备生产和文化消费终端生产（包括制造和销售）等活动。

一 技术加持、效率提升与文化产业化

学界一些观点认为，美国学者威廉·鲍莫尔（Willian Baumol）发表于1966年的文章是经济学关于文化产业研究的重要参考文献。在这篇文献中，作者以现场表演业为例讲述服务业的低效率："乐队五重奏半个小时的表演要求2.5个小时的人工费用，而任何试图提高生产率的打算都会受到在场观众的批评。"这个分析框架对后来学者分析文化产业问题产生重要影响，对文化产业效率问题的判断。鲍莫尔后来不断修订他的观点，转而使用更为复杂的解释，但直到2006年，他本人依然在按照这个基本思路研究服务业问题，并将现场艺术表演业扩展到了更广泛的文化产业之中。

20世纪中叶，"文化产业"开始出现在学者的讨论中。这个变化直接与技术发展相关。自这个时期开始的技术进步，为文化内容生产和传播提供了极大帮助，效率明显提升，表现手段丰富多样。较早提出文化产业概念的法兰克福学派的马克斯·霍克海默（Max Horkheimer）和西奥多·阿多诺（Theodor Adorno）等人敏锐地发现：文化生产一旦与科技结合，形成产业体系，就会产生影响社会的巨大力量。例如，印刷机虽然早已发明，但长期以来一直是手工排字。19世纪中期，美国发明家奥特马·默根特勒（Otmar Mergenthaler）发明了莱诺铸排印刷机，大大提高了印刷业效率，快速提升了普遍识字率。生产和消费都迅速扩大规模，使内容类文化产品如书籍和报刊等扩大生产，形成出版产业。再如电影制作技术在20世纪初期迅速发展，经历了从无声到有声、从黑白到彩色、从单声道到立体声等几次变革，每次变革都以技术为先导。特别是电影"可复制"的特点，大幅度降低了文化产品的制作成本和消费价格。视听技术使得声音、图像能够适时录制、传送，音像复制技术促成了音像文化产品的批量化生产。

20世纪中期以来，以信息技术为代表的科技发展，更加广泛触及文化领域，促进了文化产业的大发展。托马斯·斯坦贝克（Thomas Steinbeck）等学者都认为，新经济最典型的特征是包括文化在内的"先进服务业"。1967—1995年，无线电、电视广播和通信设备等行业独占鳌头，电子媒介、娱乐休闲开始成为文化创意产业新宠。家用音频和视频设备、电视广播服务等都经历了快速发展，突破了地域对文化传播的限制。技术产品的出现还极大促进了文化内容创新。例如，为了让收音机和电视机进入千家万户，广播公司和电视台必须创造出丰富内容，转播比赛、制作娱乐节目等便是如此。

同时，整个消费端也在快速变化和进步。20世纪后半期以来，教育广泛普及，民众的生活水平显著提高，中产阶级成为人口构成的主要部分，成为"大众"的主体，他们的知识结构、生活方式、世界观和价值观等已有很大改变，文化产业拥有了广泛受众。此时的文化消费需求既有纯粹找乐、简单直白的娱乐节目，也有风格多样、内涵丰富的艺术产品。技术发展支撑了文化的丰富多样，各类人群总能从其中找到符合自己口味的文化产品。再之后，始于 20 世纪 70 年代初的"后工业社会"，被描述为知识、科学和技术主导的社会。社会学家丹尼尔·贝尔（Daniel Bell）在其《后工业社会的来临——对社会预测的一项探索》中认为后工业社会是由服务和舒适所计量的生活质量来界定的，比如健康、教育、娱乐和艺术。技术和专业阶级的地位不断提高。他将文化和信息提供等方面具备专业知识的人员归入此类。消费端结构和整个社会结构的变化，为文化产业的多元化发展提供了最重要的市场基础和时代背景。

这一时期产业供给侧和需求侧都发生了巨大变化，文化产品的生产效率大大提升，文化表现手段更为丰富，文化产品的大规模复制、流通成为可能，消费者可触及的文化产品和服务持续拓展，消费成本不断降低。此时的文化具备了大量投资、大规模生产并持续提供利润和积累财富的特点，"文化产业"概念的提出和发展成为必然。

技术如此强有力地赋能文化产业，并非只收获赞扬，同时也带来许多担忧和质疑。一个较为普遍的观点是，文化发展开始受制于资本的力量。许多技术是资本密集型和大规模生产型的，初始的文化创意者自身的资金和组织能力严重不足，必须吸引外部投资，因此文化产品越来越多地从"劳动密集型艺术"向"资本密集型艺术"转变。正如霍克海默和阿多诺所说的"最有实力的广播公司离不开电力工业，电影工业也离不开银行"。德国学者瓦尔特·本雅明（Walter Benjamin）也指出："电影制作技术不仅以最直接的方式使电影作品能够大量发行，更确切地说，它简直是迫使电影作品大量发行。这是因为电影制作的花费太昂贵了。"一旦使用技术，就意味着外部投资者的介入，创意和生产过程便不完全依创意者个人的艺术偏好来进行，文化本身的理念、价值、品位等不再受到重视，成为产业的文化在很大程度上已经不再是"文化"了。

（二）文化内生增长理论及其发展逻辑

英国文化理论家雷蒙德·威廉斯（Raymond Williams）认为文化包含三个方面：一是"智力、精神与美学发展的一般过程"；二是"一群人、一个时期、一个团体或整体人类的某种特定生活方式"；三是"智力，尤其是艺术活动所创造的作品和实践"。由此可见，文化的概念有广义和狭义之分，从一般人类思想到具体指意实践均属文化研究的范畴。但即便从狭义的实践活动和文本角度考察，文化的意义和形式也是多样的，这意味着致力于研究和理解文化的潜在经济学领域可能过于宽泛，为此一些经济学者不得不重新定义文化。较具代表性的学者如澳大利亚麦考瑞大学教授大卫·索罗斯比强调，文化在"生产过程中包含某种形式的创意，生产中的符号意义非常重要，且产出体现了知识产权"。这一定义在人文经济学领域被广泛应用，虽然并未说明文化的具体内容，但对于人文经济学研究有突破性的意义：一方面，它定义了文化参与经济活动的具体形式，即包含创意的、符号意义的生产活动均属于文化范畴，也为经济增长的原因提供了一种文化创新的分析视野；另一方面，它明确了文化产出的具体形式是知识产权，从而将一般文化产品与其形式剥离，发现了文化生产的经济本质，因而将人文经济学从艺术表演、财政资助、产品定价等狭窄领域中解放出来，逐步转向创意及其相关的劳动力与版权的研究范畴。

20世纪80年代中期兴起的"新增长理论"至今仍占据主流经济增长学说，这一理论突破了新古典增长理论关于技术进步外生性的假设，强调技术进步是内生的，资本积累和创新都是促进技术进步和经济增长的重要力量，因而又被称为"内生增长理论"。其中"熊彼特增长理论"是较有影响力的一类，它"强调创新、研发和知识积累在推动技术进步和经济增长中的突出作用，因此也被称作研发、知识、创新为基础的增长理论"。知识、创新都与人文资源有着深远的关系，内生增长理论与人文资源具有内在的统一性。就威廉斯对文化的定义来说，内生增长理论强调知识创新的重要性，而文化所指的"文本"形式是知识的具体符号化。因此狭义的人文资源本身就是知识创新、技术创新，而广义的人文资源所包含的制度、观念等则是推动知识增长、技术进步的基础。以生产符号意义的创意活动即是文化生产，则信息经济时代的一大批非技术性创新均需从人文资源角度重新解释，将人文资源纳入经济增长理论很有必要性。

应该看到的是，将人文资源纳入经济增长不应局限于产业视角，人文经济或创意经济所指示的文化创意有两层含义：一是文化艺术产品、创意产品的供给及资源配置问题；二是包括文学艺术在内的"人文社科"是如何促进经济发展的。在人文经济背景下，文化创意内生于经济的逻辑应着眼于后者。实践中人文资源化既可以作为一种新型要素参与生产，也可以作为一种工具体系融合产业，甚至还可以作为价值观念、文化认同等形式引导消费。因此文化创意内生于经济增长是一个复杂命题，总体来看其成因有以下五个方面：

（一）文化产业化促进商品价值构成

人文资源活动扩大化和一般化是互联网时代经济生产的典型特征。首先，商品的价值实现逐渐由实用化趋于内涵化。一般商品的消费价值可划分为五个维度：功能价值、认知价值、情感价值、社会价值、情境价值。功能价值是商品客观地具有一定使用功能的性质，由技术创造而成，是商品的物质基础；后四种价值是消费者主观体会和感受的无形附加物，由附加在商品中的内在观念生成，是文化渗透的结果。随着经济的发展，构成商品消费价值的两部分比重会发生变化。在生产力水平低下、物质短缺的时代，人们重视的是商品的功能价值，因此商品的消费价值主要取决于功能价值；当生产力逐渐提高，社会物质生活水平得到改善后，商品的消费价值就越来越取决于认知、情感、社会和情境价值，因此人文资源在商品生产中的作用日趋重要。其次，竞争范围的扩大要求生产差异化。信息经济时代越来越多的商品需要借助网络平台生产、设计和销售，网络消减了地域对产销流程的限制，也削弱了行业之间的隔阂。这意味着商品生产者不得不面对更激烈的竞争，异质化竞争是时代背景下各行业生存和发展的必然选择。产品的差异化不仅可通过技术渠道实现，还可通过提升产品的文化创意内涵实现，即通过品牌、产品内容、设计、款式、装潢、广告等形式将一定的文化形态、审美情趣或价值观念附加于消费品之上，使之成为凝结着文化素养、文化个性和审美意识的文化品，使融合人文资源成为了生产商品的一般方式。

（二）"文本"内容成为资本

"文本"内容成为资本是人文资源作为新型要素进入生产环节的重要前提。文化资本的概念最早由法国社会学家皮埃尔·布尔迪厄（Pierre Bourdieu）提出，其指出文化资本有三种形态：一是身体化形态，指通过家庭教育以及教育投资而积累和嵌入于个体身体中的习性、技能、修养等文化形式。二是客观化形态，即客观化为具体物质载体的文化资本，如文学、绘画、雕刻作品等。三是体制化形态，指由体制认可的关于某种文化能力的资格或证书等。

布尔迪厄的理论从社会学架构分析文化资本，其中身体形态和体制化形态的文化资本已通过人力资本的形式被纳入经济增长理论中，客观化形态的文化资本对应着威廉斯文化定义中的"文本"内容，知识产权制度使其成为可操控的经济主体。"文本"内容成为资本对于人文资源的资产化具有决定意义：一是具有共享性和符号性的文化内容，通过知识产权的界定，可关联相关利益主体，在现代生产活动中演变成经济主体能够运行的资本。"文本"内容作为资本解决了人文资源作为一种排他性财产来投入和产出时的外部性问题，构建了文化生产和消费的市场机制，并逐步形成了人文经济。由此，人文资源的一个重要维度即"文本"内容可物质化为资本，并通过统计学的方式分析和计算。二是"架构了文化生产从人文资源垄断向'文化-知识'创造者、经营者等权利人转移的路径，使得物质资本的权利人与文化知识精英结合起来从事'文化-知识'生产"，人人都可成为生产者，从而提升了文化创造者参与经济生产的积极性。

（三）"注意力"成为稀缺品

"注意力"具有稀缺性是人文资源成为特殊商品被消费的重要前提，因为"注意力"的稀缺，赋予信息之中的人文内涵具有了可交易性，并由潜在价值转换为直接价值。"注意力稀缺"的概念由赫伯特·亚历山大·西蒙（Herbert Alexander Simon）提出，其认为"信息的充裕意味着其他某些事物的匮乏：被信息消耗掉的任何事物都处于稀缺之中。信息消耗掉信息接收者的注意力，因此信息的充裕造成了注意力的缺乏"。互联网时代"注意力"成为稀缺品已是一个不可辩驳的经济现象。从生产者的角度，"注意力稀缺"的概念引导着互联网企业大量"烧钱"来获取用户的"注意力"，并通过广告、增值业务等间接渠道将注意力转化为商业利润；从消费者角度，互联网时代信息的供给通常是过剩的，筛选信息的过程是人安排注意力的过程，即对任何一个平台、商品或信息，人的"注意力"都是处于稀缺状态。因此，将人文资源赋予"注意力商品"之中是人文经济时代的典型经营策略，也是人文资源资产化的重要途径：一方面，以获取"注意力"为目的，活文化本身通过信息传播成为商品。如近年出现的"网红经济""概念炒作"等现象，表明通过"注意力商品"的形式，某种概念、观念或思想形式的人文资源可以不借助实物商品实现交换流通。另一方面，饱含人文资源内容的实物商品对消费者更具吸引力，"注意力商品"又像是包裹人文资源的抽象外衣，内在获取"注意力"的是一种人文活动或一种"文本"内容，终归回到文化本义。

（四）生产者成为创意者和传播者

人既是人文资源的来源又是将人文资源融合进生产的功能主体，也是传播人文资源、形成文化社群的媒介元素。内生增长理论中强调人力资本的作用，其两个重要途径分别是通过学习或知识的溢出效应等方式积累知识，和通过实践的方式积累技能，也即要素量的增加实现生产力的提高。不同于人力资本在经济增长中的作用，人文资源的作用虽然也需通过人体现，但更注重人的价值实现和价值认同。理解人文资源需要进一步认识人的作用：人不仅是作为生产者和消费者出现，而且作为创意者、传播者和认同者出现。

一般商品价值构成中的人文资源占比增加，因此生产活动的重点会由扩大生产规模逐渐转向挖掘人的创意天赋，以及实现创意天赋的传播。该过程中，"互联网+"模式允许人的作用转变：一是互联网提供了开放平台，连接专业制造者和普通用户，将用户转变为创意者，创意者群体规模扩大，产生新创意的可能性增大。二是网络构建出新的产业生态系统，允许细化分工和创意产品的重新组合，创意者除了"文本"的创作，获得的知识和技能还可通过交叉传播的途径赋予到别的商品之中，形成了混合式的创新。三是创意"文本"向注意力价值的转换要求更充分的文化认同，创意者结合新思维、新产品组成文化社群，如"花钱买顾客"的现象在互联网企业中普遍存在，是利用以文化认同为内涵的产品认同构成消费社群，实现创意成果的转化。

（五）数字技术成为新增长引擎

数字技术成为经济增长的新引擎，而人文资源可提高数字技术的边际收益，进而成为技术的"扩大器"和"提速器"。内生增长理论将技术进步内生化的原因是资本的边际报酬递减规律导致资本积累不能维持长期经济增长。换言之，内生增长理论中，以科学技术为核心的技术创新是经济增长的引擎。人文资源可通过融合科技而内生于经济增长，主要作用机理是提高技术的边际收益，至少有两条途径：一是通过融入人文资源强化技术应用的深度。在成果转化过程中同一体系的科学技术可结合多种文化内容创新，如文化内容的数字化，依托数字技术进行文化创作、生产、传播和服务，形成的产业链基于数字技术，大大提高了数字技术的边际收益。二是通过融入人文资源拓展科技的应用广度。信息经济时代大量科技成果服务于生活领域，文化需求的个性化、多样化、定制化使科技可拓展的领域变宽，从而提高总体边际收益。

随着数字技术的繁荣，人文资源的作用得以凸显。人文资源与数字技术早已成为不可切割的融合形态：数字技术是人文资源得以资产化、产业化、规模化的必要条件，如音乐、电子书、视频、游戏等大量人文资源产品都包含着各种数字技术的成分（李凤亮、潘道远，2018）。

三　我国文化产业化的基本框架及前沿热点

我国文化产业的发展经历了一个相对漫长的认知与实践过程，并由概念态、市场形态、产业业态到产业生态不断深化。其实，每一步都是认知不断突破的结果。从改革开放以来，1979年广州东方宾馆诞生了全国第一家以演唱流行歌曲为主的音乐茶座，开启了文化市场的大幕，昭示着新时代我国文化产业的发展与改革开放并行不悖。1990年中国政府首次开始使用"文化市场"的观点，并在1991年开始设计制定系统的"文化经济"政策。至此，人们对于文化事业与文化产业的认识观念已经超越了传统的"为阶级政治斗争服务"，逐渐过渡到了建设中国特色社会主义先进文化层面。2012年，中国文化产业迎来深化与创新改革重要发展时期。党的十八大重申文化强国的战略地位首次提出"五位一本"总体布局，党的十八届三中全会提出"推进文化体制机制创新"，进一步以"全面深化改革"为主题，推动"五位一体"布局落实。党的十九大报告指出"推动中华优秀传统文化创造性转化、创新性发展"，明确我国文化产业发展实践进入资源活化阶段。党的二十大报告进一步强调，中国式现代化是人与自然和谐共生的现代化。其本质要求是促进人与自然和谐共生，推动构建人类命运共同体，创造人类文明新形态。文化资源的活化也将在党的二十大所擘画的宏伟蓝图中发挥更加重要的文化引领作用。

当前，文化产业不仅是国家文化建设重要组成部分，也是文化创新发展的重要形态，而且越来越成为文化创新发展的强大的基础性支撑，并不断成为国家经济发展的支柱性产业，在创造出可观的经济效益的同时，推动了人文资源的价值发现与文化传播。国家统计局数据显示，2024年前三季度，全国规模以上文化及相关产业企业实现营业收入99 668亿元，同比增长5.9%。文化新业态行业快速增长对文化企业增长的贡献率持续增强。其中，互联网搜索服务、互联网文化娱乐平台、多媒体游戏动漫和数字出版软件开发、互联网广告服务、娱乐用智能无人飞行器制造、数字出版6个行业小类延续上半年营业收入同比两位数增长态势。由此不难发现，文化企业利润总额稳定增长，互联网相关行业带动作用较为明显。

基于此，我国文化产业发展在当今和今后一段时期内将呈现出一系列新的政策趋势。在"中国式现代化"进程中，文化担负着重要使命，必须大力推进文化建设，文化建设要实现体系化的进步，既有内容的现代化，也包括表达方式的现代化、思维方式的现代化、市场体系的现代化和文化治理的现代化（白林，2022）。在该背景下，为使文化产业的发展与推进"中国式现代化"的新变化新要求相适应，洞察人文经济的发展大势，明确发展方向，摸准痛点，抓住发展机会，就需要系统梳理我国文化产业发展的基本框架并找准其前沿热点。

（一）文化产业化的四大战略取向

文化产业是一个复合词，由"文化"和"产业"两个词组成。"文化"与"产业"原本是两个关联度不高的领域，但现代经济与社会的发展却将两者结合在一起，形成了一个全新的概念。文化产业属于社会文化中的经营性文化部分，是文化的经济属性的集中体现。文化产业性质主要指文化产品的生产、交换、流通和消费这些具有商品经济的一般特性，从事文化生产、流通的主体可以通过资本或劳动的投入获得利润。因此，文化产业以获取经济效益为主要目的，其产业性质体现为对经济效益最大化的追求（尹章池，2014）。

文化产业具备企业化经营方式、产业化行为、文化价值的市场转换性和高技术与高智力含量等特点。文化产业的发展战略一开始提及的是文化与金融融合、文化与科技融合，后来又加入文化与消费融合，特别是文化与旅游融合。通过文献计量法分析2000—2020年国内文化产业与相关产业融合领域的研究热点也进一步证实文化产业与金融、科技、消费等领域的融合是当前文化产业战略发展话题中最为热议的三个领域（武金爽，2021）。

1. 文化产业与金融融合

中国经济持续30余年的超高速增长使得消费结构进入一个快速转型阶段，前期不合理的投资结构与产业结构造成生产能力的大量闲置和产品的大量积压。面对国内经济环境与产业结构的调整转型，2010年4月，中央宣传部、中国人民银行、财政部、文化部、广电总局、新闻出版总署、银监会、证监会、保监会九部门联合发布《关于金融支持文化产业振兴和发展繁荣的指导意见》，强调发展文化金融是中国面对新经济社会发展大环境的一个重要的战略选择。

文化金融是基于人文资源特质的金融服务。它是传统文化及其人文资源价值发现水平与能力建设的重要手段。围绕人文资源价值发现，运用价值管理的基本手段，建构人文经济背景下人文资源活化机制是当代文化金融的根本。

文化金融并非简单意义上的文化产业与金融产业的融合，而是指在文化资源资产化、产业化发展过程中的理论创新架构体系、金融化过程与运作体系、以文化价值链构建为核心的产业形态体系及服务与支撑体系形成的系统活动过程的总和（西沐，2014）。文化金融及其产业作为一种新的业态形式，其主要特征可以概括为以下七个方面：第一，人文资源的非标准特性、复用性、消费过程的增值性、价值的复合性、环境友好性等，是文化金融区别于其他金融形式的根本原因。第二，价值链条的独特性特质，其独特性主要体现在人文资源的系统化、商品化、资产化、金融化、证券化（大众化）这一价值传递链条。第三，成长机制特质，取决于人文经济需求的规模与业态成长规律，特别是需求的个性、多样性与业态的大众化、规模化要求对成长机制的内在要求。第四，动力机制的高端性特质，文化金融可以说是产业之上的产业，其动力机制的形成是一个文化、金融与产业动力机制整合的过程。第五，业态聚合力特质，表现在业态的复杂性与融合能力强，新业态需要在产业体系中生长，以及高度依赖产业支持体系。第六，文化金融的创新对政策的敏感与依赖性较强的特质。第七，人文资源的流转及金融化对平台化的依赖程度逐渐增加的特质。

分析文化金融的发展必须放在人文经济发展这个基本的架构中来进行，这个基本架构就是围绕一个核心、沿着两条战略路径、实现一个基本融合、达成一个基本目标，即围绕发掘文化消费这一核心，沿着文化与科技融合、文化与金融融合的战略路径，强调国家战略举措与政策同市场机制的作用相融合，达成满足社会多样化、多层次、多目标的文化消费需求的目标。其中核心是建立市场化的资源配置机制，要重视人文经济要素市场的建立，人文资源价值平台的构建以及文化金融产业链条的培育与建设。其中最为关键的因素是文化金融担负着人文资源系统化、人文资源资产化、人文资源金融化与证券化这一基本路径的构建与实现，更是不断推动人文资源按市场机制配置的重要推手，也是价值发现与实现平台构建的主体性力量。

2. 文化产业与科技融合

如果说金融是人文经济发展的拉动力，那么科技便是人文经济发展的推动力，文化与科技融合也不断催生文化金融业态的发展，这是人文经济发展过程中的一个战略生态。

文化与科技融合问题是在 2011 年后开始逐步受到广泛关注。当前对于文化科技融合内涵的理解主要分为三类。第一类是"文化科技化"，即文化与科技融合的内涵是文化产业依托高科技产业的技术手段以提升文化产业的服务水平（彭英柯、宋洋洋，2013），即以文化为核心，运用科学技术来展示和创新文化的内容、表现形式、服务方式以及提升文化体验档次，从而创造更大价值（傅才武、李国东，2015）。第二类是"科技文化化"，文化科技融合的本质是高新科学技术向文化领域的选择性切入。第三类是强调文化与科技的本体形态相融合，两者交叉、渗透、重组并最终融为一体，从而更新了文化的技术形态，催生了新的文化业态（于平、李凤亮，2014）。

文化科技融合在本质上就是要加强科技成果在文化产业领域的应用。从以往人文经济发展的实践可以看出科技创新与人文经济发展是一种强关联，将最新的科技成果应用于人文经济领域，将会极大促进人文经济的创新发展。

总体而言，我国文化科技融合发展战略为"一体两翼"的融合体系，"一体"为文化科技融合的主要目标和任务，"两翼"为推进文化科技融合所需的基础支撑体系和创新体系（胡洪斌、杨传张，2013）。当前文化与科技融合的模式主要分为文化与科技相互作用的方式和实践中融合主体参与程度两方面，并形成了以下四大发展趋势：一是万物互联打破行业壁垒，跨界融合持续深化；二是人文资源开放共享，数字化、社会化成为主流；三是技术推动临场体验沉浸化、交互化；四是创意设计掀起设计浪潮，颠覆文化消费方式。

科技创新在给社会生产方式、产业竞争格局带来重大变革的同时，也深刻影响着人文形态的各个方面，进而带来文化的创新。人文经济的发展又深刻影响着科技的发展及其传播应用。没有人文经济价值的提升，科技难以获得发展的土壤和应用的空间。因此，在文化科技融合过程中，科技起着支撑和驱动作用，文化则起着引导和制约作用，二者间具有双向融合的互动关系。

3. 文化产业与消费融合

随着消费水平提高和消费结构优化，人们更加重视消费品质，社会开始进入消费升级时代。伴随人文经济驱动，人文经济与消费升级结合将更加紧密，而与其他产业的跨界融合已成必然趋势。人文经济拓宽消费空间，而消费升级则加速人文经济跨界融合，基于消费升级的消费结构变化，创意创新将成为生产要素，主导人文经济产品跨界融合，带来的延伸价值正在催化出新兴产业，并且在表现形态上造就新型商业模式。在此背景下，文化产业与消费领域融合就成为人文经济未来发展的重要战略趋势之一。

2011 年 10 月，中国共产党第十七届中央委员会第六次全体会议通过的《中共中央关于深化文化体制改革 推动社会主义文化大发展大繁荣的若干重大问题的决定》首次指出要"推动文化产业与旅游、体育、信息、物流、建筑等相关产业融合发展"。因文化产业与旅游产业具有共同的属性，此后文化产业与旅游融合就成为人文经济与消费融合重点关注的领域。近年来，文化和旅游部提出的非物质文化遗产与旅游深度融合也是这一维度的一个延伸。人文经济与旅游融合能够带来新的产品和服务、整合旅游人文资源、提升文化消费水平、推动旅游产业结构升级，二者的融合能够相互促进、共同发展。

可见，除金融与科技之外，市场机制也是人文资源活化的一个重要机制，其路径就是依靠产业与市场为活化提供一种体验消费化场景。以往的文化艺术消费品，大多采用硬广告宣传、教育等灌输方式进行传播。随着新科技迭代的不断加快，传统零售供给端线上线下一体化、平台化，场景化、社群化已成为新趋势，释放出消费者对多样态、多层次、个性化的文化艺术消费需求，这种消费模式更注重个体体验，尤其是沉浸式消费体验，深度体验与文化消费结合成为当下文化认知的重要路径。基于沉浸式体验的文化消费创新已使传统消费市场发生重大变化，为传统文化创新传播提供更多认知可能，因而具有唯一性、当下性和不可复制性，为满足个性化人文经济消费需求，媒介间不断走向融合与泛化，不仅促进文化传播的场景化发展，也为传统文化现代化、时尚化建构新的平台。作为一种新的消费形态，科技化场景尤其是数字化场景的快速发展推动了利用市场机制、产业机制进行文化建设、文化传播的速度与力度。

4. 文化产业与数字化融合

数字技术的外溢使得数字技术与人文经济结合迸发出超常规的经济能量。随着场景体验消费成为当前市场消费潮流，也迫使生产销售者必须要借助数字技术为消费者提供更为优质的沉浸体验式服务。因此，人文经济与数字化的融合既属于人文经济与科技融合的范畴，又是顺应当前消费趋势发展的结果。

数字化是信息化发展的结果，它促进了主体的开放性、连通性与参与性，实现了数据的要素化，推动了以数字资产为核心的数字经济的发展逻辑架构与体系，最重要的是通过技术手段的改变，更新了原来的固有逻辑，形成了新的数字经济形态的趋势和发展要点。以数字化为底层逻辑形成的数字基础设施，进而形成了底层技术系统，克服了传统意义上的数据分析、集存、利用、场景等问题，将数据要素在生产各个环节利用更为高效全面，实现数字化逻辑的全方位应用和社会数字化转型大众化。数字产业是数字人文经济发展的先导力量，以信息通信产业为主要内容，数字化的稳步发展，集中表现为数字人文经济范式的创新体系变革。而产业数字化是数字人文经济发展的主引擎，集中体现为数字技术体系对人文经济生产制度结构的影响，即对产业组织、生产、交易的影响。

创新过程伴随着业态快速迭代，使得原有边界消失。主要体现在产业融合、科技融合与跨界融合。人文资源的易关联性优势，使其在人文经济与数字化融合探索中成为重要战略要素资源。数字技术下的人文资源开发利用可以助推传统文化产业的数字化创新升级。值得一提的是，受数字经济催化，消费者释放出愈益个性化、多样化、多层次的文化消费需求，因此打造一种基于数字化场景建构基础上的全新人文经济消费场景推动融合体验是人文经济数字化更高层面的发展要求。

人文经济与数字化的融合发展使得文化治理方式发生变革。传统文化产业发展过程中，治理更多是依靠监管管制，而非靠治理机制本身的创新与建构。在人文经济与数字化融合发展过程中，要探讨以数字基础设施为核心的治理机制与形式。随着数字基础设施逐步得以构建，一个"平台+生态"的数字产业生态系统逐渐形成，海量主体参与市场竞争，线上、线下加速融合发展，跨行业、跨地域竞争日趋激烈，导致新问题层出不穷，老问题在线上被放大，新老问题交织汇聚，仅依靠政府监管难以应对。这也意味着构建多元协同治理方式已成为人文经济数字化发展的治理模式创新的新方向。

（二）我国文化产业化的基本阶段

人文经济不仅在繁荣社会主义文化、满足人民精神文化需求、促进人的全面发展方面发挥了重要作用，而且在优化产业结构、创造就业机会、带动现代服务业、拉动对外文化贸易、促进国民经济增长等方面的作用日益凸显。改革开放40多年来，我国文化产业进入加速发展期，文化生产力得到极大的解放和发展，大体来说改革开放后我国文化产业发展经历以下六个基本阶段。

1. 文化市场的兴起阶段

我国第一个文化产业的机构产生于广州东方大酒店旁的一个音乐茶座，其产生经历了一个非常艰难复杂的过程，此后，由需求牵引的文化市场逐渐开启了发展的步伐。

随着经济体制改革的深入以及文化功能日趋多样化和丰富，文化的产业属性逐渐得以显现，娱乐舞厅、歌厅等文娱消费场所大规模出现，我国开始出现了具有现代意义和形态的文化市场。内地音像业逐步兴起，带动了演艺业和卡带复制业的迅速发展。20世纪70年代末，中国文化产业复苏最为壮观和最具代表性的事件，是电影的井喷，达到了人均观影量的惊人纪录（李向民，2006），文化市场开始初具规模并展现出繁荣发展的趋势。同时，1980年开始，中国先后推进了文化管理机构合并，事业单位企业化等体制改革措施，过去"大包大揽"的文化建设管理方式得到逐步纠正，在文艺院团、新闻出版等诸多文化领域产生了巨大反响。1987年文化部、公安部、国家工商行政管理总局发布了《关于改进舞会管理的通知》，正式认可营业性舞会等文化娱乐经营活动。

1988年文化部、国家工商行政管理总局发布《关于加强文化市场管理工作的通知》，正式提出文化市场的概念，同时明确了文化市场的管理范围、任务、原则和方针，标志着我国"文化市场"的地位正式得到承认。1989年国务院批准在文化部设置文化市场管理局，全国文化市场管理体系便开始建立。文化市场的兴起成为改革开放初期一种独特的社会现象。

2. 文化市场样态的聚集阶段

市场样态的聚集是市场发展到一定程度的一种必然行为。例如过去的画廊一条街、古玩城等，都是市场发展到一定阶段而形成的市场样态的聚集。经济的持续快速增长和民营资本的介入，使得文化企业由原来的单纯国营、集体所有制发展为国有、国有控股、集体、民营、个体等多种经济成分，社会的精神文化需求被渐次唤醒，文化需求的持续增长又对人文经济提出了更高的要求。受此影响，卡拉OK、酒吧、演艺厅、网吧等成为夜生活的几大支柱。同时，图书发行领域也逐步突破新华书店的单一渠道，长期在地下的"二渠道"逐步现身，一些新的民营书屋如席殊书屋，通过连锁经营建立起自身的品牌。

在艺术市场领域，随着佳士得等国外艺术排名活动对中国的渗透，中国本土艺术品拍卖公司开始建立，并很快主导了大陆艺术市场，一些非文化类机构也开始涉足文化产业。文化市场参与主体增多使得相同的市场样态发生集聚，逐渐形成涵盖多门类、多层次、多样化的文化生产和服务体系。当然，不可否认的是这一阶段中国的文化产业还没有实现集群化、规模化与标准化。

3. 文化产业兴起与聚集阶段

发展文化产业必须把人文资源产业化，即围绕人文资源进行产品与服务开发，并形成一条完整的产业链体系，将人文资源更多交给市场进行配置。因此，面对文化产业的发展如何提高效率，如何降低产业成本等问题，产业的聚集就自然提上了议事日程。

1992年文化卫生事业作为产业类型纳入第三产业重点发展规划，"文化产业"的相关概念开始为政府、市场与社会所使用。为了落实文化产业作为新兴的第三产业的发展规划，1996年中国进一步在相关文件中提出了文化产业发展的任务目标与指导方针，而吸纳社会组织、群众与市场企业协同推进文化产业发展成为重中之重。民间、外资、财政等多方资金来源对文化市场的进一步拓展也起到了重要作用，进一步刺激产业集聚。1999年全国第一家出版集团——上海世纪出版集团正式成立，西安市曲江新区为文化部授予的首个国家级文化产业示范区。这一阶段，中国的人文经济已经初具规模，重要的是随着产业集聚规模的扩大，逐渐形成了涵盖上下游的完整产业链体系，对此后文化产业的进一步发展起到了基础性的作用。

4. 特色文化产业与聚集阶段

文化产业的聚集，使得竞争趋同化问题日渐显现。由于各地区都在力争发展，但是却没有根据区域资源的禀赋、依托本区域资源的特色来推动产业的发展。因此，从中央到地方，特别是文化管理部门都提出要发展"特色文化产业"，很多地区开始基于本区域资源的禀赋和特色来壮大发展自身的人文经济。

特色文化产业的兴起是由于各地区将人文资源开发的注意力逐渐转移到本地独特的人文资源，尤其是非遗的产业开发，是人文资源、市场需求、技术进步和制度机制等因素共同作用的结果。2005年3月，《国务院办公厅关于加强我国非物质文化遗产保护工作的意见》及其附件《国家级非物质文化遗产代表作申报评定暂行办法》，对非遗做了明确定义。党的十九大报告指出，文化自信是一个国家、一个民族发展中更基本、更深沉、更持久的力量，坚定文化自信必须推动中华优秀传统文化创造性转化、创新性发展。党的二十大报告进一步强调，要坚守中华文化立场，提炼展示中华文明的精神标识和文化精髓，加快构建中国话语和中国叙事体系。

同时，非遗保护传承理念更新也为非遗在新时代同产业深度共融发展奠定了思想基础，非遗与旅游、互联网、金融、教育、科技等产业的融合成为人文经济背景下特色文化产业发展的重要取向之一。

5. 平台+文化产业生态阶段

随着特色文化产业的推进，人们发现文化产业发展过程中，如果没有非常好的盈利模式，政府的手伸得太长，仅仅依靠政府去发展、去建设，产业的基础和机制发挥的效力很难实现。因此这一阶段便开始探索以机制或模式来推动产业的发展，像特色小镇、特色文化产业园区等，都在积极推进模式探索来建构产业发展的平台。由此，中国文化产业的调整发展开始走向成熟阶段，并与经济建设、政治建设和社会建设一起作为中国特色社会主义建设的重要组成部分。无论是政策法规、管理机构还是体制机制，都完成了宏观、中观与微观多层次的战略实践部署。而在具体的治理模式方面，中国的文化产业管理也开始了"文化事业与文化产业并轨、直接治理与间接治理相结合"的新治理模式。

6. 文化产业数态化阶段

随着数字技术快速发展与普及应用，数字技术外溢范围及效应开始逐步扩大，数字人文经济的发展引起世人的广泛关注。党的十八大以来，我国先后印发数字经济发展战略、"十四五"数字经济发展规划，推动数字经济蓬勃发展。数字经济规模由2012年的11.2万亿元增长至2023年的53.9万亿元，11年间规模扩张了3.8倍。经过30年的发展，截至2023年年底，我国已经拥有10.9亿网民，形成全球最大的数字消费市场。2023年，我国网络零售额达15.42万亿元，连续11年居世界首位；移动支付规模相比2012年增长了239倍（国家统计局，2024）。

通过上述数据可以发现，数字化已不仅来到了人们的眼前，而且深入融入社会生活与人们的日常行为之中，人类本身也成为数字化进程中的一个部分，其影响逐渐波及文化产业领域。

文化数字化发展已经推动了数字文化经济的快速崛起。数字化技术带来新基础设施的建构，在此基础上又进一步推动数字化场景的建构，文化市场数态化也随之产生。文化产业的数态化具体包括以下两个发展阶段：

（1）文化产业数态化：数字化形态

数字化形态是信息化发展的结果。文化数态化的数字化实现了文化数据的要素化，数据要素化的支撑技术是以节点化、去中心化为主要特点的区块链技术，而它的底层逻辑是数字化。人文经济利益区块链技术将文物、艺术品等数据要素化，并产生商业价值、社会价值、市场价值，越来越多的中华传统文化通过各种各样的形式被大众所了解和熟悉。这也是文化数字化的一个重要目标，即将人文资源形成节点，形成多向传播而非单向传播，同时利用数字化的底层逻辑颠覆行业的边界和规则，成为产业数字化形态的一块重要拼图。

（2）文化产业数态化：数智化形态

随着文化产业数字化形态的不断发展，数字人文经济将重心转移至将数据人文资源转化为数字人文资产，并且在以元宇宙为底座技术的数智经济新形态的创新发展中不断深化。其中最重要的便是数据的智能化。数智化与数据化最为重要的区别就是由数据形成的信息，进化成为知识，最终成为智慧。数智化这一信息链路径是层层叠进的，最重要的就是在信息数据爆炸中找到有用的关键信息并实现精准的应用，使数据更加"智能"化，并为针对不同的应用场景和创新的需求进行服务。基于这一应用场景建构全新的数智化场境，就要求技术与数据进行深度融合的背后，是以数智化趋势为底层发展逻辑运维，最终形成数智化场境为核心的产业运行状态。数智化的底层逻辑意味着在原有数字化的场景中投射了现实世界与虚拟世界两个场境，数字孪生的概念被推到台前，进阶的数字原生、模拟现实的虚拟世界、创新的虚拟世界与虚实结合的超越世界共存。

中国文化产业的发展经历了一条发展的逻辑主线：概念形态、商业形态、产业形态、产业生态、产业数态这样一个发展的脉络主线。

（三）我国文化产业化的共识性框架及经验教训

经过40多年的发展探索，我国文化产业在长期的实践中已形成基本的共识性框架，并总结出一些基本的经验教训。

1. 共识性框架

经济与文化交互发展至今，经过传统形态的实践，思想理论的解构到新时代人文经济这一新形态的发展演变，已形成自成系统的有机共识性发展框架。具体而言包括以下八个方面：

第一，一个宗旨：实现人文资源的价值发现。提升人文资源价值发现能力与水平，实现其价值发现是文化产业创新发展与管理的根本宗旨。人文资源价值是一个动态的状态，不同历史阶段与历史发展过程中，人文资源的价值发现方式、方法存在差异。不同历史阶段，影响人文资源的因素与机制也大为不同，其价值需要在精神消费过程中最终实现。这也就意味着人文资源的价值发现与形成具有过程性、阶段性、多样化与复杂性，人文资源的价值发现是一个过程。总体而言，人文资源的价值发现与价值管理要围绕体验这一核心。首先是要基于"平台+生态"的场景，实现文化及其资源价值发现，另外对发现的价值实施有效的价值管理，主要体现在以下两个方面：一是人文价值发现本身需要系统而又严格的价值管理；二是实施价值管理本身也是发现与挖掘人文资源的重要方面与手段，如缺少这一过程，人文资源的价值发现就会存在"盲点"。因此，发展文化产业的目的不仅是其本身规模的拓展与壮大，而是利用产业及市场机制的方式、方法与手段，进一步推动人文资源价值的发现能力并实现其价值。

第二，文化产业所依赖的人文资源是新资源，人文经济业态是新业态，需要新的发展方式。中国经济持续30年的高速增长，从要素投入、成本到资源控制效率这个角度来看，经济和社会的发展等许多方面已经达到了一个必须要改变的极限状态。积极实现经济与社会的新发展，因为不合理的投资结构与产业结构，已造成我国生产能力大量闲置和生产产品的大量剩余，时至今日，必须重视并且要尽快改变这种状况，而改变这种状况无非有两个方面要进行转型：一是发展方式必须转变，二是必须要寻找新的发展领域和新的发展资源。就发展资源来说，人文资源是一种重要的新资源。基于这种新资源，需要建构相应新的人文经济发展方式。

第三，文化产业是一个系统体系，要在人文经济这一战略格局中去探索。文化产业发展不是人文经济的全部，文化产业的发展必须放在人文经济这一大的战略格局中去规划。概括地讲，文化的建设至少包含四个层面：第一层面是文化精神的培育，培育一个区域、一个国家、一个民族的文化精神，这是文化发展的最高境界。第二层面是发展文化事业，这是文化社会化、大众化的重要保证。要让后代知道我们有什么样的文化，要教育后代，且让所有的人都能享受到这种权益。如果文化只是小众的上流社会的玩物，那么，所谓的文化就失去其本来的意义了。第三层面是发展文化产业，关键是人文资源的资产化、产权化、产业化。如果没有产业，文化发展就得不到很好的支撑与保证。第四层面是文化治理，文化既有精神层面的存在，又有物质层面的存在；既是事业又是产业，对其进行监管与治理是文化建设发展过程中应有之义。第五层面是优化人文经济发展环境，没有一个好的文化环境，就无法实现文化的大发展与大繁荣。

第四，一条主线：人文资源资产化、金融化与证券化（大众化）。文化金融化经历了一个长期探索过程，中国文化金融化主要经历以下几种形态：单纯意义上的文化产品形态、文化商品形态、文化资产化形态、文化资本化形态以及文化证券化形态（大众化形态）等。每种形态的进化与发展都标志着市场发育的特定态势与基本水准。最初的文化消费品，大多采用硬广告宣传、教育等灌输方式进行传播，导致文化产品流通消费限于少数群体当中。随着人文经济的发展，文化产品建立在人文资源价值之上的市场价值与经济价值受到广泛关注，为获取人文价值就必须通过交换让渡文化产品的使用价值，传统文化市场结构因此得以改变，以投资、获利、收藏、增值为主的人群则成为文化市场的主流群体，文化商品化进程由此开启。

文化市场持续发展、文化价值发现能力与水平不断提升、经济发展使得人们将注意力更多转移到精神需求领域，加之世界金融危机冲击让文化产品在资产增值与保值方面的优势作用得以凸显，导致人文资源资产化趋势得以深化。为适应国家大力发展资本金融市场，解决文化资产评估与定价问题，积累文化财富，就需要有一个综合服务平台服务人文经济的建构，即积极推进人文资源资产化、金融化的发展进程。文化证券化是将文化以证券资产的方式进行投资，将其纳入理财产品的范畴，文化资产的流动性增强，使得更多人文经济市场主体可以加入其中，从而有利于推动其大众化程度。

文化产业的产生是市场和产业发展到一定程度的必然结果，呈现出一条由资源化-资产化-金融化-证券化（大众化）的主线，并围绕这一主线建构打造人文经济新机制与新优势。

第五，文化产业发展的三条战略路径。围绕实现人文资源的价值发现这一宗旨，文化产业摸索出资产化、金融化与证券化（大众化）这一发展逻辑主线，基于这一逻辑主线，文化产业发展有以下三条战略路径：一是三个融合，即文化产业与金融融合、文化产业与科技融合、文化产业与消费融合；二是基于资本和要素市场的产业链建构。要素化是文化产业发展的基本要求，而资本作为一种关键生产要素，其运营是影响文化产业运作与发展的基本动因之一，如果没有一个科学和健全的文化产业资本和要素运营体系，就很难有效地建立起完整的文化产业体系。因此，建立和健全科学的文化产业资本和要素市场的产业链体系，是我国发展文化产业的重要内容。三是建构人文资源活化的综合服务平台。人文资源要素化是一个过程。文化在于在实际的现实发展过程中，不可能自然而然地成为发展要素。人文资源发展要素化需要基本的前提条件，那就是基于综合服务平台的人文资源确权、定价，并在此基础上实现人文资源的资产化。

第六，资源共生下国家战略举措同市场机制、互联网机制相融合。在文化产业的共识性框架中，我国文化产业发展还需完成两个融合：一是资源的共生融合。文化产业的发展是要价值上的多元共存、情感上的融汇和谐、资源上的融合发展、产业上的协同发展、利益上的共生共享、安全上的共同命运。作为一种具备高关联度的产业，要实现上述目标，应积极实现人文资源与其他资源的融合发展。二是国家战略举措与市场机制、互联网机制相融合。当前人文资源的活化已经成为一项基本国策，成为民族复兴非常重要的战略。因此，必须用人类先进的现代经济手段与工具去推动这项工作。人文资源活化最终的体现就是：人文资源要通过市场机制、产业链机制、互联网机制，变送出去为沿着产业链整合出去、卖出去、请出去，融合成为全球人文经济发展下人文资源的组成部分。

第七，满足多样化、多层次、多目标、个性化的文化需求目标。决定文化产业创新发展最为活跃的因素是需求的变化而带来的拉动力。在新时代，消费形态拉动最为关键的变化是新消费的出现。随着人均 GDP 增长，消费结构快速转型，消费形态持续变化，消费新格局不断建构。在此基础上，消费已经摆脱短缺经济时代依靠大规模生产来满足规模化消费需求的模式。人文消费等精神消费迅速崛起，受文化自身特性影响，人文消费具有多样态、多层次、多目标、个性化的天然特征。

第八，完成数字化转型。当前数字化正在深刻改变文化产业的历来形态，数字人文经济是在数字技术驱动下，对文化生产制度结构产生影响，构成新的关键投入，引发文化创新模式与生产模式变革，人文经济发展与治理模式加速重构的新型经济形态，是技术范式、经济范式乃至社会文化范式的综合。

在技术经济范式作用下，新的基础设施得以建构，使传统文化产业的资产形态、管理形态、消费形态与治理形态发生根本性变化。基于新基础设施基础上建构的综合服务平台使人文资源的挖掘、整合、开发、传播和价值发现等方面发生转变，在此基础上建构数字化服务场景，以满足个性化、多样化、多样态的文化市场需求。另外，数字化进一步深化对文化产业业态、生态的影响。基于综合服务平台的数字化消费场景的建构倒逼业态层面也相继出现一些新的趋势，通过平台建构全新的价值链与产业链导致新生态的生发。因此完成数字化转型：一是要围绕沉浸式体验为核心的场景建构；二是要基于数字基础设施为中心的综合服务平台建设；三是要基于数字综合服务平台为基础的要素交易模式创新；四是要基于数字综合服务平台为基础的资产管理模式创新；五是要基于数字基础设施为中心的数字治理体系创新。

2. 经验教训

作为一种新经济形态，当前对人文经济下文化产业发展的研究还处于相对稚嫩的状态，由于对产业发展规律把握不足，文化产业在实践发展过程中滋生出一些问题，走了一些弯路，不过这为日后我国文化产业的继续发展总结了经验，总体来说包括以下六个方面：

第一，认知问题，没有认真研究人文经济问题。人文作为一种新经济形态发展至今也不过几十年历程，发展时长短暂导致当前对人文经济的相关认知与研究仍处于一个相对模糊与稚嫩的状态。这具体表现在：一方面，部分文化学者仍然秉持传统文艺自律观念，忽视当前文化产业化发展的潮流现实，在认知中深受法兰克福学派思维观念影响，对文化与经济的结合持反对态度。另一方面，将人文经济下的文化产业笼统地等同于一般物质性产业。因为人文资源自身独有特性，以及人文经济是以满足受众精神需求为旨归，所以人文经济与其他经济形态在价值发现与价值管理方面存在根本性差异，而当前很大一部分研究还是从纯经济视角出发，简单套用一般产业经济学的研究范式，导致研究结果与文化产业发展的内在规律不符。

第二，缺乏顶层设计或顶层设计被利益团体所左右。人文经济作为一种特殊经济形态，在生发与发展过程中有其自身客观存在的内在规律，要实现文化产业的健康发展就需要以此为立足点，从人文经济本体的角度出发对其经济活动或组织进行顶层设计。而当前在实际中，人文经济缺乏自身相对科学独立的顶层设计，或顶层设计被利益集团所左右，导致文化产业发展方向偏离自身发展轨道，或过分追求产业的经济效益而忽视其社会效益。

第三，没有把文化产业发展当成现代产业来对待。文化产业作为一种新型产业，其发展程度是地区软实力的直接衡量标准，同时文化产业作为一种高关联度产业也与前沿科技进行紧密融合发展，尤其是数字人文经济当前的规模已达到不容忽视的地步，这都昭示着文化产业应当属于现代产业的范畴。然而，在现实中，有许多文化产业主体尤其是非遗相关产业，仍沿用传统小农思维观念，对文化产业进行经营，使得很多传统文化产业与现代社会发展潮流脱节，没有现成优秀传统人文资源"活化"的社会化"大合唱"。

第四，现代化产业体系与治理体系发育滞后。当前文化产业发展仍将重心仅仅放在文化产品市场本身，而没有形成与之相匹配的现代治理体系，这导致当前文化产业在实际运作中乱象频出，其行业秩序混乱。另外，人文经济下文化的资本市场与要素市场发育滞后，导致文化企业的融资效率低、文化市场资源配置无法达到帕累托最优，文化的资源化与资产化程度低、文化产权不明晰、文化资本无法被现代金融体系所接受等一系列问题。

第五，数字人文经济等新业态发展有待进一步突破与强化。数字人文经济的发展，需要业态进行与之相应的突破与强化。这主要是因为一是新基础设施推动人文经济业态重塑；二是消费升级与新消费催生新精神文化，倒逼业态需要适应这一趋势；三是新的数字经济形态对文化产业服务提出了新的需求。

第六，基于平台+生态的人文经济新形态得不到重视。当前基于平台+生态的人文经济新形态得不到重视，从而导致基于新基础设施的综合服务平台功能不完善，共建、共享、共治无法落地，人文经济新形态的治理平台得不到保证。

（四）我国文化产业发展的前沿热点

文化产业发展至今已取得令人惊异的成果，获得中央与国家层面的高度重视，产业界与学术界也有意将研究探索的对象进一步聚焦在这一领域，并从各个视角对文化产业发展的难点、热点问题展开观察研究与探索，且取得丰硕研究成果。仔细审视我国文化产业的历史发展轨迹，从产业当前实际发展状况与发展趋势出发，我国文化产业发展重要的前沿热点主要体现在以下五个方面：

1. 数字文化产业化及文化产业数字化

数字文化产业化的发展有独立的系统体系，这个系统体系主要包括以下四个大的方面：数字文化产业、文化产业数字化、数字文化跨界融合、数字文化及其产业治理。其中，数字文化产业化与文化产业数字化是其重要组成部分。

（1）数字文化产业化

所谓数字文化产业是以文化创意为核心，依托计算机、互联网、数字处理等信息技术，进行储存、创作、生产、传播、交易、消费等，是数字技术在文化领域的体现。数字文化产业通过"数据超市""数字化文化消费新场景"将人文资源转化为生产要素，进入社会化大生产的产业化环节，使其在供给侧发力，将人文资源贯穿于全体部门行业。值得注意的是，数字文化产业是以数据为关键生产要素，围绕符号创作者的创意生产实现去中心化的设计、生产、销售、流通、服务，使得文化创新驱动模式从规模效应转向范围效应。数字文化产业不仅关注资源禀赋，更强调数字技术与符号创意作为产业链的核心要素，即关注复合式创新实现底层技术的融合，底层技术的融合推动技术应用的扩散，技术应用的扩散推动技术继承的创新（刘洋、杨兰，2019）。

（2）文化产业数字化

文化产业数字化即运用现代数字技术，结合现有人文资源，开发以数字媒介为依托的文化商品与文化服务，重在强调将文化内容从"非数字化"形态转化为"数字化"形态。相较于数字文化产业化，文化产业数字化既要利用好数字技术实现自身的价值赋能，使产业发展能够顺应时代潮流，延长产业生命周期，完成产业的现代化转型，又不能偏离甚至背离产业发展的根本规律，尤其是对人文资源本体造成破坏，使其在市场竞争中丧失辨识度与核心竞争力。

2. 人文资源化、资源系统化、资产化、金融化、证券化（大众化）

文化金融的发展是文化产业发展的重要主线。人文资源活化战略格局中，资本推动文化及其产业的发展过分地重视资本市场作用这一主线，而忽视了不同人文资源化、系统化、资产化、金融化与证券化（大众化）这一发展主线与核心的作用。发展文化产业的根本宗旨是实现人文资源的价值发现，而要实现这一宗旨，首先就必须将文化要素化，在要素化基础上再进行人文资源化与系统化。只有在人文资源化与系统化的基础之上才能对其展开围绕价值发现的价值管理，也只有进行价值管理才有可能将人文资源价值引至最大化。

随着文化市场逐渐成熟，为满足人们日益增多的精神文化需求，需要对人文资源流转及产业开发，而进行产业开发的条件则要将系统性的人文资源转变为人文资源投资资产（资产化），为解决人文资产的评估与定价问题，进一步调动人文资源的聚合作用，积累文化财富，就需要有一个综合服务平台为人文资源资本市场提供支撑与服务，使得文化产品成为能够被金融体系接纳的一种金融资产（金融化）。为推动文化大众化程度，增强人文资产的流动性，就需要在金融化的基础上实现人文资源资产的证券化（大众化），只有这样才能真正实现人文资源经济与社会效益的最大化。

3. 基于综合服务平台的数字人文资产的形成与发展

人文资源作为一种非标性资源决定其资产形态难以被标准化，在运营过程中，需要较为完善的体系与比较长的政策服务链条作为保障，而上述方面的实现，则需要平台对各方面进行整合。我国文化具有多样性，使得人文经济的数字化发展无法在全国范围内解决，而需要利用平台机制进行点的突破。这意味着人文经济的高质量发展需要建构文化产品综合服务平台。

数字人文资源资产化是数字文化产业发展的关键。数字人文资产是拥有数据权属的（包括挖掘权、使用权、所有权、管理权）、有价值的、可计量的、可读取的数据资产信息，是基于数字综合服务平台的数字集合性新形态资产（西沐，2021）。其可以分为四种基本类别：一是数字性资产形态，比如文化产品的生产、载体与呈现均为数字化的过程，这种数字化的文化产品实现资产转化，就是数字人文资产形态。二是内容性资产形态，包括物理形态的内容数字化或数字化的内容资产化，其是把文化表现的内容资源化、资产化，形成内容数字化人文资产形态。三是复合性资产形态，即综合性的复合型数字化人文资产，表现在数字人文资产与实物人文资产有对应的映射关系，购买数字人文资产即意味着拥有实物人文资产的所有权。四是数据性资产形态，即数据资源的资产化。

数字人文资产是受数字化场景发展催化与市场需求拉动而形成，没有数字化人文资产，数字化场景则只能沦为虚幻场景，只有数字化场景与数字资产相适配才能够演变为产业形态，才能真正建构起产业发展的生态。因此文化产品资产管理是文化数字化发展日益重要的战略业态。

4. 文化+数字场景建构

"文化+数字场景建构"分为两个基本的发展与进化阶段：数字人文场景阶段与数字人文场境阶段。

（1）数字人文场景阶段

文化消费需要深度沉浸式融合体验，需要一种深度的体验过程。数字化场景阶段强调的是在地、在线、在场，主要解决的是体验的感官性探索。数字化场景是数字化消费、数字化市场、数字化网链、数字平台、数字治理这一系统生态的基础。数字化场景并非仅一种简单场景，而是数字化消费、数字化市场、数字化网链、数字平台、数字治理一系列过程的产物，与消费需求相适应，是系统生态的产物。数字场景的建构与发展需要解决两个层面的主要问题：一个层面是在建构数字化人文场景的过程中，要解决两个非常关键的问题：产品服务的数字场景化与沉浸式交互体验的数字场景化；另一个层面是在数字化场景建构过程中，如何实现以客户为中心及以信用管理为核心这两个基本点。通过解决数字化场景建构中的双层四方面问题，使数字化场景的管理能力与水平不断强化。

平台化是数字时代最为重要的企业变革之一，也是极具颠覆意义的新一轮产业变革的重大趋势。平台演化出新的产业发展规律，为推动产业创新发展、改造并提升传统产业提供了历史机遇。主要体现在以下五个方面：第一，平台可以从多个维度降低市场交易成本，提高资源配置效率。第二，在平台经济中，产业边界被打破，竞争方式发生新变化，基于平台生态的跨界竞争、体验竞争、速度竞争成为制胜关键。第三，在平台生态中，平台价值的高低不再取决于单个产品的质量或差异化程度，而是由整个生态系统的规模、结构、主体数量及其互动质量所决定。第四，数字平台打破时空局限，让即使身处地球两端的人们也可以交流、交易、合作，大幅提升了网络化协同的广度。第五，作为交互中介的平台，日益成为数据汇聚的中心，并大规模开发利用数据的商业价值。数据正成为平台日益重要的价值资产，平台的所有服务和创新对数据的依赖与日俱增（国务院发展研究中心，2023）。

（2）数字人文场境阶段

从场景到场境，即从场景化"在场"到"在境"，本质上是强调基于元宇宙的数智化是数字人文经济新形态。相较于场景，场境强调的是元宇宙场域中的在境，其解决的核心问题是相近结构系统间的互动、理解与共鸣，是建立在沉浸式的场域中的理解、体验与互动。数字化场境与场景的主要区别是：场景基于元宇宙基座上由数字化铸造的以数字资产为核心的可沉浸体验、可消费、可流转、可系统服务的场景；而数字化场境是各类主体围绕一项或多项特定需要，运用数字技术推动服务要素整合、业务系统集成、运营模式创新，提供实时、定向、互动、系统性数字化应用体验的场域。数字化场境与场景都是数字化应用的重要载体与核心。

数字化场境与场景，虽然是数字化发展的不同阶段与进程，但不存在谁排斥替代谁的问题，从长期来看，它们的存在是一种共生状态，都是作为数字化转型的终端应用、成果输出和价值实现，短期内能拉动数字化投资、扩大数字化服务消费，长期内能驱动数字化创新、服务普惠和实现价值增长，正成为不同区域与业务单元或是系统推动数字化转型的重要抓手。把握数字化场境与数字化场景的不同内涵，对于认知与攻克数字化场境及数字化场景建设的痛点，不断加深数字技术在各领域应用，开启以末端用户的微观应用带动数字技术的宏观发展规模，以应用范式、商业模式反哺技术创新具有重要现实借鉴意义。

5. 数字文化及其产业治理

传统文化产业的治理主要依靠政府行政监管，缺乏对治理机制的建构。数字化基础设施下的文化产业治理应强调"平台+生态"的系统性治理模式创新，对于产业现有问题的协同治理效能。

当前平台已成为数字基础设施协调和配置资源的基本单元，因此对平台之上的各类文化经济问题，平台有治理责任和义务，也有治理优势。平台可以基于在线合作、分享互助的知识性协作社区推动共建、共治、共信、共享等治理基本理念的落地、治理基本体系的形成。另外在数字基础设施之上，人文经济综合服务平台已经进化成结构更为完善、体系更为完整、功能更为系统的数字化平台，在数字化平台上最为重要的是数字化场景，这也表示数字化治理的实质是对各个数字场景进行监督管理。

在治理平台搭建后需要有生态保证。基于数字人文资产的数字人文经济生态是一个全新生态，它不仅仅区别于传统文化产业的产业形式、产业形态，更是通过建构新的产业形式、产业形态，不断生发和建构新的生态。因此新生态是保证推动、孵化数字文化产业发展的基础。另外，平台建构后要面临治理手段和参与路径与整合等具体参与的方式方法问题（苏培科，2017）。运用大数据、人工智能、机器学习等新技术，使参与手段更加数字化、技术化、智能化，同时对参与的监督管理也更加科技化、智能化、数字化，使治理本身具有高度的数字化、科技化、智能化水平。因此大数据、人工智能、机器学习等具体技术是平台维持正常运转的前提条件，为平台提供重要抓手。

改革开放以来，中国文化产业的发展已走过40多年的历程，并呈现出市场化、产业化、特色化、生态化、数态化的独特的发展进路。在长期的发展实践中，文化产业发展始终以实现人文资源的价值为根本宗旨，并呈现出人文资源化、系统化、资产化、金融化、证券化（大众化）的发展主线。当前，文化产业与金融融合、文化产业与科技融合、文化产业与消费融合、文化产业与数字化融合成为我国文化产业发展的战略取向。在产业发展过程中还要注重实现资源共生与国家战略举措和市场机制、互联网机制相融合。作为满足人们精神需求的产业，文化产业需要满足多样化、多层次、多目标、个性化的文化需求目标。上述构成我国文化产业发展长期以来形成的共识性框架。目前，人文经济下文化产业的数字化发展成为行业领域内最为前沿与热议的话题，在产业数字化转型过程中要特别注重基于综合服务平台的数字人文资源资产化的形成与发展、围绕沉浸式体验为核心的场景建构以及基于数字基础设施为中心的数字治理体系创新。

作为一种新兴经济形态，文化产业的高速发展得益于全球化的推动。当前，在全球化进程面临困难之际，需要加强对文化产业"发展纵深"和"高端形态"的研究和认识；重视和发展人文经济，更需要尊重其自身发展规律。人文经济下的内容产业决定文化产品的社会效益，在追求经济效益的同时更要注重内容的正能量。文化"以文化之"，是心灵的洗礼和提升。文化在实现更广泛传播的"大众化"的同时，应承担起思想启蒙、价值引导、重建共识的功能。

第三节　文化产业数字化

文化产业数字化是文化产业数字形态的重要进程。进入新时代以来，我国高度重视数字文化在国家经济社会发展中的重要作用，并将文化建设置于工作突出位置，多次强调数字文化建设在中国式现代化进程中所具有的重要意义，提出了一系列新思想新观点新论断，从时间脉络的连贯性、释义范围的广泛性和理论深度的递进性等多个维度，全面描绘出中华文明现代形态的数字画像。

党的二十大报告提出"实施国家文化数字化战略"，推动文化与科技深度融合，进一步加强科技创新在文化产业发展中的战略支撑作用。数字经济的根本是数字产业化，数字产业化是指为了使产业数字化实现更好突破与发展，为产业数字化提供数字相关技术、基础设备、相关问题解决方法、服务、商品，以及完全以数字技术、数据要素为根本基础的各类经济活动最终形成的一种具体产业趋势——数据要素的产业化、商业化、市场化趋势（杨波 等，2023）。

我国"十四五"规划纲要也指出，要"实施文化产业数字化战略，加快发展新型文化企业、文化业态、文化消费模式，壮大数字创意、网络视听、数字出版、数字娱乐、线上演播等产业"。数字技术具有渗透性、替代性、协同性三大技术-经济特征，通过替代效应和协同效应所实现的价值创造共同构成了数字经济"产业数字化"部分的增加值，加上数字部门即"数字产业化"所对应的增加值，便可以完整地测算数字经济的增加值规模。据此我们也可以将数字经济范围边界划分为三部分（见图4-1）：数字部门、数字技术资本在非数字部门的替代效应、数字技术使用数据要素所发挥的协同效应（蔡跃洲，2023）。

2023年9月中国社会科学院课题组出版的图书《新时代中国文化发展报告：走向全面繁荣的中华民族现代文明》显示，2022年，数字文化产业整体营收规模在6.8万亿元左右，在文化产业的占比已经超过40%。我国数字文化产业将迎来重大发展机遇期，内容生产模式、传播模式和消费模式都将发生重大变化，数字文化新业态将进一步走向智能化、沉浸化、虚拟交互化，数字文化产业的规模将进一步扩大，在文化产业中的占比将进一步提高。

美国学者戴维·蒂斯（David Teece）认为，未来的文化企业必须具备在动态世界做好管理的感知、捕捉和转化这三种动态能力。数字企业应具备的动态模式包括六种核心要素：以人为中心（以人为本）的方法、不断变化的组织、灵活的组织、与周围环境建立联系的开放组织、系统的方法、数字技术（施泰伯，2023）。

当下，国内的数字文化产业驶入快车道，但同时也应看到文化产业的数字化转型仍有较大空间，数字文化消费的潜力还有待进一步充分挖掘。随着5G商用落地，云技术推广以及VR、AR技术的应用，文化产业应把握技术创新所带来的机遇，着力推动传统文化产业数字化转型升级，培育数字文化产业新业态，将数字技术、云技术作为发展新引擎，推动文化产业高质量发展。

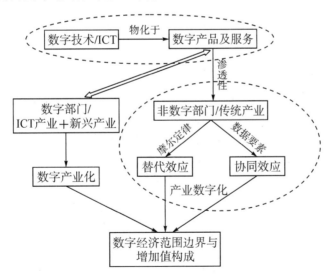

图4-1　数字经济范围边界与价值创造机制

（图片来源：蔡跃洲《数字经济与中国经济发展：理论机制》，2023年）

一 以数据化人文资源挖掘为资本的文化产业数字化

数据化人文资源的新经济特征及巨大经济利益所带来的潜在风险是文化产业利用数据的主要障碍。人文数据具有类型上的多样性、使用的无限重复性与非竞争性、数据融合带来的价值倍增等特征。人文数据作为推动数字经济活动的重要资源，在其收集、储存、分析及使用的每一个环节如果处理方式不当都可能面临法律与道德风险。当下，涉及的主要问题包括数据资产的所有权、访问权、控制权与利用问题；数据隐私与安全问题；跨境数据流动可能带来的国家信息安全问题；数据市场中的垄断问题等。以数据隐私与安全性为例，全球数据泄露的数量与规模一直以惊人的速度增长（朱静雯、姚俊羽，2021）。

2004 年数据泄露数量约为 9 200 万个，但是到了 2018 年，数量增长超过了 39 亿个，最大的数据泄露事件暴露了超过 10 亿个个人记录。由于数据用户本身缺乏时间和专业知识，并且绝大多数无法执行其法律权利，数据泄露的成本大部分由数据用户来承担。同时，独特的数据特性导致了数据垄断的兴起。大型数据公司正在捕捉所有数据，通过积累这些数据，开发专业化的数据产品来赚取巨额利润，这将进一步加剧收入与财富的不平等现象。数据两极分化可能导致很少的公司引导和吸引大部分数据流量，而其他公司（几乎）被完全排除在外。几年后，这种指数趋势可能会给该行业带来巨大的进入壁垒，迫使公司与现有企业建立战略合作伙伴关系。

欧盟针对上述存在的关键问题已经制定了相关法律，如 2018 年 5 月出台的《通用数据保护条例》与 2018 年 10 月出台的《非个人数据自由流动条例》。因此，营造一个信任的数据环境，促进数据共享技术的发展以及数据交换市场等机制的建立与完善，实现数据作为重要资本推动所有产业的发展至关重要。

此外，文化企业或组织自身原因是有效利用数据的另一个障碍。对于部分文化企业来讲，通过获取人文数据、利用数据以增强组织的竞争优势并不断创造全新商业机会的认知还有待提高，对于数字化发展所带来的破坏与挑战也没做好充分的准备。根据英国文化部门的调查，2013—2019 年，从事与人文数据相关活动的组织比例没有增加，还出现了下滑。41% 的组织使用数据来制定在线战略，38% 的组织使用数据来确定更广泛的战略方向，只有 14% 的组织使用数据来建模未来趋势。大型和小型文化组织在人文数据的使用上似乎存在明显的鸿沟。例如，与 28% 的小型组织相比，有 76% 的大型组织通过数据分析，细分并更好地了解受众。同时，对于大多数文化组织来说，有效使用数据的能力有待提高。文化产业众多子产业中绝大多数可操作性的人文数据已经是数字形式，但这并不意味着组织能从现有数据和新数据源中获得最大的收益。

当人文数据被分析和货币化时，才会对业务发展有利。根据网易云音乐科技有限公司（以下简称"网易云音乐"）2024 年财报显示，得益于核心音乐业务的不断强化，公司 2024 年核心财务数据表现持续提升，年收入提升至 79.5 亿元，经调整净利润 17 亿元。网易云音乐通过推荐算法、UGC 歌单、乐评三大核心功能以及独立音乐人培养和扶持计划，打造差异化运营策略，构建了一个年轻化、极具社交互动属性的音乐社区。2020—2022 年，网易云音乐推荐歌曲播放量占比从 28% 提升至 33%。其 AI 推荐算法使歌曲满足率从 78% 提升至 95%，还可以加上动态皮肤、黑胶播放器等个性化功能增强用户体验。

二　文化产业生态系统与文化产业数字化

（一）产业生态系统视角下的文化产业数字化

数字人文字经济背景下文化生产的基本单位不再是一个个孤立的文化企业，而是由文化企业、消费者、数字平台、政府和金融机构等多元主体以用户价值为核心形成的共生演化系统。因此，数字人文生态系统中的数字化主体是一个由多主体基于相互之间的合作关系形成的共生演化系统。多主体协作形成的数字化转型协作体系有利于文化产业数字化转型合力的凝聚，从而降低文化企业数字化转型面临的困难。数字化人文经济是文化产业数字化的演化方向和创新生态系统的存在形态。数字平台是数字化的重要节点和支撑力量，内容创作者、数字媒介、终端消费者等组成文化产业的数字生态链。

数字人文经济背景下文化产业的创作、生产、传播和消费不再是单一的链接，各要素也不再是单向的流动，网络内的多元传导关系更为显著。以数字人文经济为依托，融合线下消费场景，建立线上线下无缝链接的数字化内容生态体系和价值传导网络，能够有效解决由算法和流量主导的数字平台运营模式带来的种种弊端。因此，数字人文经济也是推动文化产业创新生态系统数字化演进的动力。

文化产业数字化的原始动力来自文化消费模式的结构性重塑和消费内容的数字化转向。需求端的数字化转向能动地作用于文化产业的供给端，驱动着文化产业供给端的数字化转型。当前，消费者在文化产业中的主导作用显著增强，除直接影响文化消费外，越来越多地介入文化创作、生产和传播的各个环节，从不同层面塑造着文化产业创新生态系统。因此，应立足需求端培育文化产业数字化消费系统，驱动文化产业要素重构、场景再造、流量升级和价值创造，弥合数字文化消费鸿沟。数字人文资源要素是数字人文经济创新生态系统的基础支撑，包括数据、数字技术和数字资产等基本要素。

人文数据作为核心要素，其产生、流通、变现等行为直接或间接影响人文经济价值链和产业链的形成与变化，并对数字人文经济创新生态系统产生影响。作为文化产业数字化驱动要素的数字技术，是人文经济创新生态系统数字化演进的内置条件和有力支撑。依托数字技术存在的数字资产是一类特殊的数字化要素，不仅加速了文化产业生产、流通、消费等环节的全面数字化，也进一步推动文化企业数字技术的开发和利用，以实现数字资产的保值、增值。

整合数字化要素，健全数字化要素支撑体系，能够有效缓解文化产业数字化面临的核心技术薄弱难题。数字化环境是文化产业数字化的外部保障和文化产业创新生态系统向数字化方向演进的环境。一个良好的创新生态系统不仅需要做到产业组织结构与创新行为的内部最优，还应实现其与外部环境的动态协调。在数字人文经济的背景下，文化产业的发展容易受到数字化环境的影响，尤其是不可逆转的数字经济浪潮和数字人文建设更是直接影响着文化产业的发展环境和产业生态。因此，文化产业数字化的蝶变和人文经济创新生态系统的升级离不开数字化环境的保障。只有营造出良好的文化产业数字化环境，并进一步健全数字人文经济的治理体系，才能更好地推动人文经济创新生态系统与数字化环境的耦合（刘倩、王秀伟，2022）。

（二）文化产业数字化 TOE 理论框架

文化产业数字化是以数字技术为支撑的文化产业组织系统重构的过程及其结果，其关键环节在于两方面：一是数字技术驱动文化产业数字化升级和转型；二是适应数字化的文化产业组织再造，而这两方面的实现需要通过人文经济的构建营造适宜的发展环境。

TOE[①] 理论框架是一种以技术应用情境为基础的综合性分析框架，最初用于企业创新和技术采纳过程的影响因素分析，随后又增加了组织和环境影响因素分析。技术因素关注技术特征与组织结构特征、应用能力之间的匹配程度；组织因素涉及组织的结构、资源、运行机制，主要包括组织规模、制度安排、沟通机制等方面；环境因素包括市场环境、制度环境等外部环境。此后，研究者在该理论框架的基础上展开了多角度实证研究，并在不同技术背景下丰富这一理论框架的使用。TOE 框架因具有高度的概括性、灵活性和实用性，被中外研究者运用到诸多领域的问题分析中。当前文化产业数字化研究主要在技术、组织、政策三个层面分别展开，借助 TOE 理论框架，结合相关研究成果，建构包含技术、组织、环境三个维度的文化产业数字化 TOE 理论分析框架，有利于整体审视文化产业数字化的现实逻辑，探讨具有较强系统性、灵活性和可操作性的实现路径。

依据 TOE 理论框架，文化产业数字化的相关分析从数字技术（基础）、产业组织（主体）、发展环境（保障）三个维度展开。数字技术是文化产业数字化的基础，深度应用于文化产业各个领域和生产经营环节，影响文化产业生产效率、生产方式、产品类别、经营方式以及文化产业的发展质量和综合效益。产业组织是文化产业数字化的主体，数字技术在文化生产、传播、消费等方面应用的广泛和深度都取决于产业组织主体，文化产业的创新能力和竞争优势以及文化产业数字化的成效也有赖于产业组织主体。发展环境是文化产业数字化的保障，对于相关要素的投入和配置、产业组织的积极性和活力、市场机制的运行状况、消费者权益保护等方面具有重要影响（张振鹏，2022）。

---

① TOE（technology-organization-environment）为"技术-组织-环境"理论框架。

（三）数字赋能与文化产业超常发展

1. 数字技术与文化产业的适配性

进入 21 世纪，技术与文化的融合进入全新时代，迎来了前所未有的繁荣景象。数字技术提供了迄今为止最大的摄取、生成、存储和处理各种文化元素的能力，文化产业极大提高了效率，文化产品具有了更加多元的形态和更为丰富的表现力。以音乐为例，传统音乐服务是以现场音乐会为主，后来发展为可以搭载在实物产品如光盘和磁盘上提升服务，现在，数字技术将音频和视频变成了可以在计算机网络上免费共享的数字文件，随时随地提供极为丰富的音乐服务。再以图像艺术为例，从手工绘制到摄像摄影，再到数字图像技术，创意、修改和展现的效率、多样性及便利程度有巨大飞跃。

2. 数字文化产业的定义及内涵

从统计口径和内涵看，国际学术界对"数字文化产业"并无高度共识和通用的权威定义，定义和内涵相对清晰的是"数字内容产业"。1995 年西方七国信息会议最早正式提出"数字内容产业"的概念，1996 年欧盟"Info2000 计划"进一步明确了数字内容产业的内涵：数字内容产业是指将图像、文字、影像、语音等内容，运用数字化高新技术手段和信息技术进行整合运用的产品或服务。2008 年，亚太经合组织（APEC）描述数字内容产业的价值为：随着经济向知识密集型发展，创建、收集、管理、处理、存储、交付和访问内容的信息丰富的活动正在广泛传播到各个行业，为进一步的创新、增长和就业做出了贡献，也刺激了用户的参与和创意供应的增加。

2009 年，国务院发布《文化产业振兴规划》，提出数字内容产业是新兴文化业态发展的重点。最早提到数字文化产业的是 2017 年发布的《文化部关于推动数字文化产业创新发展的指导意见》，其中指出，数字文化产业以文化创意内容为核心，依托数字技术进行创作、生产、传播和服务，呈现技术更迭快、生产数字化、传播网络化、消费个性化等特点，有利于培育新供给、促进新消费。定义数字文化产业及其内涵，是一个渐进发展变化的过程。

从数字文化贸易的角度看，这一概念较早出现在美国国际贸易委员会（ITC）于 2013 年发布的《美国和全球经济中的数字贸易》，该报告将数字贸易定义为通过有线和无线数字网络传输产品或服务，认为"数字贸易"主要集中在能够在线交付的数字产品和服务领域。在其描述中，直接涉及许多数字化文化的内容，包括能够数字化交付的音乐、游戏、视频和书籍，以及数字化社交媒体；通过互联网交付的信息服务如电子邮件、即时通信和网络语音电话等。

在 2014 年的第二份报告中，美国国际贸易委员会吸纳了产业界对第一份报告定义的反馈意见，分析了当前美国与数字贸易特别相关的数字化密集型行业。该行业包括：出版报纸、期刊、书籍、电影、广播和新闻等；软件出版、互联网出版、互联网广播及搜索引擎服务；媒体购买机构、旅游安排及预约服务。亚太经合组织将数字贸易定义为包括以数字方式进行的货物和服务贸易，其中也包括大量数字文化产品（江小涓，2021）。

三 数字人文经济变革中文化产业存在的问题

(一) 供给层面：注重双效统一

在数字人文经济的浪潮中，科技与文化相互赋能，从而提高了数字文化生产的效能与价值。毋庸置疑，数字技术改变了文化产业的价值链和供需关系，加速了文化产品生产的步伐，缩短了文化产品生产周期；文化也提升了科技产业的竞争力和价值追求，使科技有了更深刻的内涵。当科技不仅是文化发展的工具，同时介入文化生产前端，我们需要协调好数字技术与文化创新的关系。

文化产业的数字变革，既要充分利用技术手段丰富文化产业的内容与形式，使文化内容能够以个性化定制、精准化营销、协作化创新、网络化共享的形式呈现，符合数字化趋势与要求。也要强化数字文化产品的精神内核，不能过分依赖数字技术而忽视文化创新的本质，做好数字文化领域的"双效统一"。

此外，数字技术也简化了文化产品内容生产的环节，内容版权问题是文化产业发展的共性问题，但各类业态由于发展阶段和法治环境不同，在版权问题方面的特点有所不同。整体上来说，文化产业各领域都在布局高质量的原创文化内容。在音乐领域，数字版权合作不断加深，精品化成为网络音乐发展的下一个关键词。在游戏领域，国产游戏海外市场的影响力与日俱增，内容生产更注重专业度与垂直度，国际化是网络游戏提高竞争力的关键策略。

因此，加强人文经济领域原创内容的供给，要从信息技术产业同步向智能化发展、以人为中心的"场景化设计"带动"集成式创新"、从产品技术创新转向"数据驱动"的管理创新，通过强化文化产品的原创能力和创新质量创造数字文创的核心竞争力。

(二) 消费层面：将数字鸿沟转为数字红利

数字技术在促进人文经济更快增长、扩大就业、改善服务方面取得了显著的数字红利。但是，凸显的数字鸿沟、消费分层正影响着数字红利的转换和数字革命成果的推广。因此，人文经济的发展要尽量避免数字资源的分布不均导致城乡之间的发展差距增大，进一步拉大数字鸿沟。如何通过数字文创的发展弥合城乡差距，实现向数字红利的转变，促进数字人文经济可持续发展。

为了弥合数字人文经济背景下文化新消费的数字鸿沟，要从以下两点着力：首先，从网络应用层面来看，要缓解数字资源的分配不均衡现象。城乡网民在观看视频、网络音乐等基础类应用方面使用差异率不明显，但在网络购物、支付、理财等金融方面，以及网约车、共享单车等智能出行方面的参与度明显低于城镇地区，城镇的上述各种应用使用率均超过农村 20 个百分点。其次，从网络内容层面来看，要针对城乡地区不同的文化消费习惯、模式提供相应的文化产品，根据不同年龄、地域、职业、性别等多要素提供有针对性的、消费者喜闻乐见的数字文化产品及服务。通过提高教育水平及信息认知能力缩小城乡之间的数字鸿沟，避免代际相传的"数字贫困"。

（三）监管层面：构建互联网数字监管新生态

加强和改善市场监管，是适应科技革命和产业变革新趋势的迫切需要。人民对美好生活的需要，表现在人文经济领域是对文化消费更高品质的要求。因此，首先应将网络内容版权监管延伸至游戏、综艺、音乐等多个领域的侵权现象也愈演愈烈。随着网络版权侵权参与主体的增多，侵权行为愈加分散，网络版权制度如何有效应对日益分散化、业余化的网络版权侵权行为是体现我国知识产权制度智慧的关键所在。政府应如何增强监督管理水平、行业应如何提升自律能力、用户应如何提高维权能力都是值得深入思索的新命题。

其次，新技术的广泛渗透为用户安全、网络版权保护工作带来了前所未有的挑战。互联网自制内容的不确定性、网络暴力、低俗等问题屡禁不止。数字经济催生的文化产业新业态发展态势迅猛，但监管对象日趋复杂化和多样化，使得互联网监管多滞后于产业发展，构建"事前、事中、事后监管"的全链条动态监管体系是法制契约下数字文化产业的新命题。站在复合角色的视角来看待更新中的主体参与，需要将多种利益进行合理有效的结合（范周，2020）。

四　数字人文经济赋能文化产业的机理、动因与实践逻辑

（一）内在机理

1. 微观层面

从微观层面来看，数字人文经济对文化产业发展有着重要的推动作用，主要表现在两个方面。一方面，数字人文经济可以提高文化产业的生产效率。数字技术可以实现文化产品的数字化、网络化和智能化，使得文化产品可以更快、更便捷、更多样地传播和消费。同时，数字技术也促进了生产要素的自由流动，使得资本、人才、土地、技术等不再受时间、空间和资源环境的限制，为文化产品的生产提供了更多的便利。并且，数字平台可以实现文化资源的整合和配置，使得文化企业可以更灵活地组织生产和运营。另一方面，数字人文经济可以降低文化产业的供需错配。文化产品具有强烈的文化属性和个性化特征，消费者对文化产品的需求也更加多样化和个性化。数字技术和数据资源可以实现信息的精准匹配，使得文化企业能够更好地了解消费者的需求，并根据需求生产出更高质量的文化产品，减少资源浪费，提高市场效率。如大数据分析可以帮助文化企业挖掘消费者的偏好和行为特征，并根据这些信息进行精细化定制和推荐。

2. 中观层面

从中观层面来看，数字人文经济对文化产业发展有着深刻的影响，主要表现在两个方面。一方面，数字人文经济改变了文化产业链的内部结构和运行模式。数字技术使得文化产品更加多样化和创新性，吸引了更多的资金、人才等生产要素进入文化领域，促进了文化产业链的创新和重构。数据渗透、平台互动、内容技术融合等新兴的文化产业链模式，改变了文化产品的生产、销售、传播、盈利等环节，提

高了文化产品的价值和竞争力。例如，数字技术使得音乐、电影、游戏等文化产品可以实现在线制作、分发、消费，降低了成本，扩大了市场，增加了收入。另一方面，数字人文经济推动了文化产业链与其他产业链的融合发展。数字技术和网络平台使得文化产业不再局限于传统领域，而是与现代服务业、先进制造业等产业实现了跨界融合，拓展了文化产业的生态系统，激发了新的业态和模式。如直播、弹幕等实时互动技术使得视频网站平台成为具有文化和社交属性的服务型平台，提高了文化服务业态的比重，优化了文化产业结构。同时，数字技术也使得文化产品可以与物联网、智能硬件等制造业相结合，形成新的数字化（数智化）文化消费场景和体验。

3. 宏观层面

从宏观层面来看，数字人文经济对文化产业发展有着重要的作用，主要表现在以下两方面：一方面，数字人文经济提高了文化产业的生产效率。数字人文经济引入了人文数据这一新型生产要素，人文数据不受传统要素的约束，可以无限复制、共享和供给，为文化产品的生产提供了更多的可能性。人文数据也是文化软实力的象征，是我国经济高质量发展和文化繁荣的重要支撑。通过人文数据分析和挖掘，文化产业可以更好地了解消费者的偏好和需求，提升文化产品的创意和品质，增加文化产品的附加值和市场竞争力。另一方面，数字人文经济增强了文化产业的宏观调控效能。数字技术使得政府能够对文化市场数据进行更精确的分析，制定出更有针对性的发展政策，化解了文化产业发展的困境，为文化产业的高质量发展提供了新的动能。同时，政府也可以利用数字技术来加强对文化市场的监管和引导，维护文化安全和多样性管理，促进人文资源价值和社会效益的实现。此外，数字技术也使得政府在调控中从眼前的因果思维模式转向大数据思维模式，更好地把握人文经济的变化和需求（申哲琰，2024）。

（二）共创动因

文化产业价值共创动因主要来源于三个维度。一是价值共创的核心在于互动，价值共创强调共同体验和互动过程，通过参与者互动了解用户对于文化产品价值期望和质量期望，以此帮助生产者满足消费者期望并提升自身商业能力，实现互动下的共同合作创新。二是价值共创的驱动在于人文数据，人文数据已经成为数字人文经济时代新的生产要素，数字平台生态系统对于价值共创带来更多的创新资源。利用数字技术打破传统商业模式，构建数字人文经济下的文化产业人文数据新框架，促进文化产业协同合作。三是价值共创的特征在于融合，将网络平台作为价值共创的媒介，在服务生态系统中塑造价值体验的社会环境，用来获取、适应和整合人文资源的能力，通过平台融合建立交换关系从而实现价值共同创造。由此可知，数字人文经济推动文化产业价值共创，需要借助社群连接、数字驱动和平台融合，帮助文化企业和用户以及相关利益者之间进行互动和协作，发挥人文大数据作用，促进产业融合，从而构建人文经济生态体系。

1. 社群连接

"互联网+"强调是的连接，而数字人文经济在连接的基础上，更关注连接的效果。在人文资源的价值创造过程中，不同的参与主体形成了复杂的关系连接网络。文化企业通过社交网络和平台吸引用户参与到价值共创的过程已经成为共识，消费者不仅是文化产品和服务的价值需求者或接受者，更多的是从被动转为主动，成为文化价值创造的参与者。社群往往是在社交网络中基于共同兴趣自发形成的群体，在内部互动中进行自创作和生产内容的交流与传播，并同步分享到外部环节，参与到企业和机构的创意和设计，促使文化企业在持续改进中提高产品质量，促进产销生态系统的不断完善，获取更多价值。在文化虚拟空间环境下，文化用户的创意能力被激发，借助社交媒体形成独特的社群文化，也成为文化用户在知识和信息的共享交流中参与到价值共创过程的重要渠道。利用数字技术挖掘文化产品深层次偏好和需求，积极采纳社群用户的想法和创意，融入文化产品和服务的设计和生产环节，促进价值共创的可持续化。

社交网络基于用户偏好的数据资源整合，使得人文经济生态系统中各个主体角色发生变化，文化企业和用户社群相互影响，为价值共创形成新的创新模式。根据用户反馈机制，进行数据收集和处理，进行价值主张改进，实现文化产品和服务质量创新，提升用户文化消费体验。通过社群化场景连接，基于O2O①的消费模式将线上线下消费场景进行打通，促使文化企业和用户更多有效连接。在线上构建社群，培养用户群的忠诚度，在线下设置更多的用户消费体验场景，发挥长尾效应，更好地满足用户线上线下连贯的文化消费需求。比如"剧本杀"社交游戏就成为城市沉浸式文化旅游的新体验，南京围绕"梦回金陵城"为题，在秦淮风光带的核心景区夫子庙和老门东地区设置大型沉浸式体验区域，借助快闪②、VR等形式，将文化元素、现场和NPC③等连接完成，吸引众多玩家参与到可互动的文化旅游中，实现了传统旅游向沉浸式旅游的转变。

2. 数字驱动

通信技术快速发展丰富了人文资源的价值来源，人文数据的交换成为文化产品和服务价值创造的新基础，数字化平台成为不可或缺的一部分。文化产业数字化能力建设成为人文资源价值创造的重要来源，数据收集、获取、处理和分析成为文化企业应对快速变化市场需求的必要手段。在文化产业链前端，通过用户数据挖掘，促进文化创意提升；在产业中端，加强文化企业和用户之间的数据匹配，实现人文资源的充分利用；在产业后端，推进数据运算能力，提高数据共享能力，反馈文化消费数据，帮助文化企业利用数据进行更好的商业决策，促进人文经济高质量发展。数字技术基于人文资源参与、人文数据共享制度和生产服务交换等方式，实现

---

① O2O（online to offline）为"线上到线下"的商业模式。
② 快闪是国际流行的一种嬉皮行为，可视为一种短暂的行为艺术。
③ NPC（non-player character），指电子游戏中不受真人玩家操纵的游戏角色。

利益相关者的价值创造，通过技术关联与外部环境相结合，发挥网络中介作用，让人文数据融合到人文资源价值共创全过程中。

大数据技术推动人文资源价值创造实现，人文数据驱动文化产业共享知识和经验，提升信息分析能力，实现数据资源整合和数据化商业决策。从微观层面来看，价值共创的发起方在数字虚拟环境下，可以从不同的参与方进行发起，文化企业或是用户均可以通过网络平台等进行资源配置和整合，推动人文经济价值共创的实践。从中观层面来看，信息互联、数据挖掘、知识分享等数字技术的特征，极大地满足了文化产业生产消费过程中的交互性，促进了数字驱动下文化产业的生产和消费创新模式，推动文化产业数字化转型，重塑文化产业价值链。从宏观层面来看，文化产品和服务在竞争驱动下的 AI、5G 等数字技术创新应用，可以推动文化产业结构升级、多业态融合、空间布局优化和生态系统再造，从而推进现代人文经济体系健全。

3. 平台融合

数字技术打破传统经济主体和平台的交易区域，在更大范围内促进信息传输和产业跨界交易。中共中央宣传部印发的《关于推动出版深度融合发展的实施意见》指出，要推动出版深度融合发展，加强技术对出版融合发展的支撑作用，通过前沿和成熟技术探索与推广应用，以及创新应用体系健全，从而构建数字时代新型出版传播体系。传统产业在"互联网+"作用下，可以通过跨界融合促进产业优化升级，推动人文经济生态体系构建，促使企业机构和虚拟社群相互融合，催生更多的人文资源价值共创行为。价值共创是一个开放和动态系统，通过外部环境与内部机制的共同作用，持续变化。文化企业、研究机构、政府等多主体构成了人文经济创新生态系统。

为了实现人文经济生态系统中的合作目标，需要创建平台作为利益相关者之间沟通和协调的媒介。一方面，推动以文化产业园区为代表的实体平台融合。在文化产业平台构建的生态系统中，关键参与者在平台中发挥着核心作用，协调并促进文化企业和用户共同创造价值。平台集聚文化产业利益相关者，促进文化用户、供应商、服务商、文化社区等参与价值共同创造过程，并推动文化产品和服务的相关平台融合，为人文经济赋予新价值实现模式。在实践中，价值共创被视为一种资源交换，相关利益者在互动中实现这种交换，包括文化企业、科研院所、行业协会、社区、用户和孵化园区等，在人文经济生态体系中共同创造价值。另一方面，促进以网络平台为载体的虚拟平台融合。数字化创新平台对文化产业跨界发展具有推动作用，促使人文经济生态体系内外部动态联动、调整和融合。数字人文经济的发展又驱动文化企业与其他企业跨界融合，催生新的数字化人文经济商业主体和创新模式出现，如社交网络中的虚拟社群。在数字人文经济影响下，越来越多的个体和团体通过社交网络、平台和媒体加入创新生态体系中，使得传统产业链在不同环节实现了更多的互动，人文资源整合得到了加强，虚拟平台融合发展成为新趋势。

（三）实践逻辑

传统价值创造模式都是以单纯的文化企业为中心进行的，未能将消费者纳入价值服务开发的过程中，是一种静态的、单向的价值形成模式。随着消费者成为人文经济的价值共创者，价值创造模式逐步演变为一种动态的、双向的价值形成过程。在数字人文经济推动文化产业发展过程中，全新的价值共创实践应运而生，更好地满足了新兴消费者需求的小众性、快速性、多样性和定制性等。

1. 共同发起价值

传统的价值主张主要来源于文化企业方，但在数字人文经济下，人文资源价值可以由文化企业和消费者共同发起。为了改进文化产品和服务，体现价值共创的商业价值，文化企业可以根据市场需求或痛点提出新的价值主张，或者根据文化消费者的反馈意见进行新的价值主张，以此来创新文化产品和服务。利用数字技术提高文化产品的科技含量，为文化消费者开发定制化产品，提供差异化服务体验，促进价值共创的多样化。为了进一步发挥消费者价值，突出价值共创的情感价值，消费者可以根据社群消费者的共同兴趣和需求，提出文化产品改进的意见或建议，激励文化企业进行产品改进和提升，更好地满足消费者需求，从而实现共同价值。

2. 共享人文资源

文化企业和消费者通过在文化社群间对知识、历史、文化等多方面共享资源持续进行交流与互动，以此增强文化产品和服务供需匹配度，并提升价值共创能力。在数字人文经济时代，消费者的品牌忠诚度受到更多因素影响，而且更加依赖于文化体验和分享。因此文化企业需要基于已有的人文资源，不断更新并赋能人文资源所对应的新文化故事和新文化 IP，以迎合新的文化市场，充分发挥文化企业品牌价值。

3. 构建社交网络

在数字人文经济时代，社交网络成为"互联网+"下文化产业生态创新系统中价值共创的场所，成为文化企业和消费者之间连接与互动的重要平台。社交网络中的社群也成为文化产业跨界协作的重要资源。社交媒体和虚拟社群等已经成为品牌价值共创的主要数字平台，形成了人文资源价值共创的网络生态系统，推动品牌价值创造。在不同场景中，针对异质性的社群，可以推动特色文化内容的传播和扩散，帮助文化企业改变传统的价值创造思维，提升文化企业核心竞争力，更好地适应数字人文经济环境。

4. 提升数字技术

随着大数据、云计算、区块链等技术的快速发展，数字人文经济为实现文化产业生态创新体系的价值共创提供了核心要素。基于数智化下的文化产品和服务匹配，更加有利于文化企业在产业内和产业间进行资源整合和配置，提高文化企业适应数字人文经济时代文化需求的动态性和不确定性，构建文化产业柔性化发展的创新模式。数字技术的连接为优化价值共创机制提供了支撑，帮助价值共创主体间共同构建核心创新能力和组织基础。

5. 协调利益相关者

协调文化产业各个利益相关者是实现人文资源价值共创的重要支撑。在数字人文经济时代，信息进一步打通了文化环境内部和外部的联系，增强了信任关系，用健全的文化治理环境保证各方价值获利最大化。文化产品和服务供给者及经营者、文化管理相关部门、文化中介服务机构、文化消费者等多种主体构成人文资源价值共创的生态体系。从顶层制度建设、网络平台数据治理、文化市场数据监测到消费者行为分析反馈等一系列的体系建设，都离不开利益相关者的协调机制。人文资源价值共创依赖于不同主体之间的互动、互助和互赢，各个利益相关者相互协调并分享知识与资源互换，进而才能成为人文资源价值创造的利益共同体（周锦，王廷信，2021）。

五 数字文化产业化创新性发展的战略取向

随着数字技术的普及应用，数字技术外溢范围及效应开始逐步扩大，深刻改变了人类经济社会关系结构。1996 年，泰普斯科特在著作《数字经济：网络智能时代的前景与风险》中首次提出"数字经济"这一概念。进入 21 世纪，全球数字经济规模开始大幅跃迁。

根据中国信息通信研究院发布的《全球数字经济白皮书（2023 年）》，2022 年，美国、中国、德国、日本、韩国五个国家的数字经济总量为 31 万亿美元，占五国国内生产总值比重为 58%。2016—2022 年，中国数字经济年均复合增长 14.2%，是同期美国、中国、德国、日本、韩国五国数字经济总体年均复合增速的 1.6 倍。数字经济已然成为经济体系现代化的重要标志。

面对经济下行与供给侧结构性改革压力、地缘博弈加剧，发展数字人文经济推进数字技术创新和应用，已然成为突破要素流动壁垒并提升全要素生产率的必然路径（杨秀云 等，2021）。2022 年 7 月为深入贯彻《"十四五"数字经济发展规划》，经国务院同意，建立数字经济发展部际联席会议制度，把发展数字经济推向新的战略高度。

数字人文经济已成为数字经济引领新供给、促进新消费、加快产业转型和经济高质量发展的新动能（黄永林，2022）。面对其超越性的发展价值，《中共中央关于制定国民经济和社会发展第十四个五年规划和二〇三五年远景目标的建议》明确指出实施文化产业数字化发展战略，加快发展新型文化企业、文化业态和文化消费模式，健全现代文化产业体系。另外，《文化和旅游部关于推动数字文化产业高质量发展的意见》也明确指出将推动数字技术创新和应用列为夯实数字文化产业发展的重要基础。数字文化产业在快速跃进的过程中开始显现出一些需要改进与提升的问题。如文化数据要素的资源化与资产化问题、基于数字化的新基础设施建设问题、数字化场景建构问题以及基于数据公开共享的数字生态问题等。立足于新时代文化产业的发展要求，对数字文化产业发展的战略取向展开系统探讨就具有重要意义。

（一）数字文化产业及其发展的关键

1. 数字文化产业的概念与内涵

数字文化产业是以文化创意内容为核心，利用数字技术进行内容编辑加工，通过数字化场景平台对数字内容产品进行传播与销售，其主要特征为内容生产数字化、管理过程数字化、产品形态数字化和消费传播渠道场景化。数字文化产业涉及内容产业、平台产业和文化科技三个主要领域。因此，发展数字文化产业，资源和平台合作是一种涵盖跨部门、跨行业、跨领域等跨界的理念（陈少峰、陈晓燕，2013）。

人文资源是文化产业发展的逻辑起点。人文资源因其自身独特特质（如非标性、价值建构多元性、价值构成发现性、复用性、环境友好性等），决定其同常规物理资源存在根本性差异，难以用标准量化方式进行测算。人文资源价值的多元化特征使不同类型资源的认知、评估、定价具有相对独立性，对于不同类型人文资源的认知和价值判断也会出现较大分歧，该价值构成体系决定物理资源认知判定方式对于人文资源的不适用性。虽然数字化的跨越时空性、虚拟现实性以及低成本复制性使得数字人文资源在呈现形态与开发方式等方面具有与传统人文资源迥异的特征，但仍没有改变其在产业化过程中以内容创新为核心，以服务精神需求为旨归的行业本质。

数字人文经济是在数字技术驱动下，对文化生产制度结构产生影响，构成新的关键投入，引发文化创新模式与生产模式变革，人文经济发展与治理模式加速重构的新型经济形态，是技术范式、经济范式乃至社会文化范式的综合。因此与传统文化产业相比数字人文经济主要呈现出一些"新"特征。

其主要表现在以下六个方面：一是新的经济形态。传统文化经济到数字人文经济并非仅仅只是字面上的改变，而是产业发展的基础与核心已经在解构与重塑。具体在资产形态、管理形态、消费形态与治理形态四个方面发生根本性转变。数字人文经济实现了传统文化经济的要素重构、场景再造、流量升级与价值创新，也促进了文化惠民，是一种新型文化经济。二是新的业态。随着科技融合发展深化，互联网与数字化技术使得消费走向离散化、个性化、时尚化与快餐化的发展态势。消费需求形式的变化引起消费者在消费过程中更为讲求个人的主观感受、沉浸式交互体验与获取服务的便捷性。这种变化要求文化产业的服务能力与水平须适应适配这一趋势，从而带来业态转型。三是新的基础设施。当前新基础设施是老基础设施基础上建构以区块链技术为基础，以算力为基座，以元宇宙为中心的数字化支撑服务体系。由于基础设施的跃迁，使文化产业的形态发生根本性变化，这种变化让文化产业的业态进入转型与重塑期。四是新的发展方式。数字人文经济是由数字化推动新基础设施，利用新基础设施建构产品综合服务平台，基于综合服务平台进行要素交易模式创新、资产管理模式创新与治理体系创新，基于三种创新建构数字化消费场景，以满足多样化、多样态、个性化、沉浸式交互体验的文化消费需求。五是新的发展动力。数字人文经济以技术为支撑，依托互联网和数字技术的快速发展，不断推陈出新，不断涌现新的产品与服务。六是新的发展生态。文化产业的进化发展，需要的是产业的基础和产业生态，然而数字人文经济是一个全新生态，它不仅区别于传统文化产业的产业形式、产业业态，不断生发和建构新的生态，也是保证推动、孵化数字人文经济发展的基础。数字人文经济新形态在生态建构方面所依靠的基本路径与手段是"平台+生态"。

随着数字人文经济范式对文化经济产生的影响持续深入，其在业态结构方面也呈现出与传统文化产业迥然相异的特点。总体而言，数字人文经济包括以下四个方面特征：一是文化数字化及数字文化化；二是文化产业数字化；三是融合化发展；四是治理能力与体系数字化。

2. 数字人文经济发展的重要战略方向

面对科技革命与产业变革给文化建设带来的机遇，2020年党的十九届五中全会做出推动公共文化数字化建设、实施文化产业数字化战略决策部署。2022年5月中共中央办公厅、国务院办公厅印发的《关于推进实施国家文化数字化战略的意见》明确提出"十四五"时期末基本建成文化数字化基础设施和服务平台，基本贯通各类文化的数据中心，基本完成文化产业数字化布局，公共文化数字化建设跃上新台阶，形成线上线下融合互动，立体覆盖的文化服务供给体系。基于国家文化数字化战略，文化数字化和文化产业数字化发展的基本战略方向也得以明晰。

（1）须坚持以数据为中心

以数据为中心是对以互联网服务为中心业态的一种重塑与进化。数字技术能够将信息转化为数字，并通过数字终端设备加以呈现，使得文化艺术表现形态可以完全摆脱对实物的依赖，建构出一种虚拟现实主义的美学。文化的数字化表达使其储存、复制、与价值创造方式随之发生改变。通过数字技术，文化生产、创作、流变、交流、演变过程中，大量的隐性信息不断被采集、汇聚、加工，最终转换为数据形态。互联网、物联网与人工智能技术不仅能让被采集的数据变得易于获取，还能通过数据流动而达成共享，消除传统文化生产过程中信息（数据）的孤岛状态，让数据变得泛在化与迅猛增长化。另外，发展算力技术与能力，能够使文化的整个生产过程变得更为智能化。在数字文化生产与创作中，代码、算法、程序成为新的生产工具，使得虚拟化的文化产品具有高度可复制性、可计算性与可通约性，为持续增长和永续发展提供基础与可能。通过数据分析，隐性知识得以可视化、系统化，能有效解决文化个性化定制生产带来的不确定性、多样性与复杂性问题。可见，人文数据已成为基础性战略人文资源，为文化企业经营决策带来新的驱动力、为文化商品贸易带来新的内容、为文化全面治理带来新的手段，也为文化价值带来新的增值方式，因此在数字人文经济时代，人文数据成为新的关键生产要素。

（2）平台化是关键，跨界融合是手段

数字化是文化产业变革的突破口，但是人文资源作为一种非标性资源与非标性资产，其运营需要更为综合的体系和比较长的支撑服务链条保障。同时，人文数据作为一种新型战略资源，其生成、储存、传输、汇聚、转化也是一个大体量且复杂化的难题，解决此问题可行的办法就是利用创新机制在特定时空，整合优势资源，进行点突破，而点突破机制实则就是平台化机制。同时，面对巨大的文化需求，当前还没有相应的综合服务平台来为文化数字化发展提供专业化服务。而且在文化数字化过程中，数字人文经济业态的创新发展也因之缺乏综合性服务平台的支撑，使得很多问题处于一种悬而未决的状态。为此，需要围绕数字技术的发展，构建基于数字新基础设施的数字人文经济综合服务平台，形成将数字人文资源转化为数字人文资产的特殊转换模式，并在此基础上建构数字化服务场景，在数字化服务场景中重塑数字人文经济服务的结构与体系。

文化数字化最基本的手段是创新，伴随着业态快速迭代，原有边界消失。主要体现在产业融合、科技融合与跨界融合。数字化人文资源借助大数据、人工智能、区块链、物联网等信息新技术的加持，可以实现形态与内容的创新性发展，打造数字化时代新消费需求下的数智化新消费场景。

（3）体验是核心，沉浸化是重点

文化产品消费需要的是深度沉浸式融合体验，是一种深度的体验过程，为满足这一需求，必须要协调数字化虚拟场景与沉浸式体验，打破传统意义上的数字化孤岛式的场景，与深度体验、融合式的消费环境进一步融合，建立以新的产品与服务为主体的数字化场景。在历史上，文化是人类在改造客观世界中形成的一种体悟，强调体验性认知，离开于此，人类对于文化的认知就只能停留于抽象虚无的形而上层面，难以形成持久延续的文化业态。而数字技术则可以最大限度调动人们的联觉系统进行认知体验，使得文化体验感愈发增强。数字虚拟技术能够同时调动受众视、听、嗅、味、触等多重感官营造文化接受的在场感体验，文化接受从依靠单一感官走向联觉体验时代。

像VR（AR、MR）等虚拟现实终端设备运用计算机图形学、计算机仿真等技术创造虚拟而逼真的三维空间，成倍地扩展了真实效果，为不在场的观众提供身临其境般的真实感与沉浸感（斯塔姆，2017）。随着沉浸式体验需求的增强，消费者愈加注重线下深度体验与数字化场景的融合。元宇宙通过构建与现实世界交互的虚拟世界有效解决沉浸式体验中这一数实结合的问题。另外，面对消费者个性化、多样态等复杂的体验需求，还必须实现文化IP场景的智能化。沉浸式的文化体验不仅能增强文化的穿透力，还能凭借数字媒体技术实现文化在受众群中的迅速蔓延，延续和扩展产品的文化价值，提升传播品质。

（4）场景化是基础，核心是交互

新的消费形态引起文化产业的业态转型，但在转型过程中，仍然面临着传统运营模式和AI融合带来的诸多问题与风险，其中最大痛点则是数字化场景的建构缺失。当前数字化场景建构仍是以离散化、碎片化为主调，这为文化及其产业数字化发展设置了很大瓶颈，因此数字化场景建构是其完成转型的重要支撑之一。数字化场景建构的重点是数字化消费场景的建构，核心因素是如何在数字化场景构建中落实深度综合体验。作为人类精神思想观念凝结物的文化产品，其社会价值实现的核心就在于传播与交流。在数字媒介诞生前，人文价值的传播往往发生在带有仪式性的实地场域中，例如美术馆、博物馆、剧院、电影院等，以提供一个主体、欣赏者、客体、艺术品进行交流的特殊氛围（王一川，2021）。这种以仪式为根基的线性、单向度传播方式，使得受众在文化传播中的被动性十分显著，限制其实际体验效果。然而进入到数字化时代，这一现状随之得以改变。数字化推动建构新的基础设施，新基础设施进一步推动数字化艺术品综合服务平台的建设及其功能的丰富。在此基础上，基于数字化的综合服务平台建构数字化服务场景。场景化最大特点是将不同消费需求融合在一起，强调服务的互动性、便捷性、及时性、安全可靠性等，可从而实现文化创作者、作品与受众的联结与互动，大大增强文化传播的交互式体验性，还能够将消费者行为进行指标化，及时将市场需求传递给生产者，实现文化的定制生产，以满足消费者个性化、快速化、碎片化、即时化需求。因此文化数字化须围绕数字技术的发展，基于数字新基础设施的数字场景建构是关键，交互式的沉浸体验是核心。

（5）智能化是基础，数智化是方向

数字人文经济形态基于新基础设施催生出数字化场景，为满足数字场景中消费者对文化产品离散化、个性化、时尚化与快餐化的需求，就必然要提供能够迎合消费者主观感受、个性体验与服务获取便捷性的产品与服务形式，因此就产生出新的服务与新的业态。在数字人文经济时代，互联网（移动互联网）、大数据、人工智能等技术的进步和运用，推动文化生产的智能化从创造研发工具智能化到文化产品本身智能化，再到文化服务智能化，乃至整个文化生产过程的智能化，实现多点、高水平、全局的资源优化。这就意味着文化数字化会牵扯到大量的技术范畴问题，也迫使人文经济的研究者必须要学习技术论、技术哲学以及量化研究范式来丰富自身的智能结构。因此，智能化是数字化新基础设施建设的基础、数字化场景构建的基础、新服务的基础与新业态的基础。

3. 数字人文经济发展的误区

数字人文经济是重要的新经济发展形态，它的出现是由于消费结构升级，新科学技术驱动促使新型文化接受活动兴起，使得文化市场及其文化产业的发展进入一个新转型期。在此转型期过程中，由于对文化及其产业数字化认知不全面、不清晰，也滋生出一些认知上的误区，其中有四大方面值得探讨。首先，数字人文经济不是等同于互联网文化服务，其数字化发展须从以 IT 为中心的业态形式向以数据为中心的业态形式转变。其次，人文数据要素要进一步向数据资源、数字资产发展深化。数字人文经济是一个全新的业态，其决定性来自资源的特质。数字人文经济因此能够产生，并非因为当前的人文数据或者人文资源足够多、足够丰富，而是因为数字人文资源有其自身独特属性，该种特性使得数字人文经济成为一个新的经济形态的一个根本的决定性要素。因此在研究探讨数字人文经济时，我们一定要重视并关注这一点。再次，文化及其产业数字化发展标志着基础设施发生了根本变化，基于新基础设施的数字化场景建构为核心的消费融合体验成为数字文化消费发展的潮流，于是，提升业态的进化发展就需要建构数据公开共享为基础的数字生态。最后，数字人文经济的发展有不同的进程，这种不同的进程反映在基座技术的进化与发展上。数字人文经济的发展分为数字化与数智化进程。其中，数智化发展的本质就是通过数字化来实现智能化的过程。数字化进程的基座技术是区块链，而数智化进程的基座技术是元宇宙。新形态的深化要求从转变发展方式到推动高质量发展。由换跑道到换资源、换基础设施，这是数字人文经济在新时代发展过程中的一个重大课题。

（二）文化产业数字融合发展的战略落脚点

同传统人文经济相比，数字人文经济表现出新的场景建构、新的基础设施、新的生产要素、新的组织结构与新的治理体系等方面的不同，这导致以场景化为基本特征、体验是核心重点、数据为中心、平台化是关键、智能化是基础是文化及其产业数字化重要的战略方向，那么文化及其产业与数字技术融合发展的战略落脚点就需要在上述基础上继续进行深化。具体表现为：围绕沉浸式体验为核心的场景建构、基于数字基础设施为中心的综合服务平台建设、基于数字综合服务平台为基础的要素交易模式创新、基于数字综合服务平台为基础的资产管理模式创新以及基于数字基础设施为中心的数字治理体系创新这五个重点方面。

1. 围绕沉浸式体验为核心的场景建构

文化具有意识形态与经济形态双重特征，受实用价值影响，能够满足人们精神方面的需求。以往的文化消费品，大多采用硬广告宣传、教育等灌输方式进行传播。随着新科技迭代的不断加快，传统零售供给端线上线下一体化、平台化，场景化、社群化已成为新趋势，释放出消费者对多样态、多层次、个性化的文化消费需求，该种消费模式更注重亲身体验，尤其是沉浸式消费体验，深度体验与文化消费结合成为当下文化认知的重要路径。元宇宙技术与应用的快速发展，使新消费的理念及形态不断崛起，数字化场景的建构的理念、方法与手段不断丰富，使得沉浸式体验与能力不断提升。

数字化场景的建构与发展需要解决两个层面的主要问题：一是要在建构数字化场景的过程中，首要解决两个非常关键的问题——产品服务的数字场景化与沉浸式交互体验的数字场景化；二是在数字化场景建构过程中，如何实现以消费者为中心及以信用管理为核心这两个基本点。解决数字化场景建构中的双层四方面问题，使人文经济数字化场景的管理能力与水平不断强化。

沉浸式文化消费体验为传统文化的创新性发展提供了更多认知角度，也促使媒介走向融合泛化，形成新的场景化文化消费与社交平台。

2. 基于数字基础设施为中心的综合服务平台建设

数字人文经济战略主要表现在三个维度：转变生产方式、发现新的资源、寻找新的发展领域。文化产品市场与文化产业是文化经济的重要组成部分，其发展基础是人文资源。人文资源既是一种新资源，又是一个新发展领域。而数字人文经济的发展则加速激活人文资源的内在活力。在数字产业条件下，重大的、相互关联的技术构成主导技术体系，构成新的关键投入，其重要表现之一就是新基础设施（中国信息通信研究院，2022）。

文化产品综合服务平台是一个能力系统与体系，并非一个静态经济组织，更不是一个物理设施。它会伴随文化产品业态变迁而发生相应转变。当前，数字技术使得文化产品市场及其业态发生转型，人文经济综合服务平台也由此经历从传统形态向数字化形态转型，其中最为突出的就是基础设施的变化。与基于传统基础设施的平台相比，基于数字基础设施为中心的综合服务平台能够基于数据服务基础上提供精准化的文化服务及管理，以此解决文化产品市场存在的一些潜在风险与深入问题并释放大量的文化消费需求，在消费者需求端和人文资源创新端形成一个全新的发展格局。

3. 基于数字综合服务平台为基础的要素交易模式创新

基于传统综合平台的文化要素交易是以所有权为核心的实物交易，是一种点对点、一对一的交易模式，该模式具有资讯圈子化、管理人情化、交易不透明、信息不对称的缺陷。然而基于新基础设施的数字综合服务平台能凭借自身的功能优势解决上述问题。

基于数字综合服务平台为基础的要素交易模式创新最为核心的就是数字化场景的建构。首先，数字化场景能实现交易平台虚拟化，交易过程线上化、透明化、精准化、智能化、多样化。由于数字化产品和服务成为交易的主要内容，数字基础设施可以使交易对手多点发起交易，且数字技术被广泛运用于要素交易的各个环节，数字综合服务平台具备可靠的信用管理、交易相对精准，并不需要实体化、技术化或者集中化的交易平台，并逐步形成以平台为中心、以网络为渠道的新交易模式。同时，数字化场景和基础设施可以使交易达到相对自由的状态，也可以让整个交易过程变得更为多样化。其次，消费者与科技融合互动提升将成为一种常态。由于信息通信技术成为推动交易发展的关键，所有数字场景能够有效检测到消费者需求变化，使互动成为常态。再次，国潮消费、智能消费、共享消费、体验消费融合发展成为潮流。数字化场景的最大特点是可以通过场景融合培育和激发消费者的复合式需求。最后，互动、便捷、及时、安全可靠的支撑服务成为基本的消费需求。数字化场景能够将消费者的不同需求进行整合，构建更为完善的支撑服务体系，因而能更好满足消费者碎片化、复合化、即时化需求。

4. 基于数字综合服务平台的资产管理模式创新

传统文化产业的资产管理有三大形态：一是理财；二是资产配置；三是财富管理。这三大业态的标的都是对应以物理形态或物理形态资源存在的人文资源。从文化产业数字化发展逻辑考察，新的基础设施与数字化场景建构是基础与关键，但其运营服务最为重要的标的是数字人文资产这一新的资产形态。传统人文资源也通过数字人文经济综合服务平台转化成为数字人文资产。

新基础设施使数字综合服务平台已不再是传统的功能性平台，在数字化场景下，数字人文资产可以被表现为均质资产，由于认可度高，交易安全便捷使得平台透明度与公信力得到大幅度提升。同时，数字人文资产作为数字化场景的产物，其管理与运营的支撑就来自建构物理形态资产与融合体验场景。通过与新技术手段融合，数字化场景能够为客户提供比现场更为有效的沉浸式体验和信息。另外，随着数字新消费需求出现，新业态也需要资产管理模式进行创新。基于数字化平台上的数字人文资产场景化建构，其资产管理也是一个新业态，它不仅会致使服务理念与服务产品创新，也会改变监管形式与思路，因此基于数字综合服务平台为基础的资产管理是数字人文资产管理的高级战略形态。

5. 基于数字基础设施为中心的数字治理体系创新

实现"平台+生态"多元协同治理，对于解决原有政府行政监管模式下的传统文化产业治理方式及其所伴随的大量老问题、新堵点，有着重要的模式创新与借鉴效用。基于数字基础设施为中心的数字治理体系创新要在场景化上下功夫。

（三）数字人文经济发展的战略模式与路径分析

在明确数字人文经济发展的重要战略方向和与数字技术融合发展的战略落脚点后，其发展的战略模式形态与路径也随之明确。具体表现在以下五个方面：第一，建立智库合作模式；第二，构建平台合作模式；第三，建设元宇宙产业场景合作模式；第四，搭建产业园区合作模式；第五，组建人文经济生态合作模式。

1. 建立智库合作模式

文化产业数字化发展是一个系统性工程，且作为信息化和文化产业融合后的产物，会牵扯到技术范畴、文化范畴、经济范畴等多个范畴领域的问题。另外，随着数字技术引起文化产业跨界融合范围与效应的扩大，使得产业发展过程中的具体问题需要复合型知识或多方面视角范式予以解决。因此，要保障文化产业数字化高质量发展需要建立智库合作模式。

智库合作是指将各自独立的智库进行联合，旨在为各研究机构搭建信息共享、资源共享、成果共享的交流平台，以期整合研究资源、加强分工协调。通过智库合作将数字人文经济发展过程中一些全局性、综合性、战略性、长期性、前瞻性以及热点、难点的问题予以解决，并持续扩大或扩展知识交流的外溢效应，获取智库合作的"化学反应"。更重要的是要充分发挥智库合作的桥梁和纽带作用，积极推动智库合作成员之间、行业经营主体之间战略合作和协同发展，使智库成为人才、资源、业态、生态等要素聚集与集成的重要杠杆。

2. 构建平台合作模式

基于新基础设施的综合服务平台，在平台功能、平台运营、平台服务标的及平台支撑服务等方面都发生了根本性变化，是一个应对新业态环境、新消费环境、新生态环境的数字人文经济平台机制。因此需要围绕平台建构人文资源新业态、人文经济新形态。

基于数字基础设施的数字化综合服务平台其主要标的是数字化资产，包括物理形态的文化产品数字化资产、内容数字化资产、数据资源资产，上述资产均表现为均质资产，其认可度高，参与者广泛，通过资源整合来实现社会、机构和个人的要素聚集。同时，数字化场景和体验性消费的发展使得媒介开始走向深度融合，而实现融合的基础是平台化。综合服务平台建构的最终目标是使新消费时代的消费场景体验追求能与个性化的消费需求目标相吻合，为文化消费发展提供多通路的可能，将多样态的文化消费场景进行串联，实现多种业态的融合发展，进而实现产业集成。另外，数字综合服务平台更强调综合服务，即功能综合化、复杂化、专业化，通过综合服务聚合文化产业的支撑管理体系。在治理平台得以搭建后，就需要数字人文经济生态来进行保证。以共建、共享、共治为核心价值层的数字化综合服务平台，更加强调平台的人文经济生态性。

基于数字化综合服务平台建构数字人文资产体系、数字人文经济体系、数字人文治理生态体系，基于三种体系建构新业态体系与新经济形态体系。可见，平台合作模式的逻辑是"平台+要素聚集"-"平台+产业集成"-"平台+生态"-新经济形态。

3. 建设元宇宙产业场景合作模式

元宇宙是数字化场景建设的重要手段与组成部分，因此，元宇宙技术及其场景化建设发展，是数字人文经济发展的重要前提。元宇宙是基于互联网应运而生，与现实世界相互打通，平行存在的虚拟世界，是由无数个虚拟世界及其数字内容组成的不断碰撞且膨胀的数字宇宙。元宇宙并非一个封闭的普通虚拟空间，而是一个开源的，可以被消费者创造和建设，具有创新性和无限想象性的虚拟世界，消费者除了可以获得更好的消费者体验，甚至可以联动现实生活，影响真实世界。建设元宇宙产业场景合作必须在新基建和数字化技术的底座上进行。具体而言，元宇宙新基建要重构数字文化内容生成流程、赋能数字人文经济高质量发展、拓展数字人文资源分发渠道提供保障，应加快建设可信人文资源大数据流通环境，培育人文数据要素市场，打造可体验、可沉浸、可感触的活态文化产品，建构起高效畅通、供需适配的数字人文经济供给体系。

在新基建基础上需着力打造面向元宇宙的数字人文经济链，具体包括元宇宙体验层的应用与内容开发行业、元宇宙平台层的虚拟世界开发工具及平台行业、元宇宙设备层的交互硬件及设备行业，为文化数字化提供产业支撑。其一，做强文化元宇宙产业链上端的内容创新。要加快传统文化的数字转化与创新性发展，实现元宇宙内容的创造创新和原创数字文化品牌的继承，培植文化内容创新生态，打造一批拥有原创版权的具有高度市场竞争力的元宇宙企业，实现数字文化版权的持续增值与 IP 的长期生命力。其二，创新文化领域元宇宙产业链中端的流通环节。释放"上云用数赋智"等要素的应用效能，打造基于全民创新的数字文化流通新模式，实现自由切屏的流通场景，推动元宇宙平台内诸文化要素的全过程流通和协同联动，打破平台垄断格局，提升流通能级。其三，丰富文化领域元宇宙产业链下游的消费环节。新消费场景的打造应加快集成全息呈现、数字孪生、虚实交互等新型体验技术，形成技术价值、文化价值和产业价值加成的赋能模式；加快开发智媒体、电竞、直播、社交、短视频、数字人/虚拟偶像、智慧文旅、虚拟音乐会、云社区等新业态的消费场域；基于消费升级关注最新的文化消费偏好，加快培育消费者的新虚拟空间文化消费习惯，打造高品质、沉浸式、体验化的消费场景与新业态。

4. 搭建产业园区合作模式

围绕数字化转型这一核心，基于"平台+生态"的建构理念与模式，发展新型产业园区。数字文化产业园区具有聚集与整合行业要素，培育创意设计、数字出版、新媒体等全产业链企业集群，推进文化企业与第二、三产业融合发展的巨大作用，因而是数字人文经济发展的主要载体（季纯，2016）。在文化产业数字化发展过程中，可以充分利用数字人文经济园区所具有的集聚效应，吸引全国乃至全球范围的具有高度关联性的产业链上下游数字文化企业，构建集群集化、创新型以及品牌化为一体的新型数字人文经济发展及聚集平台。同时，以现有相关基地和平台为依托，进行数字人文经济的试点集群建设，探索一条数字人文经济集群式发展、创新链和产业链互动结合的新模式，最大限度形成数字人文经济的发展合力，拓展数字人文经济的产业链范围，增加数字人文经济的协同发展效应（徐淑芳，2018）。在搭建产业园区合作模式时要坚持科学规划与明确定位，要采取政府引导、市场化运作的大原则，充分发挥企业的主体作用和社会力量的参与作用，以切实保证建设空间布局合理、产业辐射广和带动能力强，充分发挥"文化+互联网"孵化载体催化作用。此外，还需注重加强对传统园区的数字化升级改造，通过建立完善的园区信息集约通道、资源流转体系和项目孵化机制，提升文化产业园区产业集中度和集约化经营水平，提高文化产业园区的创新与研发能力，形成具有自身竞争优势特色的数字文化产业园区发展新生态格局。

5. 组建产业生态合作模式

组建产业生态合作模式需以价值链、产业链为主线，基于"平台+生态"，围绕建构新的场景来建构新产业业态与产业生态，从而提升产业竞争能力。由于数字人文经济发展的关键取决于文化产品市场综合服务平台的建设水平，以及消费产品的供给能力，"平台+互联网"释放出数字文化消费更加多元化与个性化的需求，这使得多样性成为产业生态合作模式的生命力和发展根基。基于新基础设施的综合服务平台，能够提供互联互通的技术支持和服务支持，基于平台基础上的数字化场景能够将不同消费需求进行整合，通过提供满足新需求的包含各环节的服务与产品来建构新的产业业态，并形成一条涵盖供应商、消费者、物流等多个方面的完整产业链生态系统，实现多方面的价值共享和良性循环。

在组建产业生态合作模式时，必须要以此为主导性生态链进行推进构建，而非用行政强制手段，要从与之适配的新理念和范式进行认知，把握数字人文经济生态发展的内在规律，对应于新的市场和产业体系。

当前，数字人文经济新基础设施的普及，使得传统文化资源的资产形态、管理方式、消费业态与治理模式都发生了根本性的改变。数字化服务平台使得人文资源的发现、开发和转化可以依托数字场景满足个性化、多样态、多元化的新消费需求。另外，数字化进一步深化对人文经济业态、生态的影响。基于综合服务平台的数字化消费场景的建构倒逼业态层面也相继出现一些新的趋势，通过平台建构全新的价值链与产业链导致新生态的生发。因此，要在发展新经济过程中认识数字人文经济发展的内在规律，要时刻关注前沿，关注数字人文经济新业态的特质、战略及路径。

第五章

数字人文经济学深化：

艺术消费大众化

人文消费往往从艺术消费开始，而这种消费的大众化是研究数字人文经济学的丰厚土壤，只有人文消费实现了大众化，才能真正实现人文经济学的深化与崛起，数字人文经济学的创新性发展与创造性转化也需要艺术新消费支撑。

2016 年 1 月，文化部公布了修订后的《艺术品经营管理办法》，并于同年 3 月起施行。2004 年国家公布《美术品经营管理办法》（以下简称《办法》）时，我国艺术品市场以书画作品交易为主，多以"美术品"表述。但随着行业的发展，艺术品门类更加多样，人们普遍用"艺术品"来统称这个行业。2008 年文化部确定的"三定方案"也规定文化部对艺术品市场进行监管。鉴于此，《办法》将"美术品"改为"艺术品"，规章的名称也进行相应调整，以适应管理和发展的需要。《办法》同时规定了艺术品的经营活动包括艺术品收购、销售、租赁；经纪；艺术品进出口经营；艺术品鉴定、评估、商业性展览等服务；以艺术品为标的物的投资经营活动及服务；利用信息网络从事艺术品经营活动等。

人类学认为"文化"的概念和范畴比"艺术"更加宽泛。因此其将"文化"看作一个整体，包括象征意义和思想结构。这些意义和结构反过来支配人的观念和思考方式（包含宗教信仰、伦理价值和符号系统等）。这种对文化概念的理解也被称为"文化普遍性"，其范畴也包括艺术等要素。社会学家将关注直接引向艺术家、艺术品与政治体制、意识形态和其他超审美因素的关系，这也导致艺术社会学研究不论是在社会学还是人文学研究中都存在一定分歧（佐尔伯格，2018）。

人类学家阿尔弗雷德·盖尔（Alfred Gell）在《艺术与能动性》中指出，应抛弃立足于审美或视觉交流问题的艺术理论，将艺术人类学定位在艺术的能动性，或艺术如何对社会关系产生影响这一问题上。艺术品通过对客观世界的模仿与指涉，令艺术家与受众发挥其能动性。这种能动性被称为"艺术联接"（art nexus）。其基本模式为艺术家（初级施动者）经由艺术品（次级施动者）作用于受动者（艺术受众）。因此，艺术的效果取决于能动者的"心灵状态"对受动者心灵状态所产生的影响（李修建，2016）。

人文资源生产的规模化和产业化，是随着现代机械复制生产技术的诞生才开始的（林日葵，2011）。艺术学研究艺术产生、发展、繁荣、消亡的一般规律的学科，而经济学则是研究一般经济现象和规律的学科。人文经济学作为一种边缘经济学，以艺术学的基本内容为对象，以经济学的基本原理为理论基础。对艺术的本质、对不同社会发展时期出现的各类艺术现象、特别是对艺术商品进行深入研究，理性地而不是情感地、思辨地而不是机械地、全方位地而不是片面地分析研究艺术经济问题，有助于对人文资源在不同历史阶段所呈现出的不同形态进行科学把握与认识。对人文经济现象的研究，有助于弄清人文资源的性质、发展走向、价值特点、生产和流通规律等，妥善解决人文经济理论和实践误区（庞彦强，2008），同时了解其经济现象背后的数字化、大众化消费趋势。

本章关于数字人文经济学深化的研究，重点关注艺术消费大众化。首先，数字艺术与消费部分会从数字技术与文化内容生产下"注意力经济"使文化内容的生产粗糙随意，数字技术矮化了文化产品价值的判断标准，数字技术增加传播场域的意识形态风险等视角分析数字艺术所带来的技术决定论与艺术价值得失之间的争论。同时，将从数字艺术资产及其运营逻辑角度，探讨中国艺术品市场为什么要关注数字化，数字化：中国艺术品市场发展的过程与态势，NFT与数字艺术资产，数字艺术资产的流转与交易，数字艺术资产与艺术金融服务创新框架，以及其他相关热点问题。其次，是关于艺术市场与产业的进程特征研究，将从世界艺术品市场变局角度，分析艺术品市场发展的重要态势，观察艺术品市场发展的重要维度，以及全球化下中国艺术品市场发展特点等。对于中国艺术品市场交易体系融合发展的前沿趋势，将分别从转型或者重塑的主要问题，制度与体系的创新形态与标准，数字化正在改变发展的前沿趋势等方面加以阐述。关于数字艺术产业的研究，最后将对我国数字艺术产业当下快速迭代创新的基本特征、系统形态与未来发展方向等加以系统论述。

第一节 数字艺术与消费

　　习近平总书记指出，要顺应数字产业化和产业数字化发展趋势，加快发展新型文化业态，改造提升传统文化业态，提高质量效益和核心竞争力。"英国艺术教父"戴维·霍克尼（David Hockney）在2010年开始用苹果ipad平板电脑进行创作，他表示："我现在在它（ipad）上面作画了，你会开始收到新的更大的画。梵高会喜欢这个的，他还会用它写信。我爱它，我必须承认。"（盖福特，2013）作为互联网艺术体验最基本的设备，计算机（含移动终端）既可作为一个渠道，也可作为一种制作工具，而欣赏艺术品的体验也相应发生变化。互联网艺术用诸如指令、挪用、非物质化、网络和信息等策略和主题延续了艺术史的统一体，并且成为艺术史的一个组成部分（格林，2016）。

　　所谓数字技术，就是将图像、声音、文字等数据转化为计算机能够识别的二进制数字，再进行存储、计算和分析等（见图5-1）。数字经济因为互联网移动终端积累了庞大的数据，依靠大数据能够分析客户行为，预测行为模式、识别和预警风险等。计算机技术的发展极大地促进了视觉艺术中数学抽象过程。在复制过程中，数字图像通过数学建模而不是复制模仿来模拟现实。在计算机的逻辑世界中，是数字而不是形状或体积定义了几何空间，而如我们所知的自然和本体并不存在（洛夫乔伊，2019）。目前，中国数字艺术产业无论是规模还是质量都处于世界前列，很多方面甚至处于世界领先水平，如国际电信联盟批准的数字文化领域仅有的两个国际标准：数字化艺术品显示系统的应用场景、框架和元数据标准、手机（移动终端）动漫国际标准，均由中国自主原创、主导制定。

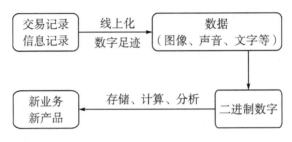

图 5-1　数字技术将交易记录、信息记录转化成新业务和新产品的过程

(图片来源：王义中等《数字金融：改变与重构》，2024 年)

一　数字技术与文化内容生产

在 20 世纪初，德国学者瓦尔特·本雅明（Walter Benjamin）指出机械复制对创作权的改变，认为复制技术使普通人拥有了更多的创作权利。传统的绘画、雕塑、作曲等艺术创作者必须通过长时间、体系化的学习和自我实践、探索，才能够熟练掌握这些艺术活动的创作技艺，但在摄影等文化产业中，创作者的代价则小得多。可以说，本雅明确立了文化产业的合法性，扭转了学界对其偏执固化的负面印象，使得对于文化工业的评价由"粗制滥造""向商业低头"的责骂转变为"走向大众"的正面宣传。随着数字文化产业的快速发展，数字技术进一步降低了文化艺术的创作门槛。这种新的创作方式使文化艺术的生产活动不再局限于少数专业群体，而是成为普通人表现日常生活、表达即时情感的工具。

（一）"注意力经济"使文化内容的生产粗糙随意

2024 年上半年，国内实物商品网上零售额同比增长 8.8%，占社会消费品零售总额的比重为 25.3%（国家统计局，2024）。当下，数字内容生产与传统内容生产之间存在着很多差异，在具体市场行为中表现为"注意力经济"和"信任经济"之间的差异。最能够反映这一差异的是新兴数字平台与传统的出版行业：前者主要通过以最快速度制作具有吸引力的文化内容获取平台用户的注意力，在积攒了足够的人气之后通过刊载广告等方法盈利。因此，创作者更加注重引发的关注度高不高，而非内容质量的精准与否。后者则凭借多年的内容制作经验，以专业的视野不断提升内容可靠性来实现经济价值。当下来看，传统出版行业相对于新兴的数字平台而言，能够更高程度地保证内容的可信度。经过多次的内容治理活动，如今数字平台中的文化产品虽然基本不会触及法律与道德的底线，但是仍然存在粗制滥造、片面偏激、煽动情绪、刻意迎合用户不良心态等问题，使得"注意力经济"难以建立高质量、可持续生产的长效机制。

（二）数字技术弱化了文化产品价值的判断标准

文化艺术史的实践经验反复证明，一时的量化标准并不适合衡量文化艺术的价值，大量流芳百世的作品在其诞生的时代很有可能是一文不值的，历经岁月淘洗才逐渐为人们所接受和认可。艺术本身自带的道德教化、世俗功利超越性也决定了人文资源不可能完全遵照"供给-需求"的经济模型计算而成。以此类推，通过传感器而形成的浏览量、售卖数、收藏率、点赞量和阅读指标等很难全面衡量文化艺术价值。而且很多情况下，各种数据也不是用户出于文化趣味自主选择的，而是平台或者创作者为了获得人工智能的优先推送权通过各种非正常方式"购买"的。实际上，每次文化技术的更新都会出现品质与价格之间不对等的现象。这种"劣币驱逐良币"的情形并不是第一次出现，对这种行为的批评由来已久。早在第一次工业革命时期，英国学者约翰·拉斯金（John Ruskin）有感于大规模批量化产品缺少美感却因价格低廉而畅销，愤恨地写道："你所用的，是明明没有，但假冒那个有价值的东西；明明不值那个成本、不是那个东西，却假装需要、假装就是。这是诈欺、是狂妄，也是罪恶。"

时至今日，面对由数字技术所形成的空前普及、空前便捷、空前广阔的文化内容生产渠道，要想实现高质量文化产品的可持续性发展，应确保数字人文经济生产与传播系统的评价指标不能唯市场论、唯数据论。因此，如何在数字技术背景下保存人文经济背景下文化人才的原创力并提升内容生产质量的标准，将是考验内容生产的一项长期任务。

（三）数字技术增加了传播场域的意识形态风险

网络的信息传输量是空前的，但同时也带有"去中心化"的媒介特性，难以对各种语境进行统一。面对铺天盖地的信息轰炸，我们很难有精力去辨别信息真伪，因而可能出现偏激、情绪化、以讹传讹、质疑主流价值观念的风险，这种习焉不察的传播环境变化正在潜移默化每个人。文化有其社会伦理的一面，甚至也可以是一种治理方式。"文化治理是指国家通过一系列政策和制度对文化进行管理，文化既是治理的对象，也是治理的媒介。文化治理可以辅助国家的政治管理，是国家治理体系的重要组成部分。"（刀喊英，2021）即使文化价值观念有可能自发变化，管理者出于社会治理的需要也不能完全放任不管。在人文社会科学研究中，一直有"意义之网"的概念，用以说明环境的变换、群体的不同会令语词的意义发生一定程度演变，各种意义不是一个单独的"点"，而是一个相互连接、有所联系又有差异的"网络"。在现实中，文化之间的差异是存在的，而不违背主流价值观的多元文化是有利于提升整个社会的风气开放度与包容度的。这种多元文化的正向碰撞，在某种程度上能够培养不同的创作与接受群体，对创作过程和创作生态起到一定的滋养作用。不过这种滋养涉及一个较长的生产、传播与消费流程，需要社会整体文化系统的参与。

而在"人人可发声"的社交媒体时代，数字技术加快了人文经济下文化产品从生产到消费的速度，使得内容生产不再经过社会文化系统的整体过滤，而是快速实现内容消费，并重新进入下一个内容生产的循环，这一过程显著地改变了文化产业生态。各种潜藏的负面价值观开始超越自然空间的樊篱，直接在网络空间快速发酵，通过包装运营和"流量经济"，快速吸引大众的注意力。标榜特立独行的价值观，甚至成为一些数字文化产品火爆的"密码"，它们利用价值观冲突，通过刻意

"蹭热度""促焦虑""打擦边球"等制造热点话题，激发情感戏谑与语言狂欢，导致传播场域中的意识形态风险大大增加（傅立海，2022）。

二 数字艺术资产及其运营逻辑研究

数字经济发展是当下新经济发展与经济转型阶段，寻找经济发展新动能与实现高质量发展不可回避的战略方向。国家统计局数据显示，2012—2022 年，我国数字经济规模跃上新台阶，从 11 万亿元增长到超过 45 万亿元，为经济社会发展提供了强大动力。这一数据展现出了一个基本事实，即当下严重低估了数字经济发展的速度与规模，低估了其在整个经济发展过程中应该起到的战略地位。回顾数字经济的发展历程，概括地说已走过了三个主要阶段：一是数字业态本身的产业发展阶段；二是产业数字化阶段；三是数字产业和产业数字化融合发展阶段。实际上，在数字经济发展的背后，隐藏的核心是支撑其发展的数字资源，而数字资源要与数字经济、数字产业发生关联，最根本与核心的环节则是数字资产。因此，本章聚焦数字艺术资产及其运营逻辑问题，就是要对数字艺术经济发展进程中最为重要、最为核心、最为热点的部分展开深度探讨。

（一）中国艺术品市场为什么要关注数字化

当前，数字化发展正在颠覆中国艺术消费的基本格局，这种颠覆不仅体现于市场发展的规模，更表现于艺术市场发展底层系统结构及逻辑的颠覆。由艺术巴塞尔集团（Art Basel）及瑞银集团（UBS）联合出版的《2024 全球艺术市场报告》数据显示，在连续两年增长后，全球艺术品市场于 2023 年下降 4%。虽然全球艺术品市场消费整体下滑，但在线销售继续增长，2023 年达到约 118 亿美元，同比 2022 年增长了 7%（巴塞尔集团、瑞银集团，2024）。此外，虽然围绕数字艺术资产与 NFT 的发展仍存在着非常多的声音，甚至很多人认为数字艺术资产的发展乱象丛生，不值得对其进行深入研究与系统关注，但在数字化迅速发展大的潮流背景下，关注 NFT 等数字艺术资产发展的新动向，研究数字艺术资产在中国艺术品市场发展中的作用，无疑是在当前阶段中国艺术品市场发展面临的重要课题。

1. 数字化改变中国艺术品市场发展的底层逻辑与战略格局

当前，中国艺术品市场在数字经济的冲击下发生了重大变化，已不可回避地进入到解构与重塑的关键阶段。其重点表现在市场发展与创新的力量已经颠覆了传统中国艺术品市场发展的基本逻辑与战略格局，而且这种颠覆并非小的市场调整与修补，而是对当下中国艺术品市场的底层逻辑的重新建构。

由中央美术学院和清华大学五道口金融学院艺术品金融研究中心联合发布的《2024 艺术市场趋势报告》指出（见图 5-2），随着经济环境的不稳定，艺术机构面临越来越严峻的财务与法律危机。传统经营模式的局限性日益显著，各行业寻求开源节流，数字化成为首选路径。尽管市场正经历震荡，尤其是 AI 技术的应用对艺术生产方式和艺术家身份带来了巨大冲击，但数字产业布局如火如荼，科技与艺术结合的战略方向依旧明确。在全球范围内，艺术市场参与者对于数字市场的态度愈发审慎，但数字化和智能化的发展趋势不变。

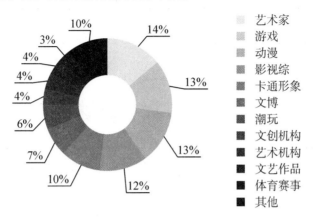

图 5-2 各类型 IP 在"品牌 xIP"相关案例中的占比
（图片来源：中央美术学院《2024 艺术市场趋势报告》，2024 年）

2022 年 3 月，文化和旅游部、教育部、自然资源部、农业农村部、国家乡村振兴局、国家开发银行联合发布《关于推动文化产业赋能乡村振兴的意见》（以下简称《意见》），提出要充分发挥文化赋能作用，推动文化产业人才、资金、项目、消费下乡，促进创意、设计、音乐、美术、动漫、科技等融入乡村经济社会发展，挖掘提升乡村人文价值，增强乡村审美韵味，丰富农民精神文化生活，推动人的全面发展。《意见》同时明确，鼓励数字文化企业发挥平台和技术优势，创作传播展现乡村特色文化、民间技艺、乡土风貌、田园风光、生产生活等方面的数字文化产品，规划开发线下沉浸式体验项目，带动乡村文化传播、展示和消费。当下，通过将艺术品带入快消品的语境，艺术消费成为新的时尚。乡村艺术项目和文旅项目的发展，为艺术市场注入了新的活力和商业价值，艺术与文化的结合在城乡各地焕发出新的生命力。

此外，艺术品相关的 NFT 市场价值在 2023 年进一步下降了 51% 至 12 亿美元，在平台月活量趋于稳定的前提下，市场价格总体上回归理性（见图 5-3）。传统公司与品牌纷纷涌入，探索新的市场机会。AI 技术对艺术生产方式和艺术家身份带来了巨大冲击，但也为艺术产业的数字化转型提供了新的动力。在全球范围内，NFT 和 AI 技术的法律政策逐渐完善，为市场的健康发展提供了保障。

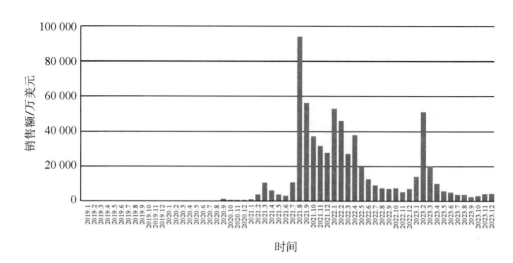

图 5-3　2019—2023 年艺术相关 NFT 的销售额

（图片来源：巴塞尔集团、瑞银集团《2024 全球艺术市场报告》，2024 年）

综上所述，中国艺术品消费需要在这一新的底层逻辑架构下围绕中国艺术品市场发展的结构、态势与基本趋势做出进一步分析，需要在解构传统艺术品市场的基础上重塑新时代中国艺术品市场发展的基本秩序，这已经成为当下中国艺术品市场发展中最为关键的一个问题。其中，数字化发展的趋势是研究、解构、重塑这一关键问题中最前沿的要素与背景。甚至可以说，如果在新时代中国艺术品市场发展的研究中忽视了对数字化发展趋势的关注，那么这种研究就一定是脱离现实发展的研究，就不是面向未来，面向现实核心问题的系统研究。因此，本书强调要关注数字化，关注数字化与新时代中国艺术品市场发展的关系，对于这一点必须要有清晰的认识。

2. 数字化发展重塑了中国艺术品市场的交易体系

市场的交易制度与体系是市场发展的根本性制度与体系，对艺术品市场的发展来说，也是如此。从数字化发展重塑了中国艺术品市场发展的内在规律这个角度来看，数字化其实从根本上重塑了中国艺术品市场的交易制度，这一重塑主要体现在市场的交易体系上。

（1）数字化发展带来市场交易体系重大变化

这一变化重塑了中国艺术品市场发展的内在规律。中国艺术品市场的交易体系主要包括四个方面：一是传统交易体系；二是创新性交易体系；三是数态化交易或数字化交易；四是私下交易。

其一，传统交易体系，主要包括三大板块，即一级市场的画廊业态、二级市场的拍卖业态以及艺术博览会。

其二，创新性交易体系，主要包括艺术电商、平台化交易与平台化+艺术资产管理。首先，艺术电商-新艺术电商。近年来，传统艺术电商不断转型为新艺术电商，依靠数字化解决了公信力不足与欠缺深度体验这两个大的问题。目前在新艺术电商迅速发展下，越来越多电商尤其是大的电商平台逐渐开始盈利，并且呈现出了许多新的发展趋势。其次，平台化交易。主要包括传统平台化交易（线下交易方式），基于艺术品综合性服务平台的交易（大众化交易方式，典型案例是文交所①），平台+艺术品资产管理的形成，核心原因是在艺术品市场发展过程中，资产配置、资产管理与财富管理需求不断增长，因此需要基于艺术品综合性服务平台建构与创新的服务性产品，以满足人们日趋增长、日益多元的需求。再次，平台化+艺术资产管理。基于综合服务平台的基础上的艺术资产管理服务，主要包括艺术品理财、艺术资产配置及艺术财富管理等业态。

其三，数态化交易或数字化交易。其中最简单、最原始的探索是直播带货，虽然直播带货是在数字化、可视化交易过程中最为原始的形态，但却是数字化交易重要的创新点，由其引发的数字化交易如今已经越来越普遍。探讨数字艺术资产与NFT的发展事实上就是在研究如何合法、合规地进行数态化交易。

其四，私下交易。中国艺术品市场中私下交易的规模占总交易规模的 60% 以上，甚至可以说，不懂中国艺术品市场的私下交易模式就永远无法理解中国艺术品市场的本来面目。对于私下交易需要重点注意的是"私下交易"与"私下洽购"是两个不同的概念，"私下交易"事实上是一种交易的类型，而"私人洽购"则是在拍卖业态中形成的一个概念，是在拍卖平台上完成的非场内交易形成的交易。通常认为国际上许多大型咨询公司发布的相关数据与报告都具有较大缺陷，其原因就是这些数据与报告一般忽略了中国艺术品市场交易数据的基本口径问题，特别是私下交易与私人洽购的部分隐性数据，那么以此为基础所做的市场分析与研究就存在明显的瑕疵甚至是逻辑问题。

（2）创新交易体系的发展非常迅猛

创新交易体系已成为中国艺术品市场交易过程中不能忽视的主流形态与态势。强调关注创新，关注数字化交易在中国艺术品市场发展中的基本作用，正是因为中国艺术品市场的发展除传统交易体系以外，创新交易体系也非常重要。艺术电商与数字化交易的异军突起，重要的表现就是在中国艺术品市场中，一直以来都是拍卖业态一股独大，其每年的总成交额约为四五百亿元，而艺术电商企业微拍堂在 2019 年的市场总成交额已达到四五百亿元，即微拍堂的总成交额已经超越了中国艺术品拍卖市场的总成交额。这仅仅是一家企业的交易规模，还不包括数千家数字艺术电商的市场交易形态。

（3）数字化发展有助于解决市场发展的四大问题

传统艺术品市场有三个基本特质：首先是交易不透明。表现为交易流程不公开、交易结果不透明、定价机制不明确，这些无疑都增加了艺术品交易活动中的风险。拍卖市场是中国艺术品市场中最公开的交易形式，其他市场形式和交易渠道几

---

① 文交所全称为文化产权交易所，主要指从事文化产权交易及相关投融资服务工作，促进文化产业要素跨行业、跨地域、跨所有制流动的综合服务平台。

乎都难以保障交易过程的公开化、透明化。比如常见的画廊交易、私下交易等都很难通过公开渠道了解与统计交易的真实情况及数据信息，也无法对其交易行为形成有效的价值判断。其次是信息不共享，信息不对称。意味着买卖双方提供的信息是不对等的，这造成价格和价值发现存在偏差。在信息化高度发达的当今社会中，艺术品市场交易信息不对称现象大量存在是极其不正常的，因此需要依靠市场外部新力量、新技术予以介入破解。最后是市场支撑服务体系建设不完善。艺术品市场中很多基本的问题，如艺术品的确权、鉴定、评估甚至溯源、集保、物流等都没有非常专业与权威的机构能够提供有力的保障。

中国艺术品市场的发展也始终受到这些问题的制约，由此导致了中国艺术品市场发展的过程中存在四大基本问题：第一，诚信机制不健全，特别是"三假问题"尾大不掉；第二，定价机制扭曲，中国艺术品市场的定价机制正在由礼品市场下的定价机制向价值投资市场下的定价机制转型；第三，退出机制建设缺失，当下我们推进中国艺术品市场转型，积极发展艺术金融就是要不断建构与发展中国艺术品市场的退出机制与路径；第四，支撑服务体系不完善。这四大基本问题经过40多年，不但没有得到较好的解决，反而进一步积累并出现了新的发展。这已反复证明了一个基本的事实，那就是想要通过市场系统内部的力量和要素，几乎不可能解决这些基本的问题，必须要借助新的力量、新的手段，形成新的发展机制去解决。其中，新的力量就是资本的力量，而新的手段就是数字化而数字化就是这样一种有效的手段及其形成的机制，在这个过程中，基于区块链的NFT是一个非常重要的机制形式。因此，在中国艺术品市场发展的过程中，必须要关注数字化，关注数字化所带来的机遇与发展的新趋势。

（二）数字化：中国艺术品市场发展的过程与态势

研究数字化对中国艺术品市场发展的推动作用，就应关注一个大的背景，那就是数字人文经济的快速发展。数字人文经济涉及艺术商业、艺术市场，艺术产业、艺术金融、艺术科技等较多领域。因此，要研究这一发展的过程，就要以中国艺术品市场的交易为主线对其历史沿革进行进一步梳理，从历史发展的轨迹中，逐步看清其发展的逻辑与摸到系统的内在脉搏。

1. 传统市场交易阶段：线下交易、一对一、一对多

中国艺术品市场传统线下交易主要发展为以下四种业态形式，一级市场的主要形式是画廊业态，二级市场的主要形式是拍卖业态，1.5级或2.5级市场的主要形式是艺博会业态，以及中国特色鲜明的私下交易形态，其交易的主要形式是一对一或一对多的线下交易，即收藏家或投资者面对的是某件作品，其交易行为多为现场一对一方式完成，也尤多见于拍卖平台的一对多交易方式。

2. 传统交易业态互联网化阶段：线上交易

互联网的发展推动将传统艺术品交易逐步迁移至线上，出现了网上画廊、艺术品门户网站、网上商店、网上博览会等业态形式。交易流程主要是：大量艺术家作品被放到网络空间中，消费者在画廊网站浏览并选购作品，消费者通过画廊预留电

话与卖家协商价格，通过网站公布的画廊银行账号进行付款，画廊主快递作品完成整个交易。虽然这种方式缩短了传统交易的时空距离，改变了消费体验方式，但事实上它解决的仍然是交易的时间空间问题，并未从更深的机制层面对艺术品交易中的问题有根本性触碰或者是思考解决。

3. 平台化交易阶段：线下、线上平台交易

随着互联网交易基础的建立与文化艺术产业的不断创新，平台化交易逐步出现。平台最大的价值在于它建立在"三公"原则基础之上，具备公信力的平台。艺术品在平台化机制作用下得以深入挖掘内涵价值，更好地完成了价值的发现、提升与开发，有利于艺术品市场及其产业与其他市场资源的融合，特别是与金融资本的融合发展。平台的发展是一个过程，其形态基本经历以下三个阶段：一般性艺术品交易平台－艺术品综合服务平台－互联网艺术金融平台。

文交所是平台化发展过程中的典型业态，是文化体制改革的产物。事实上，现代化产业的发展需要相应的基础，其中最重要的两个市场基础就是资本市场与要素市场，文交所是重要的要素市场交易平台，其业务创新主要经历了艺术品份额化电子交易、艺术品组合产权交易与艺术品集成电子化交易等阶段。

首先，艺术品份额化电子交易阶段，其交易的核心是利用电子化交易在文交所平台就实现了艺术品的大众化。概括来看，传统的交易是一对一、一对多的形式，一幅1 000万元的齐白石作品就需要有上千万元才能参与交易，而份额化是在文交所平台上通过一定的程序，将齐白石的作品权益进行等额细分，例如按照规则分为1万份并假定这1万份作品之间的价值无差别，那么有1 000元就可参与交易，客观上降低了交易的门槛。但是这种交易形式缺乏相应监管而导致了社会性风险的形成与金融系统风险的产生，因此国务院在2011年11月发布《国务院关于清理整顿各类交易场所切实防范金融风险的决定》，明确指出不能进行艺术品权益的等额细分。

其次，艺术品组合产权交易，即在产权架构下，按照200人200份的监管要求将艺术品权益进行分割并交易。但是组合产权产品交易的标的少，参与者少，无法进行"T+0"[①]的连续交易，取得的收益无法覆盖其运营成本，因此这种创新也很快沉寂。

再次，艺术品集成电子化交易，即将标准化的艺术品进行集成、打包，然后以电子化交易规避权益细分带来的风险。这种商业模式也就是后来形成的邮币卡交易，它规避了权益拆分问题，能够以"T+0"的方式连续交易，也是标准化合约的电子撮合，在交易高峰时期一年的交易规模一度达到3.9万亿元，可谓发展非常迅速。但是由于相应的市场监管准备不足，交易模式还不甚成熟，这种交易产品最终也被国家有关部门叫停。

---

① "T+0"指"当日回转交易"，意思是，投资者在当日买入的证券也可在当日卖出，且交易时间内可以反复交易，不受次数限制。

概括来说，文交所平台的业务创新经历了早期的无序发展、管理混乱阶段，到风险集中爆发后的整体沉寂期，再到头部交易所主动探索引领深化创新机制和特色模式创新的突破期。

作为一个新业态，文交所的发展经历已为研究实践平台化交易创新提供了宝贵的经验。2022年4月的中央政治局会议中也对平台经济发展提出了四大部署，即促进平台经济健康发展、完成平台经济专项整改、实施常态化监管、出台支持平台经济规范健康发展的具体措施。因此可以说，平台经济领域的治理和发展已经取得了阶段性的成果，特别是在数字化趋势日趋显著、进程不断加快的现实背景下，文交所的发展在强化内控与监管的前提下，在有关政策框架内，在数字化进程中有望可以实现进一步的创新突破。

4. 平台化综合性服务交易方式：电商、艺术电商、新艺术电商

首先，电商是一种基于互联网与综合服务平台的平台化的交易方式，其发展的首要任务是平台化机制的建构，电商交易不仅在支付、展示与服务等方面更具综合性，更具竞争力，同时，交易也更为透明，相应的保障与服务支撑也更加系统化、体系化。

其次，艺术电商的独立形成是在电商平台的发展大框架的引导下，艺术品的互联网交易借助电商理念而不断推动形成的专业化交易机制。事实上，艺术电商的第一个发展阶段是传统业态的互联网化；第二个发展阶段是艺术产业的平台化交易，特别是基于互联网技术的展示、交易与服务平台，重点是基于鉴证的交易过程管理和基于登记的交易溯源管理两大功能。

虽然我国的艺术电商在2015年就已经发展到2 000多家，但在其发展过程中遇到的难题就是盈利困难，主要表现于客单价难以提升。原因是艺术电商的发展，一开始更多地讲求技术层面的创新（产品展示、客户管理等），却缺乏必要的行业经验及其积累，难以形成相应的平台公信力，这导致每件作品客单价始终提升不了。对这一状况有关大的平台做过相关数据分析，以紫砂壶销售为例，结果显示紫砂壶在500元以下销售火爆，但价格高于500元几乎就卖不动了，其深层原因就是平台没有为消费者提供足够的公信力和深度的体验，因此，在快消平台购买的紫砂壶仅需要具备基础的泡水功能，一旦上升为紫砂壶的收藏层面，也就是价格高于500元进入轻收藏阶段，消费者就会从快消平台转向专业平台。

再次，伴随数字化发展与基础设施的完善、网络环境的改变，新艺术电商迅速崛起，其发展的基础是数字化新发展下的综合服务平台，其本质是数字化+艺术电商，在融合上一阶段平台功能的基础上更加强调对于数据的管理与服务，即数字化基础上的征信与信用管理。

现在几乎所有艺术电商都在发生一个变化，那就是可视化，整个交易越来越可视化，包括交易过程、体验过程、公信力的过程等都几乎可视化。例如微拍堂平台就是因为增强了公信力和改进了深度体验，因此年交易额达到了几乎相当于或者是超出整个中国艺术品拍卖市场规模总和的水平。可以说，是数字化潮流推动了新艺

术电商的兴起，通过数字化场景的建构持续提升平台公信力与沉浸式体验，将行业经验与管理能力持续赋能到消费场景之中，为购买行为提供公信力保证与沉浸式体验的综合性服务交易平台。

5. 数态化：新基础设施、数字化场景建构、数字艺术资产

数态化交易的过程是在区块链系统保障下进行并完成的，包括确权、鉴证、溯源等功能，其交易完全是数字化的，所有权的交付与展示也是在数字化环境中完成。一方面，数字化技术和新基础设施建设推动了数字化场景的建构，市场数态化发展也随之产生。虽然目前数态化发展仍处于初级阶段，但已经形成了主流。这里的数字化场景与简单的传统消费场景不同，它是数字化消费、数字化市场、数字化网链、数字平台、数字信用、数字治理这一系统生态的产物。另一方面，数字化场景需要数字艺术资产的适配机制，因此数字艺术资产的发展与管理也就成为必然趋势。数字艺术资产是拥有数据权属的（包括挖掘权、使用权、所有权、管理权）、有价值的、可计量的、可读取的数据资产信息，是基于数字化平台的数字集合性新资产形态。与此相对应的是，数字艺术资产作为一种新的资产形态存在和深化的关键，是要找到与其相适配的业态形式、运营模式与管理方式，建构相应的支撑服务体系。因此支撑艺术品市场数字化发展和业态转型的两个关键因素就是数字化场景的建构和数字化新基建的完善。

以上五个阶段基本概括了中国艺术品市场改革开放 40 余年来发展的历史阶段与基本逻辑。今天的中国艺术品市场及其相伴随的文化金融产业正在逐步走向数字化发展的新阶段，这是展开研究探讨的一个重要背景。

（三）NFT 与数字艺术资产

认识数字艺术资产是研究与探索数字人文经济发展的基础。对数字艺术资产的研究，有三个层面至关重要：第一，数字艺术资产是如何产生的，其机制有哪些？第二，数字艺术资产是一个系统，其基本的组成是怎样的？第三，数字艺术资产是一种新的形态，其系统的结构是什么？这些都是数字艺术资产研究过程中必须回答的基本问题，而对其资产形态的结构进行分析研究，更是数字艺术资产研究的一个基本前提。

1. NFT 的本质

NFT（non-fungible token，非同质化代币），通常指开发者在以太坊平台上根据相关标准/协议所发行的代币，其产生背景与区块链技术紧密相关。为更好地理解 NFT，有必要对"通证"的概念进行阐释。

事实上，通证的本来目的是提高区块链系统的运行效率，并作为一种评价系统内工作数量、效率与质量的工具。举例来说，农村生产大队下设多个生产小队，通证就类似于生产小队的"公分"，是为生产小队提高工作运营效率，并在后续分配劳动成果时有所遵循而设立，是劳动成果计量、评价和分配的重要手段与工具。通证的形成是在一个系统内部产生的，如第一生产小队的通证就只能在第一生产小队系统内使用，若将其用于第二生产小队则可能行不通，这就涉及通证的使用范围问

题，也就是技术系统的游戏规则不能随便外溢成为大众规则。这也是目前某些系统内部发行的通证想要在大众市场中运用，甚至想与国家主权货币进行交换，而被许多国家与地区严格限制的根本原因。

从技术的角度来看，NFT 的特征主要包括以下四点：第一，唯一标识，NFT 在其代码中包含描述每个 Token（代币）的属性信息，这些属性使它们与其他代币不同；第二，可溯性，每个 NFT 都有链上交易的记录，从创建时间开始到每次交易，所有的交易流程都可以溯源，且不可逆转和篡改，从而证明其真实性，第三，稀缺性：通常 NFT 的数量都是有限的，极端的例子是只有一个副本；第四，不可分割：NFT 不能以整体的一部分进行交易，不能分成更小的面额。NFT 作为权证，用于证明数字资产的唯一归属，将在游戏、艺术品、收藏、虚拟资产、身份特征、数字音乐、数字证书等领域发挥巨大作用。

从本质上看，NFT 是在区块链技术系统内的通证或在虚拟币基础上产生的非同质化通证概念，即在区块链技术、区块链系统中以通证机制形成的一种资产状态，是重要的数字艺术资产。NFT 的发展能够为我们找到一条新的资产生成路径，可谓极具创新意义。对其进一步理解，需把握以下两点：

首先，NFT 是区块链系统中的概念。NFT 产生的背景是区块链的发展，离开区块链就不存在 NFT。其次，NFT 是基于区块链系统的数字资产铸造机制。一方面，NFT 的形成机制虽然与通证完全相同，具有唯一性与流转过程中的不被改变性，但其效能与通证不同，已经不再是传统意义上的代币。换言之，通证在区块链系统内是一种虚拟币，其最重要的特征是同质化，因而能够在系统内无差别流通，而一旦超出其系统范围则难以流转。而 NFT 是非同质化通证，已经不再是严格意义上的通证，它是唯一的，每一个 NFT 都不相同，不能像通证一样在系统内进行无差别交换、流通，它成为利用通证这一方式在区块链系统内铸造数字资产的一种机制，因此已经不是严格意义上的通证，这是二者之间的最大区别。另一方面，由于 NFT 可以表现为数字藏品等数字资产形态，对其探讨需要明确 NFT 绝不是数字藏品的专有名词，也不等于数字藏品，而是数字藏品的铸造机制。可以说，正因为区块链系统中有 NFT 这种铸造机制，才得以铸造形成数字经济发展过程中丰富的数字艺术资产。

2. NFT 与数字艺术资产

NFT 本质上是一种基于区块链的一种数字资产铸造机制，而数字艺术资产形态是基于 NFT 机制在区块链系统中铸造而形成的。对其理解必须要规避一个倾向，即将数字艺术资产等同于数字藏品。目前国内对于数据要素、数字藏品的讨论较多，而很少提及数字艺术资产这一概念，而事实上数据是传输的基本内容形式，是内容的载体，其本质是一种在信息化背景下公开共享的一个产物。在数字化的大背景下，它是一种在区块链系统非中心化条件下产生，在互联网空间中可以按照一定规制共享的资源，而对其交易需要以确权、估值、定价等作为前提，即数据交易的实现必须首先将其转变为数字资源，并将其系统化，进而数字资源资产化。在这里，研究数字艺术资产如何与实体经济、现实生活以及人文经济下的现实场景相融合，可以说是数字艺术市场及其产业发展的战略性课题与战略性方向。

3. 数字艺术资产的基本形态

数字艺术资产的形态结构具有系统性，如果将其资产形态结构进行分类，概括地讲，大致可分为以下四大类：

（1）数字（虚拟）艺术资产形态

数字（虚拟）艺术资产形态指没有实物艺术品的物理形态存在，从创意、创作、载体到流转等都完全是在数字化状态下完成的资产形态，它不像中国画那样既有笔墨纸砚，又能够装在物理形态的画框中，在现实空间中展示。当前的数字藏品大多为这一类形态，例如支付宝联合敦煌美术研究所发布的"敦煌飞天"和"九色鹿"两款NFT皮肤，最为突出的特点就是从艺术品的创作生产到最终的交易全流程都是通过数字技术在数字化场景下完成的。

（2）数字化内容艺术资产形态

数字化内容艺术资产形态包括物理形态的内容数字化和数字化的内容资产化，如音乐、舞蹈等，其内容可以数字化并形成相应的数字资产，因此可称之为数字化内容的资产形态。2021年我国共计发售数字藏品数量约456万份，总发行价值约为1.5亿元。腾讯的数字藏品平台幻核在2021年8月正式上线，百度旗下百度超级链于2022年1月宣布上线数字藏品平台。

（3）复合型数字艺术资产形态

复合型数字艺术资产形态是今后数字艺术资产管理交易过程中将会大量存在的一种资产形态，也是数字艺术资产发展中非常重要的一个创新突破口。复合型数字艺术资产形态是将实物艺术资产与数字化艺术资产相结合而形成的资产形态，拥有相对应的艺术实体物。例如通过数字化手段将实物转化为权益性的数字版权，从而形成NFT数字资产，这种数字版权与实物艺术品可以具有一一对应的关系，通过数字化版权的交易过程，实物艺术品的权属也随之流转。这种对应关系实际上为我们打开了整个数字艺术资产管理的大门，使数字艺术资产不仅仅成为一个纯粹的数字化概念，而是与传统艺术品市场产生了直接联系，使数字权益与物理形态的艺术品发生了关联。在具体的交易过程中，事实上除了电子资产权益之外，数字艺术资产还可以在艺术品以外与相应的实物资产（红酒、非遗产品等）做进一步的拓展。当然，在与实物资产结合的过程中如何保证数字化权益和实物之间是一一对应的关系，保证这种对应关系在整个流转过程中不会发生变化是复合型数字艺术资产创新中的核心问题，也是发展的难点，需要时刻注意。

（4）数据化的数字艺术资产形态

数据化的数字艺术资产形态即利用数据资源，经过模型与算法等价值发现手段与价值挖掘处理而形成的一种新型的、具有一定价值的资产形态。例如艺术品市场发布的各种行情、指数，建立的数据库，相关的咨询报告等都是常见的数据性艺术资产，这种资产形态已越来越受到人们的重视，尤其是在数字化发展背景下受到了各类消费投资人群的关注。一方面，数据是重要的生产力要素，对于市场的发展趋势、形态、结构等因素的分析都离不开数据服务的支持；另一方面，目前市场中的很多企业就是因为经营数据资产而成长为了大型的企业与集团。可以说，数字化企业经营的核心竞争力就是数据。当然，数据作为一种资产资源需要安全处理、加工与系统化管理，才能形成有效的共享与流通机制，这一点需要格外重视。

数字艺术资产形态的创新探索能够有效地拉动相关产业的发展。以数字化内容艺术资产形态为例，在区块链系统中内容的生产非常重要，由其孕育的资产形态在规模上相较于传统媒体所进行的内容生产不知增值几倍，这就为我们提供了非常多的创新与发展机会。

虽然当前基于数字艺术或数字艺术创作的数字艺术资产形态已经大量存在，很多数字藏品就是基于内容的数字化而产生的，但相较于其巨大的发展空间而言，现在所看到的数字化内容类形态的数字艺术资产仅仅是"冰山一角"。在研究与探索数字艺术资产形态时我们必须强调，绝不能仅仅盯着自己感兴趣或是具有猎奇性的资产形态部分，而忽视了其资产形态的复杂性与丰富性，因为数字化资源及其资产的发展，更为重要的是配置，而数字艺术资产不仅有着丰富的艺术资产形态与结构，且每个形态都有大量的业态发展机会等待发现与发掘，其资源及其资产形态的资产配置的市场前景是非常广阔的。

（四）数字艺术资产（NFT）的流转与交易

数字艺术资产（NFT）的出现，带来的最大问题可能是"数字艺术资产如何流转""其发展逻辑是什么""其流转模式有哪些""这些模式有什么异同？不同的流转模式怎样创新""在创新的过程中要遵循怎样的逻辑"等，可以说这些都是当下我们应该特别关注的问题。

1. 数字艺术资产（NFT）的基本逻辑

数字艺术资产的交易逻辑取决于不同的交易监管制度与环境。数字艺术资产交易主要分为境内（不包括中国香港、澳门、台湾地区）、境外两大板块，其交易问题既是当前业界与研究界关注的痛点，也是本部分研究探讨的核心。事实上，对于数字艺术资产交易基本逻辑的认知，需要从境内境外以及境内境外交易的特点与区别中不断明确。

（1）区块链系统交易

境外 NFT 运转的基本逻辑是：通过区块链系统数字资产与虚拟币完成交易，即在区块链系统内形成的 NFT 通过通证（虚拟货币）完成交易，其交易得以与大众市场的客户发生关系的前提是虚拟货币与法币能够形成兑换，也就是在国际上不禁止虚拟货币的国家，利用法币与虚拟币进行兑换，然后通过虚拟币与 NFT 进行交易，最终形成基于区块链系统的完整交易体系。需要注意的是，它的核心是虚拟货币与法币之间所形成的兑换或者是价值交换关系。

（2）我国数字艺术资产（NFT）的交易逻辑

NFT类数字资产交易目前在国内仍受到特别严格的监管。一方面，虚拟货币和法币（人民币）之间不能相互兑换；另一方面，法币也不能为虚拟货币进行任何形式的定价；同时，虚拟货币与法币之间不能有任何映射关系。这就预示着国内NFT（数字艺术资产）交易在区块链系统内无法完成完整的交易过程，因此需要借助第二、第三场景的建构实现其交易，这是国内数字艺术资产（NFT）交易的基本逻辑，也进一步说明NFT的身份已经回归为资产概念，与虚拟货币没有任何关系，是在第二、第三场景下交易的一种资产，并且是数字艺术资产（见图5-4）。目前，第二、第三场景的交易形式可以是在画廊、拍卖等场景下的销售，以及在电商平台与其他商城平台的交易等。可以说，数字艺术资产（NFT）只要不是在区块链系统通过虚拟币交易目前都是可以完成的。

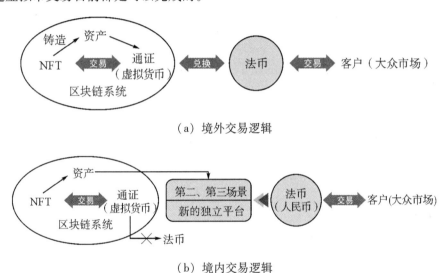

（a）境外交易逻辑

（b）境内交易逻辑

图5-4　数字艺术资产（NFT）的交易逻辑

（3）境内、境外数字艺术资产（NFT）交易区别

一是技术。境内、境外交易的技术基础不同，表现为境外交易主要依托的是区块链的公链，即数字艺术资产是在公链上以NFT机制铸造。境内交易大多是在区块链的联盟链中以NFT机制铸造，这是二者技术基础层面的差异。

二是产品。境外数字艺术资产（NFT）依托的产品主要是数字艺术，强调的是创造与审美的唯一性，其中包含较多权利（收藏权、所有权、版权及周边开发权等），因此能够进行大范围的衍生与开发，并且能创造出较高价值。境内数字艺术资产（NFT）依托的产品主要是数字藏品，所具有的唯一性主要技术层面的唯一性，即区块链技术赋予的唯一性，因此仅具有收藏权。由于数字藏品的收藏权非常单薄且空间较小，境内数字藏品难以周边与衍生开发，也很难创造更大价值，而这既是我国数字艺术资产的缺陷所在，也是其今后发展应该创新突破的方向与突破口。

三是运营。主要表现为境内境外数字艺术资产（NFT）交易的逻辑结构存在重大差异，其差异的形成主要由监管导致。境外数字艺术资产（NFT）是可以进行公开交易，当然包括二次交易。而在我国境内，在现有监管体系、理念与方法手段尚未完善的情况下，面对仅有收藏权的数字藏品，如果开放无限的交易则可能形成巨大泡沫。我们知道，艺术品交易的最终目的是要实现价值发现，而数字藏品本身由于价值空间较小，因而即便对其规模化，形成海量交易也很难推动藏品价值的发现与放大，甚至会出现投机行为与形成泡沫。因此我国对数字藏品的监管没有开放二次交易，目前所谓的一些流转，如转赠、空投、盲盒等都是发售权的周边探索，不属于二次交易的概念。当前，我国对于数字藏品的监管有一个重要的价值指向，那就是将数字藏品仅仅定义为一种商品，并且是一种有限形态的商品（只能发售，不能二次交易），尽可能抑制其资产化、金融化发展，这一逻辑关系也验证了相关行业管理部门目前的基本监管思路。

四是监管。除上文谈到的运营监管以外，境内境外数字艺术资产（NFT）交易区别根本在于虚拟货币与法币的关系问题。在境外，许多国家是支持或者是允许虚拟货币与法币的对应交换，这时数字艺术资产（NFT）是可以在区块链系统内实现完整的交易过程。在境内，由于国家严格限制虚拟货币与法币的对应交换，甚至不允许有任何形式的价值映射关系，这就决定了数字艺术资产（NFT）是不可能在区块链系统内实现完整的交易过程，其必须在第二、第三场景中，在第三方独立平台上实现基于法币（人民币）的交易，才能最终实现数字艺术资产（NFT）的完整交易（发行）过程。

（4）我国数字艺术资产（NFT）交易模式的创新逻辑

事实上，我国数字艺术资产（NFT）交易模式的创新逻辑不是技术问题，而是方案问题，关键是要找到监管与交易模式的适配。如何做到合法合规，不突破监管的红线而实现数字艺术资产（NFT）交易是创新模式探索的核心点。如今的很多创新实际上仍然是在区块链系统内部的探索，这很容易触碰监管红线而难以长久。我们强调，真正的创新是用区块链系统的机制促进数字艺术资产的形成，再将数字艺术资产在第二、第三场景，在新的独立平台上与公众交易。NFT是要利用区块链系统的应用完成NFT资产的形成，并保持这种机制。

在具体的操作层面，首先，不应在区块链系统内过多地做"文章"，而是要在交易模式方面努力探索，要基于区块链系统利用NFT机制来铸造完成数字艺术资产的形成，并且以有力的支撑服务保持其运转，然后使其在第二、第三场景完成交易。其次，创新探索的未来空间在于数字艺术资产形态的种类（数字型、内容型、复合型、数据型数字艺术资产）或是基于新的独立平台与客户完成交易的方式等。如果将NFT当作一种机制保证，那么合法合规的问题就可以逐步找到有效的解决方案。再次，要在两点的基础上，探讨不断建构数字化场景，不断推动可能的创新消费应用出现。

（五）数字艺术资产（NFT）与艺术金融服务创新框架

数字艺术资产创新发展的架构，尤其是数字艺术资产在艺术金融服务体系发展中的创新架构，以及在此架构下发展的方向是当前非常值得探索的问题。可以说，在数字艺术资产（NFT）与艺术金融服务创新方面，如果没有高度的认知，缺乏架构的概念，那么所谓的很多创新就是认知模糊的、风险无边界的、操作危险的，即缺失科学的逻辑与架构的创新是注定要失败的。

1. 数字艺术资产（NFT）与艺术金融服务创新架构

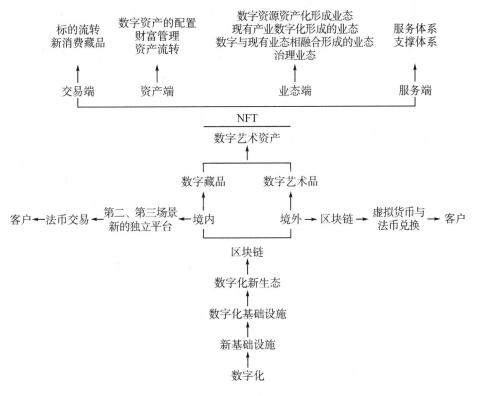

图 5-5　数字艺术资产（NFT）与艺术金融服务创新架构

首先，数字艺术资产（NFT）与艺术金融服务创新需要有力的基础支撑（见图 5-5）。主要是基于数字化形成新的基础设施，进而发展形成数字化基础设施。以前的基础设施主要是公路、铁路、电力等，后来发展到互联网的不断崛起，再到互联网成为基础设施，之后支付系统、结算系统等互联网服务的不断丰富发展，大数据、人工智能、区块链等技术的不断融合发展，新的基础设施出现。而今天，数字技术（包括数字场景的建构技术）、元宇宙、Web 3.0、算力技术等的融合发展，这些技术已不再是典型意义上的前沿技术，而成为数字化进程中的底座，进一步发展成为数字基础设施。基于数字基础设施的发展，数字经济新形态的发展已经形成气候，并且得到了快速发展。特别是近年来，随着元宇宙技术的不断发展，不断带动以其为底座的数字经济数智化新形态的火爆发展，关键就在于它以场景化的建构为中心，是实现虚拟和现实融合，推进新的深度消费体验的场景。可以说，在技术上元宇宙是前沿技术，但在数字场景建构方面，它又是数字经济数智化新形态的基础设施。

由于技术的更迭进化飞速，必须要抱着持续学习的精神来面对数字化快速变革的趋势。这一趋势是在数字基础设施基础上，不断建构数字综合服务平台，并进一步形成数字化新生态。即基于数字基础设施建构的数字综合服务平台+生态。数字产业新业态与数字经济新形态的发展，最终决定其发展规模、结构与业态或者是形态丰富程度的基础条件就是基于数字基础设施建构的数字综合服务平台+生态。没有数字综合服务平台+生态，数字经济发展规模就不可能进一步壮大，数字艺术资产的形态也很难得以丰富与拓展。

其次，在数字基础设施的支撑下，数字艺术资产（NFT）与艺术金融服务创新还需要基本的技术承载与技术系统，即区块链系统。无论是对区块链机制、NFT还是Web 3.0，实际上最根本的基础是互联网与区块链系统。在区块链系统层面，数字资产产生后，在流转环节就出现了两种模式：有虚拟货币参与、无虚拟货币参与，即涉及境内、境外两个流转模式。从产品层面看，其区别在于境内产品主要为数字藏品，境外产品主要为数字艺术品。事实上无论是数字艺术品还是数字藏品，都是通过NFT这一铸造机制形成的数字艺术资产。

再次，在数字艺术资产（NFT）的创新层面，需要注意交易端、资产端、业态端、服务端，其也是数字艺术资产流转方面创新发展的基本领域。

（1）交易端

一方面，数字藏品虽然是标的物，能够进行发售，但在其发售层面如何在合法、合规层面强化其流转能力，这就需要不断探索新的方法。另一方面，在新消费场景下还特别要强调对数字藏品的发掘、设计以及价值赋能，这是数字藏品创新在交易端通过创新发展复苏的重要方向。

（2）资产端

随着高净值人群财富的增长与管理需求的旺盛，如何实现数字经济、数字资产不断成长的大背景下，数字艺术资产端的创新已经成为当下必须要面对的重要课题。概括来看，其创新的主要战略方向包括三个取向：数字资产配置、财富管理以及资产流转新场景。

（3）业态端

在这个端口，需要做好四种新业态的发展：数字资源资产化形成的数字产业业态，现有产业数字化形成的业态，数字与现有业态相融合形成的新业态，以及数字治理形成的新的业态。有效推动这四种业态发展非常重要的一点，就是政府管理部门必须明确自己的定位。市场经济探索的经验已经使我们认识到，政府要作有为政府，要更多地依靠法律法规、管理体制与体系创新、产业政策、财政政策等措施去进行制度创新来产生影响、引导市场的发展，并通过优化发展环境进一步推动市场与产业的聚合，而不应过多地介入市场去规划路线图，既当"运动员"又当"裁判员"。

（4）服务端

服务端建设即建立数字艺术资产的服务体系与支撑体系（后文详述）。

2. 创新基本的逻辑架构

数字基础设施与艺术管理研究对象及研究手段的不断跃迁，导致了艺术管理系统本身的建构已经发生了巨大的变化，艺术管理系统本身已经出现了一个新的架构形态。这个新的架构（见图 5-6）与传统艺术管理的系统形态区别很大，这就需要认真研究与分析艺术管理系统本身的新形态是什么？它的要素有哪些？结构是什么？系统功能是什么？系统与环境的关系，也就是系统行为有什么特征与规律等。这些都需要认真研究。也正是由于艺术管理的系统出现了新的跃迁，基于艺术管理新系统基础之上的学科体系以及实践体系等，就需重新解构与重塑，以便形成与新系统形态相适配的新体系。

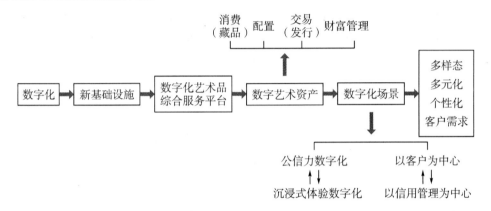

图 5-6 创新基本的逻辑架构

（1）数字化综合性服务平台的创新

数字艺术资产（NFT）与艺术金融服务创新的基础是数字化，然后基于数字化技术形成数字化新基础设施，在新基础设施基础上进一步形成数字化综合性服务平台。数字化综合性服务平台的建构，其目的是要支撑服务与管理数字艺术资产的相关业务，主要包括消费（藏品）、配置、交易（发行）与财富管理。第一，在消费方面，目前很多人在数字艺术资产消费过程中由于担心触碰合法合规的红线，将消费标的物称为藏品，实际上相比于名称，消费层面更为重要的是要基于综合性的服务平台，以合法、合规的模式进行交易与流转。第二，在配置方面，数字艺术资产（NFT）的配置市场是巨大的，不仅包括纯粹的数字形态艺术资产，还包括数字化内容形态艺术资产、复合形态数字艺术资产、数据化形态数字艺术资产四种资产形态，因此，对于其资产配置一定要开阔视野，不要太过局限于某一类或者是某一种资产形态。第三，在交易方面，数字艺术资产（NFT）的发展实际上关键是要交易要流转。目前，交易流转的主要形式是数字艺术资产（NFT）的发行。第四，在财富管理方面，目前四种数字资产形态在数字化综合性服务平台上都可以进行创新探索，所依赖的是数字化场景的建构这个中心。通过数字化场景主要解决了两个关键性问题，一是公信力的数字化，二是深度体验的数字化，唯有在以客户为中心，以信用管理为核心基础上建构的数字化场景，才能更好地发展消费、配置、交易和艺术财富管理这四大业态，实现个性化需求的满足。当下，备受关注的新消费概念最突出的就是消费需求快餐化、碎片化、个性化、多元化、多样化、智能化、便捷化，这些都是数字化场景建构过程中要解决的问题。以上是围绕数字艺术资产这个核心，依赖数字化场景进行创新的基本逻辑架构。当然，具体到每一个资产形态与业态如何进行创新与发展，需要我们进一步按照类型化的分类进行具体的研究探索。

（2）数字化综合性服务平台的建构

在传统艺术金融业态的创新发展中，艺术品综合性服务平台可以说是研究探索和艺术金融创新的一个基础。对于数字艺术资产的创新，基于数字基础设施之上建构的数字综合服务平台，同样是数字艺术资产创新发展的一个基础，也是业务创新的一个基座。因为只有把数字综合服务平台做系统、做扎实，数字艺术资产的创新发展才能够有基础、有前提、有管理、有风险地管控，这是数字艺术资产创新发展的一个根本。艺术品综合性服务平台的内部结构如图5-7所示。

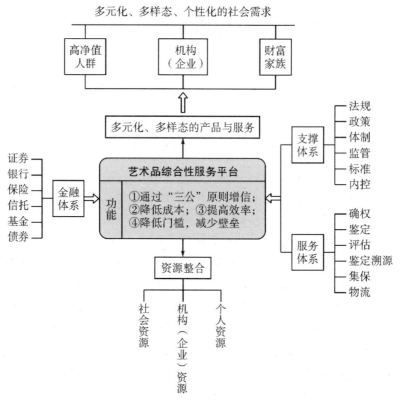

图 5-7 艺术品综合性服务平台的内部结构

在基本的逻辑架构中，数字化艺术品综合性服务平台的建构是区块链系统层面涉及的关键问题，包括产品机制、支撑服务体系、金融机构与支撑服务体系的整合关系等，该平台内部结构如图 5-8 所示。

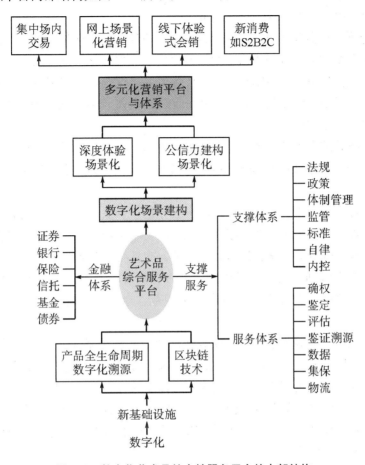

图 5-8　数字化艺术品综合性服务平台的内部结构

首先，依靠"三公"原则（公开、公正、公平）而建设的，具有公信力的数字化艺术品综合性服务平台。其次，借由平台公信力进一步整合了产业与市场支撑体系和服务体系。其中，支撑体系包括法规、政策、体制、管理、监管（行业自律、标准、内控）等，服务体系包括确权、鉴定、评估、溯源、集保、数据服务、物流等。再次，基于数字化艺术品综合性服务平台整合的支撑和服务体系具有管理风险的能力，能够与金融体系（证券、银行、信托、保险、债券、基金等）有效对接，从而创新形成相关的服务产品实现艺术品社会化服务，而且其平台格局一旦形成，平台资源整合能力就将得到极大提升，进而实现社会、机构、企业、个人等各层面的资源聚合与平台用户的培育，随之而来的是平台基本功能的持续丰富。数字化艺术品综合性服务平台不是一个简单的概念，而是一种基本的功能形态，需要进一步数字化，要用数字化的金融体系、支撑服务体系和数字化的产品与服务来满足多样化、多样态、个性化的社会需求，才能很好地完成数字艺术资产创新发展的各项基本业务。只有基于数字基础设施而不断建构的数字化综合性服务平台，才能在实现 NFT 机制对数字艺术资产的铸造的基础上，完成数字艺术资产交易，并不断创新形成新的业态，建构更为丰富的生态，发展更为成熟的数字人文经济新形态。

（3）数字化综合性服务平台的评价

在理论研究和实践探讨的过程中会经常会遇到，如何评价一个综合性的服务平台，并在这个基础上，进一步引申的如何评价一个数字化的综合服务平台问题。因此，我们应该做理论上的总结与分析。要评价一个综合性的服务平台，有很多标准与指标，但从系统论的角度来看，有几个关键的角度（我们可以称之为维度）。其中主要有以下五个维度：

第一，要看综合性的服务平台是不是有相应的出生证，即是否有相应的资质，如果这个综合性的服务平台需要相应的监管，它是否有前置审批的相关的手续与资质。

第二，综合服务平台运营的产品或者服务是否合法合规，即是否触碰到了三条红线：一是涉及非法集资、非法吸储；二是涉及非法传销；三是涉及非法会销。

第三，综合性的服务平台运营是否规范，交易结构是否科学合理，如文交所平台一般在实践中所创立的四分离原则，是否在相应的综合服务平台上得到了落实等，这些都是判断一个综合服务平台是否规范、运营是否科学有效的非常重要的指标。

第四，综合性的服务平台是否促进和推动了产品创新与服务创新的不断进步，或者效率的不断提升。一方面，一个综合服务平台只有不断进行产品创新，不断提升服务，才能更好满足多样态、多层次、个性化的社会需求，功能才能得到更好发挥；另一方面，综合性的服务平台是否对风险进行了有效管控，是否有效促进了与金融体系、支撑服务体系、资源体系与需求体系的有效对接，这是评价综合性的服务平台创新发展非常重要的指标。

第五，综合性服务平台是否推进了数字艺术资源及其资产的价值发现，即综合性的服务平台是推动了数字艺术资源及其资产的投机与泡沫的产生，还是促进了数字艺术资源及其资产的价值发现。这是最重要的一个评价的指标，也是评价一个综合性服务平台的分水岭。

3. 创新的基本业务结构

探讨数字艺术资产（NFT）与艺术金融服务创新的业务结构，实际上就是探讨基于数字综合服务平台的基础上不同形态的数字艺术资产怎样创新的问题。

（1）基于数字化综合服务平台分析其业务结构

数字艺术资产创新的业务结构，总体上来看分为六个层次：一是数字化综合服务平台；二是数字艺术资产的形态；三是数字场景的建构；四是业务创新的基本路径；五是创新的产品与服务；六是多样化、多样态、个性化社会需求。只有清晰地理解了数字化综合服务平台分析其业务结构及相应的层次，才能更好地理解创新的基本业务与结构。

（2）基于数字化综合服务平台关注资产端与交易端创新

要关注交易端、资产端、业态端与服务端，更应重点关注资产端与交易端创新。首先，关注资产端，因为这种业务结构是在数字化艺术品综合性服务平台上交易的基于区块链机制所形成的数字艺术资产（NFT），其交易结构科学，是以法币而不是虚拟币在第二、第三场景，在新的独立平台中完成的。其次，关注交易端，最根本的是要关注客户和交易体系。具体如下：

第一，资产端创新，一是要关注数字资产的配置。以前的资产配置主要是有价证券、贵重金属、房地产、现金等，近年来红酒、艺术品等另类资产配置也越来越多地进入人们的生活与资产配置领域。在这种情况下，如何将数字艺术资产作为一种资产形态融入资产配置体系，成为资产配置的工具与手段是需要认真探讨的问题。二是要关注财富的管理。如今越来越多的财富管理机构建立了相应的，规模化的财富系统。对于这类财富系统如何进行有效管理与隔离，从而实现财富的保值增值、流转收益等，如何让艺术资产介入到财富系统之中，使得艺术资产的进入门槛更低，能够更加便捷有效地实现财富管理都是资产端创新的重要方向。三是要关注资产的流转。除了数字资产的配置与财富管理，实际在产业层面还必须要关注资产的流转。以前人们更多关注"数据"，实际上数据从本来的意义上看具有传输功能、共享功能，让数据进行交易实际上就忽视了数据交易的前提：其一是数据的交易必须要有需求；其二是必须要确权；其三是必须要估值定价。这些都是其交易的重要前提，忽视了这些前提整个互联网、区块链技术发展将形成一种逆向潮流，这是反科学的。因此必须要承认数据本身是资源，最重要的使命是流转共享，交易必须首先要将其资产化，然后才能进一步去谈资产的流转与平台的建构等问题，在发展新的业态时要符合业态发展的规律，注意不能形成新的基于话语权而不是基于市场机制的垄断。

第二，交易端创新，实际上就是要在数字艺术资产流转的范围内，一方面关注其流转性，另一方面关注数字藏品价值赋能以及与国潮消费的融合。目前数字藏品更多是迎合年轻人时尚化消费，那么如何将时尚化的消费价值与藏品的设计与审美价值融合形成一种新的消费价值，这是探索的大课题，也是取得创新突破的重要方面。此外，数字人民币的推出，在数字艺术资产流转的过程中是否可以形成新的场景。

（六）相关热点问题

数字艺术资产的研究探索可以说目前刚刚起步，难点、热点问题很多，我们难以一一列出并进行讨论。在这一部分重点分析一些当下人们比较关注又容易混淆的一些基本的问题。

1. 元宇宙

在 NFT 不断兴起之后，很多概念与探索引起了人们的重视，如区块链、Web 3.0、元宇宙等，特别是近来，越来越多的人关注元宇宙及其产业的发展。实际上元宇宙是一个与现实世界并行的虚拟世界的简称，这个虚拟世界是以技术手段作为保证的，能够承载内容且具有应用功能，是一个系统、方案与机制，甚至是生活方式。在数字艺术资产中，元宇宙更多地为我们提供展示与沉浸式交互体验的场景，是数字化消费体验场景的重要手段。目前，元宇宙更多的是存在于概念层面，其产业化还需要很长的发展过程，需要交互、体验、穿戴、人机接口等许多通用技术的准备，因此将其作为完全消费型平台的难度较大。对于元宇宙的发展，本书认为要少谈概念，而是更多地将其作为场景建构的手段，这样可能更为落地。当然，随着元宇宙技术的发展，人机交互技术的成熟，将来的某一天它与现实世界可能会实现非常好的沉浸互动与虚实结合、数实结合，但就目前情况来看，元宇宙及其产业的探索才刚刚起步。

2. NFT 发展前景

NFT 是一个基于区块链的数字资产的铸造机制。在数字经济发展的过程中，可以确定的是，作为机制的 NFT 的发展前景是广阔的。一直以来我们反复强调要大力发展艺术金融，要把艺术品及其资源资产化，这是因为当前中国艺术品市场的经营仍处于一对一、一对多状况，还未深入参与巨大的金融体系之中，由此导致中国艺术品市场的总交易规模始终难以突破 4 000 亿元。如果将艺术品及其资源转化为艺术金融资产，那么就能够将其在金融资产的范围内进行交易，届时交易就会在规模 300 多万亿元的资产平台流转，300 多万亿元与 4 000 亿元的差别就是艺术金融面临发展困境最原始且最根本的原因。

在艺术品及其资源向金融资产转化的过程中，NFT 这一基于区块链机制而铸造的数字艺术资产，具有极为丰富的业态，借助 NFT 我们在今后的发展中能够建构起以数字艺术资产为核心的数字艺术金融。也就是说，在数字经济的不断发展下，金融体系也将进一步数字化，与其相应的管理标的物就是数字艺术资产，且其发展前景不可估量。这时数字资产的风险管控会直接与金融体系的发展紧密联系，如果我们想要在其中有所收获，就必须提前介入与研究，这是本书强调建构数字人文经济背景下以数字艺术资产为核心的金融服务体系的深层原因。

3. 数字化发展核心

在艺术品市场及其产业数字化进程中，数字人文经济的序幕已经拉开，其业态的发展充满活力而又不断丰富。在这个过程中，我们发现，数字化的核心是数字艺术资产，而数字艺术资产必须通过数字化场景的建构来满足新消费与新需求，同时还需要有力的支撑服务体系作为保障。其中，在数字化场景的建构层面，公信力的数字化与深度体验的数字化至关重要，而建构的手段必须强调以客户为中心，以信用管理为核心。因此，新消费与新科技融合深入，推动艺术品市场及其产业数字化，场景化建构的不断发展与深入是数字人文经济发展的前提，因为只有拥有丰富的数字化场景，数字艺术资产及其形态才会不断涌现，数字人文经济的发展才会持续与繁荣。

第二节　艺术市场与产业

　　诺贝尔经济学奖得主保罗·萨缪尔森（Paul Samuelson）不相信在欧洲和北美有满足"完全竞争"假设的市场经济。试图解释中国"奇迹"，或正在研究"网络效应"（又称"需方收益递增律"）与"知识经济"的中国经济学家，值得继续探讨西方经济学家尚未完成的理论。收藏艺术品不论成本还是收益，都有很强的不确定性。艺术品的真伪是市场定价的核心因素。不确定性是艺术品市场价值的波动（汪丁丁，2022）。任何一种以单一准则为基础提出的艺术定义，要么排除了大部分传统分类标准所包含的对象，要么包含了许多传统分类标准所排斥的对象。在界定艺术品时，只有一种功能取得了制度性的统一，即其在国际艺术市场上的价值功能。一旦某件商品被纳入制度性的艺术品之列，就获得了可以根据供需关系迅速上涨的价值（李修建，2023）。

一　世界艺术品市场：共生与重构

（一）近来世界艺术品市场发展的几个重要态势

1. 世界艺术品市场的发展有涨有跌

　　2023年，全球艺术品拍卖收入达到149亿美元，与上一年相比下降了14%。2023年的市场也呈现出与去年相反的周期性失衡：亚洲市场正在走强，而西方市场则在2022年的高峰之后出现下滑。尽管美国总成交量增长了9%，但美国市场的表现却放缓了28%，仅为52亿美元。紧随其后的是中国市场，49亿美元的成绩与疫情前的表现相当。其他亚洲国家中日本下降了22%，韩国在经历了去年的繁荣后下降了49%，而印度的总成交额增长了76%，超过了日本。在全球市场中排名第三的英国，尽管总成交量增长了5%，总成交额却下降了15%（达到18亿美元）。与美国市场类似，缺少高端市场藏品。紧随其后的是法国（8.75亿美元，下降了11%），向我们展示了，在条件有利的情况下，法国具有实现10亿美元市场规模的能力。欧洲市场的其他主要参与者整体拍卖更靠中端价格拍品，成交情况保持稳定甚至有所增长。德国和意大利的表现保持稳定，而比利时和西班牙的成交额则分别增长了21%和31%（雅昌艺术研究院，2024）。

2. 世界艺术品市场的激发效应一直存在

　　虽然全球艺术品市场面临通胀、不确定性增加的环境，但自2008年以来危机对艺术品市场的激发效应一直存在，艺术品作为优质的资产也日益被认知，全球艺术品市场在夹缝中逆周期发展。2023年，作为全球第二大艺术市场，中国艺术品拍卖市场的成交额与成交量快速增长，主要得益于重要私人收藏品的拍卖以及优秀作品重新进入市场。77%的中国高净值收藏家①对2024年市场前景依然保持乐观，认为艺术博览会将继续在吸引新买家方面发挥关键作用。利率下降等经济因素或将进一步推动市场复苏。2008—2024年世界艺术品市场一直在阐释内部原理，即激发效应。越来越多元化的消费场景，通过各种各样的活动制造消费热点，并带动衍生行业的连锁消费力，从而更好地展现艺术品优秀的资产属性与消费属性。

3. 艺术品资产的优质特性被不断认可

逆周期发展的背后是艺术品资产的优质特性被逐渐认可，成为越来越多的高净值人群资产管理的工具。据《2022年环球艺术收藏调查报告》统计，2022年全球艺术市场的一个趋势是收藏家购买更多、更贵的艺术品，从市场数据来看，购买价值100万美元以上艺术品的富裕收藏家比例增加到了23%。特别从对高净值人群的预期调查来看，55%的人计划在未来12个月内购买艺术品，78%的收藏家对未来6个月全球艺术市场的表现持乐观态度。

4. 艺术品市场综合性创新业务发展迅速

艺术品市场综合创新业务，是依托于世界艺术品市场的成熟而出现的新兴发展脉络。它不仅包括艺术品的投资、收藏、交易、展览展示等传统业务，而且包括以数字技术为载体所开展的艺术品的鉴定评估与价值发现以及相关的金融衍生品服务等新业态。数字平台的上线助长了在线销售和推广，特别是中小型画廊可以以此缩减成本提高收益，一些画廊开始举行在线展览以及联名，但他们也不会放弃实体业务，一些大型画廊如高古轩（Larry Gagosian）、豪瑟·沃斯（Hauser & Wirth），拍卖行如苏富比、富艺斯等纷纷扩大了线下空间。而世界各国的大型艺术博览会上，数字化战略逐渐显现，不仅数字艺术展售，而且以数字钱包为基础的交易系统越来越完善，以数字基础设施搭建的线上、线下联动可以帮助参会画廊开拓新的客群，发展综合性的创新业务。

5. 艺术品市场数态化发展进一步深化

从互联网、到区块链、元宇宙，实际上是数态化表现。科技革命的背后是经济的转型与千行百业数字化发展，深度挖掘数字技术赋能市场潜力，激发文化产业转型走向高质量发展之路，是艺术品市场数态化发展的重要方向。文化产业数字化不是数字技术的单点运用，而是全方位、全链条、多元化运营改造提升，因此，新一代数字技术所构成的基础设施不但从市场内部延伸到了对行业生态的全方位渗透，也更多地开始强调艺术品市场全链条的协同运作。

以如今的拍卖为例，即使如今的拍卖行品类愈来愈多，拍卖形式越来越多样化，但每一个品类之间、每一场拍卖的背后，也都有着数字基础设施的保障与应用。强化艺术品市场中数字基础设施的应用，充分发挥数字信息技术在文化领域各分支的互联互通的底层保障作用。在数字技术快速发展的今天，艺术品市场数态化的发展趋势越来越明显。随着艺术品的数字化，艺术品收藏、交易、流通等环节都

---

① 其一般指资产净值在600万元资产以上的个人。

发生了巨大的变化。在互联网时代，艺术品的价值与价格不再由单一的因素决定，而是通过多维度的数据进行综合评估。

（二）观察世界艺术品市场发展的四个重要维度

1. 世界艺术品市场发展的格局正在发生改变

全球艺术品市场发展的格局正在发生深刻的变化，全球艺术品市场正在走向多极化的发展格局。发展中国家艺术品市场成长迅速，亚洲艺术品市场的比重不断在提高。目前世界艺术品市场已经形成美国、中国、英国三个中心。其中特别要注意三点：

第一，以数字化为背景的跨界融合为主要特征的业态整合以及在此基础上新业态的生发逐渐成为全球艺术品市场发展的一个亮点。以佳士得为例，2022年7月，佳士得宣布推出旗下风险投资基金"Christie's Ventures"，会聚焦于三个特定领域：Web 3.0创新、与艺术相关的金融产品，以及"实现无缝艺术消费的解决方案和技术"；并在同年12月推出了NFT拍卖平台"佳士得3.0"，在平台上可以通过区块链完整记录每次竞投，提高了拍卖透明度。

第二，艺术品资产化正在成为全球艺术品市场创新过程中一个新的重要动力。在"佳士得3.0"上，竞标者将能够在基于以太坊（Ethereum）的区块链浏览器Etherscan上看到实时竞标数据，访问"AML（反洗钱）"和"KYC（了解客户）"等合规工具，还能记录链上销售税。同时，线上虚拟画廊将进一步使其能够在元宇宙环境中查看正在销售的NFT艺术品，数字艺术已被当作一种数字资产进行交易。

第三，全球艺术品市场全球化与本土化正在成为治理过程中的一个重要的力量。特别是占拍卖市场份额最多的战后及当代艺术领域，在当今社会受到意识形态的裹挟，既要看到艺术在全球的流动性，又要看到各个地区的本土性，更要看到艺术本身的当代性，在治理过程中需要重点跟踪关注。

2. 艺术品资产的优质特性被越来越多的人所认可

在如今大部分的观点都认为艺术品价格可能大跌、市场出现问题的时候，艺术品市场却逆势而上，快速发展。越来越多的投资者开始将目光投向了艺术品收藏，将艺术品作为投资理财的一种方式，艺术品资产也成了众多投资者的选择。优质的、有良好流动性的艺术收藏品是抵御风险的有效手段。此外，优质的艺术家及其作品，不仅能够给投资者带来精神方面的享受和满足，而且能够为投资者带来一定的经济回报和社会效益。因为优秀的艺术家及其作品，往往具备较高的文化价值，并且随着时代的发展，其升值空间也会越来越大。同时，由于优秀艺术品的稀缺性和高额的文化附加值，优质的艺术收藏品往往有着丰富的历史文化内涵，而这些文化内涵，正是吸引众多藏家竞相追逐的重要因素。因此，当这些珍贵的藏品进入市场后，就会受到众多收藏家的追捧，从而使得该类藏品的价值不断上升，最终形成一种良性循环。

3. 艺术品资产管理的对象与参与者已发生结构性变化

在高净值人群的调查中发现，Z 世代（1995—2009 年出生的人）的收藏家拥有最高的艺术品平均财富份额，超过三分之一的人拥有超过 30% 的分配，高于千禧一代（1981—1994 年出生的人）的 27% 和 X 世代（1965—1980 年出生的人）的 24%。这可能部分是由于他们的年龄和生命周期阶段，以及随着时间的推移资产的积累，但它显示了艺术在一些年轻的收藏家的财富组合中的早期阶段的重要地位。这也强调了这部分人随着时间的推移建立他们的收藏的潜在重要性。以苏富比为例，其客户 40% 为新客户，并以青年为主。

随着线下的限制增加，混合直播拍卖形式逐渐普及，将现场销售与活跃的在线竞价结合起来。苏富比在 2021 年报告了超过 1 660 万次的现场直播观看，这有助于大幅扩大对新买家的影响，2021 年有 39% 的买家和 44% 的竞标者是第一次来到苏富比。一线拍卖行在吸引年轻和新买家方面也很成功，在 2021 年 4 月苏富比与数字艺术家 PAK 合作举行第一次 NFT 拍卖以来，78% 的 NFT 竞拍者是苏富比的新买家，其中一半以上的人年龄在 40 岁以下。在 2021 年拍出 6 930 万美元 NFT 艺术品的佳士得也吸引了许多人的注意，75% 的 NFT 买家是佳士得的新客户，平均年龄为 42 岁。而拍卖科技集团（ATG）也看到了新的和年轻的买家的增加，35 岁以下的访问者在平台上的访问量 2020 年增加了 72%，这一上升势头延续到了 2021 年，同比增长 23%，从 2019 年的 390 万访问跃升至 830 万访问量。在其旗下的 LiveAuctioneers. com 上，35 岁以下的竞标者增长了 52%。这一类买家生长在互联网环境下，对于数字技术较为精通，对于老牌经销商并不感冒，更加多样化的买家群体加上高净值人群财富的整体增长，也丰富了整个行业。

从供给侧看，传统拍卖行、画廊等机构仍占据主要地位，但随着互联网技术的普及，以线上交易为主的艺术品电商异军突起。此外，在"互联网+文化"的背景下，基于数字技术的新兴艺术品综合服务平台也层出不穷，如微拍堂、一条艺术等。这些新平台不仅为大众提供了更加丰富的选择，而且为行业注入了新的活力。从参与主体看，除传统的藏家外，越来越多新加入的机构或个人开始进入这一市场，包括企业、明星和资本。例如，近年来，国内不少知名企业家通过成立或参股艺术基金，参与到艺术品的投资中来；同时，越来越多的明星也开始利用其自身影响力，将部分个人资产配置于艺术品领域，提升舆论和关注度，实现财富增值。随着我国居民财富积累水平的提升，以及人们对美好精神生活向往的不断追求，未来，将有更多社会公众加入艺术品的消费与投资的行列中，这无疑将为整个行业的繁荣发展提供更广阔的空间。

4. 艺术品市场的数字化发展已成为新的赛道

虽然传统的艺术品经销商在 2021 年的价值方面占主导地位，但 11% 的高净值收藏家的支出是用于数字艺术。少数的年轻收藏家在数字艺术上花费了大量资金，5% 的 Z 世代和 4% 的千禧一代收藏家花费了超过 100 万美元。

有关中国艺术品市场的学术研究并未与市场同步发展，至今未形成系统的学术研究框架（刘双舟，2020）。艺术品市场数字化发展与升级不是一蹴而就，而是一项系统的、浩大的工程，要多方共同推进。其中大的艺术品综合服务平台具有资源优势、平台优势、资金优势，有利于加快形成行业标准；而专攻一部分业务的平台则可以利用数字化提升自身专业度，形成差异化的数字产品和服务。艺术品本就以非标而著名，因此打造差异化、场景化、个性化的艺术品市场交易模式、商业模式、服务模式，更好发挥艺术品的金融属性，直击行业内部痛点，增强艺术品市场在大经济环境下的竞争力。

在数字化的浪潮中，传统线下艺术机构纷纷向线上转型，通过打造线上平台，实现从传统模式到新零售模式的转变。因此，如何将传统的书画等作品进行数字化展示成为当下重要的课题。当前国内的艺术品收藏群体逐渐年轻化，他们追求个性，注重自我表达，而数字化是提升藏品价值的有效方式之一。作为市场的参与者，如果对于艺术品市场数字化赛道不重视，可能就会丧失新的机遇。不论是头部综合服务平台，还是专注一项业务的高度专业化市场服务平台，都可以在数字化的浪潮下找到新的发展方向，发力抢跑新赛道。

（三）大环境下中国艺术品市场发展特点

根据 2015 年 12 月文化部发布的《艺术品经营管理办法》的定义，艺术品主要是指绘画作品、书法篆刻作品、雕塑雕刻作品、艺术摄影作品、装置艺术作品、工艺美术作品等及上述作品的有限复制品，不包括文物。该办法所定义的艺术品经营活动主要包括：收购、销售、租赁，经纪，进出口经营，鉴定、评估、商业性展览等服务，以艺术品为标的物的投资经营活动及服务，以及利用信息网络从事的艺术品经营活动等。我国艺术品市场快速发展，市场规模、产品种类、经营方式不断拓展，日益成为大众文化消费的重要领域，在满足人民群众精神文化需求、提高国民艺术素养、促进文化产业发展等方面发挥了重要作用。同时，市场经营中也存在制假售假、虚假鉴定、虚高评估、投机炒作等问题，艺术品电商、艺术品金融等新型业态亟待规范。

1. 挤出效应滞后

由于中国艺术品市场相对独立，往往受国际市场挤出效应的激发时，更主要是激发艺术品市场的信心，并在信心聚合后启动市场发展的行情。但这一市场行情受到内外市场条件变化的影响，往往有一个时期的滞后。特别是中国画和书法等中国独有的艺术门类，在国际上和国内的交易差异很大，难以直接对标。而在油画等国际艺术品市场传统门类中，许多当代油画家虽然在国际上卖出高价，但国内的买家需要时间建立自己的审美，因此出现了时间上的滞后现象。

国内外市场在 2022 年的信心差距较大，根据雅昌艺术研究院（ARAA）与法国知名艺术机构 Artprice 联合发布的《2023 年度艺术市场报告》，在高净值人群中，美国只有 4% 的人在未来 12 月内不打算出售或购买艺术品，就中国而言，85% 的人对于未来 10 年的艺术品市场看好，高于世界平均水平，但对未来 6 个月和 12 个月的预期都低于国际平均，不确定全球市场的变化趋势。但随着放开，相信收藏家对中国艺术品市场的信心也会逐渐回笼。

2. 提振市场信心是核心

2020—2022 年，线下活动的不确定、地域交流受到阻碍，艺术品市场的信心被一次又一次抬起又落下，成为遗憾。因此，从根本出发，需要改善艺术品市场发展的社会心理预期、提振市场发展信心，激发市场活力。一方面，艺术金融、艺术消费等新业态不断涌现，为推动我国文化产业发展注入新的动力。另一方面，近几年政策对于文化行业的扶持、完善相应税收激励、财政补贴等方面做出了许多尝试，有效促进了艺术品市场生态健康有序发展。而从市场本身供给出发，不断优化艺术品质量和品类，提升行业服务水平，致力于开发中华优秀的文化产品，以标准创新为先导，推进行业的结构调整升级，让更多的人参与到市场中来，只有盘子做大，市场的信心才能提振起来，人们的心理预期也会相应地走向积极的一端。

3. 两大战略取向是主线

中国艺术品市场在调整与重塑过程中，经历了大环境的变迁与市场不确定的影响，出现了两个大的发展战略取向：

（1）二元结构的形成

收藏投资市场作为资产管理的一大落脚点发展很快，对于艺术品的价值与收益较为看重；消费市场作为大众消费发展也很快，越来越多个性化、"接地气"、通俗化的艺术品进入到人们视野。价值取向的差异化、社会环境的时代变化导致了中国艺术品市场二元结构的深化。

（2）"平台+生态"的发育发展

数字化"平台+生态"的建构与完善这一势头发展非常迅速，热点不断爆出，专业化程度较高的平台正在逐渐进入市场运行链条中，行业正在不断地洗牌。市场对于相应的综合服务平台的需求不断增强，以及围绕综合性服务平台的生态发育和建构，形成新的市场发展格局。

4. 中国式问题的认知是关键

中国面临的是中国式问题，要求在发展过程中推进现代化的方式方法：一是文化立场，要站在人民群众的立场上，将解放思想与科学发展相结合，为大众带来更多、更好的艺术作品；二是发展传统，立足于中华上下五千年的文化，既不过分推崇西方画种，也不片面夸赞中国画等传统艺术门类当代的艺术作品，更好地把中华优秀传统文化结晶与艺术品市场相对接，提升经济效益与社会影响力；三是时代趋势，中国当代艺术家有许多都在国际艺术品市场上成绩斐然，我们要顺应市场发展潮流，将国际与国内相结合，利用先进的技术发展平台，推动信息共享透明化，推出更多优秀的艺术家和艺术作品。基于中国式问题，中国艺术品市场的发展会走出一条新路，即推出"中国方案"。

第一，建构"平台+生态"的市场机制，推动专业化综合服务平台的发展，对于激发市场的潜在需求至关重要，推动公共艺术服务体系健全、加大艺术品知识版权保护，从艺术品市场现有的问题入手，推动"平台+生态"的建设和完善，引入更多的市场参与者进入这个生态领域，从而形成艺术品交易新模式。

第二，建设现代化艺术品市场体系，需要政府、企业、机构多方共同努力，国内艺术品市场尚未完全开发，存在着巨大的发展潜力，资本的顾虑也是市场发展的绊脚石。因此，建立现代化艺术品市场体系也是中国艺术品市场发展壮大的必经之路，只有建设好国内的市场体系，才能加强国际合作，构建艺术品跨境流通新模式，进而将中国优秀的本土艺术家推向国际舞台，获取更大的全球艺术品市场份额，达到文化输出的最终目标。

第三，建构多样态的全球数字化场景，为国内国际双循环相互促进的新发展格局的形成提供重要保障，建立全球艺术品网络，加强对艺术品的版权保护，依托新兴数字技术更好地打造艺术体验场景，通过大数据、算法等对艺术品信息智能归类，并依据客户信息进行精准化推介。随着我国经济结构不断调整和产业升级的需要，这种基于"互联网+艺术品"的新的商业模式将会越来越受到重视和认可。

第四，发展国际化市场与学术共同体，两个共同体与国际的进一步融合，弥补"国际化"与"本土化"的"鸿沟"。在中国艺术品市场发展过程中，与国际很难实现非常好的对接，关键问题在于两个共同体没有在"国际化"与"本土化"的过程中形成非常好的发展。这也是目前学术界的一大难题，学术脉络、市场体制发展的不同导致"国际化"与"本土化"出现了隔阂；而市场与学术的错位也由来已久。但艺术本身是具有感染力、传播力的，中华优秀传统文化基因的传承与发展在很大程度上是连通国内与国际的桥梁，透过艺术品本身发展艺术品市场的国际化、学术共同体与市场共同体，使三者进一步互相渗透，共同发展。

（四）认真研究与大力发展数字艺术金融

从历史来看，传统艺术金融由于多年来遇到的问题、瓶颈较多，背景也比较复杂，很难在短期内实现大的突破。因此，数字艺术金融成了一个强有力的突破口。我们现在面临的是新基础设施在不断发展，这将会推动艺术金融业态重塑，数字艺术金融相对于传统艺术金融而言拥有更好的条件和更多的可能。新基础设施的升级建构，使得艺术金融的业态进入转型与重塑期。这一点非常重要，技术的更新换代势必会导致平台的基础设施不断发生改变。

从最开始的传统艺术金融，到互联网的出现，发展了基于互联网基础设施的艺术金融；再到移动设备的普及，出现了基于新基础设施的艺术金融；最后则是基于数字基础设施的艺术金融。不同基础设施的艺术金融的背后，是一个不同的业态进化过程，其进化的基本逻辑是：基于基础设施的变迁，使得价值发现的形式、能力与水平发生了重大变化，同时艺术资源与艺术资产的形态发生了重要变化，这就使得艺术金融的业态需要不断生发，甚或是转型与重塑。

认真研究数字艺术金融，是中国艺术品市场转型创新的一步大棋。数字艺术金融是当代科技与艺术的深度融合，其本质是以技术赋能，通过数字化手段实现艺术品的高效流通和价值发现，从而延长整个产业的价值链，提升价值。作为新时代中国特色社会主义背景下的新事物，数字艺术金融的发展离不开科技的支撑。因此，我们应加强科技应用，完善数据治理机制，强化数据资源保护，健全数据标准规范，建立统一的数据资产平台。艺术品价值的重要组成部分是它的精神内涵，它会随着时代的发展和人们审美情趣的变化，不断增值。因此，我们不仅要保护艺术品的物理价值，更要强调它的精神价值，这才是数字艺术金融发展不可或缺的、无法复制的重要稀缺资源。

此外，要坚持问题导向，针对当前存在的突出问题，集中力量进行治理改善。同时，虽然艺术品本身与其他金融工具相比，已经被市场证实具有逆周期效应，但中国传统艺术品市场制假、售假屡见不鲜，因此加强行业自律，才能引导行业有序健康发展。艺术品投资具有长期性，中国艺术品市场从 2006 年在国际上的爆发以来，经历了许多或困难或停滞或疯狂的时期，但即使在经济环境的多次打击之后，仍然具有顽强的生命力，一直在不断地深化发展。特别是在风险管控上，而一些短期投机的项目已经出现了"爆雷"。任何一项有生命力的产业都需要经历市场培育期，穿越整个经济周期的行业、产品才可能走向成熟，才能健康有序地前进，为服务供给侧结构性改革提供新思路。因此数字艺术金融发展道阻且长，行则将至。

中国作为世界第二大经济体，其艺术品市场的交易量在全球举足轻重，艺术品的进出口规模越来越大。而艺术品作为资产的优质特性被不断认可，市场综合业务进一步发展，新赛道的出现、客户群体结构的变化，再到大环境下中国艺术品市场出现信心不足、挤出效应滞后的特点。在全球范围内，无论是欧美还是亚洲，都处于一个经济复苏的阶段。中国的消费结构也在发生改变，消费者不再满足于物质生活，而是更看重精神文化层面的需求，但传统艺术金融的风险阻碍了整体发育，但作为文化的载体，艺术金融的发展潜力不容小觑。从全球视野到中国市场的特点，再到艺术金融发展的一些前沿、大家较为关注的方向性问题而言，大力发展数字艺术金融非常重要。

二 中国艺术品市场交易体系融合发展的前沿趋势

随着中国艺术品市场规模的不断拓展，影响市场的因素不断增加，市场的系统状态也越来越复杂，市场进化发展的不确定性越来越多，研究分析与探讨艺术品市场的难度也越来越大。要研究艺术品市场交易制度与体系融合发展的前沿趋势，就是因为交易制度与体系是艺术品市场研究的核心问题，不深刻认知中国艺术品市场的交易制度与体系，就难以理解其系统底层结构与内在发展规律。

（一）转型或者重塑的主要问题

当下中国艺术品市场的转型或者是重塑的研究与探讨，实际上就是对中国艺术品市场发展现实在三个维度上的深入认知：一是艺术品市场规模及其结构的变化所带来的影响，突出的就是礼品市场规模向价值投资市场规模的转化，即市场规模结构发生了迭代；二是市场业态的不断丰富及其主导业态的进化与迭代发展，新兴业态正在成为艺术品市场的主流与主导性业态；三是数字化不断深化给艺术品市场带来的系统解构与重塑的基本格局，这种解构与重塑不是局部的、应激性的，而是全局性的、趋势性的。

中国艺术品市场交易制度与体系的融合发展过程主要经历了以下五个大的阶段：传统交易发展阶段、互联网发展阶段、平台化发展阶段、基于数字化的数字场景化发展阶段及基于数智化的数字场境化发展阶段。其实，在中国艺术品市场交易体系融合发展过程中，一直存在艺术品交易制度及体系功能泛化与定位异化问题的讨论，只是这种讨论，随着数字化时代的到来，面对新形态市场交易制度与体系的重塑与建构，变得不再那么重要与迫切。

但在中国艺术品市场发展的过程中，研究与探讨市场的交易制度与体系的进化与变迁，对于探索中国艺术品市场新形态交易制度与体系的建构意义重大。随着中国艺术品市场乱象的日益加剧，越来越多的研究者开始关注与研究艺术品市场的交易制度与体系问题，以求找到更多的解决之道，其中最为突出的问题就是中国艺术品市场交易体系功能的问题。

（二）制度与体系的创新形态与标准

一般来说，制度最基本的含义就是要求大家共同遵守的办事规程或行动准则。那么，中国艺术品市场交易制度简要说就是对艺术品不同的交易流程的一种系统稳定的描述。一般包括艺术品买卖双方在交易过程的作用、交易中介的组成和作用、交易价格的形成、交易的交割和结算、交易系统的组成和作用及规范等内容。在学术层面上，艺术品交易制度分为艺术品交易的流程制度和艺术品交易的规程制度，支撑中国艺术品市场交易制度的是艺术品市场交易体系。中国艺术品市场交易体系主要包括：画廊、拍卖、博览会、艺术电商、平台化交易（最突出的模式就是文化产权交易所）、平台化+艺术资产管理、私下交易等不同交易体系的不同主体、支撑体系与交易形式等的集合。因此，可以看出，艺术品市场交易制度是指建立在艺术品市场交易体系基础上的艺术品交易秩序与规程这样一种稳定而又被市场认可的交易架构与制度建设。

研究中国艺术品市场交易制度与体系，其核心就是要分析艺术品市场资源在不同交易体系中的有效配置，具体到交易体系本身来讲，就是关注交易的参与性（交易的门槛）、交易的效率、交易的成本及交易的安全性这四大问题。其中，交易的参与性是基础，交易的成本是核心，交易的效率是关键，交易的安全是基础。由于涉及市场支撑体系，在交易的安全性无法在短期内有所作为的情况下，重点的工作就是通过进一步明确与强化定位来不断提升交易效率。中国艺术品市场交易制度与体系在转型过程中出现了两大值得关注的趋势：一是功能泛化；二是定位的异化。如果这两种发展趋势不加以认真研究，明辨其对中国艺术品市场交易制度与体系的作用与影响，那么，刚刚得到发育的新形态中国艺术品市场交易制度与体系可能就会从基础上失去健康与有序发展的机会。

事实上，在中国艺术品市场交易制度与体系的发展由传统形态向数字化形态转型的过程中，有三种趋势应引起我们的关注与研究，一是不同交易制度的跨界问题，特别是作为在中国艺术品市场中居于强势地位的拍卖业的跨界问题最值得关注。二是基于新的科技融合而形成的新的业态的跨界问题。三是基于新的基础设施而建构的新形态交易制度与体系。对待第一、第二种跨界问题我们应根据具体问题具体分析。我们既要旗帜鲜明地反对基于短期行为导致的投机性跨界，特别是拍卖业通吃式的跨界现象，又要呵护可能产生新业态的交易体系的生发。因为通吃型、外延式的粗放型发展，无益于中国拍卖业核心竞争能力的发展。这种跨界不仅会破坏艺术品市场的交易制度体系，而且会打乱艺术品交易市场生态。那么，面对功能泛化与定位的异化现象，应该如何去认识与分析中国艺术品市场交易体系的提升与进化呢？通过研究观察我们发现，判断一个交易制度的好与坏，最为重要的维度与标准有五个：一是看是否降低了交易的成本；二是看是否提高了交易的效率；三是看是否有利于推动交易秩序及市场规范的落实；四是看是否强化交易的安全；五是看是否促进了交易生态的建构。当下中国艺术品交易市场首先就是明确定位，提升效率，发挥优势，做大新业态市场规模。

在转型过程中，中国艺术品市场交易体系要明确定位，提升效率，是源于现在我们遇到的最大问题不是别的，是在市场大势出现问题、市场拓展空间受阻、市场竞争加剧的时候，出现了以牺牲发展的效率及增加交易成本来换取市场发展空间的现象，并有愈演愈烈的态势，这确实应该引起我们应有的关注。这种趋势最为突出的表现有两个：一是交易体系间不顾已有的制度设计而进行过度的同质化式的跨界竞争。除像拍卖业大规模的跨界之外，不少交易平台，包括一些文交所平台，也以业务创新为理由，几乎将艺术品交易的全链条全系统搬到了平台上，开起了杂货铺，既好看又热闹，就是没有创新的核心业务，还美其名曰"创新业务"。二是绕过制度设计与交易体系的定位，不断通过设置条件及拓展功能的方式，让本来相互衔接、相互补充的交易体系不断泛化并迷失定位，背负更多本是支撑保障体系应该完成的功能，在低效中吸引市场资源，冲击市场交易秩序，降低运作效率，增加运营成本。从短期看，是维护参与交易者的利益，但从长远来看，是用牺牲效率的办法来获取发展空间，这势必会降低市场发展的活力，压制市场发展的动力。特别是一些强势交易体系，表现尤为突出。如拍卖业，人们的关注已由竞价平台不断在向定价平台转变的同时，再加上保真与保退不绝于耳，这些交易的行为，大都属于背离交易体系自身已有的定位而走向泛化与异化的一些表现。这不能不引起我们应有的重视。

在艺术品市场交易制度及体系的进化发展过程之中，虽然我们积极支持基于科技进步及新业态发展而出现的创新，因为艺术品市场交易制度及体系也需要与时俱进，需要创新，但是我们似乎更应该强调的是，在当下我国艺术品市场交易制度及体系尚未得到充分发展与展开的情况下，更应关注艺术品市场交易制度与体系本应有的基本特质，沿着专业化与职业化的向度，充分按照与交易体系的定位发展相应的交易体系，并力图在规范化、秩序化的过程中做大做强，而不是在低水平的重复发展中相互跨界交叉，形成低层次的恶性的同质化竞争，在功能泛化与定位的异化中打烂仗，从而消解交易体系的生发能力，阻碍艺术品交易市场核心竞争力的培育与形成。

(三) 数字化正在改变发展的前沿趋势

数字化正在从根本上改变艺术品市场交易体系融合发展的前沿趋势。数字化对艺术品市场交易制度与体系产生的重大的冲击，或者是重塑的重要作用，主要是数字化带来的与以往艺术品市场交易制度与体系的创新与变化不同，它不仅仅是在传统交易体系的基础上进行一些创新、融合和拓展，更多的是数字化推进了交易环境与交易模式发生了变化，促进了基础设施的建构与更迭。由于交易环境、新基础设施或者是数字化基础设施的不断完善与建构，艺术品市场的交易制度与模式发生了根本的变化。交易的中心不再仅仅是交易双方、交易市场的平台或者是交易的过程，更重要的是围绕数字场景的建构来构建完全不同的艺术品市场交易的制度与体系，并以此为中心来建构艺术品市场交易的生态。从这一点上来讲，艺术品市场交易制度与体系在数字化大背景下，实质上是进行了一次颠覆性的重新建构，即以数字场景建构为中心，从对象、机制、路径到方法，都发生了深刻的变化。因此，在研究和探讨数字化对艺术品市场交易制度与体系的建构，要以这个视角来重点突破和探讨。

应该看到的是，艺术品市场是一个多元化、多需求的一个历时性复杂的市场状态，现实中不存在像技术变革那样用一种技术去替代另一个技术，艺术品市场中传统的、创新的、数字化的交易形态，由于其存在的基础、需求的层次的不同而处于一个共生共存共同生长的状态，只是在这种复杂状态中，不同的形态所起的作用在发生变化，主导性地位在发生变化。这是我们在研究和探讨中国艺术品市场交易制度与体系过程中应该特别注意的一个问题。

三 艺术产业新业态生发

(一) 艺术产业发展迅速

中国艺术产业的发展轨迹与世界艺术产业路径基本吻合，走过了博物馆艺术商店阶段、独立艺术产业形态阶段、艺术产业要素聚集阶段、"艺术产业+科技"阶段、"艺术产业+金融"阶段、"艺术产业+消费"阶段。

1. 博物馆艺术商店阶段

博物馆建立艺术商店最初的理念是"把艺术带回家"，也是艺术产业发展的起点。艺术商店是依托于博物馆为参观者提供便利服务的商业活动场所，其商品大致可被分为典藏复（仿）制品、出版品、纪念品三大类。博物馆艺术商店体现了博物馆的商业化，既具有博物馆的非营利性，又具有商店的营利性。

我国的博物馆艺术商店经营自 20 世纪 90 年代起，从最初简单出售明信片、宣传册，逐渐扩大经营活动规模。比如，1996 年上海博物馆开始探索文创衍生品设计开发，从复制观赏性产品到开发生活性、实用性产品，包括图书、笔记本、首饰、服饰、包袋、高端艺术品。陕西历史博物馆开发的西汉皇后玺玉印、汉代长乐未央瓦当、唐代开元通宝货币、盛唐银器舞马衔杯银壶等系列文物文创产品，拉近了博物馆和参观者之间的距离，将博物馆里的艺术带入了日常生活。但是，此阶段我国博物馆艺术商店规模与丰富的馆藏资源不相称，2009 年国家文物局的调查指出，仅存在若干家博物馆艺术商店对外销售博物馆商品，营销模式落后。博物馆文化产品开发同质化严重，所售商品雷同种类单一、缺乏创意，多以明信片、字画、工艺品为主，做工粗糙，质量参差不齐，与博物馆的精致形象不符合。很多博物馆艺术商店未深入挖掘馆藏的历史文化意蕴，未研究市场需求，商品缺少系列化管理和质量监控，竞争力和营销成绩低。

2. 独立艺术产业形态阶段

"艺术衍生品"的概念来自欧洲博物馆艺术商店，在欧美发达国家，博物馆系统零售的创意商品、定制商品通称为艺术衍生品。它是博物馆品牌形象的延伸、公共服务和美术教育的重要组成部分、资金来源之一。博物馆艺术商店"把艺术带回家"理念推动了艺术衍生品产业发展，其正在打破原来的概念与发展模式，成为艺术品市场的重要组成部分。国内市场的艺术衍生品主要有三大类：一是围绕授权和版权为中心，主要是高仿真的版画和艺术复制品，或通过授权应用到生活用品；二是艺术理财投资品，如艺术衍生品和快速消费品酒、茶等结合形成的艺术酒、艺术茶，可以有理财用途；三是艺术机构推出的设计类、工艺类产品，包括各大博物馆的标志性艺术商品，如钥匙扣等。

中国艺术产业研究院发布的《中国艺术品市场白皮书：中国艺术品市场年度研究报告（2012）》显示，2012 年我国艺术授权品、艺术复制品、艺术衍生品交易总额为 210 亿元。国内衍生品市场仍处于初期发展阶段。国家文物局调查显示：国内衍生品产值超过 500 万元的博物馆仅有北京故宫博物院和上海博物馆，相比英国泰特美术馆商店年销售额 3 亿~5 亿元、美国大都会博物馆商店年销售额 5 亿~7 亿元，拥有广大的市场空间。制约艺术衍生品产业发展的因素主要有六个：一是版权保护、法律完善、监管力度、治理手段都有待进一步优化；二是人们对艺术衍生品存在认知误区，价值价格难以获得公平评判；三是艺术衍生品的品质参差不齐，定价机制与体系严重缺失；四是以客户需求为导向的衍生品研发生产导向意识薄弱；五是没有形成艺术衍生品市场与产业的规范体系和标准，品牌建设滞后；六是艺术衍生品产业基础支撑不充分。

3. 艺术产业要素聚集阶段

艺术品市场的基本市场要素包括艺术品、艺术品交易者、艺术资本以及艺术市场场所、信息及支撑服务体系等。在艺术市场化进程中，打通地区之间人员、资金、技术等的流动渠道，能够使各种市场要素集中叠加形成聚集效应，提高生产效率和交易效率。

艺术品市场要素聚集在艺术街区或艺术园区体现比较明显，包括画廊一条街、古玩城等。艺术街区拥有大量适宜开展艺术活动的建筑物、设施和环境，可以聚集大量从事艺术的人群，举办多元的艺术活动，是城市文创产业的重要组成部分，包括文化产业园区、博物馆街区、文化聚集区等。西方发达国家的艺术街区起步较早，以美国纽约 SOHO 区、英国伦敦南岸艺术区、法国巴黎左岸艺术街区等为代表，国内艺术街区以北京 798 艺术区、上海莫干山路等为代表。艺术街区包括生产导向、消费导向两大类型，前者以艺术创作、艺术设计、艺术科技为主要内容，可促进艺术从业者在文化资源、创新技术及创作氛围等方面实现共享，典型的如上海 M50 创意园等；后者以艺术展览、艺术交易、文化旅游等文化艺术消费活动为主要内容，通常围绕大型标志性商业项目打造消费网络，典型的如北京琉璃厂历史文化创意产业园区等。

各地区、各艺术领域市场要素的市场化程度差别较大。当前，作为中国艺术品市场重要基础的画廊，规模小、组织分散、人才缺乏、专业化水平低、支撑体系缺失、同质化竞争严重。画廊业通过要素聚集，能够打造诚信机制、净化市场环境、发挥交易制度优势、降低交易成本、提高交易效率，在发挥优势特色中融合新业态、构建核心竞争力，从而达成空间概念聚集，支撑体系平台化，保障体系集中覆盖，行业管理与自律集中落实，集中形成形象品牌，实现市场业态不断提升。

4. "艺术产业+科技"阶段

科学技术是第一生产力，为充分发挥科技创新对文化发展的重要引擎作用，深入实施科技带动战略，加强文化科技创新，增强文化领域自主创新能力和文化产业核心竞争力，推动文化产业成为国民经济支柱性产业，科技部于 2012 年会同中宣部、财政部、文化部等部委编制了《国家文化科技创新工程纲要》，促进传统文化产业的优化和升级是主要任务之一。其后，文化部相继推进实施了多个文化与科技融合项目。巨大的潜在需求是科技融合创新的用武之地，艺术科技以及艺术产业科技与其他产业融合，是中国艺术品产业跨界融合创新的重要取向。最为突出的代表性业态就是艺术电商。

以互联网平台化为主导的技术及其体系不断发展，推动中国艺术品交易范围、交易边界以及交易规模发展，正在改变中国艺术产业的发展格局。近年基于大数据的综合服务平台技术、科技鉴定技术、鉴证备案技术与体系等的发展，会催生新的艺术产业业态，也会推进中国艺术品科技产业进程。

5. "艺术产业+金融"阶段

现代产业形态需要金融服务，随着科技的发展、产业规模的壮大，产业越来越需要金融介入，提供更加多元的丰富的金融服务，并不断推进"平台+业态+生态"的金融服务创新。

艺术品市场综合服务平台，是艺术品交易和艺术品产业创新发展的基础。在艺术品市场综合服务平台上，除了鉴证、登记、信用管理等核心功能，还需要整合艺术产业支撑体系的一些基本功能，如确权、鉴定、评估、鉴证、备案、集保、物流、信息服务和综合金融服务，包括艺术品银行质押融资、艺术品保险、艺术品信托、艺术品基金等。艺术品市场综合服务平台通过支撑功能去满足艺术品收藏和投资管理、艺术品消费管理、艺术资产管理三大业务方向，推动艺术品市场发展，推动艺术品资产化、金融化，实现艺术品在金融体系无缝流转。基于互联网的金融服务包括纯线上服务模式、线上线下融合模式、产业链提供金融服务的产融结合模式。银行业在艺术电商的综合金融服务模式包括四个方面：一是商户、消费者的业务运营；二是基于企业征信、个人征信的征信服务；三是产品匹配和金融服务，机构基于企业征信进行抵押融资和企业经营贷款；四是基于个人信用的消费融资和个人消费贷款、消费者理财业务。

6. "艺术产业+消费" 阶段

将艺术与消费融合是艺术产业实现盈利的突破点。在市场中，需求是最主动、最敏感、最具驱动力的要素，是艺术品市场发展的动力源。发掘艺术需求、培育艺术消费、释放艺术需求是中国艺术品市场最迫切的任务。"艺术产业+消费" 这一战略指向有三个最为重要的业态形式：一是 "艺术+旅游"，发展文化旅游，推动了文化是旅游的灵魂，旅游是文化的载体；二是 "艺术+康养"；三是 "艺术+新消费"。特别是新消费的兴起，推动了新业态的不断发展。新消费时代的基本特征，是消费（特别是艺术消费）的崛起，消费者越来越多地追求个性化，消费需求越来越多样态、多层次、个性化，原来大规模生产、制造产品和服务的方式已经很难满足，必须创造和挖掘新的消费服务和新的消费内容。

新消费时代更追求体验经济，需要消费场景、沉浸式消费体验。艺术消费特别强调介入当代社会生活，强调打破界限进行跨界融合。随着消费市场的发展，以前低端、民俗化的艺术品找到了 "文化艺术要素+当代设计" 与传统产业融合发展的途径。强调文化与旅游融合是文化产业发展的重大突破口，目前围绕深度体验的文化艺术旅游非常丰富，但很多文化旅游、艺术旅游、产业生态园区、艺术综合体、艺术小镇、艺术街区更多是体验文化、体验民俗，在艺术产业生态方面几乎没有深度体验，没有积极探索和实践。

（二）艺术产业新业态生发迅速有活力

党的十九大报告提出中国发展新的历史方位，即中国特色社会主义进入了新时代。新时代艺术产业的发展面临新的发展背景：随着人均 GDP 的增长，人们消费结构的快速转型，文化消费快速崛起，消费形态不断生发，消费新格局不断建构；告别了短缺经济以大规模生产来满足大规模需求的时代，走向了需求拉动生产的时代，需求的多样化、多样态与个性化的趋势带动了生产及其市场秩序的重塑与变革；科技融合发展的深化，互联网与数字化技术推动消费形态的创新发展的格局不断形成，新消费形态已经来临，数字化、个性化、智能化、便捷化成为新消费的重要特质。新消费形态发展的基础——新基础设施、数字化场景；发展的动力——需求拉动、科技融合推动、新消费系统驱动；发展的结构——客户为中心、数字化服务为基础、信用管理为核心。新消费形态的发展过程中，如何在数字化进程中建构数字化消费场景是一个重中之重的问题。建构数字化消费场景要解决三个行业痛点——深度融合体验、数字化服务、公信力赋能；聚焦三个关键环节——以客户为中心、以数字资产为基础、以信用管理为核心；关注三个维度——数字资产端、基于综合服务平台的数字化风险管控、数字治理生态。在新消费形态的发展深化中，数字化转型正在颠覆与建构新的艺术产业发展的基础，艺术产业的发展面临一个新的理论与产业建构。由此可见，新时代艺术产业的发展，在新消费形态崛起、业态内在生发的驱动力增强、科技融合发展推动，特别是数字化进程加快，可能为艺术产业创新发展开辟新的发展路径与空间。

新的人文资源形式对新业态的激发、创新可以起到积极推动作用，基于新基础设施的数字化场景建构，推动了新消费时尚化、生活化的发展。艺术产业数字化发展有其深刻的时代背景：一是消费结构快速转型，正在形成艺术品消费形态的多样性生态，数字化消费场景快速建构；二是基于数字化的新基础设施产生了数字化服务场景，以前很难解决的问题通过建构系统技术方案能够解决；三是正在形成基于数字化与新基础设施的新业态，企业积极探索数字化教育场景及数字化交易服务场景建构，转型为数字化场景的运营商与服务商；四是科技融合推动了艺术产业数字化发展的进程，大数据、人工智能、区块链技术与智能终端的快速迭代，使数字化趋势成为可能。

近几年来，随着消费结构的快速转型与新消费场景的不断建构，在新的科技融合的推动下，人们惊奇地发现，艺术品市场与艺术产业的发展在快速地变化，甚至有点让人眼花缭乱。其中，基于数字化的新业态发展已经成为这一变化发展的基调。在此基础上，数字化场景的建构及基于数字化的新基础设施的建设，成为观察与认知艺术产业数字化发展的两个最为重要的研究与实践的维度。数字化已经成为一个重要的产业新业态，是中国文化产业发展的重要组成部分，是中国艺术品市场发展到一定阶段的必然结果，更是中国艺术品市场转型及上台阶、扩规模的前提与重要动力。中国艺术品市场及产业的发展，引起了人们越来越多的关注与重视，相关的前沿理论与实践前沿为理论与实践提供了支撑与引导。中国艺术产业的发展战略重点在于充分发挥信息技术及其平台架构在产业价值链的规律基础上，对于艺术品价值发现、管理、实现、转移的提升作用。促进艺术消费大众化、艺术美育社会化创新路径方法，推进文化资源的整合发现与资产化、金融化进程，依托产业链重塑实现产业平台化融合，基于数字经济新形态优化艺术产业、产品及其交易方式的数字艺术产业融合创新。

在新业态不断生发与崛起的过程中，中国艺术产业不仅门类众多，而且业态复杂，增加了对其内在发展规律研究及认知的难度，易使实践探索与创新工作产生盲点。为此，关注艺术产业发展的战略主线，把握发展的大势就成为重点。首先，关注中国艺术产业发展过程中的重要问题。特别是产业发展的战略与规划研究及顶层设计，实现基于平台化机制的资源化与资源资产化、金融化、证券化（大众化）这一主线，建构、发展相匹配的要素市场、资本市场，利用产业机制、IP机制等实现跨界融合等。其次，明确艺术产业发展的战略重点。关注发挥互联网机制及其平台机制、资源价值发现与资产化机制、产业融合机制、数字场景建构等的融合问题。最后，聚焦艺术产业发展的战略主线。战略主线是基于艺术品资源的内在特征，沿着艺术品价值建构、价值发现、价值管理、价值实现、价值转移这一价值链条而形成的艺术产业链条；基于艺术品价值延伸的产业链的构建；基于新的科技融合而形成的新的工艺、新交易模式、新产业形态等；基于新基础设施建构数字场景发展融合体验消费。这些都是在人文经济发展过程中，随着新业态的生发，必须要关注的方面。

（三）艺术产业时尚化与科技、金融融合推动

2023 年 9 月，习近平总书记在黑龙江考察时指出，要整合科技创新资源，引领发展战略性新兴产业和未来产业，加快形成新质生产力。从关于新质生产力的一系列论述看，其主要体现为"四质"：

一是质变。这是新质生产力的核心，具有高创新的特征，即性质、本质、品质的改变，首先是性质变化，然后是本质变化，最后是品质变化。在此，高创新不同于模仿式创新和渐进式创新，是原始创新和颠覆性创新，即以人工智能、算力算法、数据要素、绿色能源等为创新引擎引发的性质、本质、品质的改变，摆脱传统经济增长方式，促进传统生产力向数智生产力和绿色生产力转变。

二是质优。这是新质生产力的关键，具有高质量的特征，即更好、更快、更智能化。更好指高含技量、高含绿量、高安全性、高含金量，更快指高动能性、高效率性、高增长性，"更好+更快"有利于推动经济质的有效提升和量的合理增长。更智能化指人工智能技术将人从繁冗的体力劳动和脑力劳动中置换出来，全面解放人、发展人。

三是质效。这是新质生产力的标志，具有高效能的特征，即全要素生产率的大幅提升。需要说明的是，全要素生产率"不全"，指剔除劳动、资本后，广义技术进步对经济增长的贡献，即"索洛剩余"；全要素生产率的"全"，指全要素生产率增长率及其对经济增长的贡献率。

四是质态。这是新质生产力的具象，包括新质要素形态、新质产业形态和新质经济形态。新质要素形态指劳动者、劳动资料、劳动对象及其优化组合形成的新型要素形态，新质产业形态指设施产业、绿电产业、战略性新兴产业、未来产业的生成发展和传统产业的转型升级，新质经济形态指生产要素创新性配置、全要素生产率提升下形成的新型经济形态。

质变、质优、质效是对新质生产力特征的抽象描述，而新质要素形态、新质产业形态、新质经济形态则是对新质生产力特征的具象描述。由此本书构建了由新质生产力三维界定的逻辑框架。

新时代科技融合发展的迭代加快，除了需求的快速变化，最大变化就是技术融合发展的迭代加快。当下正在经历互联网技术、通信技术及信息处理与管理等技术融合发展，大数据、云服务及终端进步等技术融合发展，大数据、人工智能等技术融合发展，第三方支付、数字资产及区块链等技术融合发展及人工智能、VR、终端呈现和用户参与场景化技术发展等基本阶段。随着艺术产业数字化进程的深化，艺术数字资产及数字金融的探索正在展开。艺术产业的数字化发展，其实质是在完成艺术产业的业态转型，其支撑有两个：一是数字化场景建构的进程；二是基于数

字化的新基础设施的发展。核心问题就是：如何在数字化平台下建构公信力及如何在数字化场景构建中落实深度综合体验。

第三节　数字艺术产业

2017年4月，《文化部关于推动数字文化产业创新发展的指导意见》提出了实施数字内容创新发展工程，鼓励对艺术品、文物、非物质文化遗产等文化资源进行数字化转化和开发，实现优秀传统文化资源的创造性转化和创新性发展。2020年11月，《文化和旅游部关于推动数字文化产业高质量发展的意见》从夯实发展基础、培育新型业态、构建产业生态等方面，明确了数字文化（艺术）产业高质量发展的目标、思路和路径，引领产业发展方向。工业和信息化部运行监测协调局2024年发布的数据显示，我国数字产业总体运行平稳，业务收入稳步提升。2024年数字产业完成业务收入35万亿元，同比增长5.5%；实现利润总额2.7万亿元，同比增长3.5%。同时，数字产业结构持续优化，创新能力进一步增强，企业出海步伐加快，产业新动能新优势持续积聚，为稳定经济增长、培育发展新质生产力、赋能千行百业数字化智能化发展作出重要贡献。

一　数字艺术产业的基本特征

艺术被公认为具有教育意义和传播文明的功能，这也使其在经济分析中失去了立足之地。于是经济学家面临一种抉择，他们可以建立一些术语，诸如社会的、历史的、美学的、象征性的，或艺术附带的其他价值，并在此基础上开展讨论，得出影响资源的结论，否则就必须将这一问题排除在整个经济领域之外（古德温，2015）。数字艺术产业是将人文资源的赋予与数字技术的应用融合于一体，实现艺术品价值内生与共生合一的创造过程，这种融合不仅仅是产品形态上的结合，而是包括文化思维与传播理念上的整合，并形成新的产业价值链条。从艺术品对于人的精神满足需要出发，数字艺术产业在其生态基础构建、精神体验创造、主体认知更新和社会人文发展上形成的相互交织、逐级递升的价值链条，体现在成果数字化、场景多维化、数据集成化、产品智能化四个方面。

（一）成果数字化

艺术生产本身是将人的精神活动成果以物化与非物化的方式满足人们精神需要的价值创造过程，并通过人自身和各种媒介物呈现出来。数字技术将各种信息转化为数字方式加以存储、呈现和传播，为以精神创造为核心的艺术生产成果的记录、使用、交换、积累等提供了更为充分和便捷的条件。同时，数字艺术生态通过共享网络空间，在为社会成员提供了丰富艺术品的同时，也为人们的精神创造提供了广泛资源和展现平台。

艺术品的数字化供给水平已经成为数字化社会衡量满足人们精神需求的重要尺度。从文化产业价值链生成过程上看，文化成果的数字化构成了数字艺术生态最基础的部分，既是数字化社会人的文化生存与发展的必要条件，又是推动数字艺术产业的价值延伸、进一步激发社会主体精神能量的充分条件。因而，全面推动文化成果的数字化应当成为数字艺术产业的首要目标，可以通过行业性、区域性和整体性的数字文化场域建设，带动文化企业为各类精神成果的数字化贡献智慧和力量，并在数字文化场域的构建中形成已有文化成果的价值再生和创新成果的价值共生。

中华优秀传统文化的创造性转化和创新性发展离不开数字化场域的构建，优秀传统文化的创新发展必须依托数字化的基础平台进行再造，同时构建起数字化思维，以艺术价值与数字价值的有机融合，实现人文精神的时代生长（陈乙华、曹劲松，2021）。在数字文明时代，艺术生产方式已经离不开数字技术，以成果数字化为基础的数字文化场域建设正在成为文化强国的必由路径。

（二）场景多维化

艺术的魅力在于给人们带来精神上的富足，艺术品价值链的重要一环就在于给予人以丰富的精神体验。艺术场景将人置于特定的空间环境中，通过沉浸式的体验使人的精神活动进入到某种艺术情境中，并形成深刻的感受。在艺术成果数字化的基础上，数字技术既可以单独地构建艺术虚拟空间，带给人们媒介化的场景体验，也可以将实体空间与虚拟空间深度结合起来，形成虚实相融的多维空间，进一步增强人们的精神体验的互动性、丰富性和深刻性。场景多维化为数字艺术产业价值创造提供了广阔的空间，一方面在传统艺术场景的体验提升上，可以改变人们原来单一的参观性艺术体会，将数字媒介的动态展示和互动参与融入其中，形成人的多维感受和体验；另一方面，在新创设的艺术场景中，直接将数字媒介的设计与实体空间的设计加以贯通，赋予人们全新的艺术体验，同时拓展精神创造的价值。因而，场景多维化作为数字艺术产业的价值链有着极具生长性的发展态势，应当成为艺术产业高质量发展的重点领域。

从人们对社会生活的品质要求出发，多维化的场景构建不仅可以作为公共场域的艺术体验方式，通过公益化或市场化进行推进；而且可以作为个体家庭生活的艺术体验方式，由市场化的服务或个体自主创设加以实现，使人的精神生活更为丰富、更具创造性。场景多维化离不开强大的数字技术支撑和人文资源数字化的基础，需要在数字人文价值系统的整体构建中加以培育和推动。

（三）数据集成化

艺术是人们社会生活与认知世界的重要方式，在不同艺术背景下往往建构起主体认知世界的不同范式，构成了人类文明的多样性。数字世界是人类共有的同一性互联空间，以场景多维化为主导的数字艺术品不断丰富着人们的认知体验，而大数据时代所形成的数据集成系统则带给人们联系更为全面和新视角下的世界认知。数据集成化也是艺术产业价值链向着满足人们新的认知需要的深层次延伸，促进了主体进一步完善知识积累，并构建起全新的认知范式。

从目前数字艺术场域的建设来看，艺术数字化成果的数据生成十分迅速且数量巨大，其大量数据还处于分散的状态，缺乏有效的系统集成，这在很大程度上影响了数字艺术产业价值创造的深度拓展。加快艺术数据的集成化，是深度构建数字艺术场域的重要路径，也是进一步丰富艺术产业价值链的生长点所在。

在艺术数据集成化的产业进程中，存在着以地域文明体综合建构为主导和以跨地域同类艺术事物相贯通的两个生长方向，前者成为艺术共同体聚合发展的重要推动力，后者成为连通世界艺术进程的合作加速器。而两者之间的深度联结就为推动构建人类命运共同体及智慧共同体的共识性力量。这种共识很大程度上取决于以大数据构建的统一认知范式。

从艺术共同体的角度看，以数据集成化促进数字艺术产业价值链的拓展有着内联与外联两个同步运行的市场循环，这两个循环交织在一起则蕴含着更大的价值创造空间。当然，在推进数据集成化的过程中必然存在着各种艺术安全的因素，需要在数字艺术产业的谋篇布局中加以审慎对待。

（四）产品智能化

艺术与数字技术的深度融合，在满足人的需要过程中朝着吸引关注、捕捉兴趣、增强同化、激发挑战等智能化交往方向发展，进一步强化了艺术品的主体交往属性。艺术品的智能化不再将其作为静态地满足人的需要的价值实现方式，而是作为与主体进行可持续交往的动态过程构建其价值，因而，智能化艺术品处于艺术产业价值链的高端。与处于消费价值链高端的奢侈品相比，其价值呈现不仅是凭借品牌的艺术影响形成消费者的身份表达及关系体验，而是借由艺术交往关系的构建形成精神主体的自我设定和价值追求，将自身的个性塑造与充盈的内心体验结合于一体，进而实现人自我发展方向与社会发展趋势的契合。

数字化是艺术品智能化的基础，在以计算机的数据算法和互联网的社交网络形成数字艺术生态中，智能化已经成为塑造人们注意力和交往力的主导性力量。注意力技术已经内化地侵入了我们的感言、心智和精神，人们已经处在艺术品的智能化供给时代，如何在享有这一数字文明成果赋予的丰富精神体验的同时，走出被技术控制的"艺术危机"亦成为艺术自省及其艺术品返璞性供给的另一个维度。数字技术引发社会连接性的根本变革，在将人们的艺术交往拓展的同时，重组了社会艺术生产的组织方式，数字艺术资本作为一种新的价值源泉，正不断通过新兴市场成为最具价值的资源。数字艺术产业的价值链就在于将数字艺术资本的积累转化与个体参与的价值创造过程有机统一起来，实现数字社会扁平结构下的艺术价值精神赓续与时代创造（郑琼洁，2022）。

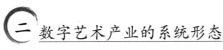

二　数字艺术产业的系统形态

数字技术与艺术产业"内容生产-传播推广-消费体验"全产业链条的深度融

合，使得艺术产业的产业发展逻辑、产业组织方式以及产业发展形态发生了结构性、颠覆性变化，原有的上下游、产供销的线性关系向立体、多维的网络化、生态化方向转变，数字艺术产业生态系统呈现如下新特征：

（一）用户价值成为生态系统的核心

满足"人"的需要是经济发展的根本逻辑。数字技术通过将人们的消费行为指标化，进而实现数字化，并把数字化后的需求及时反馈给生产者，实现消费的按需生产，以及用户与生产者之间的互动。定制化生产将用户在产业链中的位置从末端转移到前端，从被动转换为主动，用户的需求直接决定着艺术内容产品生产的方向、品质和形式。在这一过程中，消费者对内容产品生产拥有更多的自主选择权和决策权，并深度参与内容产品的创作和生产，用户价值成为影响数字艺术产业生态系统建设的核心力量。谁掌握了消费者需求偏好的规律，谁就能够引领艺术产业数字化的方向、模式和市场。这时，艺术产业市场组织的基本单位不再是单一的艺术企业，而是艺术企业、创意阶层、用户、平台运营商等多元主体之间，以用户价值为出发点而建立的相互协作的数字化生态。

（二）生产由链式转为多元主体网络协同

传统的艺术品生产追求纵向价值链上下游的分工协作，以期降低交易成本实现规模经济。在产业数字化和以用户价值为中心的时代，不同生产环节的艺术企业、创意阶层、用户等多元主体基于网络化价值链的交互协作成为必然的选择，以满足用户对多样化、个性化和即时化的艺术品与服务需求。多元主体依据各自优势，通过数字化平台整合分解产品需求信息、共享产品数据、有效调配相关资源，极大地降低多元主体的协作成本，有效推动产业不同生产环节之间的再分工与价值再分配，最大限度地兼顾规模经济和范围经济的同时实现。数据要素本身具备的"强渗透性"和"超融合性"打破了产业边界的束缚，吸引其他产业的企业、复合型人才等主体通过网络化平台的虚拟通道融入产品生产全过程，增强产业发展的生态活力，赋予产业发展生态系统更多创新力量。

（三）数字技术成为最主要的产业生态组织形式

数字化技术进步促使身处不同地理空间的市场主体在数字平台上虚拟集聚，依托具体文创类产品创作、创意、生产、传播等价值链，形成柔性化、虚拟聚集的产业组织，并通过多元主体的虚拟协同演化为数字艺术产业生态系统的主要生产组织形式。其中，各类各层级数字化产业平台提供产业数字化运营的基础架构，支撑多元主体之间要素配置和生产协作的跨区域实时数据最优组合，实现更有效的信息交换、交易和用户价值创造最大化。数字综合平台上集聚的多元化主体，将专注于构思内容创意及设计文创开发方案等富含创造性的非程序业务，为艺术产业数字化高质量发展提供智力资本。

（四）数字技术创新催化内容产品迭代

快速更新的数字技术，为艺术内容创作创意、流程改造、效率提升、边界扩展提供了技术支持，并对内容产品持续迭代升级赋能。一是数字创新技术的使用，将物质和非物质的中国优秀传统艺术资源转换为数字化形态留存，推动传统艺术资源要素跨区域传播和在内容创作环节的应用，不断催生出以崭新面貌呈现但蕴含深厚艺术底蕴的艺术品。二是通过机器学习文创产品创作、创意、生产的基本结构和知识图谱，AI 工具可以快速掌握文创产品价值链的规律，并成为文创产品生产的重要自动化工具甚至独自进行创作，实现了艺术内容创作流程的智能化，"人机共创"演变为提升创作效率和质量的有效路径。三是 VR、AR 等数字技术与内容产品的融合，使得创意的实现不再拘泥于现实场景，虚拟场景和虚拟现实融合场景正逐渐成为创意萌生的主要领域。创意空间不断拓展，用户体验在全新场景中持续增强，在供需双方共赢中引致内容产品"进化"。

三 数字艺术产业的未来发展方向

习近平总书记指出，要顺应数字产业化和产业数字化发展趋势，加快发展新型文化业态，改造提升传统文化业态，提高质量效益和核心竞争力。数字技术和艺术产业进行结合，给传统艺术产业注入了无穷的活力，犹如管理学中的"鲶鱼效应"①，一发而不可收。数字艺术产业发展的细分方向十分庞大，每个细分方向都有可能形成全新的数字艺术生态系统。不同国家和地区，结合本土艺术资源和政策环境，制定了不同的发展战略，形成了不同的发展方向。从数字艺术产业的生产、交换、分配、消费环节看，主要表现出三个发展方向。不同国家的侧重点虽然可能有较大差异，但总体上都会在三个方向上进行努力。对于我国来讲，虽然在具体实践上具有显著的中国特色，但整体上也离不开这三个方向。与世界其他国家和地区相比，最大的特点可能就是全球最大数字艺术供给市场和消费市场都在中国，为数字艺术产业的跨越发展、超越发展提供了肥沃的土壤。

（一）艺术资源的数字化

主要是从文物保护、文物展示两个方面的应用展开。艺术资源的数字化，刚开始主要是为了保存典籍、修复文物，后来随着大数据和云计算的发展，云上展览、展示、查询成为文物资源数字化的主要功能，这不仅节约了消费的物质和时间成本，还给消费者带来新的体验和领悟。目前，文物资源数字化还为文物复原、考古推演等带来了前所未有的便利，对探寻艺术起源、梳理历史文脉起到了积极促进作用。

（二）内容产业的数字化

内容产业数字化，首先表现在传统内容产业的电子化，但最重要的表现是改变了传统内容产业的生产方式。生产者也是消费者，在数字内容产业表现得尤其明显。今日头条、抖音就是在没有记者团队、没有专业采编队伍的情况下发展起来的。值得注意的是，内容产业是艺术产业的核心产业，一个国家和地区内容产业发展程度的高低，不仅代表了其艺术产业发展水平的高低，也代表了当地技术创新和

---

① "鲶鱼效应"指通过引入一个具有活力的个体或群体，激发整个群体的活力和竞争力。

人才环境的优劣。没有内容产业的艺术产业，在某种程度上可能只能被称作是艺术工业或艺术用品制造业。无论一个国家或地区的艺术工业和艺术零售服务业多么发达，内容产业跟不上，艺术产业就会长期处于低端环节和外围区域。令人欣喜的是，内容产业的数字化，给那些艺术产业落后的地区带来了新的机会和希望。网络文学在全球的兴起，为那些艺术产业相对落后的地区提供了弯道超车机会，就是一个典型案例。

（三）艺术消费方式的数字化

在线消费和移动互联网消费已成为艺术消费的主流趋势。网上图书馆、云上博物馆、掌上文旅等为艺术消费提供了极大便利，缩短了时空距离，提高了消费效率。虚拟现实、沉浸体验、直播演艺、在线教育、云上会议等改变了艺术供需链接方式。艺术消费方式的数字化，是数字艺术产业发展的加速器，没有艺术消费的数字化，就没有今天数字艺术产业的飞速发展。艺术消费的数字化将会呈现更多方式、更多场景、更多载体。其中，旨在促进艺术消费的数字平台型的艺术企业，往往承担的是类似电子商务的撮合功能，这些企业虽然也十分注重创新，但其注重的是艺术生产和艺术消费的匹配，其关注重点是促进消费匹配，更多是帮助生产者出售艺术产品及其服务。随着消费互联网的发展，云上直播越来越普遍，若没有较好的艺术生产者广泛合作的平台型艺术企业，云上直播的生存空间将会受到不同程度的压缩，生存机会将越来越小（张晓欢，2021）。

第六章

数字人文经济媒介：

重塑第四媒介

　　媒介是数字人文经济发展的重要信息载体，一定程度上也决定着数字人文经济发展的形态、路径与生态。所以，研究数字人文经济下媒介的历史发展进程与当下发展态势，也是人文资源创新性发展与创造性转化的关键。

　　英国评论家劳伦斯·阿罗维（Lawrence Alloway）认为，艺术世界被描述为一个系统。他曾对声名鹊起的大众媒体保持高度警惕，但对复杂的市场机制、强劲的沟通交流渠道、批评和艺术数据或文件的快速生产和传播赞赏有加，并指出："我们所有人都在一个新的和令人不安的连接点上集合起来。"（格林，2016）媒介研究学者列夫·曼诺维奇（Lev Manovich）指出，数据库是计算机时代创造性过程的中心。他将数据库看作一种新的符号形式，即计算机本体论向文化本身的投射。同时将现代媒体比喻为系统和新文化之间的战场，这个系统主要依靠叙事形式，而新文化则建立在数据库基础之上（洛夫乔伊，2019）。由此，数字化（数智化）媒介也在重塑数字人文经济下大众的认知与消费习惯。

　　关于数字人文经济媒介：重塑第四媒介的研究，本章首先从当下国际传播话语体系转向开篇，基于"对话性"到"共在性"，"中国经验"到"中国体验"，"解构文本"到"建构网络"等角度分别展开论述。本章的重点是对于数字人文经济下科技融合创新驱动，促使媒介迭代重塑形成"以人为本"的第四媒介新形态的相关研究。其主要包括媒介更迭的轨迹、阶段与趋势，媒介迭代的主要阶段，迭代的基本趋势，数字经济背景下的媒介更迭与融合，第四媒介的概念、特征及其趋势，第四媒介的系统要素、结构行为与环境等方面。

第一节　新时代国际传播话语体系转向

　　传播政治经济学者在学术研究中所展现的兼具批判旨趣和人文关怀的学术品格体现在他们的社会实践之中。自 20 世纪 40 年代传播政治经济学发轫以来，一代又一代的传播政治经济学者视学术生活为社会变革的一种形式，视社会干预为知识的一种形式，围绕主要传播议题展开了积极的行动主义研究和实践。在这些知识分子中，比较有代表性的是美国传媒实践家罗伯特·麦克切斯尼（Robert McChesney）。他意识到在媒介产业的实践中，巨型传媒集团主导的行业垄断，使公众表达不可避免地被资本表达所替代。大众传媒的加速商业化和私有化进程对传播的公共性价值提出了巨大的挑战，进而威胁到民主政治的基石。有鉴于此，为了更好地组织和代表公众力量参与媒介政策制定过程和推进媒介改革，其作为主要倡导者，于 2003 年成立了"自由新闻界"（The Free Press）组织。该组织以致力于拯救自由和开放的互联网，遏制失控的媒介兼并，并确保媒体呈现出多样化声音为使命，在推进媒体的改革运动中，尤其在促进媒体的民主化和另类媒介组织的发展及其全球覆盖等方面发挥了重要的作用（姚建华，2019）。

2019 年，字节跳动集团旗下短视频社交平台 TikTok 在全球范围内飞速扩张。根据移动数据和分析供应商 App Annie 检测，中国以外的安卓智能手机用户在 2019 年使用 TikTok 的时长多达 680 亿小时，约合 780 万年。在 2020 年年初，中国的智能手机用户平均每天使用抖音的时长为 7.5 个小时，一周内用户在抖音上花费的时长超过 30 亿个小时，同比增长 130%（沃克，2023）。据 Shoplus 发布的《TikTok 电商数据报告》统计，2024 年上半年，TikTok 在全球范围内的月平均下载量显著攀升至 8 173 万次，同比增长 6.6%。

尽管美国市场存量庞大，但 2024 年上半年，TikTok 的主要增量市场明显转向了东南亚、南亚和拉美等地区。这些地区的用户群体不仅为 TikTok 带来了显著的新增用户，也进一步丰富了其全球用户结构的多样性。其中，泰国以 37.8 亿美元 GMV① 成为 2024 上半年 TikTok 累计销售榜首。

在全球政治经济中心向东转移的趋势下，我国国际话语权提升迎来了重大机遇，同时，全球信息系统的失序运作和西方话语霸权借助数字化手段蔓延，也对我国数字人文经济的当代媒介传播提出了严峻挑战，在这一背景下，重新对我国国际传播话语体系建设进行内涵解读与价值阐释显得尤为必要。

一 从"对话性"到"共在性"

2010 年，中美关系较为缓和时，美国外国投资委员会审查的 93 笔外来投资交易中只有 6 笔来自中国。到了 2017 年，该委员会审查了 237 笔外来投资交易，其中有 60 笔涉及中国企业。在奥巴马担任总统期间展开的调查中，每 20 起调查中仅有 1 起以中国为中心，而到了特朗普执政时期（2017—2021 年），每 4 起调查中就有 1 起针对中国。

基于中外政治文化和价值观差异，国际传播话语体系强调国家间的"对话性"交往，主张全球社会不同行为体之间应倡导构建一种"竞争合作"的对话观念与策略，以实现跨文化对话与价值融通。当下"东升西降"世界格局变迁进程加速，加剧了西方世界对中国崛起的焦虑。随着中美贸易摩擦的延续，国际舆论场中针对中国陷入"修昔底德陷阱②""金德尔伯格陷阱③"的论调甚嚣尘上，指摘由疫情加速的全球权力转移将导致更大程度上的国际政治冲突和全球公共治理缺失，而中国崛起对全球协作和世界和平的重要意义则被遮蔽。在此背景下，以往国际传播话语强调的"对话性"框架已难以发挥其解释力，而基于新世界主义理念的"共在性"应成为国际传播话语体系建设的新支点。作为具有国际担当的大国主体，中国国家

---

① GMV（gross merchandise volume），指商品交易总额。

② 修昔底德陷阱指新崛起的大国必然要挑战现存大国，而现存大国也必然会回应威胁，使得战争不可避免。

③ 金德尔伯格陷阱指美国在接管英国霸权之后，并没有像英国一样积极对外输出公共产品。

身份建构的传播话语亦当进行适时调整，既要在世界话语与中国话语中寻求平衡状态，又要传播指引全球治理的国家主张。

新世界主义并非强调中国主导，而是集合并超越中国传统的"天下主义"和西方现代"世界主义"内涵与使命的全球治理理念，通过广泛的参与来建构大众性、多元性和普遍性的人类命运共同体，并给予公平和正义更多的关注。作为命运共同体理念的核心要义，新世界主义为全球协作的实践作出了理论回应，为"共在性"的话语构建提供了基本视角和理论遵循。

从新世界主义理念出发，"共在性"的国家身份话语建构具备多重意涵，应包括"主体共在性""命运共在性"和"行动共在性"三个理论层面。"主体共在性"意在强调将东西方二元对立话语转化为基于主体性的身份共在话语，即"我们"与"他者"的共同在场，建构国家主体共同身份，以寻求对话层面之上的理解空间，是实现国家身份建构的逻辑起点；"命运共在性"话语则在"人类命运共同体"指引下以建构国家"责任者"身份作为目标，引导全球未来道路的人道主义思索与践行，是国家身份建构的实施路径；"行动共在性"则指向国际社会中行动方向的一致性，建构国家的"协作者""参与者"身份，维护多边主义原则下全球治理行动的团结合作，是国家身份建构的最终目标。从"对话性"到"共在性"的话语视角转换建立在当下对我国国家身份定位、我国与世界关系重构的反思之上，是实现话语体系建设内涵转向的基础。

"人类祸福相依，寰球同此凉热"已成为当下世界各国休戚相关、命运与共状态的真实写照。党的十八大以来，"讲好中国故事"更意味着人类命运共同体价值理念的传播。相比于以往重视的知识传播维度，情感传播具有话语认同力、影响力和行动力建构的独特功能，"情感互通"成为价值理念传播和话语体系建设的新维度与新支点。

二　从"中国经验"到"中国体验"

在全球化和社会转型的双重背景下，中国社会特别是改革开放以来那些结构性或制度性的宏观变迁，即所谓的"中国经验"，以及伴随这一过程发生的中国人民在价值观和社会心态方面的微观变化或精神世界的嬗变，即"中国体验"。以往的国际传播话语设置多为重视行动层面"中国经验"的话语表达，运用宏大、发展的国家视角和自上而下的话语传播方式讲述中国故事，而从思想意识出发、自下而上的微观多元视角则相对缺乏。

话语认同的建构应从受众共同的生命体验、精神世界出发寻求突围，运用"观点故事化、故事细节化、细节情感化"的叙事策略激发情感共鸣，实现从"中国经验"到"中国体验"的话语设置方式的转变。

运用"中国体验"的话语设置方式讲述中国故事，应关注社会体验感的呈现与桥接，以微观心理状态、精神风貌为切入，使国际社会理解中国的成长，展示积极性、发展性、负责任的大国主体形象。具体而言，"中国体验"的话语设置方式应以官方、社会组织、社会个体等多元身份为话语主体，通过互动式、场景式的传播方式，达成统一价值体系下的话语丰富性与层次性，通过深入"小人物的小梦想"、基层故事和日常生活来描摹社会整体性变化与国家精神，形成全领域、宽频度的叙事链条，使"中国故事"立体可感、入脑入心，达到同屏共情、同屏共振的传播效果和价值认同。

三 从"解构文本"到"建构网络"

长久以来，西方世界创设的"东方主义"话语体系的影响在疫情中表现更为凸显，在世界格局变迁背景之下，西方话语霸权不断扩张，甚至演化为"新东方主义"，借由关于自由、民主、人权等意识形态问题对东方世界进行政治、舆论和文化的话语控制。爱德华·沃第尔·萨义德（Edward Wadie Said）的《东方学》一书指出，东方主义并非欧洲人对东方的一种虚无缥缈的幻想，而是一个人为地创造出的实体。其中既有理论，又有实践，而且投入了大量的人力物力。新东方主义的话语创设者将中国的隔离政策解读为"东方专制主义"，将疫情暴发的原因归结为"非自由主义制度"的终结……通过编织一套"零和"逻辑的话语叙事文本系统，以达到对中国进行话语控制的目的。

从实践来看，以往针对性、精准性地解构、回击西方反逻辑、反科学、反事实的话语文本虽取得了一定的成绩，但当下"泛政治化"趋势使得被动、单向解构西方话语不再适应建构"全方位、多层次、立体化外交布局"的需求。因而，应建构立体化的对外话语体系的"意义之网"，从以往"解构单向度话语文本"的思路转换为"建构立体话语网络"的理论与实践，实现由"他塑"向"我塑"的话语主动性转变，实现话语影响力的突围。

立体话语网络的建构应从时间、空间两个层面入手，分别以理念建构和机制建构为行动方案，二者协同合作、互为动力。时间层面的理念建构应以宏大精深的中国传统哲学理念和中国信仰作为话语理论支持，传播与"人类命运共同体"一脉相承的传统天下观、义利观、和谐观，并钩织出其历史渊源与延续脉络，坚持国家立场之上的包容性与共赢性，以兼具人文关怀和道德理性的话语内核解构西方绝对主义、自利主义、狭隘主义导向下的舆论体系；空间层面的机制建构则应建立以政府机构、学术机构、传媒机构为节点的多元话语网络，应增强新闻发布会、外交官员人格化传播等传播方式的话语引导力，提升我国学术期刊、出版物与本土学者在国际社会的话语影响力，并深度提升我国大众媒体、社交媒体和自媒体的对外话语协同能力及其与国际的话语接合能力，以期通过立体化话语网络的铺设，实现国际传播话语影响力的突围（段鹏、张倩，2021）。

第二节　媒介更迭的脉络、逻辑、阶段与趋势

　　数字人文经济发展背景下的跨界融合促使文化、科技、经济与社会空前一体化发展。科技创新作为一种建制力量，越来越成为社会经济与政治变革的重要力量。新媒体所承载的新内涵与数字资源作为一种全新的经济形态的支撑点，与以往的传统文化资源的非标性、复用性、价值的发现性、需求的个性、环境的友好性等有很大的不同，最主要体现在数字人文资源的形态与特质上。数字人文资源的这些形态与特质，决定了与其相适配的媒介将是区别于传统媒介体系的一种全新媒介形态，其要求以人为中心，以深度体验为手段，通过数字化场景的建构实现数字人文资源的系统化、智能化、平台化、融合化、生态化与民主化。

　　科技融合推动了数字新基础设施的建构，二者又共同推动了媒介迭代与重塑的发展。2022 年 5 月，中共中央办公厅、国务院办公厅联合印发的《关于推进实施国家文化数字化战略的意见》明确，到"十四五"时期末，基本建成文化数字化基础设施和服务平台，形成线上线下融合互动、立体覆盖的文化服务供给体系。在媒介形态不断迭代融合的过程中，一种新的数智化媒介形态——"第四媒介"在人与媒介、科技的融合过程中，正依托"数智化场景"不断加快更迭与重塑。其作为一种创新媒介形态，有着自身特定的系统发展规律，研究与认知这一规律趋势，对于实施国家文化数字化战略，构建数字化基础设施及其服务平台，实现中华文化全景化呈现与数字化全民共享，加快推进中国式现代化也具有重要现实与战略意义。在考察媒介进化发展的历史过程中，可以清楚地认识到媒介及其传播的每一次进步与更迭，同时也是媒介对于人与社会关系的解构与重塑。这背后所体现的正是媒介与科技融合创新及其新基础设施建构发展与媒介跨界融合范式革命共同推动的结果。

一　媒介研究的历史脉络

　　回顾媒介的发展进程，每个特定的历史时代都有其代表性的新媒介产生。所谓"新媒介"的概念也是相对的。新媒介对传统媒介的冲击，最后大多都会走向融合共存（梅琼林、沈爱君，2007）。报纸、广播、影视作为媒介信息的载体，虽然你方唱罢我登场，最后又都难以走出进化更迭的宿命，成为网络新媒体视角下的传统媒介。

　　从哈罗德·拉斯韦尔（Harold Lasswell）的"5W 模式"① 到传播学五大领域②，

---

　　① "5W 模式"指"Who Says, What, In Which Channel, To Whom, With What Effect"，即"谁，说了什么，通过什么渠道，向谁说，有什么效果"。

　　② 传播学五大领域为控制研究、内容分析、媒介分析、受众分析、效果分析。

以往经验主义下的媒介与传播研究习惯于将媒介看作"工具"，用一系列可观察、测定与量化的数据来认识媒介传播现象。而在互联网技术深刻影响下的媒介迭代逻辑，由于"万物互联"理念的蔓延而不再延续线性化轨迹推演。回顾人类对于媒介的研究，早在19世纪，基恩·塔尔德（Jean Gabriel Tarde）已开始关注报刊、书籍、报纸类主流大众媒介在舆论关系的建立中所起到的影响。20世纪初，查尔斯·库利（Charles Horton Cooley）和乔治·米德（George Herbert Mead）等社会学家提出了象征互动理论，认为人与人之间通过象征符号的传递相互作用。布鲁默（Herbert Blumer）强调人的自我互动是其与他人社会互动的内在化，即人的自我互动成为其社会关系的"颅内"反应。沃尔特·李普曼（Walter Lippmann）认为，大众媒介为我们建构起一个虚拟环境，这个拟态的现实环境也成为大众媒介受众了解现实并做出判断的主要参照依据。其观点也对本章后续"数智化场境"观点的提出提供了借鉴。

日益复杂的社会需求使人们对媒介的依赖越发增强。乔治·格伯纳（George Gerbner）将电视看作日常生活中培养特定世界观的象征性环境，强调大众传媒的倾向性使得人的主观现实与客观现实之间出现较大偏离。约书亚·梅罗维茨（Joshua Meyrowitz）将马歇尔·麦克卢汉（Marshall McLuhan）和欧文·戈夫曼（Erving Goffman）的思想加以统一，认为人的行为根据其所处信息化社会场景的定义进行塑造与修订，并将场景的信息化看作物质场所与媒介场所的同一性。丹尼斯·麦奎尔（Denis McQuail）则将媒介看作社会关系的中介，认为受众通过大众媒介建构意义并加以实践，媒介则充当社会信使的职责（王朋进，2010）。

路易斯·芒福德（Lewis Mumford）在1934年出版的《技术与文明》中，将技术发展的历史还原至人类史前时期，强调人类工具是人的生命技术（bitechnics），即人的生活装备的特定组成部分。沃尔特·本雅明（Walter Benjamin）在1936年发表的《机械复制时代的艺术品》一文中，认为复制技术一方面对原作的唯一性及其"韵味"构成挑战，同时也使其获得新的意义并被更广泛的群体所接受。同年，埃德蒙德·胡塞尔（Edmund Husserl）指出，随着现代科学技术的发展，人的感官世界与科学技术所建构的现实世界之间存在二元分裂。此后，麦克卢汉则从媒介演化的角度将人类媒介化的历史概括为"部落化、非部落化、重新部落化"三段，其背后所隐含的意义即人的"有机化、机械化、重新有机化"路径，亦即芒福德的"生命技术、单一技术、生命技术"概念。综上所述，以上学者对于媒介及其技术下人与社会关系的变化趋势，也为后续关于媒介形态发展进程及其未来趋势的分析提供了诸多启发。

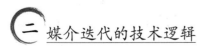

二　媒介迭代的技术逻辑

（一）媒介技术发展的历史回顾

随着媒介技术的更迭与重塑，人类先后经历了口语传播、文字传播、印刷传播、电子传播，以及互联网传播阶段。口语传播时代，媒介即人自身，人们通过语言、手势等方式及时进行交流。其特点是信息的传播速度快、距离短，信息所涵盖的丰富程度低，同时也是人类实现社会化生存的基础。尤瓦尔·诺亚·赫拉利（Yuval Noah Harari）在著作《人类简史》中述及由于沟通协作，人类在数万年前的史前时代即战胜了无数体型上远超于我们的强大生物，逐渐成为这个星球的主宰；前文字传播时代（史前时代）的人类也曾经历了结绳记事、图画叙事等探索，这些信息传播方式相比文字有其自身优势，也在后来成为媒介技术更迭的重要驱动力量。进入文字传播时代，随着文字符号的出现，人类开始在多种媒介载体（如甲骨、草纸、竹简、丝帛等）上，借助多种书写工具（如秸秆、羽毛、鬃毛等）传播文字信息。文字的可保留性与可携带性也使得信息的传播距离、容量与时效性均得到大幅提升，从而为中国先秦时代思想观念百舸争鸣的文化盛世奠定物质基础；在文字传播的技术更迭上，古代中国人所发明的活字印刷术，也随着丝绸之路的绵延、中外交流的推进成为改变西方由中世纪走向文艺复兴与启蒙思想时代的重要信息技术推动力量。

随着印刷术对于西方封建秩序的瓦解，指南针与火药在西方航海大发现中的应用也让西方人开始看到科学技术对于现实生活的重要重塑作用。此后，资本主义工商业的崛起，工业革命也走过了蒸汽、电力时代，诞了诸如留声机、电报机、摄像机等信息存储与传播的新工具，开启了媒介传播的电子化时代。通过电报与收音机的普及，人们可以随时与远方的亲人取得联系，及时了解国内外热点事件，借助影视作品，人们也第一次看到了百余年前先人真实的言谈样貌，也能在战争时期鼓动民众不畏强权、抵抗侵略。及至战后和平时期，电子媒介又成为大众消费社会形态不可或缺的娱乐载体。

20 世纪后期，互联网技术由军用转入民间，也使得大众信息传播出现了一次重要融合，互联网媒介不再是对以往媒介的差异化替代，而是对此前诸多媒介的再造与融合。正因为此，当时的人们更习惯称互联网媒介为"新媒体"，同时称其产品为"多媒体"。

（二）数字技术、元宇宙与数字场景媒介化

媒介已经成为社会变革的重要建构力量。以互联网为代表的第三媒介即媒介的泛化，而本章所言的第四媒介则转向媒介融合化与社会生活深度媒介化阶段。"媒介融合化"与"深度媒介化"在媒介化发展理论以及进化脉络上均有所不同，及至一种全新的理论与社会进化发展范式。一方面，深度媒介化是不同于媒介化理论与社会发展的新范式，以互联网加人工智能算法为代表的数字新媒介，作为一种新的"建构"社会的力量，与以往任何一种传统"旧"媒介不同，其下沉为整个社会的"可视化操作系统"。从媒介化到"深度媒介化"的范式变革，意味着新的传播主体与载体所建构的新型媒介关系将在一定程度上人类的社会关系与结构。换言之，媒介及其传播不再只是社会结构中的一个功能组件，而是转变为构成整个社会形态的要素系统。其所编织得越来越复杂的社会网络逐渐演变为社会结构本身，促

成传统社会规则与社会形态的迭代、融合与重塑。另一方面，"媒介融合化"已成为不同于"深度媒介化"的另一全新范式。其在数字化背景下，更加强调"数实融合、虚实融合"发展模式，成为以新数字基础设施为载体，以元宇宙及其关联技术为基座的"数智化场境"建构为核心的一种沉浸式体验融合新媒介形态。

（三）基于元宇宙媒介特征的第四媒介技术

随着数字经济的不断发展，数字化场景与数智化场境的发展迭代，其发展的内在逻辑已经对社会发展形态与价值建构给予了巨大的冲击与发展的空间。2022年7月，上海经信委发布《上海市培育"元宇宙"新赛道行动方案（2022—2025年）》，对元宇宙所需关键技术、基础设施、交互终端、数字工具等提出建设任务。此后各地政府也陆续出台相关政策，大力发展"元宇宙经济"。

近年来被媒介广泛关注的"元宇宙"强调真实与虚拟世界从二元对立到迭代融合，其多种呈现形态也拓展了"时空"概念，衍生并延伸了当下人的生活与生存方式。通过 UGC 信息传播与 POW[①] 分布式记账系统，元宇宙可以公开证明每个信息用户对链上虚拟世界的实际贡献，所有这些贡献都将被确认为仅属于用户个人的数字权益资产。本书认为，元宇宙所依托的技术支撑范围较广，如近眼显示技术、三维图形引擎、感知交互、数字孪生等，但当下结合媒介迭代重塑进程，最重要的是以 AI 人工智能为引导的底层技术框架。

三 媒介迭代的主要阶段

媒介传播的内容与载体（渠道）通过形塑媒介与社会之关系直接影响人类发展进程。西方传播学者马克·波斯特（Mark Poster）将媒介及其信息传递过程分为三个阶段：第一阶段为面对面口头媒介，特点是符号的呼应；第二阶段为印刷的书写媒介，特点是意义的再现；第三阶段为电子媒介，特点是信息的模拟。媒介主体在此阶段由于信息的不稳定性，多伴随着去中心化与多元化自我意识的建构过程。波斯特的信息传递阶段划分和本章前述媒介技术影响下的口语传播、文字传播、印刷传播、电子传播（含互联网传播）阶段大致相近。此外，美国传播社会学者桑德拉·鲍尔-洛基奇（Sandra Ball-Rokeach）则将大众传播定义为独白式的传播，人际传播为对话式的传播，而信息技术下的媒介传播则被定义为电子对话式（telelog）的传播（陈先红，2006）。

类似的媒介阶段划分，还有以单向传播为主的"第一媒介"、双向互动传播的"第二媒介"，以及以沉浸式传播为主的泛众传播媒介等。在第三阶段，社会、环境和人均成为媒介传播的载体。依托于"网络环境化"与"环境网络化"对媒介空间的重构，沉浸式传播媒介也从社会信息的单一载体，转变为全方位社会服务体系。

---

① POW（proof of work），为区块链工作量证明。

225

第六章 数字人文经济媒介：重塑第四媒介

在媒介的发展演进过程中，互联网技术的迭代及其所衍生的相关服务与产品，也在深刻地改变着媒介的功能与定位。21世纪以来互联网浪潮搅动下的媒介融合趋势被看作"第三媒介"时代的到来（李沁，2017）；互联网技术下的媒介形态也被称为"第四媒介"，认为其与传统媒介一样具有舆论监督功能（杨莎，2012）。从传播学视角，可以将传播活动下的媒介大致分为人际传播媒介（如书信、电话等）、组织传播媒介（公文、宣传栏等）、大众传播媒介（报纸、杂志、电视等），以及网络传播媒介四类，网络传播媒介既是大众传播，也是人际传播和组织传播媒介（李鸿、李金翔，2002）。上述学者观点对于"第四媒介"的定义虽与本书观点有所差异，但从中也可发现其对于互联网技术迭代下媒介融合化趋势的思考和分析。可以说，互联网技术迭代下以数字化智能媒介为代表的新媒介与传统媒介间运行方式的巨大差异，也形成了网络媒介与传统媒介之间，因媒介化逻辑方式的不同而形成的"信息的透明高墙"。

基于此，可以借用现实主义戏剧理论关于"第四面墙"的概念，用戏剧舞台与观众之间"看不见的墙"来比喻网媒与传统媒介之间，分析媒介融合与媒介垄断的差异化竞争模式所带来的认知隔阂与模式差异（胡翼青、李璟，2020）。网络媒介既连接了内容与受众，又借助识别技术筛选UGC。两者合力构筑起用户自营模式（自媒体）下信息生产与传播的闭环网络。这种自治循环与"网络环境化"同"环境网络化"视角二元迭代下沉浸式传播的产生互为佐证，构成了当下媒介融合大环境背景下第四媒介迭代重塑的底层逻辑。

综上，本书倾向于将媒介迭代看作一种融合的进程，并依托媒介迭代与融合的技术特征，将其阶段划分为第一媒介（纸媒）、第二媒介（广播电视）、第三媒介（互联网媒介），以及本章重点关注的第四媒介（以元宇宙及其关联技术为基座的新媒介形态）四种。

口语传播技术时代因为主要依托人自身进行，因此在媒介技术迭代视角下被归为零媒介（人自身），特指第一媒介之前人类漫长的史前时期（无文字记载）。同时将印刷媒介并入第一媒介时期，是因为印刷技术的普及虽然改变了媒介传播的速度与范围，但在早期所传播的内容仍以文字加图画（手绘）为主，印刷载体也主要是各类纸张（经济实用性影响）。第三、第四媒介均处于互联网技术高速发展、网络信息大爆炸的当下，其主要"分水岭"是AI技术在媒介传播中的广泛应用。随着科技融合下新基础设施（数智化场境）的迭代，人与媒介之间的关系也将迭代重塑至传播伊始的"人即媒介"。此时的"人"已不是茹毛饮血的原始先民，而是媒介与技术深度融合后的媒介化的"人"。

四 媒介迭代的基本趋势

"媒介融合（media convergence）"的概念最早由美国麻省理工学院的伊锡尔·德·索拉·普尔（Ithiel De Sola Pool）于1983年提出，意指"媒介所呈现的多功能一体化趋势"。国外关于媒介融合的研究主要基于媒介史、政治经济学与文化研究视角（郭毅、于翠玲，2013）。其中，文化研究视角以詹金斯（Henry Jenkins）为代表，强调媒介融合先后出现的数字革命范式（digital revolution paradigm）与新兴融合范式（emerging convergence paradigm），前者主张"媒介技术替代"，后者强调"媒介互动融合"，认为融合不仅发生在媒介载体层面，也因受众社交需求的改变而在受众的意识认知层面产生。

媒介理论家麦克卢汉在与其子埃里克·麦克卢汉（Eric Mcluhan）合著的《媒介定律：新科学》一书中，提出了媒介演化融合的四条定律，即提升、过时、再现与逆转。他们认为，每种媒介都基于这四种功能而处于不断转化之中。从中不难发现，媒介迭代重塑的重点不在于"替代性"，而是"融合化"。其融合动力不再源自传统媒介主体（纸媒、广播电视媒介），而是转向传统媒介受众主导下 UGC 与 PGC[①] 信息生产与传播模式的统一。

媒介的演化融合更类似于辩证法所强调的扬弃基础上的继承，即由肯定、否定、否定之否定所形成的螺旋式上升轨迹。媒介迭代、融合与重塑的基本趋势主要源自以下四点：一是数字化基础设施的迭代，如 Web 3.0、物联网等技术对于人与人、人与物、物与物关系的改变；二是媒介与科技融合的深化，如 VR、AR、MR 等可穿戴设备逐渐将人转变为媒介；三是媒介系统重塑进化的内在规律，即随着技术的更迭，媒介越发走向个性化、智能化、泛众化、拟真化发展路径，从而逐渐重塑并融入人自身；四是社会新的消费需求促使科学技术的发展在打破旧有生产工具、生产关系的基础上，通过创造新的消费需求，建立新的社会关系。媒介在这一迭代融合与重塑过程中也始终扮演着衔接与推动的角色。

第三节　数字人文经济下的媒介更迭与融合

数字人文经济数智化场境下的第四媒介在"艺术技术化"与"技术艺术化"的驱动下，借助数字基础设施的迭代，通过"网络环境化"与"环境网络化"，正在演变为一个社会化生态体系。

一、数字基础设施助推数字经济业态更迭与重塑

2021 年国家统计局发布的《数字经济及其核心产业统计分类（2021）》明确了"数字经济是指以数据资源作为关键生产要素、以现代信息网络作为重要载体、

---

① PGC（professional generated content）为专业生产内容。

以信息通信技术的有效使用作为效率提升和经济结构优化的重要推动力的一系列经济活动。"由此不难总结得出数字经济的三个重要基础要素即数据资源、信息网络、通信技术。这三个领域当下的发展又以大数据（big data）、区块链（blockchain）和第五代移动通信技术（5G）为代表。

二 数据的数字资源化成为发展数字经济的基础

发展数字人文经济的基础是人文数据的数字资源化，其核心是数字资源的价值发现，其既是基于新资源形态的全新发展范式，也是数字经济新形态能够成立的关键（西沐、雷茜，2023）。数据价值的发挥需要建立在多源（元）数据的融合碰撞以及共享流转基础之上。换言之，唯有让数据及其资源动起来、用起来，继而才能产生、增加并发挥其价值作用。

2022年12月发布的《中共中央 国务院关于构建数据基础制度更好发挥数据要素作用的意见》，特别提出要建立合规的数据产权制度、数据要素流通和交易制度、数据要素分配制度以及治理制度。数字资产具有多种形态，包括数字性、内容性、复合型、数据性等不同形态，区别于传统的要素形态，其有赖于价值发现的价值形成机制，对于新消费市场而言，可能具有更优的解决方案和产品形态，对于大众而言具有更开放、更智能、更便捷的应用场景，因此，数字资产是数字经济形态发展与更迭过程中至关重要的中心性环节。

三 数字经济新形态下的媒介功能不断泛化与融合

德国媒介理论学者弗里德里希·基特勒（Friedrich Kittler）认为，人的主体性意识及其时空感知与媒介技术的物质性转变相关。人不是历史的主体，而是技术的客体（Peters，2015）。今天在媒介迭代过程中，依托互联网技术、通信技术、信息处理与管理技术融合，可以形成创意、生产、流通与消费资源的新融合与新配置，提升媒介化水平与效率（西沐、刘晓丹，2022）。电商平台对于传统线下商铺的重塑，随着抖音、快手等自媒体平台对于淘宝、拼多多在线购物模式的融合，加速了数字人文经济下大众消费结构的快速转型，以及数字化消费场景的建构。

在数字化场景下，数字资产作为重要的生产要素作用于企业模式、产业融合、市场运行等多个方面，形成新的逻辑系统即数智化的底层逻辑，改变人们对于资产的传统认知，从而形成新的市场与产业逻辑和行为模式。在应用场景方面，数字资产在以元宇宙技术集成的技术形态中可以更好地发挥自己的优势和特色，利用新技术手段优化资产的各个环节，通过对于有效信息的采集和分析，将数字资产的智能化、个性化、多样化以及具有针对性等优势更好地运用在生产、研究、运营等各个方面，形成媒介泛化与融合下的应用"场境"。

互联网技术下的新媒介之因此不同于以往的传统媒介，在于新媒介是通过"数字化表征"来运作的（Manovich，2001）。新媒介的"新"体现在其运行通过二进制数字符号的生产与处理实现。而当数字符码使得文化形态（艺术、音乐和文本等）的表征可以被复制、修改和传播。其所具有的通用性和可复制性也使得媒介的传播速度更快、成本更低、效率更高。托尼·费尔德曼（Tony Feldman）则将数字媒介所具有的这种特征概括为"无偏见性（impartial）"，认为其不再采用一系列不同的技术来处理不同的数据形式，而只需单一的"元媒介"实现（Feldman，1997）。费尔德曼所言的"元媒介（meta media）"概念最早由美国计算机科学家艾伦·凯（Alan Curtis Kay）提出，指个人计算机重塑下的媒介形态特征，国内也有学者将其称为"媒介的媒介"。"元媒介"的概念更加近似于媒介迭代融合与重塑后的新媒介形态（元宇宙），即以元宇宙技术为基座的新媒体形态对于数字人文经济下社会形态的重塑。

第四节　第四媒介的概念、特征及其趋势

以元宇宙及其关联技术的发展为基础形成的数字场境媒介化构成了第四媒介对于以往三类媒介形态的迭代与重塑，其作为一个新兴体系，具有自身独特的系统、结构及其内在规律与外延趋势。

一　第四媒介的概念内涵

"媒介学（mediology）"一词，首见于雷吉斯·德布雷（Régis Debray）于1979年出版的《法国的知识权力》一书（陈卫星，2015）。由于研究范围跨度较大，媒介学研究不得不涉及相关学科分支理论，也为今日研究学者从不同视角理解媒介奠定了基调。同时，媒介学的研究强调人的组织和技术在文化传承与创新中的作用，从而对媒介历史、社会、文化层面的融合投以更多关注。从"媒介学"这一词语来看，"logy"强调科学属性，而"medio"关注的是中介环境，两者相融合，也串联起了技术、社会、文化、媒介与人的作用关系。

按照媒介学对技术与文化关系的研究，德布雷将人类媒介的发展史划分为三个不同的媒介域：文字（逻各斯域）、印刷（书写域）和视听（图像域）。其认为媒介域下的人类文化活动不能脱离媒介技术的时代特征。如何体现这一特征，也是媒介形态的社会组织核心。每一次媒介技术的变革不一定在物质形式上消除以往的媒

介载体，而是改变先前媒介载体所承载的社会地位和角色功能。

当下之新媒介汇聚了文本、图像、声音、视频等信息内容，继承了口头与书面文字交流所包含的叙事、辩论、游戏等互动方式，整合了单向、双向、多向等不同传播模式。与此同时，自然社会、历史文化与科学技术理论及其实践成果也被纳入媒介的宏大叙事框架之中，构筑起媒介迭代重塑下第四媒介的雏形——元宇宙。

"元宇宙"概念最初见于尼尔·斯蒂芬森（Neal Stephenson）于 1992 年出版的《雪崩》（*Snow Crash*）一书。书中描述了人类以数字身份在多维空间中交互生存的平行虚拟世界，即"元宇宙（metaverse）"。该英文单词由"Meta（超越）"和"Verse（宇宙）"两部分组成，直译即"超越宇宙"。这种"超越"与以往基于数字技术的虚拟化场景相比，最大的不同在于智能化沉浸体验式数字场景的搭建，也即媒介基于数字技术迭代融合与重塑后的数智化场境形态。这一全新媒介形态以 AI 加 UGC 构筑起生成式 AI（generative AI）所演化而成的 AIGC，借助 POW 为内容提供分布式存储，从而将元宇宙宏大叙事结构的搭建，以及相关虚实关联产品与服务置于媒介迭代融合与重塑的延伸尺度之下。

在数字人文经济从数字化转向数智化的进程中，第四媒介及其元宇宙范式与形态也从数字"场景"转向数字"场境"（见图 6-1）。这种转向同时也是媒介自身从"在场"转向"在境"的过程。传统媒介的"在场"更多通过媒介技术的迭代，不断拓展人类沟通交流的层级。而数字场境下的"在境"则是伴随各类媒介工具的融合（整合与消融），不断降低媒介的"在场"，使媒介"回归"以人自身为中心的"在境"体验，从而凸显了以元宇宙及其关联技术为基座的数智化场境，正在成为一种基础化媒介（第四媒介），以及第四媒介将成为数字场境媒介化发展的阶段性结果这一媒介发展的当下趋势所在。

经济视角	互联网经济 → 数字经济 → 数智经济
要素形态	数据 → 数据要素 → 数字资产
技术迭代	互联网 → 互联网+区块链 → 元宇宙
重塑逻辑	信息化 → 数字化 → 数智化

图 6-1　元宇宙及其关联技术的迭代形态与重塑逻辑

（二）第四媒介的主体特征

媒介技术的兴起推动并产生了不同形态的中介方式，为特定形式的传播提供了实现条件（丁方舟，2019）。今天媒介也被放在与社会、政治、经济、文化制度相连接的情境中探讨其场景化构成。麦克卢汉的"媒介即讯息"强调媒介即人的延伸，其对个人和社会的影响由新的尺度所产生，任何新技术带来的延伸，都会引进新的尺度（麦克卢汉，2011）。每一次媒介迭代，都会在融合以往媒介的基础上，为信息的生产与传播拓展新的媒介领域。这种媒介尺度的延伸在网络时代，也被称为"拓扑（topology）"①，网络载体（手机、平板）等尺度的延伸背后，其实是人与人、人与社会之间关系的拓展与延伸。对此，传播学者曼纽尔·卡斯特尔（Manuel Castells）认为，网络是开放的结构，它能够无限扩展（拓扑），一个以网络为基础的社会结构是具有高度活力的开放系统，能够创新而不至于威胁其平衡（Castells，1996）。

这种"开放结构"即元宇宙的形成基础，在卡斯特尔看来是一种以"永恒的时间（timeless）"和"流动的空间（space of flows）"为特征的社会形式。前者指载体之间远超使用者的瞬时传播与信息交流体系，而后者指由关键节点（节点通过吸纳并处理信息而提高其重要性）和枢纽构成的一系列活动以及由此而形成的组织架构。

本书认为，卡斯特所言开放结构网络社会下的时空观，也是第四媒介（元宇宙）的运行特征之一。其中，"永恒的时间"即元宇宙中信息内容的生产和传播的"永恒性"，这种信息基于区块链技术不可篡改，同时依托人工智能而刻意自主生成；"流动的空间"则指元宇宙中信息内容的生产与传播的"流动性"，这种信息超越常规媒介载体，可以在元宇宙内的不同媒介领域、不同媒介形态间瞬时同步，并依托"元宇宙"内不同媒介领域的自身特点而进行改变，即 AIGC 下文字信息内容与图片、音频、视频信息内容间的自由转换。以元宇宙技术为基座的数智化场景也将在媒介信息内容的传播时间与传播空间的统一中，逐渐转向"人即媒介"的迭代融合与重塑。

关于"人即媒介"，哲学家唐·伊德（Don Ihde）认为，基于当下媒介实践中技术的中介作用，传播的物质性意味着作为身体的"我"借助"媒介技术"与"世界"相互作用，由此形成具身化关系（伊德，2012）。元宇宙及其拓扑作为人与社会信息沟通的载体，伴随着人自身需求的延伸，也逐渐具备拟人化倾向，媒介与人的融合正随着数智化场景的应用进程不断加快而成为现实。

20 世纪初，沃尔特·本雅明（Walter Benjamin）在意识到艺术创作过程中机器的作用与影响后，提出了技术主义艺术理论（机械复制艺术理论）。尽管其对技术发展导致艺术"灵晕（aura）"的消逝感到惋惜，但"艺术的技术化"所带来的大规模复制，也促使艺术的形式和内容从少数精英阶层延伸拓展至大众群体，进而促进了艺术传播的民主化与大众化（龚小凡，2008）。

艺术作为一种有意识的人类（互动）社会活动，其目的在于表达人的日常感受。同时，艺术需要与现实保持距离感，即艺术传播与一般信息传播的差异性，也使得艺术传播媒介具有了虚拟性情感体验需求下的传播载体特征。这一特征也是艺

---

① "拓扑"在计算机领域指设置、架构计算机的联结。

术媒介的必要而非充分条件（高迎刚，2008）。媒介所具有的"社会性"与"虚拟性"特征，也同元宇宙数智化场境下媒介信息生产与传播的时间"永恒性"与空间"流动性"相吻合。无论是"艺术技术化"还是"技术艺术化"，所体现的都是艺术与互联网、大数据、人工智能等技术之间的融合延伸。前者是技术为艺术表达拓展传播渠道，后者则是艺术对于技术应用路径的现实指引，即"人借助媒介技术实现艺术的具身化"。第四媒介中艺术信息的生产与传播在某种程度上也具有了"超工具性"特征。

综上所述，数字人文经济背景下以元宇宙及其关联技术为基座的数智化场境作为一种基础化媒介（第四媒介），其主体特征主要表现为数据核心化、智能工具化、场境中心化的迭代、融合与重塑。

（一）数据核心化（大数据+区块链）

数字人文经济背景下媒介更迭的逻辑主要是沿着价值发现的轨迹创造性发现和有效性管理新的价值范式与形态。以往媒介信息的生产、传播和变现主要由单一媒介主体把控。进入互联网时代，分众化传播使得个体在媒介生产与传播中的主动性得到极大推动，也促成了 Web 2.0 技术下自媒体的崛起。在以互联网巨头为引领的第三媒介时代，信息的所有权大多存在于平台方而非创作者，平台会根据自身战略需要与信息生产者（如微博博主、B 站 UP 主等）商定利益分配额度，但决定权仍在媒介平台一方。而第四媒介下的元宇宙通过将数据信息与区块链分布式存储技术相融合，一定程度上降低甚至是规避了平台在价值分配中的作用，实现了数据信息资产的个人确权拥有，从而进一步激励了个体对于媒介信息产品的创作、传播与消费。

（二）智能工具化（人工智能+物联网）

物联网作为多元信息载体平台，通过信息传感器、射频识别技术、全球定位系统、红外感应器、激光扫描器等装置与技术，可以动态采集普通物理对象的声、光、热、电等多元信息，从而实现人与物、物与物之间的泛在连接，再将这些信息数据通过区块链分布存储，实现人与人、人与物之间信息生产与传递的个性化、泛众化。同时借助人工智能技术对于信息传递的智能化迭代，可以优化人与人、人与物、物与物之间的沟通模式与层级，将物提升到"人"的层级，逐渐淡化人与物之间的差异性，为数智化场境的构建提供建筑"砖石"，从而构筑起元宇宙数字化生存的"后人类"媒介化时空。

（三）场境中心化（人机接口+数智空间）

从媒介场景到媒介场境，其本质是应用环境的改变。场境中心化更加强调人与人、人与物、物与物的互动、理解与共鸣。基于大数据、区块链、物联网、人工智能所构筑的数据智能化空间，为数智化时代的"后人类"生存开启了新的"宇宙维度"，即以元宇宙及其关联技术为基座的数智化场境。同时，借助可穿戴设备，以及未来诸如脑机接口、上载智能等目前尚处于理论阶段的各类人机交互界面的探索与实践，以元宇宙技术为基座的数智化场境将成为链接人类可感知现实与虚拟世界，以人为中心的"媒介化"世界。

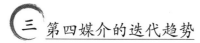

三 第四媒介的迭代趋势

数字人文经济需要大量的工具、手段、技术，需要对未来的社会场景、要素重新加以整合，是一个羽化成蝶的过程（喻国明、苏芳，2023）。第四媒介的融合迭代无论是作为艺术技术化的数字构成，还是作为技术艺术化的信息载体，都对人与艺术、人与社会之间的关系产生了深刻影响，促进了媒介内容生产与传播的"泛艺术化"。通过以元宇宙及其关联技术为基座的数智化场境对于传统数字化场景的重塑，艺术家与大众之间碍于原有技术与认知壁垒之上的内容生产差异性逐渐减弱，大众在艺术生产、传播、接受与消费等环节的主体性意识逐渐增强，也使得德国当代艺术家约瑟夫·博伊斯（Joseph Beuys）曾主张的"人人都是艺术家"，以及安迪·沃霍尔（Andy Warhol）所预言的"未来每个人都能成名十五分钟"正在媒介迭代重塑下变为现实。

谈及元宇宙及其关联技术的发展趋势，有学者在斯蒂芬森"元宇宙"初始概念的阐述基础上，将元宇宙划分为四个发展阶段（高奇琦、隋晓周，2022）：第一，虚拟元宇宙，即虚拟世界和现实世界初步实现互联互通，达到虚拟现实化与现实虚拟化的融合；第二，脑接元宇宙，即通过脑机接口技术，全方位融合视觉、听觉、嗅觉、触觉等人机交互体验；第三，意识元宇宙，即通过上载意识到元宇宙，使得人类身体的衰老不再成为限制生命存续的决定因素；第四，共生元宇宙，即借助元宇宙帮助人类突破思想桎梏，实现人机共生状态。

目前来看，上述观点仍停留在"凭空幻想"之中，即便不去讨论后续阶段落地所面临的伦理争议，很多技术环节目前也还未取得关键性突破。然而，科学技术的发展很多时候就是从一个个"幻想"逐渐演变为"现实"。按照这一趋势逻辑，以元宇宙及其关联技术为基座的数智化场境的未来发展也将基于探索如何更好地协调虚拟与现实空间的融合延伸关系展开。本书强调，元宇宙迭代下的虚拟空间对于现实空间的拓展延伸仍为主流，而随着人工智能、物联网应用的不断普及，第四媒介所推动的后媒介融合进程终将全面融合线上与线下时空，改变人类自身与时间、空间关系的现有认知，从而促进 AGI（通用人工智能）时代的早日到来。

第五节　第四媒介重塑的系统要素、结构行为与环境

以元宇宙技术为基座的数智化场境作为一种基础化媒介（第四媒介），有着自身特定的发展背景、历史沿革及其进化逻辑（技术迭代融合与重塑路径），以及媒

介系统内在生态化的发展规律，正在重塑数字媒介生态。

一 第四媒介的主要系统要素

2022年1月，清华大学新闻与传播学院新媒体研究中心发布了《元宇宙发展研究报告2.0版》，从其概念起源、概念与属性、技术与产业链、场景应用、风险点及治理、热点问题、远未来展望七个方面，梳理了元宇宙的历程特点。同年11月，该团队再次发布《元宇宙发展研究报告3.0版》，在原有报告研究内容的基础上总结得出了关于元宇宙的"三个三"定义。

该报告强调了元宇宙的三维化特征，以区别传统互联网媒介（如电脑、手机、平板端口），并将其分类为数字孪生、虚拟原生、虚实共生三个阶段。对此，本章观点认为元宇宙的"三维化时空"并非如报告所言是与传统媒介特别是第三媒介（网络媒介）的区别所在，应该说元宇宙的"在境"特征在现阶段仍需要借助手机、电脑等网络端口，配合体感设备实现。因此元宇宙三维空间的构成其实是对以往媒介（特别是网媒）既有功能的迭代，而非替代。这种融合与延伸下的迭代也是前述"数智化场境"二元迭代发展趋势的基本特征，以及媒介融合发展观下第四媒介系统要素关系的辩证统一。

同时，基于该报告"三个三"定义中"三元化"与"三权化"概念背后所依托的AI人工智能与区块链通证机制作用的提取，本章在第四媒介主要系统要素及其关联技术的构成上，主要参考并认同此前学者对于元宇宙要素特征的"BAND"分类定义（顾振清 等，2022）。其中，"BAND"中的"B"指blockchain，即区块链技术；"A"指AI（artificial intelligence），即人工智能技术；"N"指network，特指Web 3.0下的互联网技术；"D"指display，即终端数字化场景（如VR、AR、MR、XR、脑机接口、上载智能等人机互动技术）（见图6-2）。本章强调，目前B、N、D端在技术迭代上已相对较为成熟（见表6-1），也是此前国内外关于"元宇宙"发展重要的底层技术支撑。

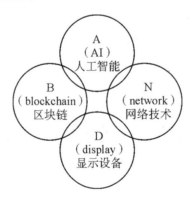

图6-2 第四媒介（元宇宙）"BAND"系统要素化结构

表 6-1　第四媒介主要系统要素及其构成特征

系统要素	要素构成	要素特征
B （blockchain） 区块链	分布式账本（DLT） 工作量证明（PoW） 智能合约（Ethereum）① 数字艺术资产（NFT）等	第四媒介（元宇宙） 数智化场境的 信息存储
A （AI） 人工智能	大数据（big data） 云计算（cloud computing） 生成式对抗网络（GANs） 变分自编码器（VAE）等	第四媒介（元宇宙） 数智化场境的 信息生产
N （network） 网络	第五代移动通信技术（5G） 第七代无线网络（Wi-Fi7） 物联网（IoT）、Web 3.0② 等	第四媒介（元宇宙） 数智化场境的 信息传播
D （display） 显示	三维图形引擎（Unity、CAD） 可穿戴设备（Wearable device） 虚拟现实（VR）、增强现实（AR） 混合现实（MR）、扩展现实（XR）等	第四媒介（元宇宙） 数智化场境的 信息呈现

数据来源：笔者根据互联网公开信息整理。

二　第四媒介的基本系统结构

以元宇宙技术为基座的数智化场境，作为一种基础化媒介（第四媒介），主要基于 UGC、PGC 与 AIGC 二元迭代融合之上的大众与 AI 生成内容模式，其海量信息产品与服务均建构在区块链数字通证所提供的 Web 3.0 网络信任与共识机制之上，再通过三维图形化技术与物联网、可穿戴设备的应用，最终依靠生成式 AI 技术实现对以往第三媒介（网络媒介）信息的迭代融合。

当下 AI 模型的发展大致可以分为两类：决策式 AI 与生成式 AI。前者依托决策式模型（discriminant model）分析大数据中的条件概率分布；后者通过生成式模型（generative model）分析大数据中的联合概率分布，两者的区别在于擅长解决问题的方式不同：决策式 AI 擅长基于历史预估当下，目前主要应用于辅助决策，如推荐算法系统和风控系统，以及自动驾驶和仿生机器人领域。而生成式 AI 则擅长根据数据要素进行归纳、演绎，从而进行缝合式创作和模仿式创新。其中，AIGC 便是生成式 AI 主导与辅助创作的重要实践领域。而 AI 技术的快速发展也让 UGC 数字化场景的搭建转向 UGC+AIGC 数字化场景模式。从而加快了以元宇宙技术为基座的数智化场境为一种基础化媒介在空间规模与产品服务精细化方面的指数级拓展。

决策式 AI 与生成式 AI 技术其实早在几年前便已出现，而基于生成式 AI 的 AIGC 产品与元宇宙基座概念的提出则是近几年才出现的命题。其间，最大的变革

---

① 目前 NFT 类区块链主要基于以太坊（Ethereum）所发布的 ERC 底层技术，并通过以太坊、弗洛链（Flow）等区块链技术平台的智能合约进行交易。

② 2014 年，由以太坊加文·伍德（Gavin Wood）提出，指包含内容读、写、拥有的区块链平台技术。

便是大模型（foundation model）领域技术的突破。AI 技术迭代所依托的大模型可以从参数量级上分为两类：统计学习模型和深度学习模型，前者如 SVM（支持向量机）、决策树等数学理论完备，算力运用克制的模型；后者则以多层神经网络的深度堆叠为结构，来达到高维度暴力逼近似然解的效果。

人工神经网络模型（大模型）在 20 世纪 90 年代已出现，2010 年后得益于 GPU 算力的高速发展，基于人工神经网络的深度学习模型渐成主流。生成式 AI 快速迭代背后的大模型便是深度学习模型参数量达到一定量级后的产物。大模型与 AIGC 应用是通往 AGI 道路上极为重要，也是出乎意料的一站。其重要性体现在 AI 对于人类信息的媒介载体（如语言、文字、图片、影像等）有了更加有效的理解和学习，在此基础上以往媒介之间的迭代融合成为可能甚至是必然选择。例如从自然语言（人类语言）生成编程语言（计算机语言），可以产生新的人机交互方式，而从自然语言生成图片和视频（多媒体产品），则可以全面快速重塑传统媒介内容的生产与传播范式。基于此，本书所述第四媒介（元宇宙）与既往媒介的重要差异即 AI 作为媒介信息技术因素对于媒介新的迭代与融合。

媒介的发展并非彼此隔离、界限分明的线性发展进程，而是基于媒介信息传递的技术变革所出现的迭代与融合、互补与共存。广播电视媒介的出现对于纸媒，互联网媒介的出现对于纸媒和广电媒介，乃至元宇宙概念的出现对于互联网媒介，也大多体现在新的信息载体对于原有媒介符号信息传播的融合迭代。

目前，A 端正处于快速迭代阶段，诸如 ChatGPT、Midjourney、Jasper 等生成式人工智能在 AIGC 领域的飞速发展，甚至让美国政府开始研究是否需要对人工智能技术的发展进行审查。包括特斯拉 CEO 埃隆·马斯克（Elon Reeve Musk）和"人工智能教父"杰弗里·辛顿（Geoffrey Hinton）在内的科技领袖也开始呼吁暂停训练更强大的 AI 系统。A 端恰是串联起 B、C、D 端，同时链接与融合原有纸媒、广播电视以及互联网媒介信息生产与传播，未来实现第四媒介二元迭代的重要增长极与孵化剂（见图 6-3）。

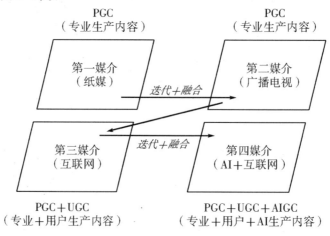

图 6-3　第四媒介（元宇宙）的迭代、融合与重塑路径

同时，基于表6-2，近年来具有代表性的AIGC工具基本囊括了工作、生活的方方面面，其影响范围之广、发展速度之快，大有当初互联网媒介改变传统纸媒、广播电视媒介的势头。埃隆·马斯克（Elon Musk）曾预测，AI会在2025年全面超越人类智能水平，实际上2025年也是AI全面爆发的一年，部分领域的测试AI已经超越人类，这一预测可能在年底实现。而未来AIGC的发展也将整合各类工具走向AGI，从而全面改变人类媒介形态及其产品功能。

表6-2 现有代表性AIGC工具及其功能与应用

名称	开发者	主要功能	实际应用
ChatGPT4	OpenAI	多功能AIGC	基于AIGC的聊天、搜索、写作、编程、识图等工具
Midjourney	David Holz团队	图片类AIGC	基于AIGC的图片生成
Jasper	JasperAI	文案类AIGC	基于AIGC的写作工具
GitHub	GitHub	编程类AIGC	基于AIGC的编程工具
New Bing	微软	搜索类AIGC	基于GPT4的搜索工具
Copilot	微软	办公类AIGC	基于GPT4的办公工具
Shopify	Tobi Lütke团队	电商类AIGC	基于GPT4的电商工具
duolingo	Duolingo团队	教育类AIGC	基于GPT4的教育工具
Imagica	Brain AI	交互类AIGC	基于GPT4的跨媒介工具
Alpaca	斯坦福大学	开源类AIGC	类似ChatGPT3.5工具

数据来源：笔者根据互联网公开信息整理。

 第四媒介的关键系统行为

本书认为，以元宇宙及其"BAND"关联技术为基座的数智化场境，作为一种基础化媒介（第四媒介），是媒介迭代走向个性化、智能化、泛众化、拟人化的融合发展路径（见图6-4）。借此，人与媒介"深度融合化"与"深度媒介化"成为第四媒介关键系统行为的两级。

首先，基于B端（区块链）技术对于第四媒介信息存储形式的迭代，人类个体借助分布式账本与智能合约，重新掌握信息的通证所有权，超越互联网时代平台对于信息的掌控，促使媒介真正走向个性化时代；其次，基于A端（人工智能）技术对于第四媒介信息生产的迭代，信息的生产源也将首次超越人自身，走向人类主导下的AI自动生成时代；再次，基于N端（网络）技术对于第四媒介信息传播的迭代，物联网加Web 3.0技术也将使得信息传播的两端不再只是人与人之间的沟通交流，也可以是人与物或物与物之间；最后，基于D端（显示）技术对于第四媒介信息呈现形式的迭代，现实与虚拟的界限将被彻底拉平，现实世界与虚拟世界也将由平行发展最终走向融合共生。人与媒介深度融合化的同时，人的社会生活也将深度媒介化。届时，第四媒介的迭代融合也不会停止，而是进一步跨越以往媒介迭代的束缚，走向媒介即"人"自身的原初轨道。

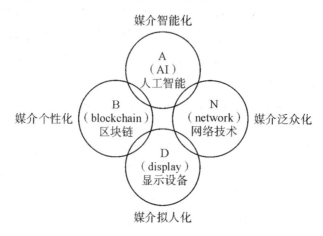

图 6-4　第四媒介的系统要素与基本结构关系

第四媒介迭代融合下"人即媒介"中的"人"（见图 6-5），是所谓的"后人类（posthuman）"概念。随着"BAND"系统要素下人与媒介的深度融合化，以及社会生活的深度媒介化，人类的身体不再与"自然"紧密联系，而是日渐面向技术设计和变革开放，人类概念也逐渐遭到质疑，从而引出了"后人类"概念。罗伯特·佩珀雷（Robert Pepperell）在著作《后人类景况》中将"后人类"描述为一个时代，其间人类不再是宇宙中最为重要的事物，而所有人类社会的技术进步都是为了适应我们所知道的人类种族的变迁。后人类是一种不确定的境况，其间事物的本质或根本属性都不再清晰（Pepperell，2003）。人类不再如希腊先哲普罗泰戈拉（Protagoras）所言"是万物的尺度"，AGI 将越俎代庖，成为包括人类在内"万物的摩尔定律"①。

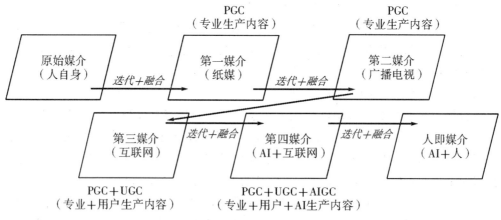

图 6-5　媒介迭代融合发展观下的第四媒介关键系统行为

---

① OpenAI 创始人萨姆·阿尔特曼（Sam Altman）在 2021 年发布了一篇文章，其中提到 OpenAI 乃至整个 AI 行业的使命是通过实现 AGI 来降低所有人经济生活中的智能成本。

四 第四媒介的重要系统环境

综上所述，互联网技术迭代融合下以第四媒介为代表的新媒介与传统媒介的运作方式差异，在人工智能的加持下，也形成了因媒介化逻辑方式的差异性而形成的以元宇宙及其关联技术为基座的数智化场境。元宇宙中媒介的迭代融合与重塑，不仅发生在媒介载体层面（如网络、显示、区块链等），也因受众社交需求的改变（AIGC 的应用）而在受众的意识认知层面产生。从而不再采用一系列不同的技术来处理不同的数据形式，而只需一种单一的"元媒介"，即元宇宙实现并超越既往所有媒介技术所具有的独特功能。

元宇宙基于数字技术迭代下的媒介融合态，即复合化沉浸体验式数字场景下的"BAND"系统要素，搭建起以"永恒的时间（timeless）"和"流动的空间（space of flows）"为特征的"元宇宙"系统环境体系。其中，"永恒的时间"通过"艺术的技术化"与"技术的艺术化"，基于元宇宙中区块链技术，同时依托人工智能而实现信息内容的自主生成；"流动的空间"强调信息内容的生产与传播超越常规媒介载体，可以在不同媒介领域、依托不同媒介显示同步，实现"网络环境化"与"环境网络化"下媒介空间的重构。

基于元宇宙"BAND"系统要素的基本系统关系与关键系统行为，媒介也由"技术替代"走向二元迭代的"互动融合"路径，从而将媒介的迭代路径从孤立静止的线性替代转向辩证统一的融合共存（见图 6-6）。

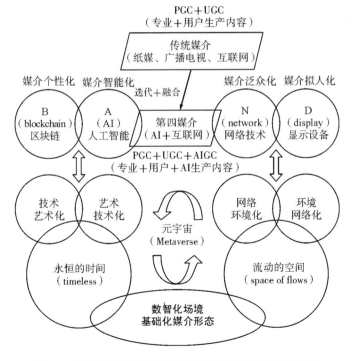

图 6-6 媒介迭代融合发展观下的第四媒介重要系统环境

人类向网络场景的大规模迁移，不只是媒介自身的革命，媒介已经垂类到生活各方面，颠覆性变革并重构起新的媒介化社会形态。而随着科学技术的持续迭代，元宇宙、人工智能、物联网、脑机接口等正在或即将开启的是人类在拟态场景下数字化生存的文化新形态。这一由科技创新推动媒介迭代重塑的历程及其影响，将借助媒介的功能泛化形成一次文明形态的融合、迭代与重塑。

从当下的发展态势来看，数字经济的发展可以概括为由数字化到数智化的两大基本进程。数字经济从数字化到数智化的转变，最基本的前提与动力就是基础设施的更迭进化。其中，数智化是数字经济发展的新形态，其虽然尚处在展开期，但已表现出其独特的新范式、新形态与新机制。研究探讨这种新经济发展的内在规律与最新发展趋势，既是现实发展的需要，更是时代进步的课题。

第七章
数字人文经济治理：
共塑人文精神

　　本书之所以重视数字人文经济的治理这个课题，就是因为意识到数字人文经济一方面是出于经济发展考虑，实现经济转型与高质量发展。另一方面，也要考虑人文价值观的传播，以及人文精神的共建。特别是在数字化形态下，如何在经济运营过程中实现共建人文精神，是一个非常重要的时代题目。

　　新一代人工智能具有渗透性、替代性、协同性和创新性的技术与经济特征，通过要素贡献、效率提升和知识创造等路径，与数字人文经济效率变动之间存在显著的正相关关系，人工智能的效率促进作用主要依靠基础层和技术层分支实现，这也同人文资源特质有着一定耦合性。现阶段人工智能技术发展仍存在明显的国家间不平衡特征，专利和技术主要分布在美国等西方发达国家或地区，技术的增长促进作用也同技术封锁和垄断因素相关。此外，人工智能对文化产业的增长也产生了显著的促进作用，作为第四次工业革命的核心技术支撑，人工智能技术的发展趋势和影响路径基本符合通用目的技术进步的一般规律（陈楠，2023），其对于数字人文经济未来的治理路径创新也将带来较大跃升效用。

　　本章关于数字人文经济治理：共建人文精神的研究，首先是关于治理理论的当代谱系以及当代治理理论的局限性分析。此后，将从数字人文治理的主体、数据、技术与机制等方面，对数字人文治理的要素机制与发展路径加以阐述。最后，是建构数字人文经济治理"中国方案"的阐释。将从数字人文经济治理发展的历史进程，数字人文经济治理现代化为什么强调"中国式"，数字人文经济治理进化的逻辑，数字人文经济治理的系统，数字人文经济治理的机制与体系，数字人文经济治理的目标、关键节点与重要路径等方面系统性加以分析。

第一节　当代治理理论的谱系及其局限

一　治理理论的当代谱系

　　自20世纪90年代以来，治理理论在国内持续受到关注并得到发展。英文中的治理一词"governance"，原意是控制、引导和操纵。按照全球治理委员会的定义，治理是各种公共或私人的个人和机构管理其共同事务的总和。英国学者格里·斯托克（Gerry Stoker）经过梳理，指出治理包含五种观点：第一，多元的政府公共机构和社会行动者。第二，治理界限和责任层面的模糊性。第三，公共机构之间彼此存在权力依赖。第四，参与者之间形成了自主性网络。第五，超越了政府权力和权威。法国哲学家米歇尔·福柯（Michel Foucault）认为治理应通过规范"行为的引导"，运用媒体操纵个体的主体性，同时借助诸如生产实践技术、主流类型和话语等权力"网络"控制和塑造表征。

在治理目标上，当代多数学者都赞同治理的目标是实现善治。善治的六要素，即合法、透明、责任、回应、有效以及法治（俞可平，2016）。然而，在如何实现善治的问题上，治理理论极为庞杂，核心概念宽泛，甚至彼此间冲突，以至于有学者使用"学术迷雾"来形容治理理论的现状。总体而言，按照分析视角的不同，当代治理理论可以被归纳为下述四种流派：权力治理流派、制度治理流派、关系治理流派和技术治理流派。它们在治理层次、治理属性、治理逻辑等各个方面都存在侧重点和鲜明差异。

（一）权力治理流派

权力治理涉及"谁有权治理""谁主导治理"的治理权分配问题，是指在治理主体层次，哪些组织机构和行动者能够成为治理过程的控制者和参与者，成为具有合法性的治理权威。因此，权力治理本质上是个政治性问题，而这构成了所有治理活动的前提条件。在何种主体有权进行治理的问题上，学界存在不同观点。在传统政治学领域，政府长期被视为治理唯一权威。治理（governance）和统治（government）的概念也具有极大同义性，本身经常交叉使用。詹姆斯·W. 托尔夫森（James·W. Tollefso）等就指出，治理在传统语境中就是政府行动、政府做什么的同义词。从政治社会学角度看，阐释国家与社会关系的法团主义、市民社会等理论，也勾勒出国家与社会组织之间不同的权力关系，凸显出国家中心主义和社会中心主义等不同进路。

在西方新公共管理思潮兴起之后，非国家行为体的重要性与日俱增，公私伙伴关系日趋重要，使得国家中心主义受到广泛批判，强调政府部门局限性以及各方参与平等性的多元共治模式受到广泛推崇。例如，詹姆斯·罗西瑙（James·Rosenau）认为治理活动可以无须依靠国家的强制力来实现，政府的缺位仍然可以实现治理目标。埃莉诺·奥斯特罗姆（Elinor Ostrom）认为，有效治理很难通过单一中心完成，多中心治理能够克服国家和市场的不足，实现更有效的公共产品供给。上述观点，都旨在论证治理主体的多元性和分散性，认为国家权力边界不宜过度扩张，而应当寻求公共部门和私人部门的平等合作，通过委托、契约关系等形式建立复杂共治系统。我国国家治理体制高度重视国家责任，西方小政府、弱政府的"拿来主义"并不适用。在权力治理格局上，中国式共治注重国家主导和社会参与的统一，而不是追求完全的去中心化。

（二）制度治理流派

制度治理回答的是"治理各方如何行动"，立足于正式治理机制、架构和流程，关注各方之间如何通过特定制度模式进行互动和合作。和宏观层面的权力治理相比，制度治理的核心问题是治理机制的合理性，也即机制架构是否能实现预期治理目标，以及得到各方的普遍同意。在某种意义上，制度治理构成了权力治理的自然延展和递进，具有很强实践性。

由于治理情境日趋复杂，常规的科层制模式在运作时已暴露诸多弊端。网络化治理和整体性治理构成了具有代表性的制度治理理论。前者侧重于政府与外部行动者之间的互动机制，后者则强调政府内部不同部门的协同。一方面，网络化治理将治理架构设想为由各个网络节点相组成的网状管理系统，通过强化横向协同的方式，管理更为扁平化，网络主体之间彼此能够形成信息共享和协同行动，通过合作网络优化公共服务。在互动过程中，各方通过协商、建立规则、契约、激励、沟通等方式达成共识。由此，网络化能够提升治理的灵活性、便利性和专业性。另一方面，整体性治理则旨在克服公共行政过程中，部门主义的碎片化和空心化倾向，补充科层制缺陷，建立无缝式行政流程，其措施主要包括实行大部制、政府流程再造、权力适当集中等。

整体性治理强调政府整合的运作，包括治理功能、治理层级和公私部门的整合三重环境，通过提升制度化来完成政府内部重构。在制度治理模式中，依赖于契约和条文的规制逻辑贯穿治理始终，而制度结构设计的完善性和科学性、信息流动的充分性以及各方的权责统一性等因素，都会影响制度治理的效果。制度治理实质上采取了结构主义视角，认为行动者受到组织结构的有效约束。

（三）技术治理流派

技术治理主要关注于治理工具层面，认为随着信息社会的发展，治理应当提升数字化水平，持续地将新兴信息技术纳入治理流程之中。在第三次科技革命浪潮下，技术已经对于政府和治理的传统范式提出了根本性变革和挑战，技术决定论强调技术自身特征会对组织的诸多要素产生变革性功能，重构治理形态。在技术决定论看来，诸如网络技术本身并非中立，而有助于特定价值的实现，包括高效、协同、共享和民主参与等。帕拉格·卡纳（Parag Khann）认为，技术应用创新了政治的运作过程，建立了新型的技术官僚体制。因此，技术治理关注的是创新治理工具并充分发挥其有效性，进而优化治理效能。在此，数字治理理论则构成了技术治理流派的典型代表，它包括了一簇的技术系统方案，例如"互联网+"治理、大数据治理、人工智能、区块链等，要求建立一体化数字平台，充分利用数据资源。尽管数字治理理论发轫于西方，但在中国，建构数字治理体系、提升数字治理能力也已成为国家和社会治理的关键任务，并产生了诸多创新实践，其中也包括数字人文经济学视域下的人文治理等。

二　当代治理理论的局限

以往治理流派可以分别被概括为：治理的权力本位、制度本位、工具本位等。对上述流派进行梳理，不仅从宏观上把握既有研究的整体格局，更重要的目标在于反思治理理论的局限。发轫于西方的治理理论并非完美，也存在自身的弊端。西方治理理论大多强调治理权、治理机制、治理工具和治理关系网络，但对治理的核心行动者和对象，即人本身的价值规范与建构较少探讨。

（一）治理理论中的民主意识形态

从理论演进上看，对西方治理理论所做的历史性观察显示，治理理论确实少有分析公民价值规范与治理之间的关联。诚然，治理理论在论述公民和价值规范两方面都有广泛涉及，但是，一方面，对公民主体性的强调在于保障和扩大公民参与权。以阿尔蒙德为代表的公民文化理论，就倡导参与型公民的价值优先性。另一方面，对价值规范的论述则集中在对公共行政组织特别是政府的约束。然而，对两者的结合也就是公民价值规范本身的论述，却相对缺乏。上述双轨性特点，在战后治理研究的演进脉络中可以得到清晰呈现。二战后美国兴起的新公共行政学派，回归政治和行政的关联性，主张建立以民主为核心的行政模式。

20世纪70年代西方世界的经济危机，导致了以限制政府权能、奉行商业管理理念为宗旨的新公共管理理论的盛行，新公共管理理论虽然追求效率，但它也主张消费者至上，强调政府应扮演"掌舵者"角色，给予市场和公民更多权能。治理理论虽然纷繁复杂，但彼此一致性实质上大于分歧。

这种一致性主要体现为两点：第一，对政府不断提出规范性要求，规训其权能；第二，与之相对，积极支持公民参与公共事务，扩展其权能。上述两点，既决定了权力治理数十年来的演变格局，即日益向社会和公民倾斜，也影响到制度治理诸多概念的提出，包括回应型政府、网络化治理、多中心治理等。而贯穿上述一致性的背后，则是西方民主思想的深刻影响和支配。民主要求坚守宪政主义，制约政府权力，对民众最大程度负责，促进公民福利。马歇尔的公民权利理论，也恰恰开始在战后流行。由此观之，战后至今主流治理理论的演化，并非对先前理论的否定，而是构成了对民主信条的不断建构和发展。

（二）治理失灵：西方治理理论的征候

民主在价值上并不构成善治的充要条件，大众民主只有和德性相结合，才能实现善治。从古希腊哲学家到启蒙主义和社群主义的思想家，这种观点都多次被强调。孟德斯鸠指出，共和国的支柱在于公民美德。托克维尔也强调，好的民情（民众的风尚习俗和精神特征）是民主政体的基础。因此，民主和公民德性，实质上是不可剥离的一体两面。那么，何以治理理论却忽视对公民德性的探讨而陷入制度建构和权利本位的逻辑？一种可能的解释来自历史。20世纪的极权主义国家特别是法西斯主义，以提高公民素质为名使用优生学，进行种族清洗的历史还历历在目，暴露出所谓德性建构的政治风险。前车之鉴不远，自然让当代学者对于"建构公民德性"的观点抱有警惕，认为其可能导致国家对私人领域的隐性支配，从而转向个人主义、民主化的治理路径，将善治单向度地理解为国家权力向公民的回归。而其代价，则是忽视了参与公共事务也是一项需要习得的技艺。主体应当具有必要德性素养，遵循社会规范，方符合实践理性。

综上而言，对公民价值规范的弱约束构成了当下治理理论的突出特征，其结果是，西方治理理论难以实现它所承诺的善治目标，体现出内部张力和风险性。一方面，与政府失灵、市场失灵类似，治理也存在失灵风险，而且这种失灵并非仅存在于机制层次，而是一种系统性征候。当代西方民粹主义的升温，则对治理理论提出了严峻挑战。民粹主义虽然是治理的挑战者，但它又孵化于西方治理的大环境之中，恰恰是大众民主与公共理性割裂的产物。另一方面，由于治理强调公民参与，公民角色日益重要，以至于在规划种种治理行动时，已经不能继续忽视公民心理和行为能动性，而必须有所建树。

建立在民主意识形态上的整个治理理论，需要进一步反思和重构。现代社会治理面临的挑战，固然有公共参与不够、机制不健全的一面，但也存在德性稀薄、难以转化为治理资源的另一面。治理应当承担制度建构和价值启蒙的双重任务。在多元参与已经成为价值共识甚至是合法性来源的前提下，应当如何拯救和恢复公民德性？如何重构对公民的价值规范要求？如何维持治理机制的有效运转？对上述问题的回答，迫切要求补充一种新的治理思想，即本书所关注的人文治理，其强调以往的治理流派只是构成了善治的必要而非充分条件。在理想情境中，除去合法的治理主体、合理的治理机制、有效的治理工具以及互惠性的治理人际网络，治理也需要行动者具有合宜的德性素养。在这个意义上，人文治理的关注点不在于外在结构性要素，而专注于主体内在的精神成长和成熟，进而和制度结构相匹配，促成社会进步（刘建军、邓理，2020）。

（三）文明与治理文明

数据化过程中的数字资源主要来源于外购商业数据库、自建数据库、研究机构的数据以及网络开放获取数据等。这些数据的权属、授权及许可方式不同，在对其进行统一处理时或造成侵权风险。数字人文研究中的人文数据建设除了收集、整理原生数据，还包括人文数据复原与人文数据重构两种形式。对传统文献资源进行转录、改编、重组等工作与《中华人民共和国著作权法》中的使用权、复制权、改编权等密切相关。然而《中华人民共和国著作权法》对原始的、非结构化的数据的版权保护比较薄弱，因为一些原始数据可能不符合"原创性作品"的创造性要求，现有关于数据的法律保护也存在空白。但在有些情况下，法院愿意将版权保护范围扩大到涉及数据且具有足够创造性的作品。因此，在人文数据建设的过程中很容易因为版权不明确而产生纠纷（欧阳剑，2023）。

人文治理所关注的文明在不同背景下具有不同含义：

第一，作为"文化"的文明和治理文明。此时，人们常将文明作为"广义文化"的同义语进行使用，往往指的是人类、社会、国家等在历史发展和实践中所创造的各种物质和精神财富的综合，可简称"文化文明"。例如，我们经常讲"中华文明""社会文明""古代文明""现代文明""东亚文明""世界文明"等，大都是这种用法。必须指出的是，"文化"一词也有狭义的用法，指与政治、经济、社会、生态、军事等并列的整体国家或社会的作为艺术、思想、科学、精神、教育等的部分。但一般来说，文明不会和"狭义文化"的概念混用。总之，具体到治理来说，作为文化的治理文明，就可定义为是治理在历史发展和实践中所创造的各种物质和精神财富的综合。

第二，作为"价值"的文明和治理文明。这里的"文明"用以指人们追求的一种在道德、意识形态、哲学或目标等上的善或有较高文化水平的状态，其往往作为人们奋斗的终极目标和结果的判断标准而存在。中国提出要建立"富强、民主、文明、和谐、美丽"的国家，这里的文明就是作为一种"价值"来使用的，强调国家建设的一种整体发达的、完善的、有文化的状态。在这种用法下，还有一种特殊用法，就是将"文明"和新的、现代的等同起来。

第三，作为"制度"的文明和治理文明。要实现作为"文化"和"价值"的文明，必须通过一定的制度安排来实现。制度安排又包括作为制度实体的组织以及作为组织规则、规范、惯例、习俗等的正式的和非正式的制度。从文明形态的构成逻辑来看，在"文化"与"价值"层面的文明形态基础上，还存在着作为"制度"形态的文明，即"制度文明"。聚焦到治理领域可以发现，治理文明既包含文化价值层面的精神维度，更体现为制度构建层面的实践维度——其中以制度形式具象化的治理文明，构成了现代社会治理体系的核心支撑。治理制度是治理价值和治理文化实现和建设的基础。

第四，作为"行为"的文明和治理文明。制度要发挥作用，要最终促进作为价值和文化文明的实现，还需通过治理主体的活动、行动、决策或执行等来完成，而这些就是行为，因此也就有了"文化""价值""制度"文明之后的作为"行为"的文明（简称"行为文明"）。具体到治理，一方面，治理的行为文明会影响治理的制度文明、价值文明和文化文明；没有治理行为文明，治理制度文明就是死的、无用的，也不会最终促进治理价值和治理文化文明的实现。另一方面，治理的行为文明也必须符合"价值"文明的基本要求，必须遵照制度文明的安排进行，为"文化"文明的发展服务（杨立华，2020）。

第二节　数字人文治理的要素机制与发展路径

习近平总书记指出：数字技术正以新理念、新业态、新模式全面融入人类经济、政治、文化、社会、生态文明建设各领域和全过程，给人类生产生活带来广泛而深刻的影响。近年来，数字技术创新和迭代速度明显加快，在提高社会生产力、优化资源配置的同时，也带来一些新问题新挑战。新时代我国大力推进5G、物联网、云计算、大数据、人工智能等新技术新应用，激发数字经济新活力，数字生态建设取得积极成效，有力促进了各类要素在生产、分配、流通、消费各环节有机衔接，实现了产业链、供应链、价值链优化升级和融会贯通，为建设网络强国和数字中国奠定了重要基础。同时，数字化快速发展中也出现了一些新问题新挑战，亟须对数字化发展进行治理，营造良好数字生态。

马克思将商品经济中的生产称为"商品的异化"，认为其是私有制经济的普遍现象，资本家只是机械地运用其生产资料来剥削和控制工人。相比"异化"，数字经济时代劳动力与商品的关系更接近于诺伯特·维纳（Norbert Wiener）的控制论。其控制论分信息论、神经控制系统论和自动计算机论等。随着数字经济的崛起，数字资本掌握的科技知识变成了新时代的生产资料。与工业机器不同的是，数字经济强化了物的关系对生产关系的遮蔽，隐藏了资本对劳动的剥削。科技本身的发展与生产过程正在逐渐从人类发明的客体变成控制人类日常生产活动与生存的主体。资本在信息技术下利用由人类日常互联网活动产生的数据来控制人类的生产、思维与经济活动。这种新的异化也从无意识的生产行为变为资本主动和有意识地控制社会生产力的工具（蔡万焕、乔成治，2022）。

数字技术带来的生产要素数字化和生产过程智能化使各类生产主体间的信息不对称大幅降低，为有效规避生产和交易过程中的机会主义行为、降低监督和治理成本创造了条件。如大数据带来的信息高效匹配降低了商品、服务供给者与需求者之间的搜索成本、匹配成本和交易成本，使企业规模始终处于扩张状态，为共享经济、零工经济发展提供了可能，促使生产主体更加微粒化。

在传统经济模式中，生产要素和产品产权界定非常清晰，但数据要素产权界定不清晰，甚至数字产品所有权正在逐渐消失。数据产权模糊使数字产品可以零成本或极低成本复制，而数据要素无限供给特性导致数字产品具有非排他性特征，即某一消费者使用产品或服务并不排斥其他消费者使用。基于大数据和算法产生的"算法合谋"、市场边界模糊及滥用市场支配地位等行为导致生产关系发生垄断。"赢者通吃"或"寡头垄断"是平台经济的存在形式，且并未出现一家独大带来的资源浪费或资源配置效率低下等，加之产权模糊导致垄断行为难以界定，因此对传统垄断理论带来挑战（魏江 等，2021）。

技术迭代导致的行业发展周期缩短，只是过去这几年中国企业家面对的高度不确定性的来源之一，外部环境的骤变也远远超出了企业家的控制范围。世界的面目越来越模糊，波动性越来越大，能影响到企业的"黑天鹅"层出不穷，以至于一些学者认为"VUCA"已经不能精准形容大家的感受。新的名词"BANI"被用来概括时代特征（见图7-1），即脆弱性（brittle）、焦虑性（anxious）、非线性（nonlinear）和不可知（incomprehesible）（杨国安，2024）。

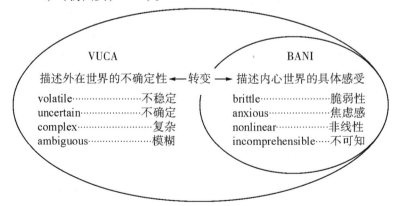

图 7-1 不确定和焦虑的时代

（图片来源：杨国安《数实融合：前言科技如何重塑产业》，2024 年）

一 数字人文治理的要素机制

（一）治理主体层面

数字人文治理的主体是人，也被称为数字人文资源治理的利益相关者，包括数字人文治理的管理者、决策者、参与者、监督者和资源利用者。人文科技融合下的数字人文治理主体不是单一的个人或单一的部门，而是以社会公众或社会公众为主体的组织机构，包括政府部门，图书馆、博物馆、高校、科研机构等公共部门，商业文化机构、大众媒体和普通社会公众等。数字人文资源的利益相关者中，政府部门在数字人文资源治理中负有宣传、开发、传承、保护和管理的作用。公共部门是数字人文资源的保存者、开发者和服务者。商业文化机构主要指从事与数字人文资源相关产业宣传和运营的企业和组织，文化企业承担着数字人文资源的价值创造和传播作用。大众媒体在数字人文资源中起到正确价值引导和文化传播的作用。社会公众是数字人文资源的使用者，也是创造者和传播者。治理主体层面要明确"政府主导，多元主体协同治理"的原则。

（二）治理数据层面

互联网上的数字人文资源来源广泛，结构类型多样化。数字人文资源以符号、文字、数字、语音、图像、视频等结构化或非结构化方式表现出来。数字人文治理需要关注与数字人文资源有关的数据保障、数据增值、数据安全、数据可靠、数据隐私、数据共享开放等问题。利用文本分析、知识图谱、互动游戏、可视化技术等促进数字人文资源面向不同用户群体的有效开发、应用与服务。

（三）治理技术层面

技术是数字人文资源开发和利用中的信息化手段和工具。随着"大数据"对传统数据概念内涵和外延的扩展，为了实现数字人文治理目标，借助大数据技术体系对数字人文资源以"数据化"的方式进行管理、处理和应用，是数字人文治理的重要手段和工具。因此，治理技术层面需要设计技术平台。技术平台应以大数据处理框架为基础，以数据化的数字人文资源为主体实施对数字人文资源的全生命周期管理。具体应包括：数据采集与预处理、数据存储、数据清洗、数据查询分析、数据展现、数据安全管理以及数据应用。

（四）治理机制层面

对数字人文治理产生影响的各种因素包括国际环境、经济发展水平、技术发展水平、国民素质等客观因素，以及治理战略、治理政策等主观因素。环境因素探讨以数字人文治理机制为主的主观环境因素。治理机制作为数字人文治理方法的一部分，是从制度、政策等角度来保障数字人文治理，有助于计划和控制数字人文资源管理活动，是影响数字人文治理效果的关键因素。其具体包含结构治理机制、程序治理机制、关系治理机制（杨滟、田吉明，2020）。

二 数字人文经济下人文治理的发展路径

（一）加强互联网平台治理

伴随平台经济的快速发展，我国持续加强相关法律法规建设、压实平台主体合规责任，鼓励平台企业创新技术应用、提升产品服务质量，加大平台反垄断监管力度，促进行业健康有序发展。由中央网络安全和信息化委员会印发的《"十四五"国家信息化规划》强调要强化平台治理体系，包括"完善违法内容举报与处理披露机制，引导平台企业及时主动公开违法违规内容自查处治情况，及时预警排查重大风险隐患"，这为平台企业超前排查风险隐患提供了指南。上述规划提出"鼓励平台企业将更多资源用于创新技术应用，提升产品质量服务，优化平台运行规则和平台营商环境，促进行业健康发展"，旨在鼓励平台企业加强创新能力建设，提高产品服务大众水平，在推动关键核心技术突破、推动我国数字经济发展、推动更好造福人民上更进一步。

（二）强化技术规则治理

当前，科技创新能力已成为综合国力竞争的决定性因素。实现科技向善，使创新科技为人类所用，必须不断建立健全技术规则治理体系。我国已陆续出台《常见类型移动互联网应用程序必要个人信息范围规定》《互联网信息服务算法推荐管理规定》等规章制度，围绕个人隐私保护、算法推荐等问题加强规范。面对不断创新的数字技术对治理提出的新要求，上述规定强调："建立和完善数字技术应用审查机制和监管法律体系，开展技术算法规制、标准制定、安全评估审查、伦理论证等工作""发挥国家科技伦理委员会统筹规范和指导协调作用，加快构建科技伦理治理体系""加大社会公众数字技术安全风险教育宣传，提升社会各界技术风险防范和责任意识"。这为新技术发展划出合理的伦理边界，将进一步夯实新兴技术为人类造福的机制基础，为科技创新发展保驾护航。

（三）加强网络空间内容治理

内容建设是净化网络空间环境的关键，是数字化发展治理体系建设的发力点。我国有关部门已陆续出台《互联网宗教信息服务管理办法》《网络直播营销管理办法（试行）》等规章制度，促进网络空间内容治理，未来还需进一步健全数字化发展治理的法律法规体系。同时推动线上线下同心圆中的主体更加统一，网络空间与物理空间深度融合。鼓励社会主体依法参与网络内容共治共管，畅通社会监督、受理、处置、反馈、激励闭环流程，激活社会共治积极性。

（四）强化网络安全保障能力建设

我国不断发展新型网络安全防护技术，持续加强网络安全保障体系建设，同时积极开展网络安全法律法规和规章制度建设，《中华人民共和国数据安全法》《中华人民共和国个人信息保护法》《关键信息基础设施安全保护条例》《网络安全审查办法》等多项网络安全领域法律法规已陆续出台。为进一步加强网络安全保障，促进各领域、各部门联合开展网络安全核心技术攻关，有助于打破行业壁垒，提升攻关效率，推动全面加强网络安全保障体系和能力建设。

第三节　建构数字人文经济治理"中国方案"

　　建构数字经济背景下的人文经济治理"中国方案"的提出，主要源于两个大的背景，一是在中国现代社会和发展过程中，"治理"一直是一个非常古老且富有传统智慧的概念，并且在当代获得不断延伸与发展，日益迈向了系统化、规范化、体系化阶段，形成了较为丰富的理论与体系。然而，尽管治理理论与体系建构已经发展了相当长的时间，但是面向各行业的治理研究，尤其是面向数字人文经济等新兴领域的治理研究与关注可谓严重不足，特别是系统性研究以及基于数字经济背景下的探讨更为少有，而与此相对应的是治理，特别是转型期的数字人文经济治理已成为一个不可回避的重大战略问题，对其展开研究非常重要。二是数字人文经济治理的发展与进步事实上主要源自以下五个方面的发展与进步：理念出新、制度创新、体系完善、方法与手段进步、环境优化。

　　中国数字人文经济的发展正在"国际化"与"本土化"博弈的进化过程中不断形成自身独有的系统状态，西方发达国家数字人文经济的今天并非中国数字人文经济发展的明天，特别是在数字化发展大背景之下，这一特点与趋势尤为显著。因此，认知数字人文经济发展的新形态，建构数字人文经济新形态下的治理机制、制度、体系等，并在上述方面不断取得新的进展，特别是基于数字经济发展建构数字人文经济治理的"中国方案"，已经成为全球人文经济发展非常重要的一个新课题，需要展开深入系统的研究探讨。

一　数字人文经济治理发展的历史进程

　　数字人文经济治理的发展进程一直与的发展壮大相互互动，并随之变迁。概括地讲，其发展主要经历了以下五个阶段（见图7-2）。

（一）建设阶段

　　在计划经济时期，政府在治理方面扮演着至关重要的角色，由于政治经济形势的不稳定以及人文经济尚未真正形成的发展状态，这一阶段的治理主要是在政府的建立建设下起步的。

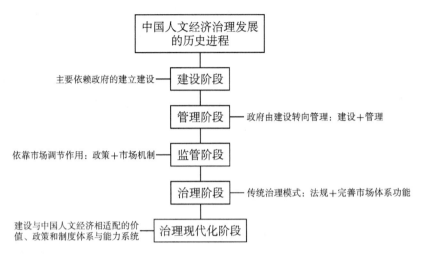

图 7-2 中国人文经济治理发展的历史进程

（二）管理阶段

随着市场经济的不断推动，人文经济新形态越来越丰富，规模越来越拓展，仅依靠政府建设已经不能涵盖治理的方方面面。因此，这一阶段政府由建设逐步向管理转变，"建设+管理"成为人文经济治理的重要特征。

（三）监管阶段

在市场经济的进一步深化与人文经济形态的日益丰富下，文化与经济的深度融合要求政府不能直接参与，因此这一时期监管概念进入到治理的视野之中。此后政府不再干涉发展，而是探索更多依靠市场这只"看不见的手"进行调节。这一阶段人文经济更为强调的是"政策+市场机制"的作用。

（四）治理阶段

根据党的十八大和党的十八届二中、三中、四中全会的部署，我国政府加快了转变职能、全面深化改革的步伐。其中，《中共中央关于全面深化改革若干问题的决定》提出了完善和发展中国特色社会主义制度、推进国家治理体系和治理能力现代化的总目标。在新时代新征程下，我国人文经济的监管逐渐转向了治理为主。随着治理理念的逐步深入影响政府决策，人文经济的发展更多地走向"法规+完善市场体系功能"的传统治理模式。其中，完善人文经济创新发展体系功能主要包括三个方面：一是关注行业管理职能的建设，核心是自律机制的建设；二是主体的内控机制建设；三是支持服务体系的建设与完善。

（五）治理现代化阶段

治理现代化是基于人文经济转型期治理背景而提出的积极治理建构与实践探索，是人文经济在数字经济快速发展过程中迈入的治理新阶段。这一阶段，建设与人文经济相适配的价值、政策、制度体系和能力系统是重要目标，治理制度现代化与治理能力现代化建设是治理现代化阶段需要关注的两个关键点。

数字人文经济治理现代化既是数字经济重要的发展新形态，也是一个不断推进的过程，其发展的基本取向包含以下四点：

1. 治理以问题为导向

治理以问题为导向即追求治理效果的最优化。除治理通常需要达成的维护公平、保护消费者利益、提高效率等效果外，数字人文经济治理现代化阶段还强调必须以问题为导向、为驱动。也就是说，必须在明确治理问题的基础上，围绕预期的治理目标设计具体的治理方案，实施相应的治理措施，从而获得较好的治理成效。问题导向实际上也是强调治理要具有有效性、可靠性以及高质量，绝不能为治理而治理，事实上缺乏问题导向的治理，其结果很大程度上会流于表面，导致无效治理甚至会对发展带来不利影响。

2. 治理科学化

治理科学化即强调过程与结构的治理科学化。一方面，治理主体需要在科学规则下，运用科学的方式方法以及现代科学技术（大数据、人工智能等）展开有效的人文经济治理，提升人文经济治理的效率以及准确性，与此同时还应对治理成效做出及时有效的评估反馈，进一步指导治理活动的开展。另一方面，要基于数字经济机制形成的各种不同治理主体间关系，包括不同主体形态形成的纵向结构关系以及同级管理部门之间，政府与社会、人文经济主体之间形成的横向结构关系等，推动科学化的人文经济治理活动。

3. 治理国际化

治理国际化即要以兼收并蓄的智慧积极吸收涉及经济、文化、政策、法律、人才等多维度下的人类文明治理成果，对数字人文经济的规范、监管与治理展开国际化提升，并且在治理现代化进程中促进国际交流合作，提高数字人文经济治理国际化程度，建构中国特色现代数字人文经济治理体系。

4. 面向未来的治理

面向未来的治理即强调治理的持续发展，要通过治理的现代化使数字人文经济在可持续发展中积蓄更为强劲的发展动力，尤其是要在与科技的持续、深度融合下，在消费转型中探索新的人文经济治理体系、方法、模式与机制等，为数字人文经济提供更加长远的保障。通过对数字人文经济治理发展历史沿革的简要梳理以及对其治理现代化基本取向的确立，数字人文经济已经步入了发展的关键期，这就要求其发展一方面要展开积极的转型探索，另一方面要面向新的时代背景与环境形成适宜于新背景、新时代、新要求下的新发展模式，奋力迎接全新的机遇与挑战。在这一进程中，关注数字化背景下人文经济治理这一重要领域尤为重要，数字人文经济治理模式主要表现为："平台+'信息化、数字化、智能化、生态化'"，成为需要给予足够关注与研究的重要问题之一。

 二 数字人文经济治理现代化为什么强调"中国式"

随着科技融合的不断深入以及其在全球数字人文经济创新版图中地位与作用的

日益突出，数字人文经济正在积极融入全球数字人文经济创新发展的网络之中，并且呈现出显著的领先发展态势。因此，数字人文经济治理体系与治理能力的现代化以及制度创新，可以为全球数字人文经济治理提供"中国方案"，为全球数字人文经济的发展贡献智慧与力量。

（一）数字人文经济治理现代化是一种多元化的探索

当前，数字经济处于转型期，人文经济处于重塑期，数字人文经济治理因而是一个复杂而多元化的过程，涉及诸多利益关系与治理主体，因此数字人文经济治理现代化绝不是一元化的模式。不能将数字人文经济治理教条化，而要推动各治理主体之间的相互协作，相互补充，根据人文经济发展的系统状态不断研究与分析治理的模式，并根据这一系统状态进一步建构多元化的治理方案，这是数字人文经济治理现代化的一个基本要求。

（二）新时代数字人文经济发展鲜活而独具特色

数字人文经济在我国数字经济的发展推动下已步入高速发展期，尤其是自党的十九大以来，数字人文经济发展呈现出了显著的"国际化"与"本土化"并重特点，在规模、结构、业态、生态等方面都成长迅速，且形态不断独立。伴随新消费发展，新需求增长，新技术融合以及国际化发展推动，数字人文经济在业态创新与活跃程度等方面都可谓独树一帜，显示出了强劲的发展动力、独特的创新态势、鲜明的战略格局，不仅将传统特质与创新特色融于一体，而且备受学界与业界瞩目。这正是其发展活力与系统能力的体现，这一发展的态势已成为中国数字人文经济发展中非常重要的特色，并且在世界数字人文经济范围内都鲜少见到。数字人文经济也在新的发展背景下面临强烈的转型需求，其中认知与关注其新背景下的主线，即新时代、新常态、"互联网+"、国际化与资产化非常关键。

目前，数字人文经济的现状研究强调规模拓展快速化，规模结构多极化，业态结构丰富化，动力建构多样化，消费环境变化快以及国际化的新变化等，并从发展创新勃然生发与发展的个性越来越显著两个方面进一步凸显其发展特质。突出表现为以下八个方面：一是数字人文经济已经进入新时代，文化金融的发展已经成为其创新力量；二是数字人文经济正在进入新常态下价值新发现的平台建构期；三是数字人文经济业态结构正在发生重大变化；四是基于综合服务平台的数字人文交易体系与资产管理体系正在发育；五是文化产业多期叠加因素的综合推动了数字人文经济新的态势的形成与迭代；六是数字人文经济业态跨界融合彰显活力与动能；七是数字人文经济+新消费推动人文资源消费的不断崛起；八是数字人文资源资产化、数智化推动数字人文经济格局重构。

（三）数字人文经济的边界在逐渐清晰

在以往人文经济的发展与研究过程中，有这样的一个认知取向，即西方发达国家人文经济的今天就是我们的明天。在这样的发展语境下，很少有人关注数字人文经济独立的系统状态，如今，这一语境的转变主要基于以下四个方面的挑战与机遇：

第一，国运的增强，文化自觉、文化自信、文化自强成为不可逆转的一个发展趋势。随着中国经济的发展与国家实力的增强，中国在全球经济政治格局中的地位作用不断凸显，成为重要的发展极。在此背景下，文化自觉、文化自信、文化自强成为发展不可逆转的一大趋势，人文资源作为文化的重要载体与表现形式，其发展更成为民族振兴非常重要的阵地，具有重要的推进意义。

第二，新消费快速兴起，审美文化不断崛起，数字人文资源与时尚消费融合发展的合力成为大的发展趋势。人文资源作为中华文化的重要构成部分，有着深厚的人民情感基础与广泛的文化认同，而且伴随国潮消费等新消费的持续兴起以及审美需求的多样化、个性化发展，人文资源也不断被赋予新的生命，迸发新的活力。事实上，数字人文资源与国潮时尚消费的合流进一步为数字人文经济的发展创造出了更具创新意义的发展机遇，产生了丰富多元的新消费需求。

第三，数字经济背景下，人文经济形态是新经济发展的一个非常重要也最为鲜活的领域。在数字技术的应用推进中，数字人文经济已经成为全球经济发展的新引擎，而人文经济是数字经济发展的重要组成部分，是新经济发展的重要领域，其发展越来越呈现出鲜明的多元、创新与跨界趋势，包括数字艺术在内的新业态正在人文经济的飞速发展中日益成为满足人们新消费需求，推动文化产业蓬勃发展的重要驱动力，数字人文经济也在这一进程中与金融、科技、旅游等产业持续跨界融合，不仅成为推动经济结构升级转型的关键领域，更不断推动我国文化新生态的形成，为国家经济社会发展注入力量。

第四，"平台+生态"模糊了业态与国别文化资源的边界，同时强化了人文资源的全球化、大众化赋能立场，强化了人文资源价值的精神边界，这是数字人文经济在研究中必须要着重关注的边界。需要不断理清在发展中哪些问题是模糊的，哪些是在发展中不断清晰起来的，边界非常重要。

三 数字人文经济治理进化的逻辑

进入新的发展阶段，无论是世界还是中国的发展环境都面临着深刻的变化，数字人文经济治理也面临新挑战、新机遇，形成新特点、新趋势。

一是数字化发展趋势及全球经济格局的变化进一步加速了数字人文经济国际化、多元化发展的进程，因而数字人文经济治理需要适应这一新的环境，在治理体系建设等方面不断提升。

二是随着文化多元化和文化产业的快速发展，不同文化背景和艺术创作方式的出现使得数字人文经济更加丰富，也更为复杂。因此其治理也需要在保持稳定和健康发展的前提下关注人文资源价值的传承和保护维度。

三是新消费兴起、新技术应用、新业态生发构筑数字人文经济发展的新机遇，因此要不断认知数字人文经济发展的新背景、新趋势，新业态、新面貌，并做出适时的调整与改变，在新的发展时期与发展领域中不断形成与之相适配的，系统性、科学性的治理方案，促进新时代数字人文经济的健康发展。

（一）治理是一个随着系统形态发展的进化过程

治理是随着系统形态演变而不断进化的过程。事实上，伴随人文经济数字化新形态的发展产生了不同的治理形态，而不同的治理形态又决定了治理机制形态的形成，这是治理进化的基本逻辑（见图7-4）。

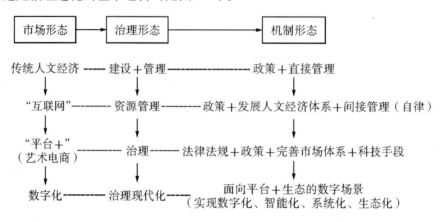

图7-4　治理形态与人文经济系统形态的互动过程

随着形态的演进，人文经济治理形态与机制形态也在不断优化升级。在形态层面，人文经济走过了从"传统人文经济"到"互联网""平台+"（艺术电商），再到"数字化"的形态演进历程，每个阶段对应不同的人文经济治理形态，分别是"建设+管理""资源管理""治理"以及"治理现代化"。与此同时，基于各个治理形态又相应产生了不同的机制形态，即在传统人文经济阶段的机制形态主要表现为"政治+直接管理"，在"互联网"阶段则主要表现为"政策+发展人文经济体系+间接管理（自律）"，在"平台+"阶段主要表现为"法律法规+政策+完善市场体系+科技手段"，而在数字化发展阶段，人文经济治理的机制形态进一步演进为"面向平台+生态的数字场景"，实现了人文经济治理的数字化、智能化、系统化、生态化。值得注意的是，这种数字化的人文经济治理机制形态是在"政策+直接管理""政策+发展体系+间接管理（自律）""法律法规+政策+完善市场体系+科技手段"基础上进化而来的，通过这一数字化机制形态，人文经济能获得更好的治理效能与保障。

（二）治理是与系统形态适配的过程

治理模式是由不同人文经济系统形态而确立的，人文经济系统形态与人文经济治理过程是对应出现，相互匹配的。人文经济系统形态不仅直接影响发展的规模效率，而且对于人文经济治理的要求也在不断调整变化，只有与其系统形态相适应的人文经济治理过程才能有效推进数字人文经济的持续发展。

治理进化与人文经济系统形态适配的基本过程（见图7-5）可描述为：基于"平台+生态"的人文经济系统状态有其相适配的治理系统与体系，随着人文经济系统状态的进一步优化，人文经济治理过程也迈向了治理现代化阶段，进而伴随人文经济系统状态发展新趋势，即发展取向（愿景）的确立。

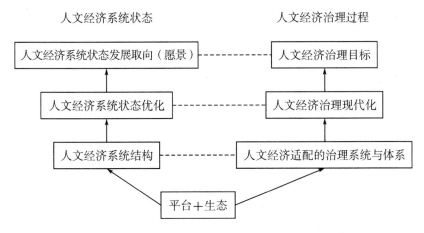

图7-5　治理进化与人文经济系统形态适配

（三）中国式数字人文经济治理的理论与实践

第一，在实践基础上不断建构中国式数字人文经济治理理论架构与体系。数字人文经济的发展具有其独特的特点与个性，但目前围绕其发展的理论体系、分析方法、实践经验主要来源于西方的经验，缺乏自己相应的理论体系与实践系统。与此同时，伴随数字人文经济的深化发展，实际上西方的经验和现有的理论已很难有效地揭示其内在发展规律，很难刻画出其发展的状态、结构与趋势，也难以完全适应其发展并为之提供全面、系统的治理方案。

换言之，数字人文经济的特殊性决定了其发展很难简单地依据西方经验和理论进行指导与规范，需要基于持续的实践探索与创新，结合对其发展特点的认知和对国际数字人文经济中各种优势因素的消化吸收，形成一个真正适合数字人文经济治理的理论架构与体系，更好地解决发展中的问题与瓶颈，使其治理更为现代化，并与中国特色数字人文经济的发展相适配。

第二，探究新发展阶段的数字人文经济治理转型及其应对，并从主体赋能、机制创新、制度创设、体系建构、环境优化等维度探讨治理新路径。

近年来，数字人文经济的发展伴随中国经济社会的发展而不断深化，但在其发展进程中有许多问题始终难以化解，人文经济治理也存在明显的缺陷与不足，因此，探究新发展阶段的治理转型及其应对是当前重要的研究议题，为此应从主体赋能、机制创新、制度创设、体系建构、环境优化等维度对其治理的新路径展开探讨。具体来看，首先是在主体赋能方面，数字人文经济治理需要不断激发包括艺术家、收藏家、从业者以及各级政府部门与社会公众在内的多元主体治理积极性与创造性的提升。其次是在机制创新方面，为有效解决数字人文经济中存在的诸多问题，数字人文经济治理需要在治理的机制创新中寻找突破，如进一步提高人文资源鉴定评估水平、提高人文资源物流集保能力等，从而降低风险。再次是在制度创设方面，面对当前数字人文经济发展中面临的一系列制度缺失与不完善问题，亟须一套完善的治理制度体系作为发展支撑，因此需要在相关法律法规的完善，主体权利义务的明确，交易流程与准则的规范，信息公示制度的健全等方面不断创设完善。之后是在体系建设方面，由于数字人文经济涉及的行业、产业主体众多，行业间的协同配合与资源整合对于其发展具有重要促进作用，因而建构相应的治理体系有助于各方力量的整合。最后是在环境优化方面，中国特色的现代化数字人文经济创新发展离不开良好的文化产业环境保障，因而在治理中要不断开辟数字人文经济治理的新路径，营造更为良好的市场环境，这是引导与保障数字人文经济健康发展与可持续迈进的重要基础。

第三，探讨数字人文经济治理的数智化转型及数字平台企业参与治理的正负效应，从内部治理、外部治理、共同治理等维度出发，建构数字平台治理的分析框架，并提出促进平台善治的可行路径。

基于数字技术推动下的数字平台企业发展已成为促进数字人文经济发展的关键因素之一，其参与数字人文经济治理也越来越受到关注。事实上数字平台企业的参与可以带来人文经济治理的正面效应，如提高透明度、便利信息获取、降低交易成本等，但也存在一定的负面效应，如可能形成垄断与竞争加剧等。

具体来看，首先是在内部治理方面。数字化平台需要通过建立完善的内部管理制度，提高信息透明度和规范化程度，确保人文资源交易的合规性和公平性。同时，数字化综合平台也需要加强风险管理和信息安全，保护消费者和艺术家的合法权益。其次是在外部治理方面。数字化综合平台需要遵守相关法律法规，承担社会责任，加强与监管机构的沟通与协作，提高公众对数字人文经济治理的信心与认可度。再次是在共同治理方面。数字化综合平台需要与文化机构、艺术家和消费者等各方建立良好的协作关系，共同推动数字人文经济的治理发展。此外，数字平台治理的可行路径还包括制定完善的治理标准和规范、建立有效的监督和评估机制、加强技术创新和人才培养等。总体来看，在数字化综合平台参与治理过程中，需要平衡利益，保护各方合法权益，从而促进平台的善治和数字人文经济的可持续发展。目前数字化综合平台参与数字人文经济治理虽已成为数字化背景下重要的发展趋势，但在治理中我们强调一定要始终将其社会责任与公共使命作为治理的根本遵循。

第四，数字场景是数字人文经济治理的基本单元，新的对象迫切需要探索新的治理模式，开展不同类型业态发展治理模式、方案和经验的比较分析和类型学研究，探索总结提炼各具特色的数字人文经济治理创新模式。数字人文经济的运作方式在数字技术下发生了重大变化。数字场景作为数字人文经济治理的基本单元，其主要特点是高度数字化、智能化、信息化、网络化，这使得数字人文经济的治理也需要更多地依赖数字平台、数字技术和数字资源。

因此，需要探索新的治理模式来适应这些变化。其中，开展不同类型业态发展治理模式、方案和经验的比较分析和类型学研究能够帮助我们深入理解数字人文经济治理中的不同模式和机制，并有助于提炼各具特色的治理创新模式。如对文化金融、数字人文资源交易等业态的治理模式下，找出不同的业态的共性与差异性，并对这些差异性进行深入研究和总结，有助于发现新的治理模式和方案。

第五，坚持问题导向，聚焦国家的战略需求以及现代化进程中数字人文经济治理面临的新的体制机制瓶颈问题，提出新理念、新思路、新办法。一方面，要深入了解数字人文经济的特点和发展趋势，从国家战略需求出发，将治理工作与国家战略紧密结合起来，充分发挥数字人文经济在国家发展中的作用，探究数字人文经济治理所面临的挑战和难点，提出符合国情与发展状态的治理理念、思路与办法。另一方面，需要在提出新的理念、思路和办法时注重创新与实践，开展前瞻性的研究与试点工作，通过不断实践和反思、总结，逐步形成具有实践指导意义和创新性的数字人文经济治理模式，为促进数字人文经济的健康发展和国家文化软实力的提升做出应有的贡献。总体来看，中国式现代化的数字人文经济治理需要重视对数字人文经济治理问题的研究和实践，加强跨学科、跨领域的交流合作，借鉴国内外先进的治理经验与理念，创新性地探索适合中国数字人文经济治理的新方案。

第六，加强数字人文经济治理能力、治理效能、治理现代化的研究。基于当前我国数字人文经济治理现状与发展要求，我们发现，亟须构建一套超越传统、科学合理，既有时代性又有前瞻性的中国特色现代数字人文经济治理体系，从而推进统一开放、公平竞争的现代数字人文经济体系建设，这就需要在人文经济治理能力、效能以及治理现代化的研究与实践中寻找路径。可以说，数字人文经济治理能力、治理效能与治理现代化研究是关系到中国式现代数字人文经济发展全面性、长远性、可持续性的重要问题，是建立健全稳定有序的数字人文经济的必要条件，是推动数字人文经济可持续发展的关键举措。

第七，进一步提升数字人文经济治理环境优化的相关理论与实践方法与工具。围绕现代数字人文经济环境体系建设，包括现代产权制度、政府经济管理职能、人文资源文化价值取向、公民和数字人文经济从业人员素质等方面，持续加强相关的治理理论与实践方法、工具研究，优化我国艺术消费环境。如进一步探究数字人文经济治理环境提升的基本理论（包括从政策法规、治理原则、规律等方面夯实理论），并从多学科、跨领域角度引入更为多元的理论视角，形成系统完备的理论框架；在实践方法层面研究与实践有效的数字人文经济治理方法，并通过实践应用验证其有效性，借鉴其他国家与地区在数字人文经济治理方面的优秀经验，发掘有益的方法与工具为我所用等；在治理工具方面更多地运用现代技术手段提升治理环境优化的效率与质量，如建构中国式现代数字人文经济治理环境优化的数字化平台，综合运用人工智能与大数据等技术手段，在"平台+生态"的数智化场景建设中发挥并放大治理的效能等。

（四）数字人文经济治理的系统

数字化背景下人文经济治理是中国特色现代数字人文经济治理的重要构成部

分，在其治理中，首先，需要考虑治理系统，主要包括治理的理念、机制、制度、体系、方法、手段共同体以及它们与环境相互活动、相互作用而产生的治理行为等要素。其次，需要明确治理的系统结构，主要包括治理主体、治理规则、监管机构以及社会组织等诸多方面，它们相互作用影响，构成了完整的人文经济治理体系（见图 7-6）。

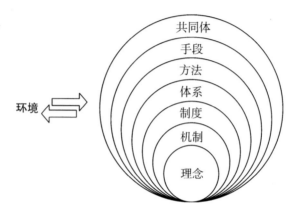

图 7-6　数字化背景下人文经济治理系统要素

（一）治理系统

结合图 7-6 对数字人文经济治理系统进一步分析如下：

1. 治理理念

数字人文经济的治理最为重要的是要深入认知数字化背景所带来的深刻变革，要不断适应基于这一背景下的环境、发展趋势以及治理体系的建构等。同时，在新的治理阶段，要重视对多元化、法治化、民主化、协商性以及过程性等治理现代化进程中重要的要素认知，并从多种维度展开治理。

2. 治理制度

治理制度是数字人文经济治理的重要保障。事实上数字化技术的发展正不断为数字人文经济治理提供新的思路与手段，但同时也带来新的挑战与问题，因此制定符合数字化背景下的治理制度非常关键，在制度的形成过程中强调要以参与者为中心，注重制度的科学性与实效性，要充分发挥数字背景下的各种技术优势提升治理效能，同时还要完善法律法规与规章制度，建构权利权责明确与责任分明的治理机制，推动良好的治理系统的建构形成。

3. 治理体系

数字人文经济治理体系主要是指由政治、经济、文化、社会等多个体制机制及法律法规构成的一整套制度与体系，其建构与效能发挥对于数字人文经济治理的发展至关重要。在数字化背景下，人文经济治理体系不断向社会化、平台化、网络化、数字化、国际化等方向发展，并将对体系与新生态的结构确立带来深刻影响。可以说，加强数字人文经济治理制度建设与完善是推动中国特色现代数字人文经济发展的重要基础。

4. 治理方法与治理手段

人文经济治理方法与手段应基于数字化发展不断升级改进，在深入研究现有治理方法与手段的基础上总结经验教训，寻找新的、更适合数字化背景下人文经济发展状态的治理新方法与新手段，在实践中推动数字人文经济治理的体系化、现代化发展。

5. 治理共同体

治理共同体包括四个组成部分（见图7-7），即学术共同体、市场共同体、社会管理共同体和智能融合共同体。要在数字人文经济现代化发展的进程中，不断建构现代数字人文经济体系及其现代治理体系，通过科技融合创新与制度创新，不断实现"共建、共治、共享"的现代数字人文经济治理制度，实现数字人文经济治理、行业自律同调节、主体自治及其与环境良性互动的治理体系，并在此基础上不断打造数字人文经济治理共同体。

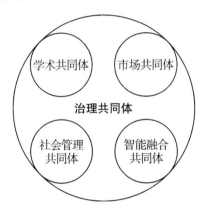

图7-7　数字人文经济治理共同体的组成结构

6. 治理环境

在治理过程中还要注重治理环境的优化问题。事实上环境与系统具有重要的相互影响作用，一方面，置身于环境之中必然会与环境产生互动，另一方面，唯有与环境互动紧密才能够形成相应的、治理的系统行为，研究治理系统就必须考虑系统之外的环境，这是关注环境问题的底层逻辑。

（二）治理系统结构

人文经济治理系统结构是由治理主体、治理规则、监管机构以及社会组织等所构成的相互作用、相互联系的完整治理体系，其功能在于促进人文经济的正常运转、保障参与者的权益、规定并执行规则、监督监管机构的运作以及促进社会组织的参与等。与此同时，数字人文经济治理体系事实上也需要不断完善与优化，从而适应数字化发展需求，提高场景平台的公平竞争效率。

数字人文经济治理系统结构中一定存在治理的平台与治理共同体，进而再面向市场生态、市场环境发展（见图7-8），这一基本结构的形成原因在于，在数字化发展的大背景下，基于数字基础设施建构所面对的研究对象已经从一般的行为、主体不断转变为"平台+生态"的全新治理结构。通过治理的这一平台性结构，聚焦于数字场景的建构，即强调在数字化背景下人文经济治理要着重聚焦于对数字化（数智化）场景的建构与治理。

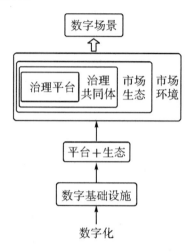

图7-8　数字化背景下人文经济治理系统结构

五　数字人文经济治理的机制与体系

数字人文经济治理的机制与体系是为维护其良性运转所形成的一系列措施与规范。其机制框架主要包括运营监管机制、评估提升机制、发展导向机制、风险管控机制、公开参与机制、支撑服务机制以及融合协调机制等，其治理的体系结构主要包括顶层规划设计体系、风险管控体系、法规政策体系、监管体系、治理生态体系、效能评价提升体系等。上述机制与体系之间相互依存、相互配合、相互支撑，通过对这些机制与体系的科学建构与运用，能够有效促进治理效能的发展，促进数字人文经济发展的规范、健康与可持续。

（一）人文经济治理的机制

"治理机制"是一种协调人类活动的方式，涉及社会、经济、政治和生活的所有领域，这一概念和"协调机制"可以互换使用。为了实现中国式数字人文经济现代化治理，必须建立并实施相应的治理机制，这种治理机制的建构是基于现代数字人文经济治理综合服务平台基础上实现的，该平台具有四大功能，即整合数字人文经济治理体系；整合数字人文经济支撑服务体系和能力；聚合社会、机构和个人的治理力量；基于平台"公开、公平、公正"原则建立公信力并整合能力，从而输出数字人文经济治理的能力、手段、产品和服务。而基于这一平台所形成的中国式现代数字人文经济治理机制（见图7-9）具体包括：运营监管机制、评估提升机制、发展导向机制、风险管控机制、公开参与机制、支撑服务机制、融合协调机制。这种治理机制旨在实现数字化背景下人文经济治理体系的科学建构和效能发挥，其机制框架包含以下重要部分。

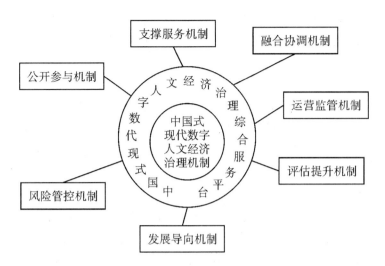

图 7-9　中国式数字人文经济现代治理机制

1. 运营监管机制

为了构建中国特色的数字人文经济现代治理，需要建立运营监管机制。这个机制的建设需要以数字人文经济征信为核心，并建立完善的诚信体系。同时，还需要创新数字人文经济监管体系，实现监管的统一，建立公平竞争的环境，并形成健全的优胜劣汰机制。

2. 评估提升机制

数字人文经济治理需要不断建构并提升其评估机制，需要关注人文经济治理系统与体系的确立完善，需要以更为科学、专业的方式建立相应的评估模式、方法、规范与指标体系，从而确保数字人文经济治理评估的科学性、准确性，并适应科学治理时代下的新发展需求。

3. 发展导向机制

发展导向是数字人文经济治理机制中的重要部分，也是其重要功能，主要包括文化战略导向、政策法规导向、监管导向等基本内容。其中，基于治理机制基础上的导向是基础与关键，而政策法规导向则是实现这一目标的前提，监管导向是数字人文经济治理效能发挥的保障。

4. 风险管控机制

在数字人文经济治理中，风险管控机制至关重要。这一机制建构的关键在于：一是要建立用于管理数字人文经济诸多风险的综合服务平台；二是要建立确保数字人文经济风险有效管控的闭环机制；三是要创新保障数字人文经济风险管控相应的支撑服务体系；四是要建立全面的数字人文经济风险管控体系；五是要培养数字人文经济风险管控的高端人才；六是要创新数字人文经济监管；等等。

5. 公开参与机制

公开参与机制是数字人文经济治理机制的关键组成部分，决定了其治理效能的发挥。要建立公开参与机制需注意以下两点：一是要建设人文经济治理综合服务平台，以提高参与的便利性和有效性；二是要制定公平、开放、透明的参与规则和规范，建立统一的准入制度，以便不同人文经济治理主体依法公平、公开地参与人文经济治理之中。

6. 支撑服务机制

数字人文经济治理机制的能力发挥与实施，基础与保障在于支撑服务机制的建立完善。事实上，支撑服务机制是对数字人文经济支撑机制与服务机制的合称，是基于人文资源与产业发展之上的服务支撑保障机理，是支撑服务体系作用原理的具体体现。

7. 融合协调机制

数字人文经济治理机制中的融合协调机制主要包括三个方面：一是调控机制，其作用是及时协调数字人文经济系统中各系统要素、结构、产业体系以及环境间的失衡现象，保证数字人文经济发展机制的整体协调；二是创新发展机制，重点关注系统性因素的增长，创新投入（包括人、财、物、政策等）组织以及环境（资源、社会和文化等）方面的合理配置；三是协调机制，即协同、协调整个数字人文经济的发展，确保顺利发挥既定的治理功能。

（二）人文经济治理的体系结构

人文资源作为人类创造力的体现，在人类社会中拥有不可替代的重要地位。无论是古代还是现代，人文资源始终是文化与生活的重要组成部分。在现代社会，随着经济的发展和社会的进步，数字人文经济成为人们对人文资源的消费和交流的主要渠道之一。而数字人文经济的繁荣与发展绝离不开有效的治理机制和体系支撑。因此，中国式现代数字人文经济治理体系是建立于中国特色文化和现代数字经济基础上，推进中国式数字人文经济现代化进程的重要保障。

中国式现代数字人文经济治理体系（见图7-10）主要由治理制度、治理规程以及治理体系三个部分构成。其中，治理制度是保障，治理规程（流程+规范）是基础，治理体系是核心。具体来看，治理制度作为治理体系的基本要素建立于法律法规和相关政策基础上，是用以维护机制参与者为核心的权益主体的利益，是对权力制衡关系以及运营系统的制度安排。治理规程作为中国式现代数字人文经济治理的基础，是实施治理制度和治理体系的具体方案，将治理工作按照一定的标准、要求与规定程序贯穿于具体治理过程之中，包括"治理规则+治理流程"，其中：治理规则是治理工作的要求、规定、标准和制度等；治理流程是实现特定治理目标所采取的一系列连续的行动组合，或者多个活动组成的工作程序。治理体系是中国式数字人文经济治理的核心与关键。

1. 顶层规划设计体系

在顶层规划设计体系中，首先要制定战略规划，落实体制机制。具体包括领导（决策）系统结构、组织管理协调系统结构和人文经济系统结构等，着重强调要在顶层设计中强化制度体系的建设完善。

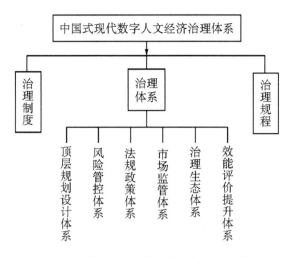

图 7-10　中国式现代数字人文经济治理体系

2. 风险管控体系

强调建构中国式现代数字人文经济治理体系风险管控体系的重要性，体现在人文经济治理体系发育尚不成熟、诚信机制仍不健全以及失序与风险叠加并存。风险管控体系主要包括风险识别、风险管理、风险教育、风险文化培育等方面。

3. 法规政策体系

完善法规政策体系，是提高依法治理中国式现代数字人文经济能力的关键。具体而言，一是要良法保障善治，形成以法规为核心、以治理机制为基础的中国式现代数字人文经济监管法律体系，建立系统完备、科学规范、运行有效的法规政策体系，从而提升依法治理能力；二是要在执行中彰显法制权威，确立规范统一、权威高效的法规政策监督体系。

4. 市场监管体系

要完善监管体系，须围绕国际与国内两大经济体系与市场生产、流通、消费与服务四大环节，建立中国式数字人文经济治理中开放共治的监管格局。其中有三个维度的建设需要加以关注：一是要贯通综合监管、综合执法，提高人文经济治理的科学化、规范化、社会化水平；二是要形成监管中的问题会商、工作协同及监管联动机制；三是要运用互联网、大数据、人工智能等新技术融合手段，提升监管工作的手段与专业化能力等。

5. 治理生态体系

要完善治理生态体系，须提升对中国式数字人文经济治理规律性认识，建构人文经济治理生态体系，提高综合治理能力。具体包括，一是做好规划协调，建构共建共治共享格局；二是培育政府负责、部门监管、企业主体、社会参与、法治保障、科技支撑的治理体系，建设人人有责、人人参与、人人享有的社会治理共同体；三是不断完善战略支撑服务体系，提高系统治理能力等。

6. 效能评价提升体系

建立评价中国式现代数字人文经济管理体制、体系运行效能和质量水平的综合性标准，客观评价体系整体能力，才能持续提升体系整体效能。重点是科学制定实施方案，建立评估专家队伍，加强督促指导。效能评价提升体系可以提高思想认知水平，认清体系效能的问题，针对性地提出措施，实现推动提升中国式现代数字人文经济体系能力的目的。

(六) 数字人文经济治理的目标、关键节点与重要路径

数字人文经济既是文化产业发展的重要组成部分，也是中国文化战略的重要构成部分，在数字人文经济的发展中必须要重视将其与国家文化战略相协调，与发展规律相融合。数字人文经济治理的关键节点包括：一是要建构治理理念，二是要在理念建构基础上建构治理的共同体，三是要面向治理的现代化，四是要面向场景化，五是要在数字场景中强调问题导向。值得注意的是，数字人文经济治理的战略路径是多维度的，具体包括了顶层设计引领、法治供给保障、推进自律与自治、强化智能支撑、重视环境优化等。

(一) 治理的目标

第一，数字人文经济壮大发展的同时，实现人文价值的传播大众化。第二，在人文价值的传播大众化过程中，完成人文精神的取向，实现人文精神的共建。第三，形成参与平台，完成治理共同体建设，实现共同参与、共同建设、共同治理、共同享用的现代化治理格局。

党的十九届五中全会提出了到 2035 年建成文化强国的远景目标，首次明确了文化强国建设的具体时间表，这标志着我国文化建设在不断推动"两个一百年"奋斗目标中转入了新的历史阶段，与此同时，不断明确数字人文经济在文化强国战略中的地位与作用是实现数字人文经济治理现代化的前提。

中国数字人文经济治理目标的确立必须要与我国的国家发展战略相匹配。目前来看，这一目标就是要围绕完成"十四五"规划和 2035 年远景目标创新治理制度建设，完善数字人文经济治理体系，加快推进数字人文经济治理现代化，到 2035 年基本实现数字人文经济治理现代化，进一步确立其在国际数字经济发展中的战略地位，建构起数字人文经济治理的"中国方案"。

(二) 治理的关键节点

1. 建构治理理念

数字人文经济治理需要建构的是一个"共建、共治、共享"的治理理念，即"三共"理念。这意味着所有人文经济的参与者都应该有意识地合作共建，共同治理与分享资源，确保整个健康有序发展，形成基于"三共"理念基础上的治理共识（见图 7-11）。

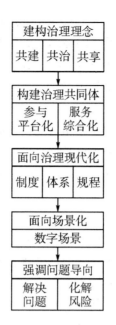

图 7-11　数字人文经济治理过程中的关键节点

2. 建构治理共同体

其中有两个要素需要着重强调，一是参与的平台化问题。缺乏治理平台的共同体事实上就是一个伪命题，难以建立与落地，因此必须要强调平台化的保障作用。二是要具备平台服务的综合化。治理共同体需要建立在一个综合性的平台服务之上，从而实现人文经济治理的多方协同，该平台服务的综合性不仅体现于其功能的综合性（信息共享、服务支撑、诚信管理等），还体现在平台高度的整合能力，能够将人文经济治理所涉及的各个方面进行高效整合。

3. 面向治理现代化

面向治理现代化即在数字场景下建构相应的制度体系与规程，从而适应数字化时代发展需求与挑战。

4. 面向场景化

面向场景化即要将数字技术更多地应用到数字人文经济的治理之中，更好地服务与发展中国特色现代数字人文经济。

5. 强调问题导向

在数字场景建构中关键是始终具有问题意识，其中解决问题与化解风险既是认知与理解数字人文经济治理问题导向的两个要点，也是其基本要求。

（三）治理的战略路径

数字人文经济的治理是一项复杂而长期的任务，需要综合运用多种手段和策略。其战略路径主要包括以下五个方面：

1. 顶层设计引领

数字人文经济治理需要用新理念、新思想、新战略推动与实现其人文经济治理发展的新要求。这需要政府制定具有前瞻性与可操作性的规划与政策，由政府牵头下引领社会各界共同参与，基于共同的治理目标与价值观，在治理共同体的建构中不断确立治理的机制、体系，形成符合新时代数字人文经济发展趋势与国家战略要求的数字人文经济治理的顶层设计与指引。

2. 法治供给保障

制定与中国数字人文经济系统状态相适配、有特色、管真用的法律法规，不断健全法律法规体系，坚持依法保障主体及公众参与，持续提高数字人文经济治理的公信力和执行力。同时，还要注重对法律法规的宣传与普及，进一步提高主体的法律意识与法律素养。

3. 推进自律与自治

自律是行业管理的基础。既要建立健全行业自律机制，完善行业管理职能、行业标准等各类标准与规则建设，推进行业标准化、规范化、信息化；也要建设各种形态的自治生态，自我管理、自我服务、自我教育、自我监督，建立健全可信可控的社会信用系统，提高服务治理的能力水平。

4. 强化智能支撑

数字化和数智化已成为当前数字人文经济治理的重要手段与方法，因此要推进信息互联互通，构建以数据为核心的治理体系，通过大数据、人工智能等技术手段的综合应用实现对数字人文经济问题与风险的精准"画像"，确保人文经济治理的"诊断早、预警准、措施灵"。

5. 重视环境优化

重视环境优化即必须重视加强环境建设与提升，包括对监管的执法力度的增强，对秩序的进一步规范，对空间的不断改进等。其中，需要注意的是不仅要重视对人文资源鉴定、评估等传统问题与瓶颈的破解，还要关注对数字化背景下出现的新问题的研究与解决，要保障数字人文经济主体和公众的知情权、选择权和公正权。唯有实现这些方面的全面优化，才能为中国特色现代数字人文经济社会治理提供有力支撑，推动数字人文经济治理朝着更为成熟的阶段迈进。

第八章

总结与展望：

我们需要一场新的精神建构

数字化形态正在改变人们的认知理念与生活方式。同样，也在改变着很多学科的未来形态。人文经济学也在数字化形态中，由传统形态向数字化、数智化形态转变，即数字人文经济学。数字形态从来没有像今天一样深刻地影响大众的认知、思想与行为，在越来越碎片化、快餐化与个性化的消费场景下，我们的确需要一种机制与力量，来重新建构我们的共识，共建人文精神，而数字人文经济的发展与治理体系研究，理应承担起这一历史重任。

第一节　数字化背景下人文经济治理与人文精神建构

数字化背景下经济形态正在迅速地解构与重塑过程中，与此相对应的市场形态与产业业态也在发生重大转型。特别是数字人文经济的发展，其速度已大大超出原有文化经济的认知水平，新的市场形态的形成已成为不争的事实。数字人文经济这一经济新形态表现在市场规模结构不断转换、新业态越来越丰富、新趋势越来越明晰，以及新支撑服务体系不断重塑，传统市场形态向新形态快速转型迭代。如何基于数字新基础设施与数字经济新形态发展态势，根据数智化创新的内在逻辑，建构与之相适配的治理系统、机制与体系是重中之重。

一　数字人文经济治理与人文精神建构

（一）数字人文经济治理系统的概念

数字人文经济治理是指建构与数字人文经济相适配的价值、政策和制度系统与能力系统。中国人文经济治理需要市场制度化、政府行为规范化和法治制度完善化。完善法治对市场秩序构建的作用，进一步论述市场治理完善不能仅仅依赖正式制度建设，还应通过培育人文精神，加强文化建设。其特征主要表现为过程性（需要目标与路径）、连续性、主体多元化（参与主体多元化、参与态度的理性化、参与方法便捷化自治化）、法治化、共治化（共建、共治、共享），突出针对性、共生性、多元性市场治理与跨界协商性场景建设。

（二）数字人文经济治理系统要素与行为

数字人文经济的治理系统要素主要包括：治理架构——治理理念、法律法规、管理体制机制等；治理内容——数字资产、共享开放、安全隐私等；治理主体——国家、行业、组织、企业、个人等；治理方法——公开广泛便捷参与、自治、数据驱动等；治理工具——制度法规政策、标准规范、应用实践、支撑技术等；治理载体——体制载体、技术载体等；治理文化——价值取向、治理环境等。

数字人文经济的治理系统行为包含：思维定势，路径依赖；行为失范扭曲，数字化转型、共同体意识形成过程中双向的挤压，形成失范与创新探索并存的格局；中心化、制度化排除去中心化与技术化；管制行为替代自治行为；行业管理替代共同体行为等。

二 数字人文经济治理现代化

（一）数字人文经济治理的机制与原则

数字人文经济治理体系建构的原则包括：目标性原则、公开广泛便捷参与性原则、整体性原则、先进性原则、协调性原则、自治化原则、层次性原则、操作性原则、文化建设原则等。

（二）数字人文经济治理体系建构的框架

数字人文经济治理体系包括顶层规划设计体系、风险管控体系、法规政策体系、市场监管体系、治理生态体系和效能评价提升体系等。其中，市场监管体系是主体，法规政策体系是依据，风险管控体系是保障，顶层规划设计体系是路径，效能评价提升体系是标准，治理生态体系是支撑。它们既相对独立，又互为一体，从而架构起数字人文经济互为前提、互相制约与互助推动的治理生态。

（三）数字人文经济治理体系的运行

建构与数字人文经济治理体系并使其有效运行，需要进一步明确其系统体系的运营结构要素，其基本要素可以被概括为：数字人文经济治理体系运营的内涵、目标、主体、内容、方法、制度、载体及规则等。

（四）数字人文经济治理现代化的含义

数字人文经济治理现代化的含义包括：治理的顶层设计与规划现代化；治理的内容现代化；治理体系和治理能力现代化；治理的制度建设现代化，即与现代数字人文经济相关的法律体系框架和治理能力；治理主体多元化、参与广泛化，即与现代数字人文经济相关的各种非政府组织、社团、机构参与共治，不断实现治理自治；治理手段和技术现代化，即数字人文经济现代化进程中涉及的各种手段、工具和技术的体系化、现代化；治理制度体系与执行能力的现代化，即使制度能够真正落到实处；治理文化现代化等。

（五）数字人文经济治理现代化的关键

数字人文经济治理现代化的关键在于：第一，治理的科学维度，强调在科学规则下，治理主体采用科学的方式方法以及现代科学技术手段，进行有效治理，并对治理效果能够进行有效评估和反馈；第二，治理的理念维度，即对市场治理现代化的理解和认识，特别是对治理的多元化、法治化、民主化和协商性、过程性等要素的认识；第三，治理的资源维度，强调数据驱动的基础上，治理主体在治理过程中所能运用或调动的人、财、物和信息等资源的状况；第四，治理的结构维度，强调公开、广泛、便捷参与的基础上，基于市场机制形成的各种不同治理主体之间的关系结构，包括不同主体形态所形成的纵向结构，及同级管理部门之间，政府与社会、市场之间所形成的横向结构；第五，治理的空间维度，即治理主体在治理过程中所处的政策环境和其能自由行动的政策范围；第六，治理的成本维度，即达到市场治理目标所需耗费的资源与所达到的效果之比；第七，自治管理的维度，即社会、社会组织、公民等的自我管理、自我治理状态与趋势；第八，治理的合法合理与有效维度；第九，治理的文化建设维度。

数字人文经济的发展经历了由传统形态到互联网形态再到数智化新形态的发展，与此相对应的市场治理也经历了从政府建设市场、管控市场到监管市场，再到治理市场的转变，反映了数字人文经济不断进化迭代的历史进程。

数智化使数字人文经济进入了一个全新的发展形态。全新的发展形态在数字经济及其数字基础设施的不断建构与完善的进程中，要求新形态数字人文经济在建构自身全新的市场机制与体系的同时，还要搭建新的治理系统与体系，这是当下数字人文经济面临的重大挑战与重要机遇。研究与探索数字条件下数字人文经济新形态的内在发展规律及其相应的治理机制与体系，也是数字经济发展的基本要求。如何建构新形态数字人文经济的发展相适应的治理系统、治理机制与治理体系，成为当下数字人文经济研究过程中的重大现实课题。

数字人文经济新形态的治理系统、机制与体系的研究，不可能是在传统治理逻辑上的一种延伸或修订，也不是通过简单创新就可以解决的问题，而是基于数字基础设施搭建的一种新的治理范式。其不仅是系统构成、系统机制与体系上是全新的范式，而且在理念、运行及其支撑服务体系的保障等方面，也有其自身独特的新质要求。本书所开展的一系列研究，就是力求把握新形态数字人文经济治理的内在逻辑，建构数字新形态下人文经济的治理系统、机制与体系。

第二节　数字人文经济治理的研究体系建构

数字人文经济的发展伴随国内外经济格局及科技融合创新的演进，已进入一个新的历史阶段。其突出表现在强劲的现实需求与数字人文经济传统形态的供给能力间存在异常严重的扭曲与对接鸿沟，形成数字人文经济供给与需求间的非均衡状态，这种现实困境正是其未来发展必须要解决的重大问题。

面对前述困境，当前有两种突破路径可供选择。一种是基于现有的传统基础设施进行创新，这种创新方向由于新需求与新科技融合的冲击，已难于应付快速迭代的实践要求，这种"非本质化、范式化变革"的修补式改革已经离现实发展需要渐行渐远。另一种是根据宏观经济形势与科技融合创新趋势，以及整个文化产业发展的基础设施所经历的数智化变革状态，在发展中通过基于数字新基础设施迭代创新来解决当前数字人文经济发展中的现实矛盾。显然后一种突破路径更有可能从根本上扭转与突破当前人文经济发展的困境问题。

当前中国数字经济发展的现实广度与深度已经颠覆人们对数字经济的传统认知。新基础设施的升级迭代，使得数字人文经济的业态进入转型、解构与重塑期。传统发展过程中形成的战略共识，在进入数字人文经济新质生产力发展阶段后得到的深化和拓展，使得数字人文经济理论的建构与生发、数字人文经济方法创新与发展等具有新的场景与可能。在此背景下，数字人文经济的理论建构、方法创新及前沿实践探索也需要全景审视与系统建构。

一 数字人文经济发展的战略共识

金融是经济现代化重要衡量指标，文化金融是人文经济现代化的前置基础，数字人文经济及产业的发展也须遵循这一普泛性经济规律。经济与艺术交互发展至今，基于马克思"艺术生产"理论的相关论述，应深度挖掘文化艺术产业和当代社会、政治、经济和科技相互之间特殊关系。在此背景下，数字人文经济便正式获得学科身份，并得以被进行系统的学理分析与研究。

（一）数字人文经济的终极目标

数字人文经济创新发展的目标有两个：一是通过提升价值发现能力来提升人文资源的价值能力；二是通过提升价值管理水平提升人文资源的价值水平。

1. 价值发现能力

人文资源的价值动态发展状态使其在不同阶段的价值发现方法存在较大区别。

2. 价值管理水平

人文资源价值管理水平的提升需要靠价值管理得以实现，其中最重要的动力之一就是以金融创新推动资源资产化，开展人文资源资产为中心的资本运作，为转型寻找新路径、新机制、新动力，其步骤包括以下六个方面。

一是建立资源向资本、资本向产业流动的有效机制与环境。

二是通过管理手段发掘人文资源价值。

三是实现价值整合，主要包括以下四个方面：首先，使人文资源完成由价值向使用价值的转化升级，使之计入资产，激活资源，进入生产经营过程。其次，形成良好的商业模式，或对人文资源进行科学规划与合理改造，实现资源价值提升。再次，利用优势资源聚集各种生产要素，形成推动区域经济快速发展的拉动力。最后，为人文资源资产化提供适宜的环境与机制。

四是提升人文价值，主要包括：首先，有效发展人文资源价值和资本潜能，打破资源藩篱，建立健全资源和资本等要素合理有效流动的体制机制。其次，政府要在人文资源的初次配置中尊重科学规律，将资本性资源尽量配置到带动效应最大化的平台和领域。最后，建立人文资源与资产经营分离的体制机制，赋予人文资源、资本与其他要素的有机结合提供广阔空间与机会。

五是通过发挥"杠杆撬动"作用、聚合带动作用、内生促进作用与风险保障作用来实现其价值提升。

六是通过推进"资源资产化"，发挥市场及产业的主体作用，建立多层次要素市场与资本市场体系，发挥资本的建构能力，不断放大其价值。

（二）数字人文经济发展有其内在主线

数字人文经济发展历经以下形态：单纯意义上的人文资源形态、人文资源商品形态、人文资源资产化形态、文化金融化形态以及文化证券化形态（大众化形态）等。每种形态的进化与发展都标志着市场发育的特定态势与基本水准。最初，人文资源主要以收藏、鉴赏、学习、交流为主要目的，导致人文资源流通消费限于少数群体当中。随着市场经济发展，人文资源建立在文化价值之上的市场价值与经济价值受到广泛关注，为获取文化价值就必须通过交换让渡人文资源的使用价值，传统文化经济结构因此得以改变，以投资、获利、收藏、增值为主的人群则成为数字人文经济的主流群体，人文资源商品化进程由此开启。

随着文化产业的持续发展，文化价值的发现能力与发现水平不断提升。人文资源的资产化、金融化趋势也得以快速发展。

由此不难看出，数字人文经济的产生是市场和产业发展到一定阶段的必然选择，其当下的发展主要呈现出一条由人文资源化—系统化—资产形态化—产业形态化—经济形态化—大众化的路径主线，这也决定其提升并非由一种形而上的逻辑关系构造而成，而是历史与逻辑统一的演进结果。

（三）数字人文经济是一种独特的经济形态

人文资源的独特特质决定了数字人文经济是一种独特的经济形态，其最关键的进程是建构与其资源特质相适配的风控机制与体系。

1. 资源特质决定数字人文经济是特种经济

数字人文经济作为经济领域的一种业态形式，具有与一般经济业态相通的属性。受此影响，导致现实中盛行将数字人文经济视为仅追求资本与利润的工具主义观点。然而除产业经济的共性组成部分外，数字人文经济的人文特性及其行业发展规律更多取决于人文资源的本体特性。人文资源的特质是数字人文经济发展的逻辑起点，因其自身独有特质（如非标性、价值建构多元性、价值构成发现性、复用性、环境友好性等），决定其同以往物质资源存在根本性差异。此外，人文资源的价值多元化特质，也导致不同类型的人文资源在价值认知、评估、确权等方面都具有相对独立性，甚至对于不同类型人文资源的认知和价值判断也会出现歧义，这一价值构成体系也决定传统资源的判定方式对于人文资源并不适用。因而，数字人文经济有其内在独特的发展规律，是一种独特经济形态。

2. 建构与资源特质相适配的风控机制与体系

人文资源的特有性质及其内部控制与监管薄弱，使得市场风险、信用风险、流动性风险、操作风险与法律风险等相较传统金融发生概率更大，这也决定了数字人文经济在风险管控方面要根据人文资源特质，建立相适配的风控机制与体系。首先，人文资源的非标特质使得风控机制与体系具有创新性要求。其次，人文资源特质决定了数字人文经济的创新需要多层次、长链条的支撑与保障，这种支撑保障也建立在新的风控机制与体系之上。最后，人文资源价值构成的特质性，也决定数字人文经济创新需要功能更为综合的风控机制与体系，表明数字人文经济在风控机制与体系创新上比传统经济业态迫切需要新质生产力。

二 数智化正在建构人文经济新形态

数智化作为一种数字化新经济范式，正在重塑数字人文经济发展的新形态。这个新形态不仅涉及人文经济的业态层面，更使得文化产业发展的基础与核心在数智化影响下同步经历解构与重塑。这意味着数智化对数字人文经济是一种全方位、根本性的重构。目前，数字人文经济创新发展已有许多实践案例，也引起了行业内外的广泛关注，其发展形态创新可以概括为以下方面：

（一）数智化正在解构与重塑数字人文经济的风险管理基础

数智化发展从底层逻辑与战略格局上对传统文化经济进行颠覆，并形成新的底层逻辑。作为一种特殊经济形态，数字人文经济的特质性最为关键的表现在其风险管理体系的独特性。因此，数智化对数字人文经济新形态的建构首先就是对其风险管理基础的解构与重塑。其具体体现在数字人文经济是基于人文资源的特质；数字人文经济的终极目标是提升人文资源的价值发现能力与水平；数字人文经济的独特性在于其风险管控机制的独特性；在数字人文经济时代，最为重要的是建构重塑数字人文经济的风险管理理论与体系。

（二）新基础设施推动数字人文经济业态重塑

新基础设施的跃迁使数字人文经济的形态发生本质性变化，也使其业态进入转型与重塑期。传统基础设施是以产品和渠道为中心的支撑服务体系，数字化基础设施是将传统的经济体系互联网化，是基于信息化的基础设施建设。其主要包括为了实现互联网应用所需的硬件和软件的集合。这种基础设施是以互联网为中心形成的通用技术、方法、支撑与服务体系。主要依托新一代信息技术，以数据、物品为传输对象，达成硬件设施与软件设施的有效连接、协同和升级，是在互联网基础设施基础上更加强调对于数据的管理与服务。

而数智化新基础设施则是指建构以区块链技术为基础，以算力为基座，以元宇宙为中心的数智化支撑服务体系。数智化基础设施建设推动了数智化场景的建构，市场数态化法也随之产生，因此，数智化新基础设施具备深度的纵深渗透以及显著的集约整合能力。可见，传统文化经济、基于传统基础设施的人文经济、基于数字化基础设施的数字人文经济、基于数智化新基础设施的数智化人文经济，是一个业态进化的过程，其基本逻辑是基于基础设施的变迁，使得价值发现的形式及能力水平发生重大转向，同时人文资源与人文资产的形态也发生跃迁，从而促使数字人文经济的业态不断生发、转型与重塑。

（三）新消费催生新审美文化，推动价值发现能力与水平路径变化

决定数字人文经济创新发展的基本动能主要有三个：需求、科技与系统内驱

动。其中最为活跃的是需求的变化带来的拉动效能。在新时代背景下，消费形态拉动关键的变化是新消费的出现。随着人均 GDP 增长，消费结构快速转型，文化艺术消费等精神消费迅速崛起，消费形态持续变化，消费新格局不断建构。在此基础上，消费已经摆脱短缺经济时代依靠大规模生产来满足规模化消费需求的范式，导致传统文化经济难以有效覆盖新的消费内容与环境，这种转向也要求数字人文经济的服务能力与水平必须适配这一新趋势。科技融合的深化，数字化与数智化技术的迭代也使得文化消费转向离散化、时尚化与快餐化态势。

消费需求形式的变化进而引发审美文化的代际转变，其具体表现为：新生代消费者在消费过程中更加关注个人主观感受、个性化体验与服务的互动性。信息媒介的高速发展，使得新生消费者的小众圈层化需求被放大，利用大数据+人工智能等技术，通过自媒体、电商等媒介渠道精准对接，引发消费审美文化的代际变迁，从而推动人文资源价值发现能力、水平及路径的重要转向，以及文化产业上中下游内容生产、传播模式及其经济范式的重塑。因此，数智化消费环境、新生代消费理念的融合，也是数字人文经济发展的特质所在。

（四）数字经济新形态对数字人文经济服务提出新需求

数智化技术推动新基础设施的重构，新基础设施的重构进一步推动数字人文资源资产化的路径转向，形成以数字资产为核心的数字人文经济体系与服务结构。在数字化经济形态下，人文资源及其数据被视为土地、劳动、资本、技术之后的第五大生产要素。将这种资源转化为生产要素，同实体经济转型相结合，实现人文资源的虚实共生，也是数字人文经济在综合服务平台架构下，基于数智化消费环境，满足新生代消费需求的新质人文资源产品与服务的关键。

在应对新生代消费需求的过程中，将数字人文资源转变为一种藏品，即数字藏品，也是数字人文经济服务新消费理念的一种探索，然而这只是数字人文经济资产化的一种探索成果而非全部。未来还可以基于数智化综合服务平台架构探索数字人文资源与实物人文资产的其他多元融合路径。例如在研究与评估数字人文资源资产化的价值过程中，也需要对这种资源进行有效的价值发现与价值管理，即通过管理服务的标准化、体系化的关系架构，在资产化、金融化过程中，实现由数字人文资源转换成数字人文资产，依托数智化综合服务平台，形成具有人文资源特质的资源转换模式，借助金融工具和数智化技术手段，实现数字人文资产的金融化，从而使其成为数字人文经济数智化服务的重要组成。

（五）数字场景建构对数字人文经济学科研究提出新挑战

传统文化经济形态并未将关注点放在对"场景"的关注上，而是聚焦于资产确权与定价等问题的研究。进入数字经济时代，这一研究探索的重点随之转变。随着数字人文经济的不断发展以及数智化新基础设施的发展，数字场景的建构成为可能，数智化推动建构新的基础设施，新基础设施又进一步推动数智化综合服务平台的建设及其功能的拓展。在此基础上，基于数智化综合服务平台的数智化服务场景，也在重塑数字人文经济服务的结构与体系。因此建构数智化场景，满足社会对数字人文经济服务的需要，是以数字人文资源为核心的数字人文经济服务与体系发展的最终方向。受此影响，当前除继续研究人文资源的资产确权定价问题之外，还需要研究资源同资产存在场景之间的关系问题。

研究关注点的转向与研究问题的复杂化也对数字人文经济学科发展提出了新的挑战。其具体表现在以下四个方面：一是知识结构与智能结构的挑战。对数字场景进行研究需要打破学科边界，具备跨学科的哲学思维，而从前限于单个学科的知识结构已经不能有效应对此类问题。同时，对数字场景进行研究牵扯到大量的技术范畴问题，这就迫使研究者必须要学习技术理论、技术哲学以及量化研究范式来丰富自身的智能结构；二是内容、方法与手段的挑战。文本知识的滞后性，使得传统的"经院式"研究方法已经不能应对前沿与复杂的技术实践课题。这就要求当前学科前沿领域的研究者必须转变思维，拥抱技术最前沿的实践成果，要深入实地进行调研并获取研究案例；三是研究组织的挑战。新的发展路径也要求当前的学科研究者需要抛弃传统单一的研究组织，采用产、学、研相结合的综合研究组织架构场景化研究规划；四是应用研究的挑战。随着研究组织形态与手段的综合化与复杂化，应用研究也需要更加多元化与多样化。

三　数字人文经济治理的方法创新与发展

基于数智化新形态的数字人文经济新业态与新生态，需要构建新的理论与学科体系。然而新的理论模式同样也需要有与之适配的创新方法。关于数字人文经济方法的创新与发展主要解决四个问题：一是面向数字场景的方法论建构；二是面向数字技术基础的机制方法论建构；三是面向创新风险管理的治理方法论建构；四是面向潜在问题的数字人文经济范式研究。

（一）面向数字场景的方法论建构

数字场景是新消费与新经济发展过程中的核心机制与关键基础，没有清晰认知与方法论建构，业态的生发就会遇到系统性的瓶颈。数字人文资源建立在数智化消费场景与新基础设施的综合性服务平台之上，通过数智化场景的建构重塑人文经济新形态。对数字人文资源而言，场景建构涉及数字人文投融资、数字人文消费、数字人文参与，是数字人文经济服务多样化、个性化的根本。

（二）面向数字技术基础的机制方法论建构

深度沉浸式体验需要以一定的技术方案来达成，因此面向数字技术基础的机制方法论建构就成为数字人文经济创新与发展过程中重要的组成部分。在新形态中，受虚拟身份、数实融合、虚实结合、沉浸式体验等影响，需要创新发展以区块链、NFT 和元宇宙等人文资源数智化相关技术。

（三）面向创新风险管理的治理方法论建构

数智化不仅使数字人文经济面临传统文化经济形态让渡中的问题和风险，也会带来新的问题与挑战，因此数智化人文经济的创新、发展也要强调监管到治理的转型，需要建构相应的治理制度与体系。

1. 平台+共建+共治+共享

数字人文经济的治理要搭建相应的治理平台，积极吸纳市场参与方参与共享，实现共建、共治、共享，这是治理平台建构的一个基本逻辑。

2. 平台+生态

基于数字人文资源的数字人文经济是一个全新生态，其不仅区别于传统文化经济的产业形态，更通过建构新的产业形态，不断生发和建构新的产业生态。因此人文经济新生态是保证推动、孵化数字人文经济发展的基础。

3. 平台+大数据+人工智能+机器学习

平台建构后要面临治理手段和参与路径整合等具体问题。需要运用大数据、人工智能、机器自主学习等新技术，使参与手段数智化、技术化，同时也促使人文资源资产化的监督管理更加智能化，使人文治理具有高度的数智化水平。

（四）面向问题的数字人文经济研究范式

数字人文经济研究范式的建构是历史与逻辑统一的结果，重点在于研究范式的变革，即系统化平台生态集成分析方法。其基础是历史与逻辑的统一，分析方法具体指"系统+平台"，分析路径具体指"平台+生态"。

在具体构成上，系统平台集成分析方法主要包括以下五方面：一是投融资分析法——四柱分析法、多维时钟理论；二是产品设计运营分析法——风险结构理论；三是风险管控分析法——平台+风险闭环管理理论；四是场景建构分析法——场景建构理论；五是资源活化分析法——资源活化理论。上述五种分析方法都会有计量分析方法的贯穿应用，相较于其他分析法，定量分析法能够更有效地针对实践问题进行分析，并提出更具指向性的解决策略。

四 数字人文经济治理发展的重大问题

要彻底完成以数字人文资源为核心的数字人文经济体系建构，并推动其良性发展，在适应现实情况变化，并重新进行理论体系与方法论建构过程中，应注重以下四个方面的重大问题：

（一）数字人文经济是一种新的数字人文经济形态

传统文化经济到数字人文经济并非只是字面上的改变，而是产业发展的基础与核心已经在解构与重塑。具体在资产形态、管理形态、消费形态与治理形态四个方面发生了根本性的转变。当下的人文经济有三个形态的演进；一是数字人文经济的概念形态；二是数字人文经济的呈现形态；三是数字人文经济的产业形态以及由此进一步孕育而生的产业生态。在数字经济框架下，数字人文经济的发展除建构与之相应的概念态、形态、业态、生态之外，还需要建构以数字人文资源为核心的生态形式，或称数态形式。

数字人文经济由数智化技术推动新基础设施建构数智化人文资源综合服务平

台，依托平台建构数字人文资源体系、数字人文风控机制与体系、数字人文治理生态体系，基于上述三大体系形成数智化人文经济消费场景，以满足多样态、个性化的数字人文经济新生代消费需求。这是从传统文化经济向数字人文经济转型中的一个全新经济形态，也是数智化重塑人文经济形态的基本结构。

（二）治理是一个基于生态发展的平台管理基本理念

数字人文经济的治理关注的是治理理念与视角：一是强调治理的平台参与性与共享性基本逻辑，即数字人文经济的治理要建立相应的治理平台，而平台最为关键的是要营造市场参与各方的参与共享能力；二是在治理平台建构后，需要对人文治理的手段、参与度、参与门槛和路径的整合等具体参与方式问题，重点解决风险防控与市场参与主体积极性这两大公约数的平衡问题；三是形成治理的效能及其评价体系，特别是守住不发生重大系统性金融与社会风险这条红线；四是更多运用科技融合使人文治理各方的监管更加数智化。

（三）理解平台+生态的重要作用

在数字人文资源生态与数智化场景平台的融合创新基础上，实现数智化人文资源的资产化，将其转化为数字人文资产，使这种资产化的数字人文资源具备产业开发的要素条件，并以此建构与之相应的数字文化金融支撑体系。

（四）建构数字人文经济体系要处理好互动关系

一是前沿理论建构与实践前沿探索的关系，认真发掘重要案例。要根据前沿代表性实践案例，完成从实践到理论的建构；二是学科理论建构与方法论完善的互动。要以学科理论为核心基础，建构相应的研究范式，完成理论到方法的建构；三是历史进程与逻辑发展间的互动。要从数字人文经济总体的发展历程中总结梳理数字人文经济的一般性逻辑线索；四是问题导向与系统化研究过程的互动。要树立问题导向意识，对新经济下数字人文资源所面临的新问题，新情况进行系统分析，厘清实际问题各方的逻辑关系，找到适配的解决办法。

第三节　新的人文精神建构是系统性过程

党的十八大之后中国关于现代化发展的探索，不仅破解了人类社会发展的诸多难题，为人类社会制度的发展探索提供了中国方案，而且为数字人文新资源、数字经济新形态以及未来人文经济的新质发展指明了方向。中国式现代化是物质文明和精神文明相协调的现代化。人文经济的创新发展必须增强文化自信，发展社会主义先进文化，弘扬红色革命文化，传承中华优秀传统文化，加快适应信息技术迅猛发展新形势下的数字人文经济体制机制建构，优化人文资源产品与服务供给机制，健全人文资源综合服务平台治理能力，构建更有效的人文精神国际传播体系，谱写人文精神创新性发展与创造性转化的时代华章。

中国式现代化是人与自然和谐共生的现代化。在新时代的人文精神全面重塑与创造性转化，新时代的人文经济系统重构与创新性发展背景下，数字人文精神的现代化转向面临以下七大冲击挑战、九大趋势机遇：

七大冲击挑战是：审美文化转型对新时代人文精神转型与建构带来的冲击；市场力量已参与到人文价值建构的进程，深刻改变了人文精神取向；新生代人文消费所形成的消费业态冲击；新科技融合的快速迭代所带来的模式冲击；人文资源特质为数字人文消费场景建构所带来的平台冲击；数智化技术的融合所带来的科技冲击；多样态、多元化的数字人文新消费对数智化时代中国特色人文精神的系统性与和谐性的生态演进所带来的需求冲击。

九大趋势机遇是：城市化、时尚化、快餐化、碎片化、便捷化、赋能化、个性化、数智化、场景化。这些人文新消费发展态势，不仅对人文资源的资产化、大众化造成广泛影响，而且直接影响人文精神的建构与人文观念的重塑。

一 人文精神的再培育

数字人文经济不仅是经济与人文发展的先导，更是先进文化的实验示范区。历史一再证明，一个没有人文精神与人文价值关怀的经济体，即使其经济再发展，也是缺失灵魂与发展方向的经济体，是没有前途，难以持续走远的文明。因此，建构新时代的人文精神与人文经济体系，就是推动文化生产关系和生产力、上层建筑和经济基础、国家治理与社会发展更好相适应的重要保障。

二 人文价值的再塑造

培育数字人文经济的审美文化体系及其生态，要：构建融合开放，多元一体的人文经济价值取向；传承优秀文化，塑造人文精神的价值取向；推动与支持人文经济守正创新的传统文化现代化表达的战略的价值取向；建构适宜于新科技融合发展及新业态快速生发的先进生产力的价值取向；建构平台化交流机制，推进形成文化共识的价值取向；坚定文化自信，繁荣文化事业和文化产业的价值取向；基于人文资源建设的新型传播媒介，建构全球化方案的价值取向；等等。

三 人文经济的再发展

人文经济的发展从其本质取向上讲，是实现人文资源配置效率最优化和效益最大化，最终促进并实现人的全面发展。是以高水平社会主义市场经济体制改革为牵引，以促进社会公平正义、增进人民福祉为出发点和落脚点的文化创新统一。在这个过程中，如果没有一个健康向上又充满发展活力的人文精神作为支撑保障，就难以有效保证这一战略指向的准确性与持续性。越是发展的格局与局面复杂化，就越要强调战略规划体系和统筹协调机制的重要性。

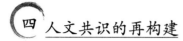

四　人文共识的再构建

　　数字人文经济承载着中国经济在向第二个百年奋斗目标前进之际，以及中华民族伟大复兴之时的前沿实践探索与历史使命，如何在经济文化化、文化经济化新消费趋势下，实现优势互补、共同发展。如何把握文化软实力建设的特点规律，实现人文共识的再构建，加快转换数字人文新资源、新经济、新赛道，充分发挥数字新经济，特别是激发数字人文经济的内生动力和创新活力，创造更加公平、更有活力的人文经济市场环境，全面提升数字新经济的战略地位与动能发挥，保持正确的经济发展方向与战略发展定力，都离不开人文精神的构建支撑。

五　人文生态的再建立

　　全面建设社会主义现代化人文经济体系，必须以新发展理念引领人文经济创新改革，立足新发展阶段，完善推动数字经济高质量发展的激励与约束机制，塑造数字人文经济的发展新动能、新优势，健全现代化数字新基础设施建设的体制机制，提升文化产业链供应链韧性和人文经济治理水平制度。在这一过程中，应优先建构不同层次、不同类型的人文资源生态系统与体系，其中最重要、最基础的就是要建构健康、充满活力又积极向上的人文生态环境。而在人文生态的建构中，人文精神创新体系整体效能的提升具有重要的基础性引领作用。建构数智化人文精神及其生态也是数字人文经济发展的一个重要战略取向。

参考文献

比利，等，2023. 人文经济学讲义 [M]. 何群，文昱，译. 北京：首都经济贸易大学出版社.

厄泽利，2024. 失控的资本 [M]. 沈吉，郭放，译. 北京：机械工业出版社.

巴雷特，2007. 非理性的人 [M]. 上海：上海译文出版社.

蔡万焕，乔成治，2022. 大数据、数字化与控制：数字资本主义的政治经济学分析 [J]. 当代财经（6）：3-11.

蔡晓陈，2022. 中国发展经济学 [M]. 北京：中国社会科学出版社.

蔡跃洲，2023. 数字经济与中国经济发展：理论机制及实证分析 [M]. 北京：中国社会科学出版社.

陈洁，2020. 后疫情时代产业和消费"双升级"的动力机制 [J]. 上海交通大学学报（5）：100-111.

陈静，2018. 当下中国"数字人文"研究状况及意义 [J]. 山东社会科学（7）：59-63.

陈楠，2023. 人工智能对经济增长的影响 [M]. 北京：中国社会科学出版社.

陈少峰，陈晓燕，2013. 基于数字文化产业发展趋势的商业模式构建 [J]. 北京联合大学学报（2）：64-69.

陈卫星，2015. 传播与媒介域：另一种历史阐释 [J]. 全球传媒学刊（1）：1-21.

陈先红，2006. 论新媒介即关系 [J]. 现代传播（中国传媒大学学报）（3）：54-56.

陈旭光，2001. 艺术的意蕴 [M] 北京：中国人民大学出版社.

戴安德，等，2016. 数字人文作为一种方法 [J]. 山东社会科学（11）：26-33.

丁方舟，2019. 论传播的物质性：一种媒介理论演化的视角 [J]. 新闻界（1）：71-78.

段吉方，2016. 审美文化与中国当代美学研究的话语转型 [J]. 社会科学战线（4）：2，129-138.

段进军，2024. "行动—规则—空间"视角下人文经济学理论与实践思考 [J]. 苏州大学学报（3）：9-18.

段鹏，张倩，2021. 后疫情时代我国国际传播话语体系建设的价值维度与路径重构 [J]. 新闻界 (3)：28-36.

范周，2020. 数字经济变革中的文化产业创新与发展 [J]. 深圳大学学报 (1)：50-56.

方凤玲，等，2021. 现代化经济体系建设的科学指引与实践路径 [M]. 北京：人民出版社.

丰子恺，2002. 艺术与人生 [M]. 长沙：湖南文艺出版社.

傅才武，李国东，2015. 促进文化科技融合的模式与政策路径分析 [J]. 艺术百家 (6)：57-63, 122.

傅雷，2019. 傅雷谈艺录及其他 [M]. 北京：北京联合出版公司.

傅立海，2022. 数字技术对文化产业内容生产的挑战及其应对策略 [J]. 湖南大学学报 (6)：92-97.

高德步，2012. 科学主义与人文转向：论中国经济学的当代建构 [J]. 中国人民大学学报 (3)：55-64.

高瑾，2017. 数字人文学科结构研究的回顾与探索 [J]. 图书馆论坛 (1)：1-9.

高奇琦，隋晓周，2022. 元宇宙的政治社会风险及其防治 [J]. 新疆师范大学学报 (4)：2, 104-115.

高书生，2022. 中国式现代化与文化数字化 [J]. 人文天下 (10)：4-6.

高维明，2021. 从《之江新语》体会习近平新闻舆论工作重要论述的思想内涵 [J]. 办公室业务 (20)：189-190.

高迎刚，2008. 被欣赏的技术：当代艺术与技术关系辨析 [J]. 云南社会科学 (1)：153-156.

葛勇义，2018. 主体间性美学的转型及对技术美学研究的启示 [J]. 长沙理工大学学报 (1)：12-21.

龚小凡，2008. 当代艺术中的技术与泛艺术化 [J]. 北京印刷学院学报 (1)：76-78.

顾振清等，2022. "探索 思考 展望：元宇宙与博物馆"学人笔谈 [J]. 东南文化 (3)：134-160, 191-192.

郭毅，于翠玲，2013. 国外"媒介融合"概念及相关问题综述 [J]. 现代出版 (1)：16-21.

国务院发展研究中心企业研究所课题组，2023. 数字平台的发展与治理 [M]. 北京：中国发展出版社.

格林，2016. 互联网艺术 [M]. 李亮，徐薇薇，译. 上海：上海人民美术出版社.

古德温，2015. 两难之境：艺术与经济的利害关系 [M]. 王晓丹，译. 北京：中国青年出版社.

格林伯格，2022. 艺术与文化［M］. 沈语冰，译. 上海：上海三联出版社.

格兰琴，谭竞辉，2022. 文化价值与国富国穷［M］. 刘丹，译. 北京：新华出版社.

盖福特，2013. 更大的信息：戴维·霍克尼访谈录［M］. 王燕飞，译. 上海：上海人民美术出版社.

韩德信，王晓华，2020. "日常生活审美化"问题再思考［J］. 湘潭大学学报（4）：162-166.

韩晶，等，2020. 后疫情时代中国数字经济发展的路径解析［J］. 经济社会体制比较（5）：16-24.

郝东明，2023. 新时代居民文化消费状况比较研究［M］. 北京：经济科学出版社.

洪永淼，汪寿阳，2021. 大数据革命和经济学研究范式与研究方法［J］. 财经智库（1）：5-37，142-143.

胡洪斌，杨传张，2013. 文化产业与现代科技融合的政策体系构建［J］. 学术探索（12）：81-85.

胡惠林，2012. 国家文化治理：发展文化产业的新维度［J］. 学术月刊（5）：28-32.

胡翼青，李璟，2020. "第四堵墙"：媒介化视角下的传统媒体媒介融合进程［J］. 新闻界（4）：57-64.

胡筝，2010. 文化事业管理概论［M］. 北京：中国统计出版社.

黄海林，2020. 新时期中国文化产业发展的历史与经验研究［D］. 湘潭：湘潭大学.

黄隽，李冀恺，2018. 中国消费升级的特征、度量与发展［J］. 中国流通经济（4）：94-101.

黄永林，2022. 数字文化产业发展的多维关系与时代特征［J］. 学术前沿（17）：22-29.

黄志，2023. 人工智能影响经济增长的多渠道效应研究［M］. 成都：四川大学出版社.

季纯，2016. 南通市数字文化产业发展研究［J］. 江苏工程职业技术学院学报（2）：54-58.

江凌，2019. 论5G时代数字技术场景中的沉浸式艺术［J］. 山东大学学报（6）：47-57.

江小涓，2021. 数字时代的技术与文化［J］. 中国社会科学（8）：4-34，204.

姜建清，汪泓，2023. 欧洲区域经济研究报告2022—2023（欧盟卷）［M］. 北京：中国金融出版社.

金之平，2024. 让历史文化资源"活"起来［N］. 人民日报（05）.

蓝江，2022. 数据—流量、平台与数字生态 [J]. 国外理论动态 (1)：106-115.

李凤亮，潘道远，2018. 文化创意与经济增长：数字经济时代的新关系构建 [J]. 山东大学学报 (1)：77-83.

李海舰，赵丽，2024. 新质生产力的三维界定：要素形态、产业形态、经济形态 [J]. 经济纵横 (10)：35-45.

李海舰等，2023. 新发展格局：从经济领域到非经济领域 [M]. 北京：中国社会科学出版社.

李鸿，李金翔，2002. 对"第四媒介说"的质疑 [J]. 新闻传播 (12)：54-55.

李慧楠，王晓光，2020. 数字人文的研究现状 [J]. 情报资料工作 (4)：49-59.

李沁，2017. 沉浸媒介：重新定义媒介概念的内涵和外延 [J]. 国际新闻界 (8)：115-139.

李三希，2021. 我国数字经济发展特征 [J]. 智慧中国 (6)：26-27.

李三希，2022. 我国数字经济发展优势在哪 数字技术突破和融合发展的赋能成效正在快速呈现 [J]. 财经界 (1)：34-35.

李向民，2006. 中国文化产业发展史 [M]. 长沙：湖南文艺出版社.

李修建，2016. 国外艺术人类学读本 [M]. 北京：中国文联出版社.

李修建，2023. 西方艺术人类学研究指南 [M]. 北京：文化艺术出版社.

栗宪庭，2000. 重要的不是艺术 [M]. 南京：江苏美术出版社.

梁碧波，等，2008. 人文经济学的理论渊源、演进轨迹和发展趋势 [J]. 江汉论坛 (1)：16-19.

林日葵，2011. 艺术经济学与文化产业新论 [M]. 北京：中央文献出版社.

刘建军，邓理，2020. 基于人文教育的人文治理 [J]. 华东师范大学学报 (2)：60-73，194.

刘倩，王秀伟，2022. 文化产业数字化的关键问题、响应策略与实施路径 [J]. 西南民族大学学报 (8)：150-156.

刘清平，2008. 简论时尚美与时尚美学 [J]. 河南社会科学 (2)：57-59.

刘权，等，2023. 数字产业化：新基建激发数字经济发展新动能 [M]. 北京：人民邮电出版社.

刘双舟，2020. 中国艺术品市场学术研究的流变与方向 [J]. 齐鲁艺苑 (4)：99-106.

刘洋，肖远平，2021. 数字文化产业赋能实体经济高质量发展 [J]. 理论月刊 (12)：100-108.

刘洋，杨兰，2019. 技术融合·功能融合·市场融合 [J]. 企业经济 (8)：125-131.

陆铭，等，2023. 大国经济学：面向长期、全局、多维的中国发展 ［M］. 上海：上海人民出版社.

吕志青，2022. 规模位居全球第二 中国数字经济如何实现高质量发展 ［J］. 中国经济周刊（21）：109-110.

洛夫乔伊，2019. 数字潮流：电子时代的艺术 ［M］. 徐春美，杨子青，冷俊岐，译. 北京：中国轻工业出版社.

伊德，2012. 技术与生活世界：从伊甸园到尘世 ［M］. 韩连庆，译. 北京：北京大学出版社.

马草，2016. 论审美霸权：对日常生活审美化的一种反思 ［J］. 东岳论丛（5）：129-136.

梅宏，2023. 数据要素化迈出关键一步 ［J］. 财经界（2）：7-8.

梅琼林，沈爱君，2007. 传播学研究方法新向度与新媒介环境 ［J］. 甘肃社会科学（1）：249-253.

麦克卢汉，2011. 理解媒介：论人的延伸 ［M］. 向道宽，译. 南京：译林出版社.

马丁，雅各布斯，2007. 艺术和人文：艺术导论 ［M］. 黄少婷和包慧怡，译. 上海：上海社会科学出版社.

欧阳剑，2023. 数字人文应用服务中的数据版权风险及防范策略 ［J］. 中国图书馆学报（1）：118-128.

庞彦强，2008. 艺术经济通论 ［M］. 北京：文化艺术出版社.

裴萱，2014. 空间转向与中国美学方法论转型 ［J］. 大连理工大学学报（2）：126-131.

裴长洪，等，2018. 数字经济的政治经济学分析 ［J］. 财贸经济（9）：5-22.

彭吉象，2007. 中国艺术学 ［M］. 北京：北京大学出版社.

彭英柯，宋洋洋，2013. 文化科技融合理论研究 ［J］. 经营与管理（8）：75-78.

齐慧姝，2024. 人文经济学 ［M］. 沈阳：东北师范大学出版社.

任平，等，2023. 人文经济学：高质量发展的人文密码（笔谈）［J］. 探索与争鸣（9）：144-158，180.

施泰伯，2023. 从硅谷模式到人单合一 ［M］. 陈劲，庞宁婧，译. 杭州：浙江教育出版社.

斯塔姆，2017. 电影理论解读 ［M］. 陈儒修，郭幼龙，译. 北京：北京大学出版社.

申皙琰，2024. 数字经济赋能文化产业高质量发展的机理研究 ［J］. 产业创新研究（4）：1-3.

沈阳研究团队，2022. 元宇宙发展研究报告（3.0版）［R］. 北京：清华大学新闻与传播学院元宇宙文化实验室.

斯丽娟, 2023. 数字经济推动区域协调发展: 理论逻辑与实践路径 [J]. 理论与改革 (2): 73-85, 150-151.

宋伟, 张晓飞, 2010. 理论范式转型中的当代中国美学 [J]. 辽宁大学学报 (3): 41-47.

苏培科, 2017. 让金融科技回归理性 [J]. 中国金融 (18): 104.

孙冰, 2023. 数据要素市场提速: 让数据活起来 [J]. 中国经济周刊 (6): 32-36.

孙豪, 等, 2023. 从消费增长到消费升级: 人民美好生活需要实现路径研究 [M]. 上海: 复旦大学出版社.

汪丁丁, 2022. 收益递增 [M]. 上海: 上海人民出版社.

王德胜, 李雷, 2012. "日常生活审美化" 在中国 [J]. 文艺理论研究 (1): 10-16.

王丽华, 刘炜, 2021. 助力与借力: 数字人文与新文科建设 [J]. 南京社会科学 (7): 130-138.

王利敏, 吴学夫, 2006. 数字化与现代艺术 [M]. 北京: 中国广播电视出版社.

王朋进, 2010. "媒介形象" 研究的理论背景、历史脉络和发展趋势 [J]. 国际新闻界 (6): 123-128.

王确, 2013. 中国美学转型与生活美学新范式 [J]. 哲学动态 (1): 83-88.

王受之, 2002. 世界现代设计史 [M]. 北京: 中国青年出版社.

王晓静, 刘士林等, 2023. 人文经济的历史逻辑、理论逻辑和现实意义 [J]. 南京社会科学 (9): 41-50.

王一川, 2021. 艺术学原理 [M]. 北京: 北京师范大学出版社.

王义中, 等, 2024. 数字金融: 改变与重构 [M]. 杭州: 浙江大学出版社.

魏江, 等, 2021. 数字经济学: 内涵、理论基础与重要研究议题 [J]. 科技进步与对策 (21): 1-7.

魏鹏举, 钟艺聪, 2024. 文化与经济协同发展的三重思考 [J]. 行政管理改革 (7): 22-29.

吴婧, 张文君, 2021. 新时代 "日常生活审美化" 再思考 [J]. 前线 (6): 47-49.

吴小亮, 等, 2023. 中国新经济: 创新与规则 [M]. 北京: 中国人民大学出版社.

武金爽, 2021. 文化产业与相关产业融合的研究热点及趋势 [J]. 新经济 (10): 50-60.

沃克, 2023. 解密 TikTok: 中国的爆款应用如何改变世界 [M]. 法意, 译. 北京: 中信出版集团.

西沐, 2014. 文化金融: 文化产业新的发展架构与视野 [J]. 北京联合大学学报 (1): 50-57.

西沐，2018. 中国艺术财富管理概论 [M]. 北京：中国书店.

西沐，2018. 中国艺术品产业生态建构引论 [M]. 北京：中国书店.

西沐，2019. 艺术金融学概论 [M]. 北京：中国经济出版社.

西沐，2020. 科技融合改变艺术金融创新方向 [J]. 中国拍卖（12）：48-51.

西沐，2021. 数字艺术资产下艺术财富管理研究 [J]. 中国资产评估（4）：41-48，68.

西沐，2021. 中国艺术金融评论 [M]. 北京：中国经济出版社.

西沐，2022. 积极拓展新时期艺术经济发展的前沿研究 [J]. 艺术管理（3）：35-38，42.

西沐，2022. 数字化推动艺术金融创新的转型转向 [J]. 齐鲁艺苑（2）：110-116.

西沐，2022. 提升大湾区感召力，重构艺术市场发展格局 [J]. 收藏·拍卖（6）：24-27.

西沐，2022. 新时代中国艺术产业前沿研究 [M]. 成都：西南财经大学出版社.

西沐，2022. 新时代中国艺术经济前言研究 [M]. 成都：西南财经大学出版社.

西沐，2022. 中国艺术金融创新处于潜伏式起步状态 [J]. 中国房地产金融（4）：69-71.

西沐，2024. 艺术品市场从多元化到多极化的演进动力 [J]. 中国拍卖（4）：25.

西沐，雷茜，2024. 建构数字经济中艺术市场治理"中国方案" [J]. 山东工商学院学报（1）：22-34.

西沐，雷茜，2024. 文化资源"活化"的建构机制要略 [J]. 齐鲁艺苑（4）：93-104.

西沐，刘晓丹，2022. 新时期中国艺术产业理论内核及其拓展维度 [J]. 鞍山师范学院学报（1）：12-22.

西沐，路昕，2023. 数字经济背景下艺术管理学科再造研究 [J]. 艺术管理（中英文）（3）：49-65.

西沐，朱博文，2023. 数字文化产业发展的战略取向研究 [J]. 齐鲁艺苑（3）：98-107.

西沐，朱博文，2023. 数字艺术金融的研究体系建构 [J]. 齐鲁艺苑（6）：97-108.

西沐，等，2021. 新时代中国艺术经济学科的建构与基本理论探究 [J]. 艺术教育（10）：14-18.

西沐，祝捷，2022. 以数字艺术资产为核心的艺术金融体系建构研究 [J]. 艺术管理（4）：18-31.

西沐，宗娅琮，2018. 我国文化产业投融资平台建构的理论分析 [J]. 北京联合大学学报（2）：58-67.

习近平，2022. 高举中国特色社会主义伟大旗帜 为全面建设社会主义现代化国家而团结奋斗：在中国共产党第二十次全国代表大会上的报告［M］. 北京：人民出版社.

习近平，2022. 习近平谈治国理政：第四卷［M］. 北京：外文出版社.

习近平，2024. 加强文化遗产保护传承弘扬中华优秀传统文化［J］. 中国新闻发布（5）：3-7.

席格，2011. 当代美学转型与美育的理论困境：兼论美学与美育的关系［J］. 郑州大学学报（2）：96-100.

夏征农. 陈至立，2015. 大辞海（美术卷）［M］. 上海：上海辞书出版社.

许苏民，1990. 文化哲学［M］. 上海：上海人民出版社.

薛小玉，2021. 艺术金融，于曲折中前行：专访中国艺术经济研究院院长西沐［J］. 金融博览（16）：33-36.

杨波，等，2023. 数字经济学：理论与应用［M］. 北京：社会科学文献出版社.

杨国安，2024. 数实融合：前言科技如何重塑产业［M］. 北京：中信出版社.

杨虎涛，2023. 数字经济：底层逻辑与现实变革［M］. 北京：北京大学出版社.

杨立华，2020. 文明治理和治理文明：中国国家治理现代化的新方向［J］. 教学与研究（1）：40-51.

杨仁发，等，2023. 数字经济赋能长三角一体化发展研究［M］. 北京：经济科学出版社.

杨莎，2012. "人肉搜索"："第四媒介"暴力与正义的双重思考［J］. 内蒙古煤炭经济（7）：13，51-52.

杨秀云，等，2021. 数字文化产业生态系统优化研究［J］. 西安交通大学学报（5）：127-135.

杨滟，田吉明，2020. 基于科技与人文融合的数字文化治理体系建设研究［J］. 现代情报（10）：43-51.

姚建华，2019. 传承与发展：数字时代的传播政治经济学［J］. 新闻与写作（5）：52-56.

叶紫青，张颖熙，2024. 推动数字文化经济高质量发展［J］. 黑龙江社会科学（1）：67-72.

尹宏，2014. 我国文化产业转型的困境、路径和对策研究［J］. 学术论坛（2）：119-123.

尹章池，2014. 文化产业概论［M］. 北京：北京大学出版社.

于平，李凤亮，2014. 文化科技蓝皮书：文化科技创新发展报告［M］. 北京：社会科学文献出版社.

余南平，2021. 新冠疫情下全球价值链结构调整特征与未来挑战［J］. 国际关系研究 （1）：3-21，154.

俞可平，2016. 法治与善治［J］. 西南政法大学学报 （1）：6-8.

喻国明，苏芳，2023. 从认知带宽到价值带宽［J］. 西南民族大学学报 （4）：139-147.

张来民，2002. 作为商品的艺术［M］. 北京：中国社会科学出版社.

张森，顾海娥，2024. 文化治理的理论源流、反思与现实路径［J］. 社会科学辑刊 （1）：97-104.

张祥建，刘知恒，2023. 数实融合发展：理论·机制·路径［M］. 上海：上海人民出版社.

张晓欢，2021. 数字文化产业发展的趋势、问题与对策建议［J］. 重庆理工大学学报（社会科学）（2）：1-7.

张振鹏，2022. 文化产业数字化的理论框架、现实逻辑与实现路径［J］. 社会科学战线 （9）：74-83.

张铮，许馨月，2023. 从创意者经济到认同者经济［J］. 苏州大学学报 （2）：162-170.

赵佳丽，2022. 中国数字经济发展及其经济效应研究［M］. 北京：中国财政经济出版社.

郑琼洁，成一贤，2022. 文化产业的数字生态与高质量发展路径［J］. 南京社会科学 （1）：155-163.

中国信息通信研究院，2022. 数字经济概论：理论、实践与战略［M］. 北京：人民邮电出版社.

中国信息通信研究院，2023. 元宇宙白皮书 （2023 年）［R］. 北京：中国信息通信研究院.

中国信息通信研究院，2023. 中国金融科技生态白皮书 （2023 年）［R］. 北京：中国信息通信研究院.

中国信息通信研究院，2023. 中国数字经济发展研究报告 （2023 年）［R］. 北京：中国信息通信研究院.

钟君，2024-12-10. 做好文化和科技的"融合题"［N］. 经济日报.

周建新，2023-12-18. 深刻把握文化数字化的战略意义［N］. 中国社会科学报.

周锦，王廷信，2021. 数字经济下城市文化旅游融合发展模式和路径研究［J］. 江苏社会科学 （5）：70-77.

朱福林，2021. 后疫情时代我国数字经济高质量发展战略对策［J］. 经济体制改革 （1）：27-34.

朱静雯，姚俊羽，2021. 后疫情时代数字文化产业新业态探析［J］. 出版广角（3）：16-20.

祝捷，朱恪孝，2024. 艺术品市场细分视角下 NFT 数字藏品交易风险研究［J］. 美术研究（1）：133-136.

宗白华，2008. 美学与意境［M］. 南京：江苏文艺出版社.

左惠，2020. 文化产业数字化发展趋势论析［J］. 南开学报（6）：47-58.

佐尔伯格，2018. 建构艺术社会学［M］. 段德智，译. 南京：译林出版社.

ARTPRICE. COM & ARAA, 2024. The art market in 2023［R］. Artprice. com & ARAA：21.

ARTTACTIC, 2023. Hiscox online art trade report 2023［R］. London：Hiscox：30.

CASTELLS M, 2024. The rise of the network society［J］. Oxford：Blackwell Publishers.

McAndrew C, 2024. Arts economics：the art market 2024［R］. Basel & Zurich：Art Basel and UBS：17-19.

FELDMAN T, 1997. An introduction to digital media［R］. London & NewYork：Routledge.

KAY, GOLDBERG, 1977. Personal dynamic media［J］. Computer, 10（3）：31-41.

MEI, et al., 2002. Art as an investment and the underperformance of Masterpieces［J］. American Economic Review, 92（5）：1656-1668.

PEPPERELL R, 2003. The posthuman condition consciousness beyond the brain［R］. Birstol：Intellect Books.

PERLOFF M, 2003. The language of new media［J］. Common Knowledge（1）：157-158.

PETERS J D , 2015. The marvelous clouds：toward a philosophy of elemental media［J］. Chicago：University of Chicago Press.

POWNALL, RACHEL A J, 2005. Art as an alternative asset class［J］. Diversification Strategy & Policy eJournal.